国民服・衣服研究

★監修・解説★ 井上雅人

第1巻

『国民服』

1941年（昭和16年）10月号～12月号

ゆまに書房

凡例

一、本企画は、一九四一年（昭和十六年）十月に財団法人大日本国民服協会より創刊した『国民服』と改題後継誌『衣服研究』を影印復刻するものである。

国民服・衣服研究　全八巻

監修・解説　井上雅人（武庫川女子大学准教授）

第一巻『国民服』一九四一年（昭和十六年）十月号～十二月号
第二巻『国民服』一九四二年（昭和十七年）一月号～三月号
第三巻『国民服』一九四二年（昭和十七年）四月号～六月号
第四巻『国民服』一九四二年（昭和十七年）七月号～九月号
第五巻『衣服研究』一九四二年（昭和十七年）十月号～十二月号
第六巻『衣服研究』一九四三年（昭和十八年）一月号～三月号
第七巻『衣服研究』一九四三年（昭和十八年）春季版・夏季版・秋季版
第八巻『衣服研究』一九四四年（昭和十九年）春季版・夏季版・秋季号／解説

一、本書「国民服・衣服研究　第一巻」に収録するのは左記のとおりである。

『国民服』第一巻第一号　十月号　昭和十六年九月二十五日発行　財団法人大日本国民服協会
『国民服』第一巻第二号　十一月号　昭和十六年十一月十五日発行　財団法人大日本国民服協会
『国民服』第一巻第三号　十二月号　昭和十六年十二月十五日発行　財団法人大日本国民服協会

一、復刻に際しては、表紙から裏表紙までをすべて無修正で掲載した。ただし寸法については適宜縮小した。また印刷については、、目次および本文の単色カラーページを原則としてモノクロームとした。

一、底本の印刷状態や保存状態等の理由により、蔵書印、書き込み、欠字、判読不可の箇所、ページの欠損などがある。

謝辞

このたびの復刻版刊行につきまして、文化学園大学図書館より、復刻底本として所蔵資料の御提供を賜りました。謹んで御礼を申し上げます。

株式会社ゆまに書房

目次

国民服・衣服研究　第1巻

『国民服』１９４１年（昭和16年）10月号〜12月号

『国民服』第一巻第一号　十月号

昭和十六年九月二十五日発行　財団法人大日本国民服協会

昭和十六年九月廿日印刷納本　昭和十六年九月廿五日發行　（毎月一回十五日發行）
生活文化綜合雜誌
國民服
10
貴重書
財團法人 大日本國民服協會

勅令第七二五號國民服令
正規國民服帽
謹製
東京帽子株式會社

國民服 十月號 目次

男女
國民服
調製
男女国民服用絹靴下発賣元
帝國民被服株式會社
名古屋市東區朝日町二丁目十三番地
電話・東七九一五

國民服配給株式會社
東京市日本橋區橘町三番地二
電話浪花(67)五一二五・五一二六

秋　山　海　　　　岸浪百艸居

特輯グラフ

↑(1)は右から鼓笛隊、鼓隊長(少佐)、少年鼓手(ズボン白地に赤と青の線入)、陸軍大佐、輕步兵、對壕兵、築城工兵、步兵旗手、步兵である。

←步哨に立つナポレオン

モスクワ街道を行く

一八一二年――一九四一年

ナポレオンがモスクワ進擊を開始したのは、一八一二年五月であつた。ミンスク、スモレンスク、ルートをひた押しに進み、まる五ケ月を費し、九月十四日、モスクワを占領した。

今次世界大戰、ヒトラー總統も去る六月二十二日對露宣戰布告をし、同じナポレオンルートをモスクワへ進みつゝある。兵の姿も、兵器も、これを率ひる人の姿も一變し、これを對照するのは興味深いものがある。當時の服裝はルイ王朝の世紀末的豪華風俗が、徐々に變轉し、新たなる文藝復興として、古ギリシヤ、ローマの單純さ、合理的な姿へ向つてゐた。當時の陸軍制服の基本色は靑を主色とし、兵種に依つて、ズボンやチヨツキなどを色變りとするが、多くは白と赤を主な配色としてゐた。士官は一定してゐて、ズボンは必ず絨、襟は赤、上衣の打折り開き襟は白く、赤又は金色の筵線をもつてゐた。これに長靴、帽子は三色羽毛の飾りあるトリコルヌ即ち三尖帽又はクラーク即ち二尖帽で、肩には金色のエポレツト(總付肩章)を付け、帶劍してゐた。

ナポレオンの服裝 (2)「步哨に立つ帝王」の着てゐるのは特徵ある輕騎兵式外套(ドルマン)である。帽子はナポレオンが考案した鳧帝帽。

この外套は形が洒落てゐるだけで、十月のモス

③

↑帝王のナポレオン

④

海軍服制 (4) 右から提督、代理制服、海軍服の主色も青色だが、特に「帝王青」といはれる青藍色の上衣を着てゐる。上衣打折襟は緋色、肩章は金。

提督、帝王青の上衣に赤のチヨツキと赤ズボン。提督旗護衞兵、護衞士官、海軍陸戰隊士官の順、陸戰隊は一七七二年創設され、上衣の打折襟と本襟及袖カブラが赤、他は帝王青、長靴を穿く。

てゐるのは特徴ある輕騎兵式外套（ドルマン）である。帽子はナポレオンが考案した皇帝帽。

この外套は形が洒落てゐるだけで、十月のモスクワの寒氣は防げなかつたに違ひない。

(3)「帝王ナポレオン」は革命時代を通り抜け、いはゆるグレコマニーが漸く一風をなす樣になつた時代、ナポレオンの古マーマ英雄をしのぶ心境が生んだ一種のルネツサンス服である。

ナポレオンの軍隊 兵種は近衞と國軍に分れ、近衞兵には護衞隊、護衞老兵隊、擲彈兵隊、獵兵撒兵隊、獵兵小銃隊、輕獵兵隊、新兵獵兵隊及び海軍近衞護衞隊の種別がある。國軍編成は歩兵、砲兵、工兵、輜重兵、騎兵でこの中に鎗騎兵、龍騎兵、獵騎兵、驃騎兵、擲彈銃騎兵、胸甲重騎兵等に分かれてゐた。國軍の他に國民動員隊、アフリカ殖民地兵、憲兵隊があり、近代式軍隊組織の先驅をなしてゐる。當時の軍装は今から見るときらびやかなもので、第三近衞擲彈兵聯隊（オランダ傭兵）を例にとると、その制服は上衣は眞白の羅紗、上襟、打折襟が深紅、ポケツト蓋等には深紅の毛縁りがあり、金釦、肩章は深紅といふ風に兵種によつて附屬品や装飾を異にしてゐた。

現代ドイツの軍装（グラフ第一頁）は綠灰色（フイールドグレイ）、其他ナチス黨組織で役軍してゐるSA（突擊隊）の褐色、SS（親衞隊）の黑色等かなり多彩である。

わが國民服乙號に酷似した軍服、乙號と同じく折襟、立襟共用の考案が施されてゐる點など、あくまで機能的で、ナポレオン時代と比較すると、時代の進展に心打たれるものがあらう。（齋藤佳三）

美術の秋

院展・二科・國風展から

① 宮本三郎「待機」（二科）
② 中村直人「草薙剣」（院展）
③ 成田政男「麥こき」（國展）

④中村貞以「吉　野」（院展）
⑤笠置季男「家　族」（二科）
⑥半藤政衛「越後農婦」（国風）

國民服の一日

A

B

國民服の機能性を、事務所通ひのサラリーマンで見ると、出勤して事務所の卓子にそのまゝついても、少しも窮苦しくないが、仕事に質が入ると上衣を脱ぎ、中衣姿で能率を上げる。退出のあと、友人の結婚式へ出席も、そのまゝ儀禮章をつけ

C

國民服

第一巻 第一號

巻頭言

國防は毎日の生活に存在する。民族の厚生は個々のお洒落からは生まれない。日本精神に卽した正しい生活から、新しい生活文化が萌え出るのだ。顧みて他を言ふ前に、先づ自分達の生活を見る必要がある。

われらは服装を中心として、進みたい。

男子國民服が表現するところの日本精神と、生活刷新の具體化とは、われらが目指す新らしい「生活文化」の礎石となるであらう。

文化人の奮起

火野葦平

　このごろ、地方では文化運動が非常にさかんである。このことは、このやうな切迫した時局下では、非常に意味の深いことであると思はれる。說をなすものは、このやうな非常時局の中で、文化運動などはどうでもよいではないかといふ者がある。さういふ考へかたが存外多く、それが無知な人々の間だけでならともかく、相當の有識者の間にもあるのは、不思議といふのほかはない。私たちは、このやうな時局であればこそ、文化運動は缺くべからざるものだと確信してゐるのである。

　文化運動が、一種の藝術運動だと思はれた時代は過ぎた。文化運動の不必要を說くものは或ひは、この狹義な解釋をしてゐるのかも知れない。また、文化人といふものに對する從來の考へかたも、このやうな偏見を生ずるもとになつてゐるのかも知れない。文化人とは、ちよつと妙な言葉である。インテリといふ言葉が、知識階級といふ儼然たる存在からはなれて、一種の侮蔑を帶びて使はれるやうになつたと同じやうなひびきが、文化人といふ言葉の中にも、なくはない。卑俗にいつてしまへば、えらさうに理窟ばかりこねてゐて、いざといふときには、なんの役にも立たぬ人たち、といふやうなことでもあらうか。さういふ批難を、すべて、誹謗としてはねかへしてしまふことのできないやうな事實が、たしかに過去にあることはあつた。しかし、そのことは、すこしも、眞の文化人の强さを否定するものではないと、私には思はれる。

私には、翼賛運動といふものは、文化運動のことに外ならぬとさへ思はれる。あらゆる現象が、現象的には、文化の面を掩ひつくすごとき印象をあたへることがあるとしても、それはあくまでも、現象的であつて、決して、根柢からのことではなく、いかなる場合にも、文化力の支柱なくして、なにごとも成立するとは考へられない。その文化の樣相といふものは、時代とともに變遷するであらうが、その時代の希求する文化力が、その大いなる抱容力を發揮して、時代の方向を嚴然たらしむるものであることは、疑ふ餘地がない。

ここで、文化運動のことを語るのが目的ではないが、このやうな時代に、文化人が、生き難きをかこつことは、よいことであるとは思はれない。文化人は、このやうな非常の時代に遭遇したことをよろこぶべきではあるまいか。平穩の時代に、好き勝手なことを、いひ方題、し方題であつたことを懷しむやうでは、眞の文化人とはいへまい。私はさういふ友人を何人か知つてゐる。彼は、今は、その鬱憤を僅かに、酒のなかに浸し、もはや、自分たちの時代ではなくなつたと、悲歎に暮れてゐる。しかしながら、平穩な時代が自分たちの時代であつたとは、どういふ考へかたであらうか。時代といふものは時間の觀念につながるものであるが、それらの一切の時間を抱容してゆく大いなるものは、時代を越えてゆく、彼は、時間にのみ執着して、空間の觀念を忘却してゐるのである。我々の足のついてゐる土の意味が、彼の頭の中からは忘れられてゐる。

我々は日本に生れた。我々は日本人である。日本のために生き、日本のために死ぬるのが、日本人である。このやうな簡單な考へかたを、文化人は好まないのである。さういふ單純さを、淺薄だといひ、これを侮蔑する風潮が、長い間、文化人の頭を占領してゐたのである。さうして、雄渾な日本文化を輕視し、深刻にして複雜だと眼に映ずる西歐文化に心醉し、そのことによつて、自分の民族としての衿恃をすら放棄するやうな現象を呈した。西歐文化を糧として吸收しなければならぬことは言を俟たないが、そのことによつて、魂までも賣る現象を生じた。さうして、西歐を讃美することによつて、日本を誹謗し、世界的思想を盲信することによつて、祖國を忘却する者すら生じた。しかしながら、そのことは、また、民族の眞の覺醒のためには、必要であつたことかも知れない。そのやうな時代に於ける文化人の言動が、今日、文化人への不信を表明することになつてゐるとしても、もつと、深い意味において考へるときには、そのやうな不信は當らないといふほかはない。

文化人が眞を追求する心において、誠實であるとすれば、その探求の過程において、絕對の眞に遭遇することを得ず、そのときに考へ得る範圍における眞に對して、これに從つたことは、誠實を表明することとも考へてよいであらう。今、文化人の從ふべき眞の、最後の姿が明確になつたのである。それは、祖國への犧牲の精神である。

國がなくて何があらうか。國民は最初から最後まで、國とともに生き、國とともに死するべきものである。このことを、もつとも端的に、壯嚴に、戰線の兵隊が具現した。

そこで、初めて、明確になつたひとつのことがある。それは、人間の最後の決意といふものが、常に、眞に從ふべきものを自ら發見するといふことである。今頃になつて、このやうな簡單なことがわかるとはをかしな話であるが、しかし、それは恥づべきこととは思はれない。いつになつてでもよい。ほんたうのことがわれればよい。復雑な人間の個性が、自らの發展と思惟とに沒頭することは、また當然であるとして、それらの個が、大いなる流れのなかに一つとなつて合することは、壯嚴であるといふのほかはない。我々は愛國の志のなかに、すべてを溶かし、そこを足場として、一切の行動を展開しなければならぬ。國のことを考へれば、胸のなかが熱くなり、滾々と涙さへ溢れ出て來るやうな男性的な熱情のなかからこそ、眞に力づよい行動が生れて來るのである。

私は兵隊であつた。しかし、兵隊であつたから、このことをいふのではない。今は、兵隊も國民もない。時局を突破する方向において、おのおの擔當する場所において、私たちが、また、銃後の兵隊たるはいふまでもない。戰線と銃後といふやうな區別も今は昔のやうではなく、國は擧げて、戰鬪に參加してゐるといつてよい。敵の飛行機が、今までは平穩であつた銃後をも攪亂し、爆彈の雨を降らせ、銃後をも戰場と化すことがないとどうしていへよう。今は、戰爭のために死する者は、大陸の戰線にある兵隊ばかりではないのである。

このやうな時に、文化運動がさかんになつてゐる。そのことは、すこぶる大切だ。その命題たる、日本新個性國民文化の創造、そのことの實踐課題としての、新日本國民文化機構の確立、といふやうなことは、しばらく措き、その擔當者たるべき文化人の心意の問題が、今は、すべての鍵である。

理窟ばかりこねて、いざといふ時には役に立たぬといはれて來た文化人が、その擔當者であるとすれば、それは、まことにたよりない話ではないか。しかし、私は、文化人の眞の强さを信じてゐる。いざといふ時には役には立たぬ、さういはれる、その、いざといふ時とは、どういふ時であらうか。私は考へる。今まで文化人は、眞に、いざといふ時にめぐり合つたことはなかつたのだ、と。文化人が眞に實驗されるやうな時期は、今まではなかつたのだ。それでは、眞の評價をされるときがある筈はない。その、いざといふ時が、今こそ、現前に來てゐる。今こそ、文化人が、眞の力を發揮すべきときであるし、いざといふときに、どうするかを、輕薄な誹謗を投げる人々に見せるべきときである。

非常の際に、文化人が、その動揺をささへる柱となり、壁となるべき時が來てゐるのだ。私は戰場で、多くの兵隊に會つた。さうして、インテリの兵隊は弱いといはれた故のない批難が、ことごとく當らなかつた例を、數かぎりなく見て來た。悲劇に耐え得る精神の偉大さを、私は文化人の眞摯なる決意のなかに見る。いざといふときに文化人の果すべき役割と、その成果とを、私は疑ふことができない。

私たちは、いたづらに事態を過大視し、これを恐れる必要は毫もないが、その事態に處する覺悟は、常に持つて居るべきである。私が、地方文化運動の展開に期待し、文化人の決意に俟つものはそこである。文化人がこのやうな國家の危局のなかに、眞に自分の使命を自覺し、國民をみちびき、その先導となり、非常の際には、その柱となり、壁となる決意を持つて、文化運動に挺身してゐることを、私は信じてゐるものである。さうでなかつたならば、このやうな時代に、文化運動をすることなどは、全く意味がなくなるのである。

文化運動は國民運動であり、愛國運動である。その形は土地それぞれによつて異なるであらうが、その志と心とが、常に國の運命に結びついてゐなければ、その實踐は空疎なものとなるは必定である。文化人の決意によつて、その成果の大を考へるとき、時局下における文化人は、書齋の中に坐視してゐることはできず、その使命の重大さは、はかり知れないものがある。（終）

南方の生活設計

熱帯の風土と日本人

小山榮三

東亞共榮圈の確立は日本の海外發展政策に於て、否定すべき過去と肯定すべき未來とを決する重要な任務を我々に負はしめてゐる。

この問題は現實な諸條件の下では、一方は軍事的勢力の延長と強度によつて規定せられ、他方では、文化、經濟、植民を通じた、その内部の諸民族と日本民族との結合紐帶の鞏化によつて解決される。

近衞内閣の基本國策要綱たる「大東亞共榮圈の確立」は日本民族の生活空間の擴大を意味するものであつて、それは「日・滿・支を一環とし大東亞を包容して自給自足の共榮圈を確立し、その圈内における資源に基きて國防經濟の自立性を確保し」更に「皇國の經濟をしてより高く、より廣く、より強いものたらしめ、これによつて東亞諸民族の生活向上を齎し、各々其所を得しめる如く指導しなければならぬ」ことを明示した

「アジヤをアジア人の手に」とりかへすこと——我々は既に「血」を以てこの世界的使命を果しつゝある。我々は更に東亞共榮圈の指導的位置を永久に維持するために現實な我等の「血」をそれらの「土地」に結び付けなければならない。

ペルツが最もよく研究したのは日本人の人種形象——地政學的に最も純粹に太平洋的な形成物としての——と、

地政治學的に最も破壞され且つ最も活動的な南マレーの人種形象である。

偉大な島勢力となつた國の早期の狀態を見たリヒトホーフエンの不安に充ちた言葉が今われわれの前に現はれる。即ち印度と支那の獨立と共に、しかも兩者と密接な關連をもつて、高度な生活能力と優越せる海洋的勇氣をもつた、そして散在せる海洋遊牧民の中から形成されつゝある一箇の天才的な第三の生活形態の輪郭だ。即ち、千島列島からシンガポール、スマトラ、トンガにいたるマレー、蒙古人の曳裂弧の大島帝國の輪廓がそれだ。孫逸仙は大戰に際して日本が中歐の側に立つてゐたならば、アジアの自決と時を同じくして、かくの如き帝國が日本によつて現在創造されていたであらうと述べてゐる。

日本人の身長・色・相貌の大部分は確かにマレー系を暗示してゐる。マレー種たることのもつと有力な證據は、家屋・舟・其他諸種の日用品・多くの風習及傳統竝に農業及飲食の樣式等に現はれてゐる。で若し日本人がマレー人の血を多分にもつてゐるとすれば、彼等が果してよく北部地方で成功し得るかは疑問として差支無い。マレー人は熱帶民族で昔からその通りであつた。彼等は暑い氣候に應化して其の生活法を心得てゐる。ジヤヴアにおいて見る如く、衞生法は大して注意するでもなしに彼等がよくかゝる氣候に應化することは、其の增殖の甚だ速かなのによつて證明されてゐる。

現に日本人は北方自國領――北海道――に植民するにさへ殆ど進展を示してゐない。この島は一九二五年人口密度一平方哩僅か七三で、之に比して日本本土は約五〇五であつた。北朝鮮及滿洲も亦寒い不毛の地として記述されてゐる。

日本人は四十度以北のアジア移住に成功しなかつたのと反對に白人が全然野外作業の出來ない熱帶ハワイでは甚だ顯著な成功をおさめてゐる。日本人は男ばかりでなく女も子供も野外で働いて繁榮するやうである。

ハワイにおける月本人の急激な增殖は確かに彼等がマレー人の血を多量に受け繼いでゐる結果であると考へねばならぬ。結局日本人は熱帶生活に良く適應せることを實證してゐるのである。

開拓移住の問題は現在の日本にとつて、極寒の北滿と極暑の南洋といふ兩極的に異常な氣候風土と聯關して考へられなければならない。現在までの我々の科學的知識及びその應用力を以てしては氣候風土そのものを改變することが不可能である限り、我々は如何にしてこの兩極端的な氣候的條件を克服して、それに馴化することが出來るであらうか。

それには氣候の變化、その特異性を豫め調査し、確認し、それに適應した生活樣式と生活態度とを確定するところの環境の社會生物學的研究と技術とが開拓政策に先行し、その基礎に置かれなければならないのである。

內地の氣候に適應して作られてゐる內地の生活樣式を其の儘氣候風土の全く異つた新天地に持つて行くことは自からその生活を苦痛ならしめるものである。このことは特に衣・食・住の問題に見られる。例へば日本の着物は大體において熱帶向に出來てゐるのであつて、下から入つた冷い空氣を暖めて上から放り出す構造を持つてゐるのである。從つて戶外に於ては男子は總て洋服を着てゐるのに內地婦人のみが極寒の滿洲に移住しても、尙ほこの熱帶向の形式の着物で冬を通そうとすることは其の構造上に無理があるのである。疊の上に坐る生活には日本の着物は適當してゐるが、防寒と勞働には甚だ不便なものであることは既に我々の痛感してゐるところであり、又刺身の如き生肴を好んで食ふことは種々の寄生蟲、傳染病に對する日本人の罹病率を高めてゐる。在來の日本には、この新しき環境の風土に適應するための衣食住に關する科學的研究が足りなかつた。開拓政策を成功せしむるためには、海外に於ける異狀な風土に適應しうるところの日本民族向き生活法設計の確立から始めなければならないのである。そのためには我々は今まで熱帶に關してなされた研究及び經驗の綜合的な知識を持たなければならない。特に熱帶の居住適應性の問題は最も歐米學者の注意を引いてゐる問題であると同時に彼等は又その失敗と成功の歷史を持つてゐるのである。

云ふまでもなく熱帶の居住適應性を決定するものは、社會生物學的構造とその風土的條件を克服する科學の力である。

白人の熱帶に對する業績を理解しておくと云ふことは我々日本民族の南洋發展に對し多くの示唆を與へるものである。

白色人は何故熱帶に於てその生活基地の建設に失敗したか。

白人の熱帶植民の不成功に關しては餘り歷史的に明かにされてゐないが、

ポルトガル人の移民史は東半球の熱帯に於て白人がなにが故に敗退したかと云ふ要因を最もよく説明してゐる。ポルトガル人はその環境的經驗、人種の史的構成によつて特に熱帶居住に適應してゐた。

然しアジア及び東印度に於てはポルトガル人は多産の有色人種の前に失敗したのである。

低い生活標準と大家族制度を持つてゐる民族と接觸混在すると、一般に高い標準の民族が移住によつてその類を増加さすか、政治的優越性、社會的城塞又は法律によつて自分自身を護らなければ遂にはその高い標準の民族は追出されるか、吸收されてしまふものである。

科學の進歩は熱帶生活を革新したが、然しそこには生物學的關係以上のものが働いてゐるのである。早期十六世紀から白人移民は熱帶に流れ込んだが、多くの場合土着人種、氣候、病氣、榮養、孤獨、惡政、誤つた經濟政策によつてその事業は成功しなかつた。一五〇〇年以來ポルトガル人、スペイン人、和蘭人、英國人、佛人、デンマルク人、其他の歐洲人は熱帶アジヤ、アフリカ、アメリカ、オーストラリヤに流入した。

兩半球に於て侵入者は甚しき生物學的變化を與へた。彼等はそこの土着人種を征服した。そして多くの場所に於て土人の類が少なく弱いところの土人を殲滅した。最初侵入は壓倒的に大規模に行はれた。然し熱帶の氣候、病氣、民族はこれに反撥を開始した。アジヤの數千萬の民族は侵入者に居住する地盤を與へなかつた。

勞働者は悲慘な生活、勞働の條件に直面してゐるにも拘らず一方上流階級は衣・食・住の生活事情に於て贅澤の結果反つて熱帶的環境に不適當な狀態に陷つてゐた。大部分の勞働者の住居地は農主の農業的施設や船に積込む便宜のために熱い沿岸平原に位置してゐた。早期に於ては總ての家屋は木造であつたので火事は頻々と起り破壞されてしまつた。

十八世紀の中頃まで多くの建物は見すぼらしく藁屋根小舍であつて急しの小枝を組合せた壁は濕氣を含み健康に害があつた。そして各種の害蟲が蔓つた。

着物も熱帶的條件には不適當であつた。ロンドンの多の流行は西印度には暑い氣候の始まる時に到着した。西印度に於て歐洲の慣習や行儀を嚴格に執着する程馬鹿らしいことはないのであるが、これが上流社會のエチケツトであつた。農主階級の食事と衣服は思ひきつた贅澤であるのに一方勞働者はその日の糧に苦しんでゐた。

熱帶の概念は學者に依つて多少の相違がある。數理的熱帶は北緯南緯各二三度半の平行線間の地帶を指すのであるが、然し或地帶に於てはこの地域に存しながらもその高地性、涼風、寒流等が氣候的狀態を非熱帶的ならしめ、又或地帶はその低地性、熱風、暖流等によつて數理的熱帶圏外に存しても熱帶的狀態を示してゐる。

福井英一郎氏に從ふならば（氣候學三一五頁）一般に熱帶氣候は赤道を中心とした周邊の地域を含み年中高溫で又一般に雨の多い氣候であるが、更に降水の季節的配布の原因等によつて熱帶多雨森林氣候・熱帶サヴアナ氣候・熱帶季節風氣候・熱帶高山氣候に分けることが出來る。

從つて熱帶は決して單純な直線で區劃されるものではなく、複雜な直線で限界せられたた地域である。

然しこれらの兩地域の內部に定期的な風速運動が起る場合にはこれは地表に於ける溫度分布に影響を與へ熱帶圏內部に又特殊な條件を與へるものである。こゝでは歐洲と異つた風卽ち貿易風と季節風とが吹くのであつて、沿岸地方に於ては海風、陸風の著しき毎日の交代が典型的な現象なのである。

溫度、濕度、風速の綜合作用の結果熱帶の內部には―特に熱帶低地の內部にさへ我々が最初强く感ずるやうな、かの絶對的な同等性、單一性がないのみならず、全地球と同じやうに多くの差異變化があり、理論的には各地には特殊の氣候が成立してゐるものであることを知るのである。例へば臺灣に最初に居住した年は冬で外套の必要を感じないが二年目からは外套の必要を感ずるやうに四季の變化を認めるやうになるのである。

溫暖な地帶に生活を送つた人間は熱帶を考へる時先づ最初に念頭に浮ぶものは耐え難き酷暑である。然し日本の熱い七月又は八月は非常に高い日中平均溫度を示し、往々酷暑熱帶の日中よりも遙かに高溫であることを知つておく必要がある。日本に於ける蒸暑い八月の夜のやうに、熱帶に於て高溫のため眠ることが出來ない、と云ふことは、殆んどないと云ふことを、多くの人は信じないであらう。戶外に於ては、熱帶の太陽の先線は矢の如く强く皮膚を刺し水平面に與へる熱量は、太陽の天頂にあるとき 太陽が水平面と十度にあるときよりも、一五倍以上大なのであるが、それだけ直射と日影とは、溫度に差があるのである。我々は直ちに溫度の絶對的高さよりも、遙かに二つの他の氣候的要因が、人間の健康の定的な因子であることを經驗するであらう。その一つは消極的意味に於ての空氣の含有する濕度であり、これは普通歐洲に於けるよりも高い。他の一つは積極的な意味の通風である。單なる高溫に對しては、我々は換氣裝置を設備することによつて意識的な反應を作ることが出來るが、直接に特異な不快感を與へるものは、溫度が高いからと云ふことではなく、殆んどそれが變化せず、二十度以下に降らないといふことである。從つて、我々は內地の夕方の凉さを、そこに期待することは出來ないのである。これは我々にとつて、決定的な意味を持つものであつて、極度な四季の變化、每日の晝夜の氣溫變動の氣候に體質的に全く適應した生活を營むものにとつて、不變の同樣性の氣候下に生活する場合には、そこに不快を感ずるのは當然である。溫帶より甚だしく變化しない熱帶の氣候は、家屋や衣服の構造に注意して、そこに人工的氣候を作る必要を感ぜしめるのであるが、これらの外部的變化による人工的氣候への適應は人の生活過程を輕減せしめずに逆に永い時間から見れば—本質的ら馴化を困難ならしめるものである。

元來晝と夜の氣溫の甚だしき變化と更に夏と冬との甚だしき變化は一地方の氣候にその體質を慣させせないと云ふことを熟考する必要があつて、日本民族がいづれの氣候にも適應して行く能力のあることはその四季の甚だしき變化に基くものである。

熱帶に於ては晝と夜の差、卽ち溫度の動搖は少なく、又夜になつてもその氣溫が二十度以下になることは殆んどなく、每日の平均、月平均、年平均は殆んど皆な同じなのである。從つて熱帶では又氣溫の同樣性を受けなければならないが、それに伴つて十二時間の熱帶的晝間と同候な長さの熱帶的夜間の定規性が來るのである。かゝる氣候的單調性こそ熱帶の特徵であると考へなければならない。

熱帶の總ての低地に於ては溫度は年平均約二六度附近で（東京、大阪の八月の平均氣溫はそれぞれ二五・七度、二七・四度）ある。原則としてこの平均は海面から一〇〇米昇る每に約〇・五六度低くなるのである。地理學的赤道と回歸線は氣候的意味に於ける熱帶を規定し、包含しない。地球上に於ける陸塊の不均整な分布があるので氣候的熱帶の赤道は或所では溫帶赤道なのである。それは北緯十度附近にある。この線を地理形態學的關係が規定してゐる。攝氏二十度の年等溫の內部に於ける赤道から南、北にある地域が熱帶なのである。（ズーパン）。これらの熱帶の內部—攝氏二十度の等溫線の內部にある地方で、最も寒い月平均が二十度を下らないのが眞の熱帶であり、それ以外の地域が亞熱帶なのである。それで氣候的意味に於ける熱帶はその範圍の大部內が地球の陸の多い北半球にあることになる。

總ての氣候的諸條件のうちで特に苦痛に感ずるのはその空氣の高度な濕度含有であつて、これは低地竝に高地に於ても同樣、熱帶圈に存在する場合には常に高く、殆んど八〇と九〇％の間にあり、一〇〇％以上になることも稀ではない。

歐洲人は平均の比濕が餘り高くないところに住み慣れ、我々日本人は濕度の高いところに慣れてゐる。それで眞夏の豪雨の後に比濕度が八〇％以上に昇つたときには歐洲人は凌ぎ難き蒸暑さに惱まされてゐるのであるが、日本人にはたいしたことでない。これは歐米人にとつては呼吸を困難ならしめる如き空氣拔のない溫室に生活することゝ同じ感を與へる。

氣溫が高くとも濕度が低いと皮膚面から蒸發が旺んでその際多量の熱を奪ふので生理的飽差が大であればそれだけ輕度に感ずるであらう。かくして體感は濕度や溫度そのものに比例せず、冷却强度、乾燥强度にも關係してゐるのである。

從つてこれらの要素の綜合風土が順應を決定的に支配することになるのである。

濕度が溫度に次いで影響度が大であることは蒸し風呂と空氣風呂との關係に知ることが出來るのであつて、蒸風呂は四〇度の絕對溫度に於て旣に呼吸は困難であるが、高溫大氣浴では六〇度に於ては汗が猛烈に出るが呼吸は阻げられない。熱帶では高い所へ行つてもその空氣の大なる濕度含有を逃れることは出來ない。若し海拔一六〇〇米以上の高さに昇つたら溫帶の春の氣候狀態に來ると考へたら誤りである。

然らば日本人は熱帶的氣候に於て風土順應し、その生命力、勢力、健康を維持し得るであらうか。これが日本人植民の根本的な問題である。

過去に於ける白人の歷史と觀察は否定的な解答を與へてゐるが、日本人に關しては肯定的である。（筆者は厚生省人口問題研究所研究官）

被服資源としての南洋

海原長渡

英・米の日本包圍陣

我が日本を中心とする太平洋周圍領域は、英・米を謀主とする意圖に依つて、A・B・C・D・Sラインの包圍環を構成するに至つた。A・B・C・D・Sラインといふのは、Aはアメリカ合衆國、Bはブリテンの頭文字で英吉利、Cはチャイナで蔣政權を現はし、Dはダッチの頭字で和蘭これは蘭領印度卽ちジャワ政權を指し、Sはソ聯を云ふものであつて、これらの國々は英・米の意圖の下に、南太平洋に西南支那、それにソ聯を加へた北太平洋を舞臺とする日本包圍の陣を布いた。それらの軍事合作戰で南方の海と北方の海に、また空に大きく浮び上つてきた。以下これらの包圍陣のことを少しく述べ、南方資源の重要性を强調しておかう。

南方諸領域が一、二世紀以前に、日本人に依つて之を確保してゐたなら、今頃米に不自由し、石油の不足を嘆き、着物の材料の拂底を訴へるといふことが無かつたらう。被服資源を確保する必要上からも、この機會に蘭印諸領や英領南洋諸地域に就き深甚なる考慮を拂ふべきであらう。

A・Cライン

去年の十二月に、シンガポールに英吉利東軍總司令部が設けられた。英吉利がビルマから援蔣ルートを强化して、支那兵を自國領域内に引入れて英支合作の抗日戰線を張らうとしたのは、この司令部設置にはじまるのである。ポツバム將軍が之に初代軍司令官として赴任してから といふもの、シンガポールを中心とする英吉利の軍事的活動が著しく目覺しくなつて來た。ポツバム將軍は、ビルマ、香港、フイリツピン、蘭印、タイを往來してA・B・C・Dラインの連絡構成に奔走して、同時にこのラインの上に對日共同作戰を合議させた。

それから彼は、ビルマから重慶への連絡を圖つた。西南支那とビルマとの國境近くビルマ領內に英支用兵學校を設けて、之に重慶軍側の若い將校や支那兵を入學させ、英吉利の士官が敎官となつてゲリラ作戰、その仕方を敎へてゐる。日本軍をうまく引入れて之に如何に對抗作戰したらその損害を多くすることが出來るか。この點に重きをおいて支那の養兵共をジョンブル化してゐるのだ。この英支用兵學校に入ることを以て支那の青年共は無上の幸榮と感じるものもあらうが、それは實は英吉利の老獪な手であつた。獨逸に依つていつイングランドに上陸されて本土が奪取されないとも限らぬ存亡の瀨戶際であるから、一兵といへども英本土から手離すわけにゆかぬので、英吉利の今の場合では極東の自國權益を防衞するには、極東に派兵したものだけでやらねばならぬ。それではあまりに極東でも手薄すになるので、援蔣の物質的補給はアメリカにやらせて、それを英米合作の重慶援助として恩を着せ、その代償として支那兵を多數ビルマ領內に送らせて、それで以て英吉利兵の不足を補はうとしてゐるのだ。

そういふ方策を講じてゐるのだから、ポツバム將軍は本國に對して、極東のことは自分が引受けたから心配なく、極東のことは極東のものの手で防衞するからといふことであつた。歐洲であれだけの戰爭をしてゐながら、シンガポールやマレー半島をビルマでは、飛行機を多く集結配置し、驚くべき防空設備をし、軍港には多數の軍艦を用意させ、また軍隊も、あの狹い地域にうじやくく集結さしてゐる。もつともこれは、英吉利のものは僅少であつて、多くは印度兵、ビルマの土人、マレー人、濠洲土人、それに支那兵を取入れて、何のことはない人種の展覽會のやうな雜多混成軍團を組織してゐる。B・Cライン、すなはち英吉利支那同盟線といふのは、歸するところ英吉利でその不足とする全力を補充せんがために蔣の軍隊より多數の支那兵を取入れて、ビルマやマレーを防衞せんとする手段であつたのである。

A・Cライン

B・Cラインよりも、A・Cラインの方が歴史的に云へば結成が少し前のやうであつた。それは、アメリカは早くから援蔣に力を入れてゐた。日本に對するイヤがらせばかりでなく、重慶政權を少し援助して抗日戰線を長びかせ、それで以て日本を多く疲弊させやうとしてゐるからだ。最近の國際情勢からアメリカとしては、それがいよ〳〵積極化するやうである。ルーズヴェルトがチヤーチルと海上談義をする以前から、米合衆國は支那の抗日勢力を補强するには、援蔣物資たる軍需品をアメリカで出來上つたものを船で運ぶのは手間が取れるし、分量も多くやれないので、いつそのこと東インドとビルマにアメリカの飛行機組立工場を造らうと、それが計畫されたのはかなり以前のことらしいが、最近それが設けられた。そればかりでなくアメリカは、更にクラゲツト米空軍准將を支那奥地を視察させて、西康省内にアメリカ飛行機工場を作り、飛行場や格納庫を增設するために、米人技師と建設材料をアメリカから續々と入込ませて、蔣政權の空軍再建に力を入れてゐる。成都近くの飛行場に空の要塞ボーイングB一七號を着陸させるために、アメリカから多くの技師を派遣し、その着陸場をいろ〳〵と適當の場所に設けつゝあると傳へられてゐる。

A・B・Dライン

A・B・Dラインは、アメリカ、イギリス、及び蘭印の諸領域を結ぶ軍事同盟線であるが、これは主として海軍と航空軍の共同作戰線である。そこで命令系統からいふとアメリカの海軍が之が指揮に當るもの﹅やうに見受ける。けれど、直接日本に對する開設の基地は、シンガポールがその中心として活躍することにならう。しかし、この戰線の命令權は、イギリスの海軍司令官が握ることになつてゐる。すなはちイギリスの海軍司令官がシンガポールを根據地として、蘭印、濠洲、ニュージーランドの海軍や飛行機軍に對して命令することが出來るのであつて、この命令一下それらの諸領地の艦船や飛行機がおの〳〵の基地や集合を命ぜられた根據地から對日抗勢に出るわけである。これはロンドンのイギリス政府と和蘭政府との間に約束が成り、またイギリス政府からその屬領植民地だつた濠洲政府に對して指令が飛び盟約が成つた。そのことゝアメリカとの開設も出來上つたので、アメリカの極東艦隊はマニラを基地としてフイリツピンを中心とし、獨自の立場から此の戰線に協力することになつてゐる。このライン盟約に依つて、イギリスの艦船や飛行機は、マニラを利用することも出來るし、蘭印のいづれの地點からも發着が出來ると同樣に、アメリカの艦船や飛行機もイギリスのいかなる屬領の地點でさへも利用できるばかりでなく、それが蘭州ボルオネでもスマトラでも若くはジヤワでもこれを利用して自由な活躍を爲し得るわけで、極めて廣範圍に亘る對日戰線が布かれてゐるのである。

このラインは、同時にアメリカのサンフランシスコ根據地、これはアメリカとして第十二海軍司令部であるが、この命令系統にあるやうに思はれる。それは、この海軍司令部の發表に依ると米海軍は、戰時にはいると太平洋岸の哨戒作業に當ることになるので、この司令部所屬に對し之がために小型船による補助艦隊を組織する。そこでこのために數百隻の小型海船や遊覽船が徵用された。これらの船に適當な大砲を裝備し、船長には沿岸の入江や淺瀨その他の狀況をよく知つてゐる從來の船長を動員した。それから比較的大型の船艇には、高射砲、機關銃その他防空用重裝備も施されてゐるが、これも右と同じやうにその主なる任務は、太平洋の海上哨戒である。それがアメリカの近い方でなく、日本包圍圈戰線に於て行はれる。これらの船艇の任務とするところは、敵(日本を指す)潜水艦の監視、小艇による人跡稀れな沿岸地點への上陸防止を任務としてゐる。

南方の英吉利兵力

タイに對するイギリスの政策は、經濟工作と武力壓迫との二つの方法で行はれてゐる。このためにイギリスは、シンガポールに經濟戰爭省支部を設けた。英領ピナンとタイのバンコツクに、その直屬の機關を設けてゐる。イギリスのタイに對する經濟工作として、石油供給やその他の物資をもつてタイ政府の懷柔につとめてゐるが、この好餌を與ふる代償としてゴム、錫、米その他物資大量の買付を行ひ、それでもつて日本へ送る物資の輸出を防止させやうとしてゐる。更に日本の經濟勢力をタイから追ひ出そうとしてゐる。このために豐富な資本をタイのために流用せんとしてゐるのがイギリスの現在の態度である。

しかし、イギリスは、たゞにそのやうな經濟工作のなまやさしいことで滿足するわけがない。英吉利人は、侵略史上の蠻行阻蔽せんがために、フロックコートを着、シルクハツトを頭にいたゞいて、外見上紳士風に變裝してゐたものである。それ故にこそ、紳士的風格といふものを英吉利人ほどやかましく云つた民族は、他になかつた。慘忍惡辣はこの民族の特性であると聞いてゐるが、さればこそタイに對し一面懐柔、一面武力威壓を以て臨んでゐる。タイに對する包圍壓縮態勢として、ビルマ國內にビルマルート防衞を名として、英支共同戰線を張り、シヤンステート附近約一萬人、マングレー附近約二萬人、ラングーン附近約二萬人、マレー半島約一萬人で、計六萬人の兵力が配置されてゐたが、最近ます〳〵その人員を增加しつゝあるやうに傳へられてゐる。

これらの兵力は、前にも云つたやらに人種的展覽會の寄人形のやうなもので、六萬人の內譯といふのは、英系白人が僅か五千人で、他は印度兵一萬人、土民兵一萬人、支那兵三萬五千人といふ雜居ぶりだ。たゞし、これはビルマ内に於ける陸軍兵力である。

英領マレーには、ピナン附近に二萬五千人、コタ附近一萬人、西海岸一萬人、東海岸一萬人、シンガポール附近二萬人、こゝでは合計七萬五千人の兵力がある。そのうちわけとして白人兵二萬五千人、印度兵三萬五千人、馬來兵一萬人、支那兵五千人である。

この他にタイ包圍せる英吉利の空軍基地がビルマやマレーを通じて七十個所ある。これらのうちシンガポール、マングレー、ラングーン、モルネン、メルグイ、アロルスター、ヴイクトリアポイント等が特に設備が完整されてゐる。これらの飛行基地からはタイは、實にその爆擊圈內にあつて危機が迫つてゐる。飛行機が、これらの英軍基地に何れだけあるかといふに、ビルマに約二、三百、マレーに七百乃至一千機ありと云はれてゐる。

南方資源の開發指導

そうした包圍圈の中にあつて、日本はいま東洋の盟主として、東亜共榮圏建設のために、萬難を排して邁進してゐるのである。此の秋に當つて、日本民族生存のために、蘭印、緬甸、英領ボルネオが存在の意義があるのである。何となれば、これらの領域から一ケ年に石油一千三十一萬瓩を生産するからだ。これだけの石油あれば、日本人にはいくら使つても使ひ切れない、しかもこの生産量は全世界石油量の三・六%に當るに過ぎないものだ。世界の石油は、英吉利が主として獨占してゐるが、日本はいま彼等からその一部の移管を受くべきであらう。更に比律賓は如何。そこには世界の他の場所にない唯一生産品たるトニ麻が、世界生産總量の一〇〇・〇%を供給してくれるのだ。

蘭印は何うであるか。そこには一ケ年の生產量として錫二萬八千瓲、ボーキサイト二十五萬五千瓲、ニツケル二萬瓲、燐酸鹽三萬三千瓲、石炭百六十六萬瓲、石油七百九十四萬瓲といふすばらしい生產物が日本人の來るのを待つてゐる。農産物として蘭印には一ケ年米六百二十五萬瓲、珈琲十三萬瓲、甘蔗糖百五十五萬瓲、規那皮一萬一千瓲、コプラ五十八萬瓲、生ゴム四十三萬瓲、棉花二千瓲、サイザル麻三萬瓲、カポツク七萬瓲を供給してくれる。

英領マレーには、農産物ばかりでも米五十三萬瓲、コプラ十四萬瓲、生ゴム四十七萬瓲、。

また緬甸には石油百十萬瓲、米八百萬瓲、生ゴム七千瓲、棉花三萬瓲。

英領ボルネオには、石油九十四萬瓲、米十八萬瓲、コプラ一萬二千瓲、生ゴム四萬瓲。

比律賓には米二百三十萬瓲、甘蔗糖九十三萬瓲、コプラ六十六萬瓲、マニラ麻二十萬瓲といふいづれもすばらしい生産がある。これら南洋諸領には、金、銀の生産物を擧げたら、これはまたすばらしいが、猶太財閥でない限り金などは必要でない。

これらの資源は、今や白人の支配下に委するを許されまい。この機會に、東亞經濟圏内にある南洋諸領は、わが民族の指導を以て東洋諸民族の生活支持力に培ふべきである。嗚呼、神州の高風、誰か南洋の土人にまで及ぼさずと言はうぞ。

× × ×

石川確治作「月讀」(國展)

美術の傾向と服飾

横川毅一郎

★美術と服飾の關係

最近に於ける美術の傾向と、服飾文化との關聯について少しばかり述べて見ようと思ふ。一體美術と服飾とは、つねに親近な間柄で、美術は服飾に影響し、服飾はまた美術に影響する相互關係を保つて居る。廣義にとれば、服飾そのものも美術の範疇に屬してゐるが、純正な美術と、應用された美術といふ風に區別すると、美術と服飾とは、別々な存在の理由をもつて、それ〲獨立しながら互に影響され合つて行くのである。それでは、美術と服飾とがどんな風に影響したり、されたりして行くかといふと、先づ繪畫を主とする美術展覽會が、直接間接に、服飾の方へ影響を與へることである。近來いろ〱の美術展覽會は、專門研究家を鑑賞の對象とする在來の狹い觀念から解放されて、專門研究家以外成るべく多くの文化大衆に訴へようとする傾向が著しくなつて來た。これは美術の影響を、可及的廣範圍に及ぼさなければならないといふ時代的要求の線に沿つて來た結果である。從つて、美術の展覽會は、一般文化大衆と益々接近する傾向になり、美術の鑑賞をたのしまうとする文化大衆が、繪畫に表現された色調や、紋様や、或は特異な形態美などに特に感覺的な注意を集注する結果、その感銘に基いて、自己の服飾や、室內裝飾などに自然に影響される事になる。例へば、本年の「二科美術展」に、佐野繁次郎氏の「畫室」と「部屋」といふ油繪作品が出陳されてあるが、この油繪に表現された室內の色調、殊にその赤い敷物の色彩は、優雅で、明快で、そして又希望的な感情を抱かせる。この繪の近代的高雅ともいふべき色彩の快調は、教養ある人達の感情に、豊かな詩情を訴へ、この色彩美に動かされた人達は、このやうな色調を、自分達の生活の中へ、例へば室內の裝飾に、或は服飾の一部に攝り入れたいといふ衝動に馳られるのである

これらは卑近な一例であるが、このやうな心理過程の中に、美術作品と服飾文化との密接な關係が成立するのであるが、この場場、作品から特別の刺戟や反省を受ける者は、單に一般の文化大衆だけではない。そこには、服飾企業家の營利的な眼も先つて、この感動や刺戟を巧みに商品化する事に機敏に立ち働くことをも見逭してはならないのである。繪畫の服飾文化に及ぼす影響や感化が、高雅であり、健康的である場合は、服飾文化の爲に欣ぶべきであるが、この影響感化は、必らずしもそれだけには限らない。それと正反對の場合すら屢々見出される。

繪畫の色彩表現には低俗な觀衆の好奇心を刺戟する卑俗な例も往々にある。然しこの卑俗な作例は、生活文化の低位にある一般大衆の心を惹き易いから、服飾企業家の謀略的な眼はこの存在を見逭さない、そして間もなく街上には卑俗な色彩や紋樣が次第に目につくやうな場合また屢々現はれる。

次に美術家の側からは、風俗畫や肖像、群像の主題として現代の服飾が取り上げられる。高い教養と高雅な精神とを持つすぐれた美術家は、現代の風俗を取り上げる場合に、嚴しい美的志操を堅持して、高い精神と文化性を持つ風俗を選擇して、これを藝術的に表現しようとするのであり、こゝに現世紀の風俗の美德的なものが間接に術術の世界に貢献する事になるのである。從つて美術家や、服飾硏究家や、服飾企業家の教養を高めて、美術からの影響と服飾からの影響とを相互に可及的に善導する事は、一國の生活文化を高度に發展させるためには、絕對に必要な事柄であると思ふ。

★美術と「金」の使用

最近美術及工藝の創作上に蒙つた大きな影響は、昨年のいはゆる七・七禁止令による「金」「銀」の使用制限である。從來作家の意志で、自由に、無制限に使用されてゐた金銀泥、金銀箔、金絲、銀絲の資材が、時局の關係で、極端な使用制限を受ける事になり、又時には全然使用不可能

になつた。美術製作のうち、特に東洋畫の製作には、古來から金銀の泥箔が、表現の技法上重要な役割を持つて居たのであるが、これが使用上の制限を受ける事になつた爲め、忽ち技術の運營に不自由を感じ、從つてまた在來の技法を變更しなければならなくなつた。現在美術製作上、是非共金銀を使用したい者は、その目的を具陳して、大藏省の許可を受ける制度になつて居るが、大藏省の許可する金銀の分量は、極めて少量であるから、たとひ金銀泥箔の使用を許されても在來のやうな技術的効果を出すことは出來なくなつた。そこで、この許可された極く少量の金銀を、如何に效果的に使用するかといふことが、新たに美術家の悩みになつて來たのである。そして多くの日本畫家は、最近この方法について、少なからぬ苦心を拂つて居る。最近開催された「青社展」や「院展」を鑑賞した人々は、全體として、金銀を使用した繪畫の數が極めて少なくなつたこと、又金銀を使用したものも、その使ひ方が甚だ巧妙になつて居ることに氣付いたであらうと思ふ。つまり最少限度の金銀を使つて最大限の效果を狙ふ技術上の運營が行はれるやうになつたのである。又以前から手持ちの豐富な作家も、時局の壓力から必然に自肅して多量の使用を差し控え、又たとひ相當量を使用しても、それを表現上表面に餘り露出させないやうに、技術上の工夫を凝らすやうな傾向を持つて來た。これを自由主義華やかなりし頃の金銀濫用時代と比較するならば、近々一二年を經たゞけで、まことに隔世の感があると云つてよい。

今年開催の「青龍展」に於ける川端龍子氏の「曲水圖」、「伊豆の國」を初め、坂口一草氏の「大佛寺」、山崎豐氏の「熱河」、加納三樂氏の「採果」、安西啓明氏の「鵜飼」、中川佐風路氏の「花と女性」、また「院展」に於ける岡茂以氏の「琴」、羽石先志氏の「阿陪比羅夫」、中島清氏の「演舞」、木下春氏の「巴」、北野恒富氏の「幾松」などの諸作を見れば、以上述べた金銀使用の消息を、よく理會することが出來るであらう。又この二つの展覽會作品を通じて、かつて自由主義經濟時代には、反省もなく矢鱈に金銀を濫用した題材が、今は一片の金箔も使はず、一筆の金泥も刷かず、繪具だけで表現した作品が相當に多いのを知ることが出來る。

然らば、この時代の要請による金銀使用の制限がどういふ結果を齎らしたか、少量の金銀を生かす新しい技術運營の行はれて來たことは既に指摘して置いたが、それ以外、例へば色調や色相の上にどんな變化が起つて來たか。一體、金銀の先度といふまでもなく高いものであるから、金銀を豊富に使用する場合、他の色彩、赤なり緑なり、黄なりすべてがこの金の先度に對抗してその調子が引き上げられねばならなかつた。例へば畫面として金屛風などを使用する場合、極彩色の構成をするのは、廣い金の面積の先度に對して、淡彩では繪畫的効果を表現することが出來ないのである。金屛風でないまでも、金銀の光りを活用する場合他の色彩も必然に調子が高められる事になるので、金銀を濫用した時代の繪畫の色調や、色相には兎かく卑俗なものが多く作られる傾向があつた。すぐれた美術家達は、自由主義時代でも金銀を濫用せず、金銀の美術的効果を高雅な精神に依つてよく支配したが、さういふ作家は極めて少數であつた。

金銀の使用が不可能であると云つてもい丶現在の日本畫が、この結果として在來の色彩表現に於ける卑俗性を次第に克服する傾向が深められて行くだらうと思はれる。この事は當然の成り行きとして、服飾文化の動向へ、直接なり間接なり影響をもつてゆくに相違ないと思はれる。

以上の事柄は、服飾の側からも全く同じ事が云へるのである。七・七禁令以來、服飾に於ても、帶地以外の金銀箔、金銀絲の使用が禁止されてゐるから、服飾美の構成が日本畫の場合と同様に變化しつ丶あるから、現代の風俗をモデルとする繪畫の表現過程には、服飾そのもの丶方から色彩や紋様の上に影響されてゆく事が多くなるのである。

★作品の主題としての現代風俗

時局の壓力は、繪畫の主題としての現代風俗も、極く健康的なものが取り上げられるやうになり、有閑的な風俗が自粛的に拒否されるやうになつた。勤勞的なもの、生産的なもの、國防的なものが、進んで取り上げられてゐる。一般に輕跳浮華と思はれる風俗は、各作家の次第に深まつた時局的認識のもとに採り上げられなくなつたのは、美術に於ける倫理性が、國防國家の線に沿つて來たからである。これは、服飾の領域でも大體同じ方向をとつてゐるであらうが、美術の領域では特に著しい傾向を示してゐる。

これは非常時美術家の國策への積極的協力を示すひとつの現はれとして大いに喜ぶべきことだと思ふ。

アメリカの絹靴下さわぎ

アメリカの對日資金凍結令で一番驚かされたのは、相手國の日本ではなく、お膝もとの婦人連だつた。

絹靴下がなくたる！

彼女たちにとつて、まさにこれは生命線をおびやかされるものだ。

凍結令が、事實上の經濟宣戰であらうとなからうと、それによつて彼女達の美の護り神絹靴下が奪はれるのでは、だまつて我慢するにはあまりに問題が大き過ぎる。

案の定デパートも專門店も、買だめ狂奔の婦人の行列に、クリスマスが二つ三つ一緒にやつて來たやうな騷ぎを演じた。奥さんに泣きつかれて、いゝ年をした御亭主までもその列に連なる。金のあるマダム連は直接製造會社へ、三百ドル、五百ドルといふ大量註文を發する。

値段は價格統制があるにも拘らず、一割から四割もはね上つた。それでも賣上げは平常の三倍にも四倍にも上つて、品切れの店は續出する。

最近の噂では、米國には婦人靴下のために、婦人の一大運動が起るかも知れないといふ。

强いことは言つてみたものゝ、女房の反對、不平、愚痴、憤滿に手を燒いてゐるのが、凍結令を發した後のアメリカの一相貌である。

しかし女子供はまあ何とかなだめる方法もあらうが、もう一つさし當り困つた問題がある。

靴下製造、その他、日本から入る生糸を原料としてゐた製造業者や勞働者を一體どう結末したらいゝか。

資金凍結當時、アメリカにあつた生糸は約九萬俵位といはれる。これでは、普通に使つてゐたところで、やつと四ケ月位持ちこたへられるに過ぎない。ところがアメリカもやはり臨戰體制のことだから、軍需方面にまづ資材を充分に廻さねばならない。落下傘や砲彈の包みとして、絹に及ぶものはないとすれば、殘り少い生糸をむざ〳〵と靴下にばかり流してしまふわけには行かない。

だから、米國國防生產管理局では八月二日に在米生糸ストックを全部抑へてしまつた。

かうなつては靴下工場は閉鎖するほかに手がない。フイラデルフイヤの製造會社が凍結後數日にして閉鎖したのをはじめとし、有名なミネアポリスのストラトウエア・ニツテイング會社もぐつと仕事を縮少して、もう四百人からの勞働者を解雇した。その他の小工場も相次いで作業を中止してゐる。人絹やナイロンを使用してどうにか工場を動かすにしても、今まで通りの數量をこなすことは當分不可能であらう。

靴下製造にかゝはつてゐた勞働者だけでも米國には約十七萬人近くゐる。この死活問題といふことになると、政府もまた一しほ頭を惱まさねばならない。

七割五分は靴下になつた輸出生糸

何故對日資金凍結がこのやうに絹靴下をめぐつて直接大きい波紋を描くのであらうか——

これはいふまでもなく、莫大な生糸を今まで米國は輸入してゐたからだ。その米國で使ふ絹のうち、八割までは日本からの輸出を仰いでゐた。日本からいつても外貨獲得の親玉である生糸を一番多量に買つて貰つてゐたのが米國だつた。

そして日本から行つた生糸のうち七割五分は婦人の靴下になつたのである。

アメリカでは年々、絹だけを材料とした靴下が四千二百萬ダース以上製造されてゐた。日本では年に絹靴下は四十萬ダース製造され、そのうち約八割は輸出し、わづかに不合格品だけを國内に向けてゐた、といふことを考へ合せれば、四千二百萬ダースとはどれ位大げさな數量であるかゞわかる

我國とちがつて老も若きも、靴下の必要な服裝をしてゐるのだし、國が廣いだけに女の數も多いし、その上彼女たちはあまり、つましい方でもないので、年にこの位は樂にはき捨てるのである。絹靴下はいはゆる電線病で編目がよくほつれるものだが、それを日本の婦人のやうに手まめに綻つて履いたりはしない。糸がほつれたら、もう廢品箱行きである。

かつて米國の職業婦人に何のために働くか、といふ質問が發せられたところ、勇敢な彼女達の中には

「いつも新しい絹靴下をはいてゐたいから！」

と答へたのが一人ならずあつたといふことだ。それほど絹靴下は婦人の心を捕へてもゐるし、またいつもきれいなのをはいてゐるには金もかゝるといふわけである。

餘談にわたるがお蔭で日本は上等の生糸を安く使ふことが出來たものだ。彼女たちのはき捨てた靴下は、日本の婦人の廢物とちがつてまだ糸も弱つてゐないのでそのまゝ集めて大量に逆輸入してゐた。もと〳〵日本で出來た原料ではあるが、國内ではめつたに使へない上質の生糸だから、これをほぐしてまた糸にすると、色々なものに使

へる。我々の着てゐる銘仙には、大抵この再生糸が使はれてゐる筈だし、お召のやうな高級織物帶、或ひは毛糸代用品等、アメリカの古靴下は、立派に日本で二度の御用をつとめ物資愛護の精神を生かしてゐた。

何故絹でなければならないか

人絹が悪光りがしたり、弱かつたりしたのは昔のことで、この頃の人絹は全く時には絹以上の品質、體載をそなへてゐるものさへある。殊に歐米では人絹工業の發達はすばらしい。

それだのに何故絹靴下騷動が起るのだらうか。絹の値打をよく知つてゐる日本人には、誰でもすぐうなづけることではあるがやはり天然の正絹には、人知の及ばないよさがあるのである。

なるほど人絹の進歩は、織物界から或程度まで生糸を驅逐してしまつた。アメリカに輸出した生糸は、十年位前までは半分は織物になり、殘りの半分だけ靴下になつたものだが、織物の方は人絹で結構間に合ふので、絹は段々使用量が減らされて來た。その代り靴下の方で需要が増したのだから結局同じことではあるが

要するに靴下にするには人絹は具合がわるいのである。舊式の丸編、即ち後に縫目の入らない子供靴下のやうなのつぺらぼうのものなら人絹でも我慢できるが、こんなものをお洒落のアメリカ婦人が歡迎する筈がない。今では靴下の大部分は平編にして後をはぎ合せたいはゆるフルフアッションの靴下を作るには、どうしても技術上絹でなくてはうまく行かない。後の縫目一本位、あつてもなくてもよさゝうなものだ。第一人間の足には後に筋がないではないか、見慣れたからこそ、なくては間が抜けるが自然の脚を美しく見せるといふ目的からいへば、縫目なぞない方がいゝと考へる人もあるかも知れないが、どうしてこの縫目がまた靴下の魅力なのである。まつすぐに通つた細い線のために、太い脚も左右に二分されてすんなり見えるのだから。

靴下騷ぎに應じて、抜目のない商人が、早速代用品ならぬ代用策を發表した。靴下色のシエラックを塗つてごま化してはどうかといふのである。からなると縫目は眉墨でゞも描くほかはない。しかし汗で流れてしまふかもしれない。いつそ刺青にしてはどうだらうといふ珍案が出たといふのも、苦勞のほどが思ひやられる話である。

人絹は靴下として、今のところ感心しないとすれば、アメリカ御自慢のナイロンはどうか――一時生糸の輸出をおびやかすものとまで喧傳されたナイロンは、こんな時こそ助け舟になりさうに思はれる。

傳へられてゐる通り、ナイロンは合成纖維としてかなりなところまで成功してゐる既に實用に供され、昨年の上半期には絹靴下の四パーセントが市場に出た。下半期にはこれが一割に及んでゐる。段々製造高は殖える傾向を示してゐる。

ナイロンの靴下は日本にも見本品が來て實用價値も一通り確かめられた。それによると、糸は細く、よく揃つてゐて、絹より見劣りすることはなく、耐久力もむしろ絹

より高い。糸のほつれる心配もない。はいた感じは一寸ゴムに似て彈力もある。從つて皺にもならない。たゞ困るのは、汗の吸收がわるく、何となく氣持がよくないし、ずる〱して辷り落ちさうな氣がすることだが、慣れるとこれも大したことではないといふのである。

要するにナイロンは絹靴下の强敵であることに間違ひはない。

しかし莫大なアメリカの婦人靴下の需要を滿たすにはまだ　生產高が少な過ぎる殊に戰時體制となつてナイロンの工場も、續々軍需方面の仕事にふり向けられたのでこれまで通りの增加率を見せられるかどうかは疑問である。たゞ考へられることは、今度の資金凍結により、背に腹はかへられず、政府もナイロン製造に力を入れるかも知れない、といふことだ。設備も擴げるだらうし、技術的にも益々研究して、より以上の品質のものを作り出す機運を釀成するかも知れない。今のところナイロンは値も高く、絹靴下が一ドルなら、ナイロンのは一ドル五〇セント位の開きがあるが、化學的製品のことだから、技術の發達、大量生產によつて、ずつと價格を引下げる可能性もないとはいへない。從つて、今後平和の時代が來て、再び靴下の輸出をしたいといふやうな場合、今まで通り歡迎されるかどうかわからないのである。現在は代用品が行わたらないために、また絹靴下に魅せられ切つてゐるために、婦人連が一騷ぎ演じても、將來は却つてこれが機緣となつて、優秀なナイロンを作り上げ、アメリカが永久に絹靴下を忘れ去るやうなこともないとはいへない。

靴下は絹でなければ困るといふのは、現在の話だ。我々はたゞ嘲つて、太平洋の彼方の騷ぎをながめてゐるわけには行かない

容易に解けないアメリカの靴下受難

自繩自縛とはいひながら、さしあたりアメリカは絹の不足に惱み拔いてゐる。靴下などは、からなればなくてもすまされる、學校でも素足御法度を解いたり、短靴下を奬勵したりしておくればせながら、婦人の心理轉換につとめてゐる。

しかしどうにもならないのは軍需品だ。落下傘は、輕く、嵩ばらず、强靱な纖維を原料としなければならないので、今のところ絹に代るものがない。ナイロンは有望だが、量も不充分だし、技能もまだ研究の餘地がある。現在アメリカでは落下傘だけに絹を少くとも年に五萬俵必要としてゐる。また彈藥を入れる袋に至つては、どうしても絹でないと燃燒が完全に行かない。武裝を益々强化しなければならない時だから、ストツクの九萬俵は皆こつちへ向けてもまだ足りない位である。國防生產管理局でいち早く生糸を抑へてしまつたのも、軍需上の必要に迫られての策であるが、それにしてもいま目先に見えてゐる絹の不足をどう裁くかがこのところ大きな疑問符である。それに冬に向つては、さう〱婦人の素脚奬勵も出來ないだらうし、婦人側で運動でも起るとすれば、事はなか〱面倒で

ある。

苦しまぎれに支那の生糸を輸入してはどうだらうといふ案も出てゐるといふ。しかし支那の生糸は、到底日本産の輸出生糸の足元にも及ばない。日本の輸出用生糸は非常に品質の優れたもので、その多くは一四デニール二一デニールといつたごく細い糸である。（一デニールは四五〇メートルの重さが〇・〇五グラム、即ち一四デニールは〇、七グラム）靴下にせよ、何の用途にせよ、大部分アメリカではこの種の細い糸を用ひてゐたのだから、今更粗惡な生糸では滿足できないに違ひない。

だからとて何かの代償が講じられるであらう。支那を經て、日本生糸を買入れるとか、或ひはバーター制によつて、日本の必要とする石油や綿と交換されるとか、いろ〳〵噂はあるが、まだ今の情勢はそこまで行つてゐない。

ナイロンや人絹の靴下製造に狂奔してゐるとはいへ、まだアメリカ婦人の靴下受難は容易に解決されさうもない形勢である。

日本にかへる絹

それでは、日本はどうだらうか。

外貨獲得の王者たる生糸が、これで立往生をしてしまつた。今まではアメリカのほか、ドイツにも、南米にも、印度にも相當に生糸は輸出されてゐたが、かうなつてはドイツへは送ることも出來ず、先方も生糸を買ふほどの餘裕もない。かなりなお得意樣だつた南米も、今は船の關係で到底取引きは出來ない。印度は英領は勿論駄目になつたので、僅かに佛印に少々出る位なものである。しかしこれは問題にするほどの量ではない。

早くから今日あることを知つて準備してゐたとはいへ、やはり凍結令の發表と共に横濱や神戸の生糸市場は、相場が立たなくなつてしまつた。港には生糸がたまつてゐる。途中まで行つてゐた三千俵の生糸も、引かへして來た。そこで我國の蠶絲業も、貿易も、途方に暮れれば、敵性國家群の思ふ壺であらうが、さうは行かない。

數年前から、かういふ時節到來は覺悟されてゐたし、それに對する策も着々進められて來てゐる。港に生糸が宙に迷つてゐることはほんの一時的、部分的の混亂に過ぎない。

横濱や神戸に迷つてゐる生糸は、輸出向の高級な品質のもので、現在の國內情勢では、內地用に向けるにはあまり感心しないが、それでも、特殊の裏地や、高級織物、婦人靴下などに差向けられることになるであらう。

不合格品の靴下ばかりで我慢してゐた日本の婦人に、優秀な一四デニールの糸二本合せ、三本合せといつたすごく立派な製品が與へられるやうになるかも知れない。何しろ輸出生糸の七割は一四デニールだつたのだから——。

それはともかくこれからは輸出を斷念した絹全部をどうするか、といふことが問題であるが、これもはつきり決つてゐる。

一口にいへば國內用にするのである。

このところ、木綿や毛は當分おさらばでその代りにス・フが出て來たが、ス・フだけでは量も不充分だし品質にもまだ〳〵難がある。入つて來ない綿や毛の代りに、また缺點の多いス・フの補强に、絹は從來の用途からずつとはみ出して行かねばならないものである。

　絹をうまく使ひさへすれば、日本は被服資源には不自由しない。木綿も毛もなくなつても少しも困らない、といふ目安がついてゐるのである。

　もつともその爲には、生産の計畫をかへなければならない。今までは外國で値をよく買つて貰ふことを目標に、蠶を飼つてゐた。つまりどちらかといふと、手がかゝり飼料も澤山いる優良品種を飼つてゐた。一番大きい用途がアメリカの婦人靴下なのだから、糸はなるべく細く、よく揃つてゐて節のないものを作らねばならなかつた。ところが今後はなるべく人手をかけないで生産できるもの、量の多くとれるもの、太くて丈夫なものを作ることが主眼になる。これまでも、內地用の生糸は二一デニールのやうな細いものは少く、二八、三二、四二六〇といつた太いものが主となつてゐた。

　華やかに國際舞臺におどらせる、消費的なお孃さんを育てる代りに、地味ではあるがよく働き、我家のためになくてならない娘を育てることに、方針をかへたやうなものである。

　實用的な糸を作ると同時に、短纖維の製造も、いよいよ軌道にのつて來た。長いまゝの生糸としてゞなく、短く切つて紡績すると、蠶糸はまた變つた味のものになり、用途も廣くなる。

　木綿や毛の代用、或ひはス・フの補强には、この短纖維が振向けられるのだが、もう市場にもこの製品がどしどし出て、實用價値は證明されてゐる。

　こんなわけで、輸出がとまつたからといつて、日本では天照大神以來傳はつた養蠶の道を少しも狹めなくてもよいのである。

　今までは外貨獲得の根幹になつてゐたのが、今後は國民被服の自給自足の中軸になるだけの變化である。たゞ必要に迫られた食糧の增産のため、いくらかは桑畑が食料用の畑に移行するであらうが、大體に於て農林省では、蠶糸の生産は減らさない立前だといふことである。

　今年も八千萬貫の蠶がとれる筈だつた。ところが、凍霜害や勞力の不足、生産資材の關係などのため、實際は七千萬貫位（約六十三萬俵）になるらしい。このうち生糸として內需にまはす四十五萬俵のほかは、大部分短纖維として、新しい用途に進出することになるであらう。

男子用にも絹靴下？

　資金凍結で輸出はぴつたりとまつても、日本では養蠶業は萎縮もせず、絹はこれまで通り作られる。それはみな國內の被服資源にまはされるのだから、今こそ晴れて、絹が日本國民にほゝゑみかけてゐるわけである。

　人絹も、ナイロンも、手の屆かない高雅な品質、優れた性能、この纖維界の女王に護られて、非常時局を切り拔けて行かうといふのだから、我々は被服資源では惠まれてゐるといつていい。

　アメリカの婦人にはお氣の毒だが、日本では絹靴下はこれまで通り四十萬ダースの製造を確保することになつてゐる。輸出は當分殖えることはないだらうから、日本の洋裝婦人は絹靴下に不自由をすることもなからう。

　それでも日本の女性は、やはり今まで通りほつれを丹念にかゞり、はけるだけはくに違ひない。彼女達のはき捨てた靴下から優秀な再生糸が多量にとれる時代が來ようとは、今のところ一寸考へられないことである。

絹靴下が日本の婦人の脚の曲線美を護るばかりでなく、男子用の靴下にも、絹が進出しようとしてゐる。勿論婦人物のやうな薄い靴下ではない。在來のまゝの姿で、絹がその感觸をよくし、耐久力を増すといふだけのことである。

ス・フは今では相當丈夫なものも出來てはゐるが、一般的にはまだ批難が多い。殊に擦れることの多い靴下では甚しい。弱いもの丶代名詞のやうにス・フの名が擧げられるのも、半日でオールス・フの靴下が破れた、といふ經驗者が、あまりにも多いからかも知れない。

擦れにも、洗濯にもどつちかといふと弱いス・フも、絹を入れることでずつと強くなることが實驗上明らかにされた。

紡績法によつてそれ〲違つてくるが、綿紡績で作つた絹糸の製品で試した結果は乾いてゐる時、一萬一千回の摩擦で破れるのに對し、ス・フは四千四百回こすると破れる。即ち、約三分の一の強さしかない。ところがス・フの中に約三割絹をまぜたものは、八千回の耐久力がある。三割の絹混紡で、倍の強さになるわけだ。

絹は天然糸で、生産費をどうしても或程度以下に下げることが出來ず、從つて高價なものだから、強くなるからといつてやたらに絹を混ぜるわけには行かない。一般性を持たせねばならないものは、値段をあまりあげずに耐久力を絹で增す工夫が必要だ。

絹の纖維にもいろ〲あつて、高級な繭纖維、副蠶糸といはれる屑繭の糸、山繭などの等級があるが、これらを數量的にまぜて計算すると、大體三割の絹をス・フにまぜて、値段は公定價格より約一割五分位上ることになる。せい〲二割位値段が高くなつて、しかも保ちが倍になるのだつたら結局は利用價値に於て得になることは考へて見るまでもない。

現在市場に出てゐる絹混紡のス・フ靴下は絹とはいへ大抵屑繭が使はれてゐる。だから耐久力も思はしくない。もし適當に繭の纖維を混ぜることにすれば、その時こそ本當に絹の眞價が發揮されるであらう。近くその規格も定まる筈である。

絹の紡績糸は、また國民服生地の中軸纖維となる役割ももつてゐる。

靴下同樣に、國民服の生地も、もはや綿や毛に頼ることは出來ないのだから、專らス・フと絹の握手によつて、値段は大衆的で、しかも性能の優れたものを作り出すほかはない。

かうして、問題の絹は百八十度の轉換をしようとしてゐる。

まるでアメリカ婦人の脚のために作り出されてゐたかのやうにいはれた生糸も、今度は形をかへて、或ひは國民服になり、或ひは國內の織物となり、保溫用の靴下にもなるし、透きとほるやうな精巧な婦人靴下ともなつて、專ら我國で活かされることになつた。

絹の重大な使命に少しも變りはない。外に向つて働くか、內で働くかの違ひだけである。アメリカの靴下騷ぎは、その轉換期の摩擦が產んだ一つの悲喜劇といつてもいゝのではあるまいか。（高林　章）

椅子式か・座式か

▼住宅の傾向を語る▲

大村己代治

我々の生活のうち、住と衣とは特別深い關りがある。

浴衣がけにくつろぐと、青疊の上にあぐらでもかきたい氣持になるし、和服の晴着を着れば、知らず〳〵疊に正座する。勞働着を着て客間にかしこまるのは、どう見ても不自然だし、洋裝で座るのも何となく具合のいゝものではない。殊に冬は寒々として、本人もはた目もやり切れない。

住宅の形が、人の服裝を左右するやうにも思はれるし、また服裝が住宅の規準になるやうにも考へられる。鷄と卵のやうに、どつちが先か、この點は問題である。

だから、服裝の方に關係のある人は、何とかしないことには——といひ、建築家は、服裝の改良が急務だといふ。

今は水かけ論を戰はせてゐる時でもないので、双方一體となり、一番いゝ生活を目ざして研究を進めてゐるわけである。

座るといふことは日本人の生活上特徴の一つである。住宅をどうするかと考へる時、また服裝を如何にすべきかを問題にする時、常にこの日本人獨特の生活形式が檢討される。

一體座るといふ習慣は、いゝことであらうか、それとも惡いことであらうか。

まづ良いといふ方の説をあげて見ると、座ることによつて日本人は強くなつてゐるといふ。始終脚や腰の關節を屈伸することによつて、バネの利く身體になるといふのだ。日本の跳躍や水泳選手が強いのもこの爲であるとはよくいはれることである。

それから座る習慣から産れた疊であるが、この疊敷の部屋は、廣さに比して利用率が高い。食堂にもなるし、客間にもなるし、片附けると寢室の御用もつとめる。何人が居ても椅子の心配がなく、それだけ容積は廣いことにもなる。椅子だけではない。洋間なら家具類が色々準備されねばならず、經濟的に相當の負擔となるところだが、疊敷なら、それが最小限度ですまされるといふ取柄もある。

青疊に寢そべる氣持だとか、障子を開け放して座り、近々と庭先の土を眺める落付きなど、氣分の上の特長を考へると、これまた日本人には座る生活は離れがたいものがある。

しかし社會生活が目まぐるしく變つて行くにつれて、我々の住宅も昔のまゝの味ばかりを樂しんでばかりもゐられなくなる。

座つたり、立つたりすることで、日本人がどんなに精力を浪費し生活能率を下げてゐるか、これは世の中が忙しくなるほど甚しくなつて行く。少くとも疊の上に座る姿勢は仕事をする上に合理的なものであるとはいへないからである。

住宅はたゞ慰安休息のみの場所ではなく、殊に主婦にとつては仕事場でもあるのだから、將來は能率的な住宅の形式が考へられねばならない。

座ることを一途に排擊するわけではないが、これからの日本の進路に副ふには、椅子式の生活も必要であり、それを如何に取入れるかといふことが問題とならねばならないのである。

椅子式の樣式を取り入れるとなると、樣々の障害にぶつつかる。これを一つ一つ解決して、拔きさしならないところまで持つて行かないと、これは永久に理想案に止まることになるであらう。

震災後から暫く、いはゆる文化住宅なるものが流行した。日本間もなかつたわけではないが、應接間その他に、かなり椅子テーブルつきの洋間をとり入れた。ところが、數年經つうちに、洋間の方は段々使はれなくなり、家具は埃にまみれ、結局また經費をかけて疊敷になほした、といふ例を少なからず聞かされる。それは煖房の點に考へが及んでゐなかつたり、家具も居心地がよくなかつたりするほか、主婦の生活指導がそれにともなはず、形ばかり新しい建物の中で、相變らず保守的な生活をしつゞけたことに原因するといつてよいであらう。

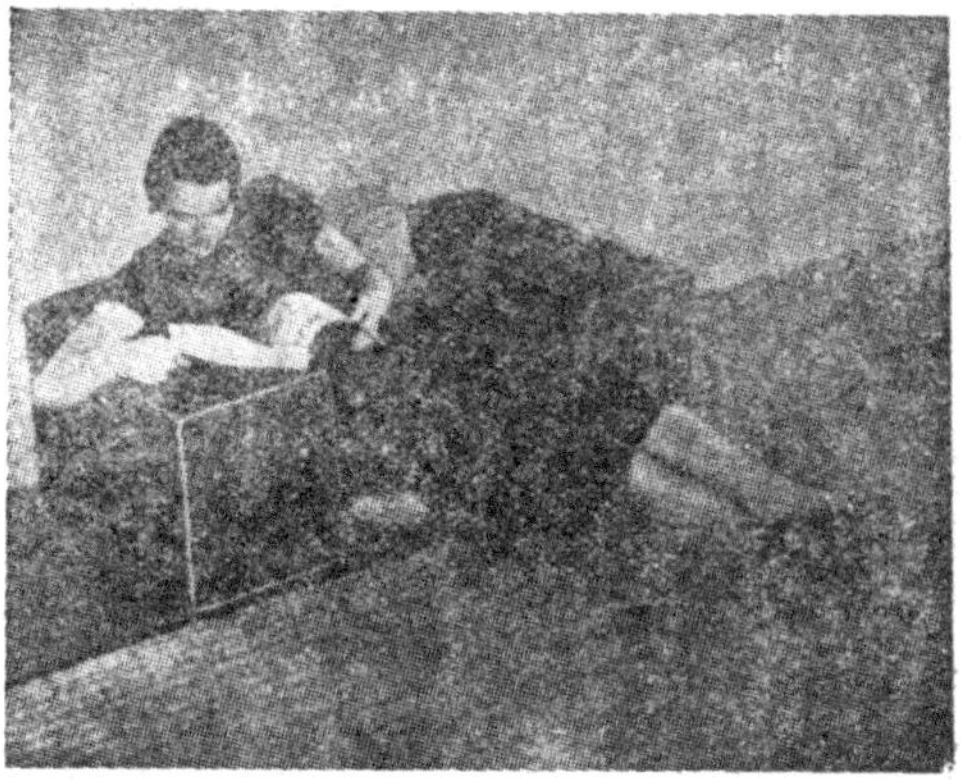

　また折角能率的に立廻らうとしても、住宅の作り方が不親切で主婦の方で、劫を煮やしてしまふこともあり得る。例へば、仕事は椅子に腰かけてするといふことを原則としても、針仕事をする裁板が座つて使ふものしかないのでは無理だ。腰をかけてするのに丁度よい高さの裁縫臺、立つてかけるのに理想的な高さのアイロン臺など、家の一部として作りつける位の親切な設計が行はれなければ、本當に生活は合理化されないのである。

　椅子式にする上の難關は、家具の數を多く必要とするとである中流階級以下には、いはゆる洋家具を一通り揃へるなどといふことは、一寸相談にならない。しかしこれも考へ方で、是非國民の生活能率上、この様式をひろめねばならぬといふ方針が確立するならば、色々の方法があると思ふ。例へば、人口局で貸出してゐる結婚奬勵金が、新しい家庭を作るための資金であるならば、將來、金の代りに調度を一揃ひ與へるといふことも出來よう。よく研究した上、規格に合せたものを貸し、その貸付けの中に生活改善指導の意味を織り込めることも出來る。

　大體今までの洋家具なるものは、外國の規格をまねて作つたに過ぎず、日本人の體格や生活とは凡そ縁遠いものが少くなかつた。その點研究も足りないし、從つて發達もしてゐない。それは、家具製造者が、その家具を用ひるやうな階級とはおよそへだたりがあつたといふ矛盾にもよるの

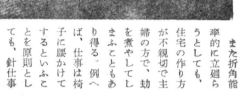

であらう。

　とにかく椅子にしてもテーブルにしても、日本人といふものを標準にして考へなほせば、もつと氣持のいゝ、使用價値の高いものが、きつと出てくると思ふ。つまり座つてゐるやうな感じの低い椅子、座つても、腰をかけても用ひられるテーブルなどの、よいものが出來るに違ひない。

　椅子を室內におくとすると、疊がまた問題になる。疊は家具によつて擦れていたみ易く、疊換へなぞの經費もばかにならない。また疊が非衞生的であることは以前からいはれてゐる通りである。もつとも疊は床から上る濕氣の調節役をもつとめてゐて、必らずしも非衞生呼ばはりをすることも可愛想だと思ふ。だから疊の特長を兼ねそなへた疊にかはる敷物の研究が完成すればそれで文句はないのである。家具をおいても傷まず、値段が手頃で、埃がたまらず保溫にも適し濕氣の調節にもなる、といつた理想的な敷物が早く完成して欲しいのである。もと／＼疊は日本でも歷史のさう古いものではない。百人一首の歌留多の繪等に見ても我々の先祖は板敷の部屋に、座るところだけ、疊のやうな敷物を敷いてゐた。しかし長年の習慣だから、日本人はいくら椅子式の生活をするにしても、當分は、絕對に座ることをよすといふわけには行かないであらう。だから疊にかはる敷物には、その上に座れもするといふ條件を一つ加へなければならない。

　日本の住宅が概して夏向に建てられてゐる事は濕氣と溫度が甚しく高いので暮し惡い爲である。これをなるべく避けるやうに、南側等の窓は大きく、といふよりも、全部を障子や戸で開放できるやうに作られる。

　兼好法師がいつてゐるやうに「冬はいかやうにも住まる」のである。但しこれは座つて生活する場合の話であつて、板敷に

高い椅子といつたいはゆる洋間での話ではない。椅子式を採用して、一年中生活能率を下げまいと思へば　いきほひ冬の煖房といふ難關に突きあたるのである。

隙間だらけの家の建て方、もと〳〵夏を主とした建築様式を根本的に改めない限りいくら經費が許しても部屋全體の空氣を暖めておくやうな煖房法は、一寸一般化する見込みがない。座らずにしかも煖をとる形式といへば、やはり最近普及して來た腰かけ式の堀炬燵のやうな部分的煖房法であらう。冬の間このこたつを中心とするならば、益々板敷では具合が悪く、疊にかける敷物の出現、また同時に不調和にならない低い家具の制定が必要となつてくる。

要するに、今後の住宅は、適當に椅子式をとり入れねばならぬといふ根本の方針ははつきりしてゐる。たゞそれには技術的、經濟的に數多の問題がからんでゐるので、一つ一つ徐々に解決して行かうとしてゐるのである。

今度大量に建てられる住宅營團の勞務者住宅も、決してこの點を考へないわけではないが、何しろ規模の小さい家ばかりで、椅子式をとり入れるだけの餘裕がない。だから一番大きい形、即ち八十平方米型（二十一坪）の住宅だけにはパーラー式の居間を設けることになつてゐる。まん中に稍ゝひろい椅子式の居間を設け、そのまはりに寢室、その他の小部屋をつける案は、東日で募集した設計圖の中の選外佳作には殊に多く見受けられた。それだけ、一般の要望もあるものと思はれるが、八十平方米型（二十一坪）以下では六ケ敷い。戰時下資材その他の關係で差當つては理想的には行かないので戰後に期待してゐる。

座れもし、腰をかけて仕事も出來る家といふと、いはゆる和洋折衷といふことになるが、今後は、表面《うはべ》だけの折衷ではなく、本當に日本人の生活様式を見極めた上での新たな形が整へられるわけで、從來の文化住宅とは些か趣を異にするのである。

衣服の方も同じ線にそつて今、標準が定められつゝあるが、住宅の新標準も遠からず確立される時が來るであらう。

その時こそ、婦人も長い袖や重い帶に執着なく、新しい日本的な衣服の中に完全に入りこんで行くことが出來るにちがひない。

国防

國民の防空態勢

わが國はいま臨戰狀態にある。

國家は、國民全部の力で國土を防衞せねばならぬ情勢になつて來た。飛行機が現在の戰爭において敵國を攻擊する武器として最も效果的のものとなつて來た。これは、最近二三十年の間に飛行機の進步發達が實に素晴らしいものとなつて來てから、今まで敵彈を受けないものとされてゐた銃後の國土も、いまではたやすく空襲を受けるやうになつて來たからである。それであるから、現在では銃後といふ氣持を持つことが誤りとなつて來たので、國内が第一線と同樣に戰場と變りがないのである。

敵の飛行機に對しては、國内が戰場となつて來た。それが何時空爆を受けるかわからぬ情勢となつて來た。國内もまた戰場である。

戰爭の形態が、從來のものとは全く一變して來た。さうなると國土は、國民總ての力で防衞せねばならない。軍人だけが戰線で彈丸飛雨のなかを敵と戰ふものとは限らぬ、國内のもの總てが戰線に立たねばならなくなつて來たのである。

國土の防衞

かういふ場合に、國民は何をせねばならぬか。殊に敵の飛行機來襲の時に。

それは、國民は凡て國土防衞のために蹶起せねばならぬ國民の國防參加である。勿論防空飛行機や高射砲等武器を操縱して敵機を擊墜することは元より軍隊の任務であることと言ふまでもない。しかし、敵の空襲の目的は、爆彈で戰鬪員も非戰鬪員も何等區別なく、軍事施設たると非軍事施設たるとの差別なく、また老幼婦女のわけ隔てなく、あらゆるものを破壞し、殺傷せんとするのが敵の飛行機來襲の目的である。敵は、敵の飛行機は、所嫌はず爆彈を投下するのである。地上のあらゆる物、人が攻擊の目標となるのである。さうした敵の飛行機の來襲に對する備へとして、それを數に限りのある軍隊にのみ一任しておくわけに行かぬ。

かゝるときに、國土の防衞に當るべきものは、國民全部でなければならぬ。なぜかといふに、地上の總ての物や人が敵の蹂躙に委せられる恐れあるからである。

國防、それは、かういふときにおいて國を防がねばならぬのである。一致團結し、一死奉公すべき秋が當に來らんとしてゐる。敵機來襲に對する秋、國民の總てのものが國土防衞の戰士となるのだ。男も、女も、子供も、老人も。應召した勇士は、國内の家庭でどのやうなことが起らうとも、それは顧慮してゐない。自分の家が何のやうに貧しからうと、父母や、妻子が病氣で危篤に陷らうとしても、それには一顧だにせず、わが陸海軍の軍人は、喜び勇んで應召し、唯一途に君恩國恩の萬分の一に報いようとしてゐるのだ。その勇士の父であり、母であるもの、妻たり、子たるもの、敵機の來襲によつて

国防

國内が、國内のあらゆるものが攻撃大破されやうとするとき、何んで靜かに默してゐられやうか。

國民の組織

かゝる場合に必要なのは、國民の組織である。强靱な國民の團結である。町會、隣組それが組織の單位だ。この單位の活動、それが國民の力としての現れである。

この組織を話せよ。それは防空時の國民の偉大な力となるう。この組織で以つて、國民各自がその持場を守り、働くのである。敵機の空襲を恐れて、勝手に持場を離れて避難するもの、退去するもの、それは許されないのである。

われらが現在住んでゐる市町、村は、われらの持場である。國土が戰場となつた今日では國民が敵機に對して守備すべき國土の陣地である。防衛すべき城砦である。

この陣地、この城砦においての任務は、國民に與へられた義務である。この義務を遂行し得ざるものは、自分一個のことを重んじ、滅私奉公をつくさゞるものである。國民と苦樂を共にせず、防衛に任じないものは、公の務めをないがしろにするものである。法の制裁は兎も角として、國民としての義務に缺くる所があらう。

それにしても空襲はそれほど恐怖すべきものではない。現時の空襲は、毎日晝夜を問はず、大爆撃を受けるものではない。空襲は、それほど大被害を受けるものではない。殊に敵機がわが日本の國土を來襲する場合を豫想するときわが空の守りを突破してやつて來る敵機は、それほど多くのものではあるまい。數に於ては知れてゐる。ノモンハンの體驗勇士の談によるも、そういはれてゐる。

さればといつて、敵機が全然わが國土の空に入つて來ないとは限らぬ。否、敵機の空襲は覺悟せねばならぬ。突如として現はれて來る敵機、それは何時現はれるかわからぬ何の方面から來るかもわからぬ。

その敵機の不時の來襲に對して、いつでも備へがなければならぬ。組織的に防衛の任に當る國民の覺悟が必要である。

そこに國防の意義がある。

防空實施が發令された場合どんな措置を採ればよいか。警戒警報が發令された場合、空襲警報が發令された場合、何を爲すべきであるか。それは町會を通じ、隣組において廻報せられてゐるから、それをよく讀んで心得ておかねばならぬ。

そのいづれにしても、國民は沈着冷靜におの〳〵の持場を守り義務を遂行せねばならぬ。機敏且つ勇敢に行動せよ。いづれの場合でも周章、狼狽は何よりの禁物である。

われ〳〵の覺悟と努力によつて、被害を僅少に喰ひ止め得るものである。それには、全國民、全市民が協力一致して防衛に當らねばならぬ。

然る場合に敵機の來襲は、決して恐るべきものでない。

世界の情勢に依つて、今やわが日本は眞の戰時に入つた

國防、國土防衛の秋だ。

座談會

「臨戰態勢下の生活」を語る

出席者（順不同）

文部督學官　成田順氏
作家　窪川稻子氏
評論家　阿部靜枝氏
畫家　三岸節子氏
日本女大教授
中央協力會議員　高良富子氏
日本女大講師
洋裁家　岩本許子氏

協會側

常務理事
陸軍主計大佐　石原通
本會理事
陸軍省衣糧課長　吉良大佐
理事　三德德次郎
理事　齋藤佳三郎
幹事　倉田英
幹事　井澤眞太郎

本誌記者

石原　本日は御多用の際、御出席下さいましてまことに有難うございます。

先般御案内申上げました通り、國民服に關します一般の關心を高めまして國防國家建設に資しますために、本誌を發刊致すこととなりました。本夕はざつくばらんに御婦人を中心としました戰時下の生活につきまして御懇談を願ひたいと思ひます。まづ男子の國民服につきまして御婦人の立場から御感想を伺ひたいと思ひます。成田さん、どうぞ……。

女性から見た國民服

成田　たいへんいゝと仰しやる方と、それからあまりよく感じていらつしやらない方と、これは已むを得ないことぢやないかとも思ふのでございますが、私共拜見したり、家庭で縫ふやうにといふことでございますから、生徒にいろいろ話を致しますため、中衣の研究をしてみますと、なか／＼よくお考へになつていらつしやる所も澤山感じられます。その中でも見た感じから申しますと、今までのやうな窮屈な感じでなく、たいへんらくさうに感じられるのでございまして、たいへんよいと思ふのでございますけれども、生地が惡いと、とてもみすぼらしい感じになつてしまひます。生地が惡いために、かなり見た感じを惡くしてゐるのぢやないか、そんな風に思はれるのでございます。さういふやうな點からもう少し生地を、贅澤は申しませんけれども、だらんとした、どろんとしたやうな感じでなく、もつとしつかりした男らしい感じの生地が作られましたらよいのぢやないかしらと、こんな風に思ひます。

それから中衣の方を主に裁縫させて居りますけれども、その點から申しますと、製圖が非常にらくでございますし、縫ひます上からも、今までのワイシャツとは比べものにならない程らくに出來ますし、いろいろお考へになりました所を生徒に傳へますと、みないづれも成程といふ感じで裁縫して參りますので、さういふ點たいへん結構だと感じて居ります。私、專門と申してもたゞ學校の洋裁の方を主に持つてゐるのでございますが、もう少し揃へた精神をよく傳へてやることがたいへん大事なことぢやないでせうか。着る人、縫ふ人、さういふ人たちにもつと國民服を制定された精神をよく傳へて、さうしてそれを育てて行くことが大事なことぢやないかしら、そんな風に考へて居ります。

石原　地質のしつかりしたものを作るといふことは御尤もだと思ひます。私等もさうしなければならぬと思つて、今その方を大いに運びつゝあるのでございます。なほ大いに精神を方々に普及しなければならぬことは尤もなことでありまして、それも私共大いにやらなければならぬと思ひまして、これから一つ努めようと思つて居ります。

吉良　よれ〳〵の服を着てゐるのを見ると全くさう感じますね。

石原　岩本さん、どうか……

岩本　私の方は婦人服専門の關係から、男子服の方は取扱つて居りませんのでなんでございますが、

先程成田先生も仰しやいましたやうに、いかにも布地が悪いため、なんだかさもしいやうな氣が致します。きちつと良い生地で召していらつしやる方はさう思ひませんけれども、やはり生地の關係でだらつとなる性質の生地でございますと――それはなにも國民服に限らない、背廣だつてあゝいふ風な生地の悪いので作つたらやはり同じ感じがするだらうと思ひます。私共と致しましてはやはり婦人服でも洋裁を一と通りやる以上は、今の國民服はかういふやうな裁斷でかういふやうに作られてゐるといふことだけの知識はなければいけないと思ひます。細かくこゝがかう、あそこがあゝといつた所までまだ研究して居りませんので、たゞそれ位のほんのぼやつとしたことだけしか考へて居りません。たゞ見た感じは、どなたも仰しやつて居りますやうに、布地がもつと丈夫な堅牢なものでありたいといふことを切に考へて居ります。

石原　國防上の見地からもう少し地質をしつかりしたものにしなければならぬわけですね。三岸さん、美術家としてなにか……。

三岸　滿洲では皆さん國防服を着ていらして、軍部關係の方が着て居られると凛々しくて魅力的だつたんです。

三岸氏

岩本　だらつとしたのが一番氣になりますね。

岩本　既製服になりますと、大中小といつたやうな寸法で出來て居るのでせうか。

石原　もつと號數は多いやうに思つて居ります。

成田　九號がございましたね。

石原　軍隊の服あたりは六號位までですか、あれより多いのですから……。

阿部　誂へと既製とでは、値段はどれ位違ふのでございませうか。

倉田　註文服の方は假縫附きで附屬工料合はせて最高三十圓といふことになつたのでございますね。

阿部　三十圓ではちよつと良い地質は難かしうございますね。

倉田　それは注文服の場合の附屬と工料です。既成服は最高のもので四十五圓止まり位です。それは毛の入つたものです。それからその下に行きますと、三十八圓位の所ですね。

岩本　生地は幾通り出來て居りますか。

倉田　今のところ國民服の生地として織り出したものはほんの少しきりでございます。

阿部　東京より地方の方が着てゐる率が多うございますね。ところが、地方ですと縫へる人がゐないのです。それで洋裁學校の生徒やなにか行きましても、子供の服や婦人服は家で縫へるのだから、國民服を一つ縫つて貰ひたいといふことで頼まれまして、三十圓の工料では少し高すぎるから、十五圓位にして、皆んなが縫へるやうに普及して貰ひたいといふ聲がございます。生地を持つて行きますと、假縫なしで十七圓ださうでございますね。

石原　附屬はつくのですか。

阿部　附屬はつくのでございます、ボタン位のことでございましたら……

石原　どうも都會は普及が難かしいやうに思ひます。やはり専門學校以上の學校を出ました者は、最初一遍は脊廣を着てみたいといふ考へがございますから……。

　この間私、田舍に參つて話したのでございますが、田舍ではよく知りませんので、紋附や羽織袴の代用に出來るなら、儀禮章一つで代るなら、國民服を着ませうと言つて、田舍の方は希望する者が非常に多うございます。それから正式にはカラーやネクタイをしては惡いといふことを知らずにうつかりやつて居ります。それもやらんで宜いならなほらくでようございます、といふので、田舍で話しますと非常に着る率が多いやうです。

成田　今お話のやうに、子供服や婦人服は家で縫へるから、國民服を縫つて貰ひたいといふやうなことになるのでございませうか。若しさういふやうなことにでもなるのだつたら、よほど専門家の方でも、學校の方でも考へて行かなければならぬと思ひます。

阿部　私、學校の敎科なんかには國民服を入れた方が宜しいと思ひます。婦人服なんかも、今までみたいにデザインを難かしくしたり、飾りを多くしたりするやうなものは、これからはどうかと思はれますから、さういふ技術の餘裕をもつて男子服の方に進出した方がよいと思ひますね。

石原　私たちの方からは望ましいことです。……窪川さん、御感想を……。

窪川　女の人の國民服の試案が今新聞やなにかに澤山出て居りますね。さういふのに比べますと、男の方の國民服といふのは割にするとみなお召しになつて居りますね。お召しになつていらつしやる方は、やはりお洋服を着てゐた男の人のさういふ習慣から、上衣の形が變つたといふ風なことで、割に自然に行つてゐるやうに思ふのでございます。

右・逢川氏　左・成田氏

石原　いま井澤幹事や三德さんが着て居られます中着でございますね。あれは地質はなんでも宜いのでございます。

阿部　それは絹みたいですね。

三德　絹が半分にスフ半分です。始終着て居りますから、今こんなになつて居りますけれども。

石原　なにか御家庭のものを利用してかういふものを作るといふ御婦人の方のお考へは……。

成田　この間、電車の中で、たいへん氣のきいた中着を着ていらした方がございまして、これならと感じましたが……。

阿部　お召しになつていらして缺點だとお思ひになるやうな所はございませんか。

三德　ないですね。

阿部　胸の縱ポケットはどうですか。

石原　これは物の出し入れは便利です。

三德　大きな物が入りますよ。菊判の雜誌を二つに折ると入つてしまひます。

阿部　そこを狙へばいゝわけですね。（笑聲）

岩本　兵隊さんの服もやはりこれでございますか。

吉良　乙號はこれと同じでございます。

成田　襟の所に隨分御苦心があつただらうと思ひます。

石原　夏は中衣だけで方々外を歩いても差支へないのでございますから……。ワイシャツで歩くといふやうな非禮なことはないのでございます。

齋藤　國民服の便利なのは、兎に角三つの構成が六通りの外に出られる着方がございますから、隨分バラエティーが多いのでございます。

成田　この頃、襟元だけ賣つて居りますね。なんとか名前をつけて、一圓二十錢とかで……。

石原　あれは、夏は中衣を着て、その上に上衣を着ると暑いですから、あれを着ないで、つまり外觀が中衣を着たやうに見えるために……。

齋藤　これは炎暑の時と臺灣のやうな暑い所ではあゝいふことをしてもいゝといふことになつて居ります。

近頃の婦人の服裝について

石原　最近の婦人の服裝、特に銀座の風俗等につきましてどういふやうなお考へを持つて居られますか。私共見ますと、なんだか近頃非常に柄が派手になりまして、ばかに赤や青の色が出て來たやうに感じられます。さういふのを着て歩く人が非常に殖えたやうに思ふのでございます。

三岸　和服はこの頃ずつと地味になつたやうな氣がします。細かい柄で、昔だつたら四十くらゐの方がお召しになるやうな、實に地味な柄がお好きのやうに思ひますけど……。

成田　ずつと落着いて來たやうに思ひますね。

三岸　色は派手な眞赤な色が皆さんお好きのやうでございますね。

窪川　去年の春頃は、あまり皆さん派手な着物を着ていらつしやるので、どうなるかと思ひましたけれども、華美廢止が出て、まアよかつたと思ひました。そしてこの頃は、柄の好みからいへば、たいへん品がよくなつて居りますけれども、お洒落といふことからいへば、相變らずお洒落だと思ひます。柄だけからいへば、非常に落着いてよくなつたと思ひます。一年くらゐでとても變りましたね。

成田　あんな禁止令を出されたことは、私共恥かしいやうに思ひますけれども、あゝいふものを出されなければ、制止出來ないのかしら、被服に對する教育が徹底してゐないといふやうな感じが致します。

岩本　兎に角和服は――みんながさうといふわけではございますまいけれど、やはり國民の八割までは、自分の服裝に對する自分自身の考へといふものがないやうな氣が致します。もつと婦人が自分の着物といふものに對する言葉は硬くなりますけれども、自覺と云ひませうか、自分自身の考へといふものが、今後生ひ立つ人、それからいま中年くらゐの人に必要ぢやないか。

無考へに自分の着物を着るといふのではなしにやはり時局とか或はまた自分の家庭の樣子とか環境とかいつたことを考へて、ちやんと自覺して自分の服裝をして行くといふ風に、服裝文化と申しませうか、さういふ風なものに引張つて行かなければいけないのだといふ氣持が私はどうも濃厚にするのでございます。

右・岩本氏　左・倉田氏

齋藤　今まで放任しておいたからですね。

岩本　私自身が取扱つてゐる生徒に

づいて試驗してみましても、四五年前と只今とではよほど變つて參りました。前よりはよほど皆さんしつかりした考へを持つやうになつたことを感じますけれども、やはりまだ自分自身の考へといふのがありません。

三岸　女學校の教科の中に服裝に關するもつと常識的な科目を入れてもいゝぢやございませんか。

岩本　私もそれが必要ぢやないかしらんといふ風に思ひます。

成田　今度小學校が國民學校として出發致しましたけれども、その方の裁縫の要旨からいつても、さういふ方面に相當注意をする樣に言つて居ります今までは普通衣類の裁縫に習熟せしめることと、節約利用の習慣を養ふといふことの二つであつたのでございますけれども、今度は普通衣類の裁縫に習熟せしめ、これは裁縫をやる方のことで、そのほか衣類に關する常識を養ひ、といふことを入れました。たゞ裁ち縫ひするだけでなく、買ふ時の材料の選び方から始まりまして、どういふものが都合が好いか、價格もどれ位か、それが自分の普段着によいかどうかといふやうなことをちやんと選ぶ元を十分敎へて行かなければいけないだらう、それから色の配合などもだん／＼でございますけれども、敎へて行かなくちやならないだらう。それから拵へたならば、その後の始末の仕方、それもやはりずつと關聯して敎へて行かなくちやならぬのぢやないか。今までは家事の先生と裁縫の先生と二人ゐて、どうも一致しなかつたり徹底しない所があつたりしたから、それを衣類として一つの系統を立てるやうに藝能科裁縫の要旨を考へたわけなんでございます。

岩本　結構と思ひますね。

成田　それからもう一つ、婦德の涵養といふことをどうしても入れろといひましてね、婦德の涵養を入れましたら、男德の涵養もどこかに入れて貰はないと釣合がとれないといふことで……（笑聲）

窪川　和服の場合に、和服の生地やなにか、柄も關聯して、それをどういふ風に着るといふ考へがこの頃は隨分崩れて參りましたね。昔はさういふことがあつたのでございますね。それが皆さんいつでも出歩けるやうになつたから、買物に黑縮緬の羽織を着ておいでになりますし、御祝儀にもそれでいらつしやる。それで變なものになりました。

阿部　晝から夜に續くといふこともございますね。それから買物に出た序でにほかの用事も足すといふやうな……。それをきびしくされると、この着物ぢや變だといふことが非常に多くなりますね。

岩本　それで不便なことがありますね。東京みたいな廣い所で遠方に行く時には……。

窪川　ですから常識があるといゝと思ふんですけれども。

阿部　特別な時着る物は廢してしまつたらいゝと思ひます。買物に着て行つていゝやうなサッパリしたものに儀禮章をつければ訪問しても構はないといふ程度の所に落着かせなければいけないと思ひます。

岩本　出た序でにあの用事もこの用事もといふことになりますから……。

窪川　だからそれで華美になつたといふこともございますね。

阿部　その場合に合ふやうなものを着替へてゐると、大妻コタカさんは一日に十三回着替へなければいけない日があつたさうです。だけれども、それをやつてゐたら生活の合理化になりませんから、それで一つの着物で押し通さうと言つていらつしやるのです。ですから婦人國民服のやうな、どこにでも着て行かれるものが出來れば便利になりますね。

窪川　普通の奥さんなら、お買物だけにいらつしやる方が隨分あるだらうと思ひますね。髪を結ひに行くのにも黒縮緬で行くのですからね。

阿部　今そんなの流行らないぢやないの。（笑聲）

成田　いま夏だからですね。

阿部　夏羽織はなくなつたみたいですね、今年は。

窪川　着なくなりましたね。

成田　夏羽織のことでございますけれども、私、女學校の生徒に單羽織を敎へる時に、たゞ初めから裁つことだけでなく、まづ單羽織が必要であるかどうか。男子の禮服としては、和服であれば羽織袴が必要だが、女子の方はどうだらうかと聽きますと、必要でない、年寄は着たが、自分たちは着ないと言つて居りますけれども、さて卒業して行くとみな着るのでございます。學校でも口を酸つぱくしていゝ加減徹底さした積りでも、お母さんがどうしても着て行けと言つたといふので着るのでございますよ。

石原　いま厚生省では、國民の體位が大分低下して來た。殊に男子の體位が一般に低下して來たから、これをどうしても向上させなければならぬといふのですが、體位の低下といふことにつきましては、いろ／＼なことが原因してゐると思ひます。服装といふこともやはりその一因を成してゐないかと思ふのでございます。國民服の制定といふこともその一つとして考へられてあるのですが、なほそれらにつきまして御感想でもございましたら、お話を願ひたいと思ひます。

齋藤　これは日本ばかりぢやございませんね。十八世紀の終りにフランスで醫者が非常に合理的な、つまり科學的なあゝいふ思想を民間に普及して、そしてロココのコルセットを取れといふことを主張したのですが、なか／＼取れないのです。さういふ途轍もない無駄も、かういふ生活習慣から考へてみると、どうしても取り切れないのぢやないかと思ひます　これも成田先生の方から一つ敎育するやうな意味で……（笑聲）

成田　えらく引受けなければなりませんね。（笑聲）

この間も女學校の先生に話したのでございますけれども、例へば帶を縫ふ時は、帶の角の縫ひ方といふものはとてもやかましいのでございますね。そして一生懸命拵へ上げたものを疊んで、それで點をつけてゐるのでございますけれども、今の國民の體位向上なんといふことから云つたら、角が曲がつて居つても——よいとは言はれませんけれども、それ以上に帶の締め方の方が大事なことだから、學校の教育としては締め方を主にしてやつて行くやうに頭を轉換して行かなくちやならない時代ぢやないか、一粍や二粍は……。

齋藤 なにしろ明治時代の帶揚といふのを締めていま電車に乘つたら三分の一位の場席を取つてしまふ、それは兎に角大きなものです。あれは四十人乘れる所に三十人くらゐしか乘れない。

成田 實際帶揚の大きいのをやつていらつしやると、取つてしまつたらよささうに思ひますね。

阿部 昔はお金を入れたり手紙を入れたり……。

齋藤 明治時代はありました。ちやんと後ろに蓋が明くやうに……。

岩本 大事なものはみんな帶揚の中に入れて歩いたといふ時代もございますから……。

子供の體位と服裝

阿部 兎に角和服よりもお洋服を着た子供たちの方がずつと體位が向上してゐると言ひますね。

岩本 それは赤ン坊を育てる時に、和服で育てるよりも洋服で育てた子供の方が發育が四箇月早いですね。普通はお誕生頃に漸く歩きますね。それが洋服ですと、手や足をぴん／＼動かすことで運動が自由でございますせいですか、はるかに早く歩きます。ですから育てるのはやはり洋服で育てる方がはるかに早く子供が育つといふことは事實でございます。

窪川 赤ン坊は洋服の方が抱きようございますね。

岩本 手足が自由に動かせますから、それだけ發育が早いのですね。それは本當に事實でございます。私共の親戚の者でも和服で育てた者もあるし、洋服で育てた者もあるので、比較してみますと、はるかに早いです。

齋藤 赤ちやんに洋服を着せる時、袖の細い所を通すはなんだか痛々しいですね。

阿部 この頃はベビーセットでも入りよくなりましたね。

岩本 實際試驗致しますと、子供は洋服で育てた方が發育も早いし、經濟でもあります。子供には毛糸で編んだものが一番でございます。

この頃みたいにスフの毛糸ではちよつとどうかと思ひますけれども、今度絹の毛糸が出たので、あれは結構だと思つて居ります。それは壞はれますと、破れた所まで編んで行けばよいのですから、たいへん經濟でございます。毛糸はいよ／＼屑になるまで使はれる。一方がすれて來ると、あつちを解き、こつちを解きして二本一緒にまた編んで行く。さうすれば最後まで使はれるし、子供のためには發育がいゝし、子供は洋服で、といふことは私何人もで實驗して居ります。だから子供が發育するのに洋服で自然に育てて行けばいゝといふのは、たしかに體位向上の上にいゝことですね。

齋藤 ですから洋服も和服もなしに

日本の……。

岩本　洋服といふ言葉が惡いんですね。

齋藤　今までさういふ風に出來なかつたのは、これは習慣を破つて行く力が足りないからですね。今のところ毛糸はありませんけれども、代用品は出來て居ります。しかしなんといつても、紡毛した糸で編んだものは伸縮も出來るし、保溫關係が非常にいゝですから、さういふ品物がある以上は、子供の着物といふものは五歳なら五歳まではかういふものがいゝといふことを一體日本のどこが研究してゐたか。たゞだらしなくやつてゐたから、實際困つちやふのですね。

岩本　洋服といふから言葉が惡いですけれども、赤ン坊にはかういふものがいゝ、といふことをいへばよいですね。

齋藤　材料はいいし、拵へ方は自由に出來ますしね

石原　それは女の子ばかりでなく、男の子も赤ン坊の内から洋服を着せることにすればいゝわけですね。

岩本　歩けない間はあれですけれども、少し手をぴん／＼動かすやうになつたら、普通のズボン式のものでございますね。それにジャケツを、着よいやうに前をあけまして……。

齋藤　あれは袖はらくに通るやうにして、前の方をやはりあはせるやうにした方が着よいですね。

岩本　頭から被るのはたいへんなんです。追つ掛けて待たしておいて着せなければなりませんから……。外國では部屋の中が暖かいからいゝかも知れませんけれども、日本みたいに部屋中の寒い所は、その間に風邪をひかせてしまふことがありますから、着よいやうに前をあけるやうにした方がよいと思ひます。

齋藤　それは日本的でいゝですね。

岩本　その上にズボンをはかせておきます。ですから、足は自由に動かせます。輕いですから……。足を動かすやうになつたら、すぐ足を出した方がいゝですね。

成田　四月の中頃まで着せておくのはよくないですね。足が蒸れてしまふのぢやないかと思はれるやうなこともございます。

岩本　それはお母さんに知識がないのですね。……さう致しますと、上の子に一組拵へておけば次から次に、男の子も女の子もみんなに間に合つて行きますので、たいへんらくでございます。

生活の簡易化といふこと

石原　それから、戰時下に於て生活を簡素にするために被服を改善しなければならぬ。今の婦人標準服もこれに含んで居ります。差當りどういふ風にしたらいゝか、これについても御感想を承りたいと思ひます。

岩本　服裝でなく、やはりすべての生活でございますね。

岩本　さうでございます。

阿部　着物の數を少くするといふことが一つ問題になるのぢやないかと思ひます。着物を多く拵へなければなら

ないために、嫁入の簞笥が要る。簞笥をおくといふことになると、家がまたアパートでは狹いといふことになりますね。一つの着物でもつて——夏だけはだめでせうけれども、ほかを通すことが出來るやうな、例へば長襦袢の代りにシミーズを使ふといふやうな風になつて行くのぢやないかと思ひますけれども……。

原石　私はこの事變の初めに支那の方に行つて居りましたが、支那人は相當の富豪でも非常に着物の種類また數量が少い。それに比べて日本は非常に多いといふことをつく〴〵感じました。帶だけでも大したものでございますね、日本人は……。

窪川　日本の着物は柄で行くからでございますね。形は同じでせう、それで柄だけで氣分を變へて行く、だから數が澤山欲しくなるんですね。柄物などは場所によつて違つた柄を着て行つたりするから……。柄は支那なんかの場合にはどんな風になつて居りませうか。日本みたいにこんなに違ひませんでせう。

石原　よく見ると違ふやうに見えるのですが、遠くで見た所はみな同じやうに見えます。

岩本　これは少し根本問題になるかと思ひますけれども、私は女にもつと時局といふものを認識させる工夫はないものかしらんとよく考へます。丁度事變が始まりました頃、昭和十二年に私ドイツに行つて居りまして、十三年の春、事變最中に歸つて參りましたけれども、向ふの生活を見て居りまして今の日本の生活を見て居りますと、どの方面でも無駄だらけだと思ひます。それをいくらかうしろ、かうだといふことを話してもそれを本當に自分がしんから感じてゐないせいだらうと思ふのですけれども、すぐ忘れてしまふのです。

例へば電氣でも、大事にしなければならないのだ、遊んでボンヤリしてゐる所は必ずお互ひに締めませう、自分の部屋でなくても、通りすがりの部屋に電氣が點いてゐて人がゐないと思つたら、自分の消すべき部屋でもなければ、なんの係はりもないボンヤリ遊んで居るものがあつたらちやんと締めませう、それはやはり電氣を節約するといふ意味から大事なことなんだといふことをいくら言つても、それをすぐ忘れちやふんです。ドイツあたりの生活の仕方を見ますと、戰爭が始まりました今日はなほ更さうだらうと思ひますが、まだ戰爭の始まつてゐない昭和十二年ですら、無駄のない合理的な生活をして居りましたから、現在はどんなにか、といふ感じがするのでございます。それは下宿屋のお內儀さんのやうな人についても、これは元のドイツに還へすために、今は自分たちは苦勞だけれども一生懸命にやつて居るのだ、今に見ろ、昔のドイツに還へさなければならぬ、そのために自分たちはこの辛抱をしてゐるのだ、といふことをたしかに認識して居ると思はれます。これは私の實見ですけれども、日本のお役人さまが向ふに行つてらした時分に、下宿屋のお內儀さんにぎゆう〳〵とつちめられてゐるやうな圖が隨所にございました。日本は今まであまりに幸福すぎましたから、ドイツのあの第一次戰爭の苦しさといふものが骨身に滲みてゐないからあゝいふ風に實行出來ないのだと思ひます。日本はあまり幸福すぎて、不自由だ〳〵と言つても、まだ〳〵いくらだつて豊富にあるのですから　なんとかこれをもう少しはつきりと認識させるといふことが最も大事ぢやないかしらんといふ風に私自身思つて居ります。

吉良　日本人はまだ苦勞が足りないのだと思ひます。けれども、ドイツのやうに敗け戰さで苦勞を教へ込むのは困るのですが、どんなにしたら教へ込むことが出來るでせうか。

岩本　東京が震災に遇ひましたね。あの震災に遇つたことのある人は、あゝいふこともあつたのだから、といふやうに考へるのでございますけれども、これはいくら言つても、自分が體驗し身近かに感じなければ痛切に感じられないものでございますからね。

吉良　成田先生の方も隨分やかましく教へて居られるのでせうけれども、お嫁に行く頃はもう知らん顔をして居る。（笑聲）

阿部　少く持つて行つては肩身が狹いから、拵へる方に苦勞するし、消費する方に苦勞して居るのですわ。

石原　男子に言はせると、婦人に無駄が多いといふし、婦人に言はせると、男子は非常に無駄が多いと言ひますが……。

阿部　女だつて、男に見て貰はうと思つてお洒落するわけなんですから、無駄はどつちにあるのか問題ですわね。着物を何枚以上持つて來る人は絶對に貰はないと男が言へばいゝわけなんです。

石原　さうすると、すべては男が惡いことになりますね。（笑聲）

齋藤　けちにならない意味で經濟が生活に大切なんだ、その意味の合理的な教へ方といふものの筋道が立つたら、定義が出來ればいゝですね。

岩本　やはり學校だけでもいけないことでございますね。

齋藤　それは家庭教育です。

岩本　兩方の實行場所が家庭でございますしね。やはりさういふ理念を植付けられたら、その實行は家庭で習慣づけるといふやうに導いて行くことが必要なんです。それを教育し得る人がないわけになりますね。ですから、氣がついたのですから、氣のついた所だけでもいゝから、しないよりはする方がいゝですね。

（高良氏出席）

高良　どうも皆さん遲くなりまして……。

齋藤　そこでお伺ひしたいですけれども、丁度高良さんもおいでになつたし……そこで物資の消耗から見て、今は節約であるか、當然な消費であるかといふ話なんですけれども、たゞそこにもう一つ、どこからが贅澤で、どこかが贅澤でないか、といふこととの見境の點です。どういふ風に決めて吾々は考へて行かなければならないか。

三德　アメリカの海軍と、ドイツの海軍の食糧關係ですが、ドイツは兵隊一人について四千カロリーを基準にして、アメリカは六千カロリーを基準にして居る。そこでそれを料理した所を見ますと、アメリカのやつは澤山出てゐる。ドイツはきれいに料理して、しかもそれを食べる時に最後には皿まで舐めさせる。さういふ風に教育して居ります。これらはけちであるかないかといふことになりますと、どうも……

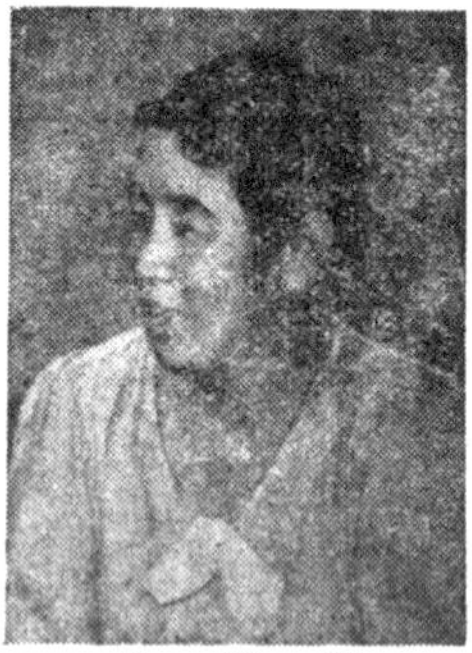

高良氏

齋藤　消費した場合の効果から見た場合に、それは舐めた方がいゝかも知れない。

阿部　やはり時と場合によりませうね。例へば水不足の時、水が自由に使へませんでせう。多い時でしたら澤山使つてお掃除していゝわけですから。

三德　先程のコルセットの話、例へばコルセットをしなければ體にならないといふ觀念のあつたこともありますからね。コルセットをはづしたことがないといふ。その當時はやはり十八世紀ですが、一年に千二百トンの鐵を使つて居ります。コルセットだけにですよ。

岩本　私、間違つて足りない所は教へて戴きたいと思ふんですけれども、さういふ風に私の生徒に教へる今の限界ですね。時と所と場所に適應した、時と所と場所に必要な生活、それ以上は贅澤だ、かういふ風に思つて居るのでございます。

齋藤　けれども、感覺の問題をちつとも入れてゐないのだ。

高良　人間の心理的な要素を考へて行かなければならないのぢやないかと思ひます。さつきのコルセットで思ひ出しますのは、ワシントン時代に、お尻の方にお尻のもち上がるやうな大きなマークを入れましたね。日本のおたいこがあれによく似て居ると思ふのでございますよ。どうしてあのおたいこを膨らましておかなければならないか。やはり一つの感覺なんですね。私はこの頃あの悪口ばかり言つて居りますが、あの角の所に帯が引掛かつたり……。さうするとやはり心理的なものですね、流行なんといふものは。それが慾望を充たすかといふと、背中を膨らましたからと云つて慾望を充足したわけでもなし……。

阿部　一つの傳統への郷愁ですわね。洋服ばかり着てゐると、この邊（脚の邊を指し）が輕くて、たまに和服を着ると郷愁を充たされる譯です。それであの和服を清算し切れないのです。國民服に全面的な贊成がないといふのは、それを抹殺されてしまふ不安があるからだと思ひます。洋服だと短かいでせう、裾だの、袖だのが……。

それがたまには和服を着ると、ずつと裾にからまるので懐かしい……。

阿部氏

齋藤　それは生活經驗から來たほんの僅かノスタルジアを起してゐる譯ですね。日本のお太鼓なんかが一尺位になつたのはまだ百年位しか經つてゐないですよ、徳川の初めには二寸五分だつたんだから……。本當の日本國民のノスタルジアは百年どころぢやない、少くとも二千六百年位遡つた國民的の郷愁を起さなければ……（笑聲）

阿部　だから子供の時分から洋服で育つた、極く最近の人の郷愁は、今まで傳統を知つてゐる女が起す郷愁よりも淡いですよ。

高良　私共だつたら、長い着物を着て、ゆつくり寢轉んだらいゝだらうと思ひますよ。

阿部　それは和服を着ては寢轉びませんけれども……

高良　寢卷はいゝですが、一仕事する時でも、一日も早く取つて貰ひたいやうな氣がしますね。

窪川　もしお太鼓してはいけないといふことになれば、皆直ぐ止めますね。

阿部　エヽ、止めますわね。

三岸　今の若い人は郷愁さへも持たないぢやないか知ら。

阿部　洋服で育ちますからね。

高良　寧ろ行過ぎて、膝から下へ着物が行くことが非常に邪魔なんです。洋服を着てゐる者ですと、膝までは捲つてしまふので、女の子の羞恥心があるのか知らと、こつちが心配してゐる位ですよ。この間私の前に坐つた女學生——大分上級生らしかつたんですが、膝のところをずつとボタンで掛けるやうになつてゐる洋服で、一番最後のところは何にもない、あれでよく心配にならないと思ひました。やはりこれは極端のところまで行きますね。ドイツの婦人は、袖は短かいですけれども、裾はずつと相當なところまで來ております。日本のは一寸調子外れになつてゐてどうかと思ひますが、あれはやはりアメリカの眞似でせうかね。

岩本　あれはファッションブックの眞似でせう。

高良　ビーチパジャマみたやうなものを着て歩くやうになつて來たのですから、やはり一ツの限界を作つて戴くことですね。

岩本　ですから今度の標準服が出來るやうになつたのでございますね。

高良　あれは私共のところで袖のことを書いたといふので大分問題になつたでせう。——肘の出るのはいけないとかいつて……

岩本　肘の出るといふのは、若い方は短かい方を好むのでございます。ですからそこは程度問題ですが、やはり働く時にはこの邊までの方が働きよいといふこともある譯でございます。

齋藤　それは和服で腕位出ても、それで邪まな感覺を起す人はありませんね。但し西洋だつて腕まで來る手袋を禮服の場合は箝めたのですから、あまり露出部分の多い肉體といふものは、非禮といふ點から見ればいけない譯でせう。ところが今は背中が丸出しの禮服があるのでね……（笑聲）

三德氏

三德　それからさつきの阿部さんが仰しやつた鄕愁といふのは私非常に面白い言ひ現はし方だと思ふんですが、それはさういふこともあるでせうね。それは

右・齋藤氏　左・井澤氏

着物を着た滿足感の漸減でせうね。總てものは、例へば法則にしましても漸減の法則があるんですから、着物を着て良い感じがするといふやうなその感覺も段々減つて行くでせうな。

齋藤　私はもう一つ、これは人間の本能だと思つております。本能といふのは變化慾です。變化慾で、どうしてもさうしなければバイタリティーが出て來ない。たまには和服も着て見たいといふのが、今は露骨な鄕愁となつてゐるんぢやないでせうか。

岩本　變化慾を充たす譯でございますね。やはり同じことをしてゐるのはいやなんです。それは何でもさうでございますよ。よかれあしかれ、一寸變つたことをして見たい。

阿部　あるところで調べたのによると、一日の中にどの位着替へるかといふことを問合せたところが、洋服を着てゐる人は、お風呂から上がると和服を着る。和服を着てゐる人は、お風呂から上がつてひとに見られる心配がないと、帯を解いてしまつてアッパッパを着る。それが統計に現はれてゐるのです。

高良　心理學でさういふことを研究してゐる人が大分あるのです。女の人なんかさういふことを研究すると面白いですね。そこまで理論的になつて來ると……。實際さういふ人があるのです。今廣島にゐる人ですが、服裝をいろいろな美容といふやうなことを通して――生理的な、心理的な、美術的な點から見て、日本の婦人の服裝は何處へ行くべきかといふことを一生懸命に研究しております。それにはやはり肢體がよくならなければいけないといふのです、日本の婦人が背中丸出しになれる位に……。それは細い、痩せた、骨ばかりの人では駄目で、やはり生理的な要求の上に立つたものでなければいけませんね。

岩本　皮膚が汚いとちやんと紗をつけておりますね。綺麗なものは出すし汚いものは出したがらない譯です。

高良　私は變化自在の國民服がよかないかと考へております。私汽車の中で着てゐた着物は、お乳をやる爲に眞中に前布れがついてゐるのです、それは一々胸をあけるのが面到臭いので……。今度は暑かつたですから、スナツプを一段づつ下げたんです。するとこゝがずつとあいて、とても涼しかつた。私の前で、あ、先生の着物はそんな風に變化するんですね、と言ふからエヽ、まだ〳〵いろ〳〵變化しますよと言ひましたら、なか〳〵面白い、と言つて見ておりましたよ。（笑聲）ですから、いろ〳〵工夫すれば面白いものが出來やしないかと思ひます　今の紗をつけるのなんかも、綺麗なものをつけたらいゝと思ひますね。

高良　私、窪川さんが山に行かれた姿を見て、流石は藝術家だと感心しました。眞赤なセーターに眞黑のモンペを穿いたその調和が實に上手なんです。眞赤なセーターに眞黑のモンペを穿いて、さうして頭を更紗か何かの布で後ろから前へギユツト結んで、リユツクサツクに白靴を御主人のと二つぶら下げて歩いておられたんですが……

窪川　恐入りました。（笑聲）

高良　あんなスタイルは普通の人にはとても出來ないのですが、流石は藝術家だと思ひました。あの黑のモンペは實に秀逸でしたわ。

岩本　型に篏めることはとても出來ませんですね。

齋藤　例へば一つの型の着物が出來ますね、しかしそれが同じものは一人だつてないんです。ですから、大綱を決めた中には、御婦人は御婦人として其の範圍内で、やはり自分で布を按排して、その人の好きなやうに作つて行くのでなければ、變化も、生活力も出て來ない。

高良　モンペでも使ひ樣に依つてあんなに活きるものかと思つて感心したのですけれど、それは人間の方が活きてゐるからさうなつて來るのですね。

岩本　それは人に依つて價値が違つて來るでせうね。同じものでも着る人に依つて綺麗になります。

齋藤　そこの標準が大切です。

高良　それは社會生活の中の標準はこれだから、こんなに出してはいかんといふので個性を抑制してしまつて、皆型に篏つたものになつてしまふでせう。それをあまり抑制をすると伸びない……。

齋藤　伸びないし、發展がないですよ。

高良　ですから、同じ國民服でも、體の大きい人も、小さい人もあるでせうから、それを巧く着こなして行くことが大事だらうと思ひますが、ユニフオームといふものは……。

岩本　同じ形でも一寸のことでその人に合へば案外見よく着られるといふことはあります。その點は技術の力でございますね。

高良　さうですね。國民服が出來ても、小さい人にダブダブのものを着せたり、大きな人に窮屈なものを着せたら、それはユニフオームぢやございません。皆キチンと體に合ふやうにするのが國民服の標準でせうね。ユニフオームを着た人達の美しさ――ドイツの婦人のやうに……。

岩本　同じ型でもその人に合ふやうに着せて行くといふのは技術の力ですよ。

齋藤　國民服はユニフオームぢやないですよ、標準型を決めるといふのです。

高良　ユニフオームだと綺麗になつて行きますね。

齋藤　それは男子關係では……。

高良　女子青年團あたりから綺麗なものが出來やしないかと思つて樂しみにしております。ドイツの若い婦人達が働いてゐるところの寫眞を最近見ましたが、實に綺麗ですね。それは脊丈の高い人、低い人、皆體に合ふやうに着こなしてゐますよ。

高良　國民服といふものが出來れば、もつと個性を出さなければいけないわね。ものの言ひ方でも、笑ひ方でも、歩き方でも、ちやんと個性があるやうにね……。人は試金石に遭ふと本當の値打が出ますが、奥さんが女中さんと同じ着物を着ても、ちやんと違ふといふやうに……、これは大問題だわね。(笑聲)金糸入りの帶をしてゐるから奥さんらしいではいけないですね。さうなるとなかなか面白いナ。(笑聲)

石原　本分むづかしくなつて來ましたね。(笑聲)

高良　いゝ問題ぢやないですがね、そこまで行けば……。

岩本　そこまで行かなければ東亞の盟主にはなれないと思ひますね。

高良　さうです。支那服を着てもちやんと尊敬されるやうにならなければいけない譯ですね。

着物の買溜めについて

石原　今一般は現在持つてゐるものをどんどん着こなして行くといふ風でせうか。それとも今の中に買溜めして置かうといふ傾向でせうか。

石原常務

高良　それは古いのを使つてゐるやうでございますね。たゞ新興階級と言ひますか、女工さんだとか、新らしく收入の殖えた人、農村から工場へ出て來て、收入が澤山に入る娘さん達が多いのですが、さういふ人達がどん〳〵買つてゐます。しかしこれ等の人達は元々ないので、買溜めではない譯ですね。むしろ有る階級は買はないらしいですね。

石原　西陣の帶は三百圓以上のものは出來ないのださうですが、それがなくなるといふので、さういふものをどん〳〵買溜めして行く方があるといふのです。

高良　それは極く一部分のものでせう。

岩本　一頃はありましたでせうけれども、この頃はあまり聞かないやうでございますね。

高良　やはり新興階級の購買力が大きいやうですね。

この間電車の中で三人の職工さんの奥さんらしい人達が話をしてゐるのを聞いておつて面白いと思つたのですが、娘をお嫁にやるのに、透矢と明石と帽巾と、これだけは必ず持たせなければお嫁にやれないのですよ。と一人が言ひますと、そんなもの今頃ないでせうと、もう一人の人が言ふ、それを探し出すのが母親の腕ですよ、と應へる、するとあとの一人の人が、ヘエ、透矢といふのはどういふものですか、と言ふんです。自分で着たことがないのですね。さういふ話を聞いておりまして、なるほどと思つたのですが、金糸入りだとか、銀糸入りだとかの禁制品の買溜めしてゐるのは、あまり持たない階級が多いですね。よく西陣を買溜めするとか、いろ〳〵なことを言はれますけれども、それは極く少いぢやないかと思ひます。少くとも目覺めた階級や呉服屋さんが持込んで行くやうな有產階級はさういふ流行遲れのものを買はふとしないやうでございますね。

齋藤　それからもう一つは、今の情勢から見て昔の姿にもう一遍還り得るだらうといふ先刻のノタルジアと言ふか、やはり愛着がある譯で、昔の金通しの丸帶でも何でも直ぐ締められる時代が來る時にといふので、今の買溜め意識があるのぢやないでせうか。

高良　さういふ考へは昨年の七・七禁令の前後頃までは大分あつたやうですが、今は大分よくなりました。

齋藤　當時は八ツのお孃さんの婚禮衣裝を買込んだとかいふ人が大分あつたのですが、最近ではどうせ持つて居ても二十年位は着られないのだからといふので、そんなことをする人もなくなつたでせう。

石原　窪川さんどうですか。

窪川　私の周圍にはそんな人はゐないですから……。（笑聲）

阿部　透矢や明石をお嫁入りに持つて行かなければならないといふのは、着物が女の財產だといふ風に見られてゐますので、さういふものを持つて來ない女が安つぽく見られ、さうして又それに依つて母親の愛情まで疑はれるといふことになるから、慌てゝ縫つて拵へなければならないことになるのでせう。それが今まで良い着物を着た人が社會を如何に毒したかといふことになるのですね。

高良　これからお嫁に行く人達が、社宅なら社宅に住んで、向ひの奥さんが來て、あなた持つてゐませんねと言はれても平氣でゐられるやうになつて來ればいゝ譯ですね。さういふ風に娘の方が目覺めて來れば……。

阿部　持つてゐる人が却つて社會意識がないといふ風に思はれゝばいゝ譯ね。

齋藤　さういふ意識を持つやうに早くなつて呉れゝば、吾々は樂になりますね。

高良　考へて見れば、事變以來の婦人の考へは隨分進んだものですね。

岩本　前から見ると本當にさういふ感じがしますね。四五年前の頃と比べると隨分よくなりました。

齋藤　親戚や何かゞ集つてお嫁さんの簞笥から着物を出さして見るなんてことは、極く下らんことですね。

阿部　東京では良い家は今でもやつてゐるでせうね。

高良　ところが地質が落ちておりまして、今は高くなつても人絹入りのものですから、派手に見えても直ぐお里が知れてしまひます。ですからそれを恥かしいとも思はないでやつてゐるとすれば、相當教養の低い者ぢやないでせうかね。結婚式に振袖の着物を着て行くのはいけないと言つても、地質は惡くなつてゐるのですから、持てる人達から言へば、別に誇る氣ではなくて、その位は涙ながらにすることなんでせうね。

目覺めてきた農村

高良　私はこの夏富山、福井等の田舍の方を廻つたのですが、農村は却つて目覺めてゐるやうですね。第一娘を嫁にやるからといつて千圓なり引出して行きますね。これは相當良い家ですが、標準は簞笥二本に長持一つといふところらしいですけれど、その標準を越えられないといふのです。なぜかといふと、帶が幾ら、着物が幾らといふことをその範圍内で決めて行くのですが、それだけ支出したものは――

大體地方は皆消費組合に入つて居りますので、その貯金がそつくり出て行く、ですから、あの家は村切つての金持だけれども二千圓から掛けたといふことで、非常に評判が惡い、それで已むなく共同生活から規制されて來て、最も模範的なのは行李一つだけでお嫁に行くといふやうになつておりまして、却つて目覺めてゐるやうです。地方へ行つて、婚禮は節約しなければならないなんて言ひますと、却つて笑はれますね。ですから、如何に福井だの京都から買りに來ても、もうこの邊は買はないといふことです。如何に良いものを持つて行つたつて、着て歩けないんですから……。

岩本　都會は知識階級が多いだけに、案外あゝでもない、かうでもないと理窟が多くて、本當に田舍の方がやはりいゝですね、氣持の上で……。

高良　まあ二十圓や三十圓のものは罪もないですがね。

石原　一般的に結婚を奬勵してゐるのですが、今は戰時成金が出ておりますから、それが又今までより以上にやりやしないかと思つております。

高良　私さういふ贅澤な結婚式に出會つたことはないですが、去年の春頃でしたか、大阪である結婚式に、長襦袢を三十二枚までは數へたが、それ以上は數へられなかつたといふ一つ噺がありましたが、それなぞ大阪の戰時生活の悲しむべき事例だと思ひます。それは作つたけれども方々から貰つたといふのですが、安物なんですね。昔は二萬圓も三萬圓も使つたところを、今は大分自肅してゐるのぢやないかと思ひますね。それで相當目覺めてゐるやうに思ひます。デパートなど、三越や松屋へ行つて見ましても、本當の贅澤品は相當退治されてゐるやうに思はれます。それから又業者もさういふものをあまり賣らうと努めないぢやないですか。七・七禁令の前後に松屋とか、三越など結婚衣裝を見て廻つたのですが、出てゐるものでも、この頃では安うございますよ。裾模樣でも下から一尺五寸位までゞ、さう高く出來ないのですからね。隱れて賣つてゐるところはあるかも知れませんが、普通吾々婦人全體の意識としては、それぢや申譯ないといふ氣が強いものですから……相當目覺めてゐますね。

石原　今までは木綿物を持たしてやつたのだが、今は木綿物がないので仕方がないから絹物を持たしでやるといふやうな話を聞きましたが、さうなんでせうか。

阿部　スフはあまり弱いものですからね。

石原　今度生糸の輸出が大部減少するかも知れませんが、その國內消費を考へて見た場合に於ける御婦人のお考へを何か……。

阿部　やはり絹の實用化といふことになつて來るんぢやないかと思ひます今まで絹は贅澤品扱ひにされておつたのですが、絹だけでは儲からないものですから、金糸や銀糸を入れて儲けてゐたんですね。

高良　絹は大分高うございますね。和服地はかういふ風なもので幾種類、或は洋服地としてはかういふ風な柄物で幾種類といふやうに統制されて決まるのですか。

齋藤　今では統制して、その規格は十分の一位になつたでせうか。何千種とあつたのを三百何十種にしたのです。ですから今店に出てゐるものは、和服生地としてはあの程度でせうね。

岩本　今でも前のストックは相當あるでせうか。

阿部　でも素人には氣付かない程度なんでせうね。規格が決まつたと言ひましても、まだ幾種類もありますから。

齋藤　多いですね。

岩本　柄もこの程度といふことに決まつたのですか、三色以上は使はないやうにとか……。

阿部　柄は決まりませんけれども、染料は業者として自肅するやうに決まつておりますから、染料を少くする。

吉良　絹の生産費を安くするには、

今までのやうに手數を掛けてする飼ひ方ではとても引合ひませんから、毛虫がわくやうに、あゝいふ飼ひ方にでもするのですね。もう一つは蛹を食べることです。蠶の飼ひ方は簡單に露天飼ひにし、さうして出來たものは國民が安く着るといふことになればいゝのですが、その間に業者があつて、どうしても高いものを作つて行きたいのですから困りますね。

高良　戰時の被服論ですが、本當に國民が五年なり十年なり本氣に生活する積りなら、まだ〳〵貯藏品があるぢやないかと思ひます。從來日本人は少し着倒れだと思ひますね。

吉良　着倒れの氣持を早く止めて具れゝばいゝのですが。

高良　このまゝでそれを補給して國民がやつて行かうと言へば、この狹い土地から着るものを得る爲に相當作つて行かなければならず、さうすると、それだけ食糧が減つて行くことゝなり、結局國民の體位が益々惡くなるといふことになつて來るので、これでは困つたものだと思ひます。

三德　着るものは間に合はすとしまして、どうしても補給しなければならん、所謂確保しなければならんものは下着類です。それから赤ン坊のものです。これ等消費量がやはり相當ありますから――無論平時のやうに澤山の數量は要らんとしましても……。

高良　その割合はどの位ですか。加藤完治先生はアメリカ娘の穿く靴下を作る爲に日本農民が汲々として桑を作るといふやうなあんな馬鹿々々しいことはないといふことを言つておられますが、日本の輸出量と、本當の國民の實需量とは、割合にしたらどの位のものでございませうか。

三德　絹から申しますと、全生産の八割までアメリカに行つております。ですから生産は八割まで減らしていゝ譯ですね。しかし今までたつた二割しか使つておらんといふことは、毛織物もあるし、麻もあるし、それ等を使つておつたからさうなつてゐるのであります。これは細かい數字でありますけれども、日本人は一年間に何ポンドの原料を使つておつたかといふと、事變前は凡そ十ポンド使つておつたのですね、總てを合計しまして……。

高良　十ポンドと言ひますと、どの位になりますか。

三德　一貫六百匁です。

高良　一貫六百匁の絹でも、木綿でも、何でもいゝ譯ですね。

阿部　さうすると、八反位は出來ますね。

三德　八反は樂に出來ます。

阿部　裏も表も。

齋藤　布團から座布團まで一人當り

高良　それは戰時ぢやございません。戰時標準は少くもその半分以下になりますね。

三德　半分以下に見ればいゝでせう。

高良　私共自分で使つて見て二反が最低だらうと思ひますけれども、それは增加人口を入れないのですから、それを半分にし、四分の一にし、といふ風にしてやつて行けばいゝ譯ですね。

弱いス・フの對策

石原　赤ん坊が生れますと襁褓に方々で困るさうですが、もう段々木綿物がなくなつて、スフでは早く切れてしまふし……。これに對するいゝ對策はございませんか。

岩本　皆今まであるものを毀したりしてやつてゐるのですが、それにも限度があつて……。

成田　それももう大分少くなつて來てゐるんぢやないでせうか。

石原　これは隣組の問題になつてゐるところも大分あるやうです。

高良　つい昨年頃までは東京府下の豐多摩郡で調べたところに依りますと、あの邊の農家では——農村には純綿の配給がございましたでせう。ですから、お嫁に行く時に一人が一生着るだけの木綿の着物を持たしてやるのださうです。最低限二十四反位持たしてやるのださうです。さういふ農家が澤山あつたさうですから、農村あたりには相當あるらしいですね。ですから、兎に角切抜けて行く方法を考へれば、それは悲觀すべき材料だとは思ひません。

岩本　スフがもう少し丈夫ですといゝのですけれども、今のは直ぐ惡くなりますからね。

高良　ところが、ドイツのこの前の戰爭で苦しんだ人の家へ私が何時か行きましたら、テーブル掛、カーテンから椅子の覆ひ、自分の下着類まで皆スフなんです。私が感心して、あなたの家は皆スフですね、と言つたところ、まだ今頃そんなことを言つてゐるのか、戰爭してゐる時代の國民はかういふ化學繊維と決まつてゐるぢやないか。日本のやうに自然のナチュラル・ファイバーを使ふのは以ての外だ、かう言はれまして、それには一本やられました。それは幼稚園をやつてゐるのですが、子供の襁褓でも、エプロンでも、決して困ることはない、かういふ覺悟なんです。

岩本　ですから、もう少し洗濯が利くやうにして戴きたいと思ふのです。

石原　國民服あたりはスフで立派なものが出來るやうになります。

吉良　私の着ておりますのはオールスフでございます。

高良　日本の青年學校の生徒が着てゐるのはダランとしておりますね。

吉良　私は男は惡し　あまりよく見えませんが、若い者が着ますと、頗るスマートに見えますよ。（笑聲）

吉良氏

阿部　それをお召しになつてまだ日が經ちませんでせう。

吉良　三四ケ月にしかなりません。

石原　かういふ服地は大分よくなりましたね。たゞ浴衣地なんかはどうかと思ひます。

吉良　赤ちゃんの襁褓なんかは、御婦人がこんなのを一枚、あんなのを一枚といふやうに買つて下さらなければ保證出來るのですがね。一人八反使はれてはどうも……。

阿部　ですから早く共榮圏の方を確立して行かなければなりませんですわね。

高良　支那大陸の棉はまだなんですか。

吉良　佛印の方はございません。支那だけでございます。

高良　揚子江沿岸に大分棉があるやうですが。

吉良　揚子江沿岸にもありますし、北支にもあります。

高良　何時頃になつたら望みがありますか。もう綿紡績は回復して來てゐるのでございませうか。

吉良　今のところは、皆持つて來てやれば、赤ちゃんや、皆さんのお召しになる浴衣位は大丈夫なんですが、向ふに落とす金を取戻す爲に、實は日本人がスフを着て支那人に純綿を着せなければならんといふやうな状況になつてゐるのですよ。

高良　兎に角話は前へ戻つて來ますが、皆で着倒れを止めようぢやございませんか。それで以て失業者が澤山出ませうか。近頃和服の方と言はず、洋服の方と言はず、女の人で仕立物看板を立てゝ小さな家計を立てゝゐる人が隨分多いですね。あれはどういふ現象ですかね。

岩本　何か女は身につけ置てかなければ、これからどういふ世の中になるか分らないと思ふ心理からでございませうか、洋裁學校あたりは非常に希望者が多いやうでございますね。皆昔と違ひまして、たゞいゝ加減に習つて置かうといふのは少くなりましたね。卒業するまでには力をつけて置きたいといふ希望があるやうです。それは眞面目になりました。

阿部　女學校の教課目ですけれど、やはり卒業するまでには振袖とか丸帶とかを縫ふまでになつておりますか。

成田　イヽエ、とてもそんなことは……。前から振袖とか丸帶などは縫つたことはございません。

阿部　重ねは？

成田　それも縫ひません。

高良　隨分變りましたね。

成田　それは常識程度に二時間位話しておりますが、それさへやつてゐないところもございます。

高良　さうすると、普通の常識程度で、實用向きでございますね。三ツ身、四ツ身なんかは……。

成田　男物はとても出來ません。子供物は大體洋服も致しますが……。

高良　男物がない譯ですか。

成田　男物も少しは致しますけれども、洋服は全然致しません。

阿部 變つたんですね。先はお嫁入りにはどうしても一通りの洋裁は揃つてゐなければ……。

成田 四時間ですから、とても出來ません。それでも多過ぎるといふのです。

高良 家事と裁縫とで同じ位になりますか。

成田 それでも家事の方が少くなります。裁縫は一年からやりますが、家事は三四年或は四五年からですから、全體から言ふと、家事の時間をもう少し殖やさなければいかんといふことが言はれるのですけれども……。

齋藤 ミシンを各家庭に備へつけるやうな意味の裁縫教育運動といふものはないものでせうか。不可能でせうかね。

成田 手ミシンですか。

齋藤 手ミシンは駄目ですか。

成田 手ミシンはあまり使ふことを考へません。

齋藤 ペタルのあるやつは駄目なんですか。

三德 物がないでせう。

成田 でも洋服は必ずしもミシンでなくても縫へるといふことは國民學校の方では隨分それを主張して、手縫ひでやることになつております。

三德 ミシンは皆欲しがつておりますよ。お嫁入りの道具の中に、簞笥は粗末でもいゝから、ミシンの故障のない、良いのを欲しいと言つておりますね。

三德 今朝鮮は相當やつております よ。

齋藤 家庭で？

三德 嫁入り道具で。

齋藤 ミシンを使ふと、裁縫が樂になるでせうね。

岩本 必ずしも洋服を縫ふ機械でなしに、和服でも、布團でも、敷布でも、カーテンでも縫ふのに便利ですから……。

三德 餘つた絹は共榮圈へ出せばよいと思ふ。そこで共榮圈のものが買ふかといふことになると、今まで通りでは買へないでせうから、今までの習慣を變へてやるんです。

石原 それは國內消費でなくて、出すといふことですね。

三德 それはアメリカあたりへ行かんでもいゝのです。現在佛印で男の國民服みたやうなものが出來たのです。それが面白いですよ。肩章がついてゐる、さういふものは無論政府も誰も奬勵しないのですが、それがどん〳〵擴まつて行くんです。さういふことは非常に模倣性が強いですね。

石原 しかし主に出るのは靴下でせう。

三德 さういふ風な國民性を持つてゐるのですから、例のサロンとかいふ腰卷などを一切絹に變へてやれば、あの絹の味はひに飛びついて放すまいと思ふ。それをフランスあたりが植民地政策で、なるべくさういふものを使はないで、貧乏な生活に置いて來たでせう。それで生活がなつておらないから、そこへ吾々が絹を持つて行つて、所謂文化を向上させてやる譯ですね。

吉良　それには安いことが共榮圏に出る前提でございます。しかし安くなれば向ふから棉を買はんで、絹を使つたらい丶のです。

三德　それは綿よりも絹の魅力といふものは、如何に文化が低くゝても相當にあると思ふのです。

高良　印度の婦人が絹の味はひを覺えたですね。クレープデシンだとか、ジョーゼツトとか、あのサリーをやつてゐるのは、婦人達の誇りだつたのです。廣巾のシヤリ／＼した絹を澤山カルカツタ邊りへ行つておりました。あれは幾らでも出たものですね。あれで以て印度の婦人の文化が高まつたと言はれる位で、詩なんかにも歌はれた……。ところがこの頃は英國の封鎖に遭つて駄目になつたのですが、將來性のないことでもないでせうね。

吉良　共榮圏に入れて、その文化を高めてやることですね。しかし現在のところは購買力はございませんね。

三德　現在は哀れな生活をしてゐるらしいから……。

高良　働けば、資源もあることだし、何とかなるでせうがね。支那の婦人だつて絹の味はひを本當に味はつて來れば、あの宋美齡式の木綿の安い服ばかり着てゐないで濟むでせうにね。絹を向ふへ持つて行つて、向ふの綿と取換へて戴けませんか。それこそ支那の方が購買力はあるんぢやないでせうか。

三德　それはありますよ。

石原　近頃婦人の洋裁店が大分殖えましたが、これは婦人の洋裝に對する需要が多い關係ですか。或は商賣上の關係で殖えて行くのですか。

岩本　やはり需要があるのでございます。洋裁學校なんかの生徒の多いこと、本當に不思議に思ひます。註文もやはり殖えておりまして、幾らでもあります。それは良い物ぢやございませんけれども……。

齋藤　やはり和服よりも安く全體の着物が整うものですから、一般から見て……。

岩本　簡單にしますことが今の若い人の多くの希望ですが、中年以上の人は洋服はどうしても少うございます。

齋藤　冬になると、外套關係ですつと落ちて參りますよ、夏だけですよ。

石原　店は夏だけでなく、やはり多のことも考へてゐるでせう。

齋藤　しかし勝負をするのは夏なんだ。

石原　どん／＼店が殖えて行きませう。あれはもう先を見透しますから……。

齋藤　事變始まつてからでせうね。

岩本　近頃ニヨキ／＼學校など殖えております。

齋藤　今のところ婦人關係には　時代の推移といふものに對應したガツチリした根本指導精神がないのです。流れ流れて來た映畫なんかの影響や何かで、文化的なことだと思つたものか、或は本質的なものだと思つたものか、兎も角洋裁關係といふものは合理的なものだ、かういふ觀念がある。それを深く考へて見ると、今流行つて來ることは非常に變態な流行です。なぜならば、冬になつたら一體何を着るか。外套、ウールはなし……。

岩本　洋裁學校あたりでも、更生品——ある物を活かすといふことでやつてゐます。冬の外套だつて、和服の冬のコートを活かして行くのです。

齋藤　和服は重ねが出來ますから、あの薄いものでも暖かいのでせう。

岩本　それを暖かいやうに洋服に仕立られます。

齋藤　下のフアンデーションをちやんとガツチリ考へてやらなければ、薄い外套でも、日本內地の冬ならいゝですが、北海道へ行つたら到底それでは駄目だらうと思ひますね。

岩本　それは場所に依つて適不適がありますから、そこへ行つたら、そこに適するやうに考へなければなりません。

阿部　それは絹で起毛しまして、ウールと同じやうな暖かさのものが出ております。ですから、さういふものを利用すれば、冬だつて大丈夫ですわ。

齋藤　國民服の將來はさういふところに眼を着けなければいかんと思ひますね。

岩本　絹の毛糸みたやうに拵へたもので結構でございます。

阿部　和服の下着も、今は昔の下着のやうなものを着てゐませんね。下着はシユミーズのやうに着て、それへ和服を着ております。ですから、夏の絽の襦袢といふのは今年はとても賣れなかつたさうです。もうシユミーズで間に合はせてしまふんですよ。

岩本　ですから、これはどうしても世界の趨勢で、避け難い傾向でございますね。

高良　和服の改善は下着からといふことはいゝ傾向でございますね。

阿部　自然にさうなつて來てゐるのですね。

岩本　年を取つた方は昔の習慣が捨てられないのでやつておりますが、若い人で和服を喜んで着てゐるかといふに、お母さんが着ろといふのでお義理に着てゐるのですよ、苦しくて〳〵と言つております。

齋藤　そこで一つ伺ひたいことは、世界の趨勢が洋裁に向つてゐるといふことですが、日本もその線に沿ふとすれば、一體その希望は何處に置くか。やはり西洋の流行を戴いて、向ふの流行があつたら逸早くそれをやつて行くといふのか。その基準は何處に置くか。洋服といふ既成概念のものを日本が模倣して行くのですか。

岩本　洋服といふ言葉が惡いのですね。

齋藤　そこで國民服が生れて來るでせう。

高良　それでは語るに落ちますね。

石原　どうもいろ〳〵有難うございました。（麻布・光悅にて）

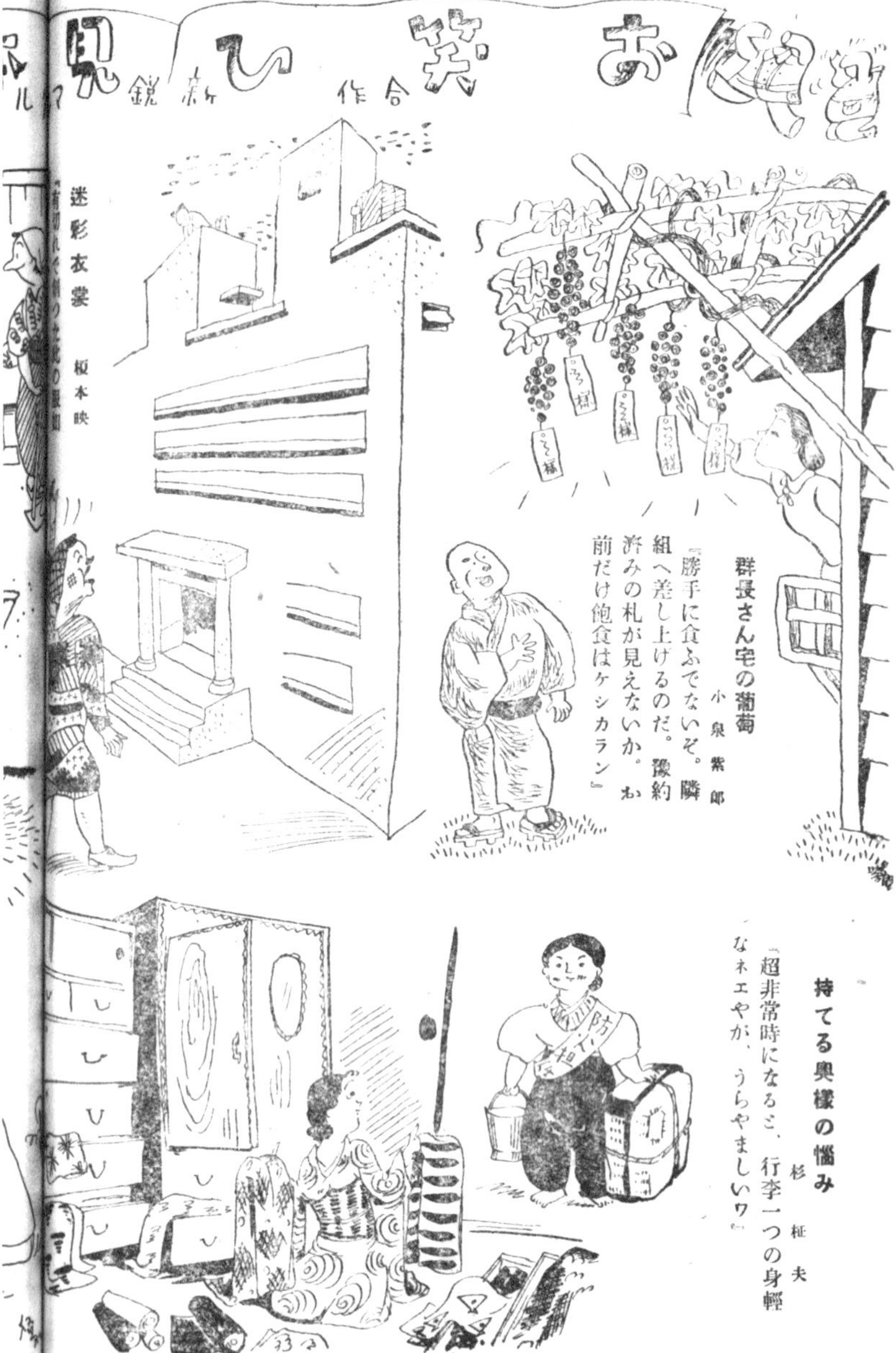
お笑ひ見
合作
新鋭
群長さん宅の葡萄　小泉紫郎
「勝手に食ふでないぞ。隣組へ差し上げるのだ。豫約済みの札が見えないか。お前だけ飽食はケシカラン」
迷彩衣裳　榎本映
持てる奥樣の惱み　杉柾夫
「超非常時になると、行李一つの身輕なネエやが、うらやましいワ」

家主 秋玲二

『家の方はまだ借家だがこれてわしも自分のものが持てたよ』

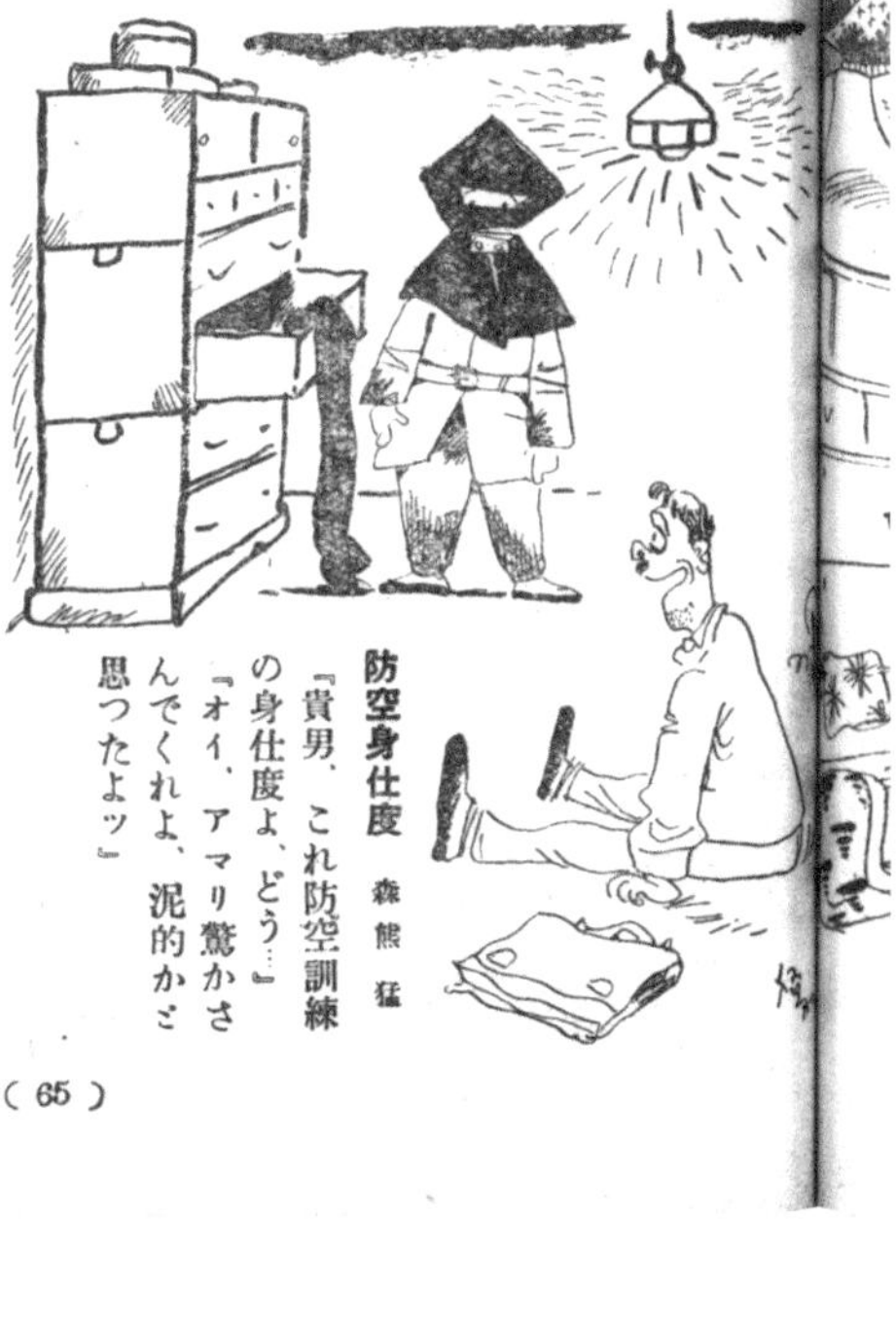

防空身仕度 森熊猛

『貴男、これ防空訓練の身仕度よ、どう…』『オイ、アマリ驚かさんでくれよ、泥的かと思つたよッ』

經濟

羊毛工業の新體制

　羊毛産業統制協議會では、紡績、織布、整理加工業者間を一貫的に縦につなぐブロックを結成しやうとしてゐる。

　この方針に依ると、商工省の指示である統合單位を十五萬錘より十萬錘に引下げて現狀を維持せんとしてゐることを看過せない。また梳毛、紡毛企業統合に關する部分は、相當大きな修正を餘儀なくされることと思はれる。そこで梳毛、紡毛企業が今後何らなるかといふに、連繫の成立目標としては、統制會社の會社組織に依らないで、各關係業者をしてこの連繫を欲するものの申請をさせる（統制協議會に對して）それで會の所屬組合として協議會の方針に從はしめ、之に依る統制を行はしめる。

　織布業者に對しては、梳毛紡毛業種毎に連繫に加へしめ加入統制する。

　それで、この連繫を認むる條件として

（一）生産割當

（二）生産設備の性能及び技術の均衡

（三）工場の位置

（四）過去の取引狀況

（五）その他必要事項

　連繫期間は六ケ月とし、その都度關係を更改する。從來毛糸商を通じ毛糸の販賣を爲したるものについては、連繫後であつても毛糸商を通じて販賣を認めることになつてゐる。

　梳毛紡績企業の統合については、企業形態は資本合同し委託經營を爲すこと。これは設備一切の賃貸による一元經營である。それから經營合同の場合は、株式會社または有限會社を新設し、設備一切の賃貸借による一元的經營をすること。

　統合最低限度十萬錘（ミュール換算）とし、十月以降は生産割當三割減。

　紡毛企業統合については、合同單位の基準は一貫作業でないもの紡毛機四十臺以上、これ以外は紡毛機につき二十臺以上のこと。

　この企業の合同形態は、資本合同と委任經營と經營合同とに依るものである。

　なほ企業合同體の地域に關するものであるが、これは原則として同一地域たることを要する。

　合同を欲せざるものに對して何うするかといふに、かゝる統制外にあるものに對しては、原料の配給を制限することゝし、差當り三割減の配給を行ふとしてゐる。

羊毛工業の現在

　この統制の强化が行はるゝに際して、然らば我が國羊毛工業は如何なる狀態にあつたか。玆に一言說明を加へて、被服資料に關する參考に供し度いと思ふ。

　今次日支事變發生以前一ケ年間の我國輸入羊毛が平均二億四千五百萬封度であつたがこの中濠洲よりの羊毛は二億三千萬封度であつて、我國輸入羊毛の殆んど全額が濠洲より輸入せられたものであつた然るに事變前既に濠洲羊毛制限問題が起つたのは、元來この問題は我國羊毛原料政策上より生じたものでなく、當時

経済

英吉利老帝國經濟ブロックの最大部分たる濠洲市場よりの日本の綿布や人絹布の閉出に對する報復問題が登場した結果だつた。然るに日支事變の進展に伴ひ、殊に我が國の獨伊樞軸側に對する參加は英米一體の軍事經濟共同體制の具體化に伴つて、濠洲の日本に對する態度は全く英吉利の政策に追從し　日本に對する重要商品の全面的輸出制限となつて現はれた。濠洲羊毛輸入制限に對し、我國も羊毛原料の輸入補充として南阿、南米よりの羊毛買付の奬勵となつたことは、それは今や數年前のはなしとなつたけれども、我國の羊毛政策として賢明なる方針であつて、何故それを更に遡つて實行しなかつたかを疑ふ位のものである。

濠洲から滿支へ

かくの如く、我國羊毛の輸入が不可避なる狀態にあつたのであるが、しかし、男子被服資源として極めて重要なる羊毛原料を濠洲一國にのみ主たる供給を仰ぐことは、商業上市場を一方的に決せらるゝ不利を有するばかりでなく、**實に國防上の被服資源を確保する上からも危險なることであり、この問題の解決は眞劍に考へらるゝに至つた。**羊毛原料の濠洲への依存の不利なる一例は、それが原價を高價ならしめ、從つて之が被服資材に依る洋服代は、消費者として我國の人々ほど他の國のものに比し、高價なる支拂を**するものがないのである。國**民所得と國內物價關係より見て、佛蘭西に於て購入し得る一着三十圓の洋服は、我國では**九十圓**の高價に値したことは、日支事變發生當年のことであつた。これは我國羊毛買付方法は、各羊毛工業者が彼地に人を遣はして買入れた結果、濠洲市場內においていつも我邦人が相互に羊毛市場を**糶上げ**、殊更羊毛市價を高價ならしめ、結局それを貧弱なる日本國內消費者に轉嫁せしめたといふことになつたのである。之を防止するためにも羊毛輸入統制協會が數年前に設置せられたのであるが、濠洲が對日輸出を制限し、また我國も對外買入に對して禁止的方策を强化するに至つて、羊毛原料の供給がます／＼縮小せらるゝに至り、その結果**からいふも今回の新統制を見るに至つたことは、實に已むを得ないことである。**

洋服資材工業の發展から觀ずれば、羊毛原料の供給稀少が却つて之が代替品の生產的技術を刺激することゝなり、更に一段の進步發達を促するものであるから、この點からいつて慶賀に値すれ何等悲觀すべき理由がない。

併し乍ら、玆に一言呈し度いことは、羊毛供給の途は對外に依存せずと雖、滿支ブロックに對して之が生產的供給を助長發展せしめねばならぬことは、一九三四年生產高に於ても年當七千一百萬封度を示してゐる事に依つても考へられる。日本は今後支那の米國向羊毛輸出を禁壓し、之を我國內羊毛工業原料として消化すべきである。それにつけても我は、滿支羊毛生產の發達に大に助長せねばならぬ。

臨戰生活の眞諦

三德四水

軍民一致の要

今や我國は、敵性國の包圍陣策動下に未曾有の危機に曝されてゐる。四圍情勢の現在の尖鋭化はもはや「神經戰爭」どころではない。同時に皇國の全土が事實上、臨戰合圍地境化しつゝあると云はねばならないのである。

此の超非常時に際し、我國民の生活は如何にあるべきか、これは云ふ迄もなく徹底した臨戰態勢であることを要する。

軍隊も國民も一體となつて戰はねばならない。今（九月中旬）ソ聯のレニングラードやオデツサの如きは其の典型的なものだが、かくなれば最早戰線も銃後もないのである。而して此のことは我々の生活に對し示唆する所が多い。言ひ換へれば、臨戰生活は國民が戰爭を分擔することを以て本義とする。從つて生活そのもので國策に參畫し國家に寄與することを要すると共に、犧牲的精神に於てこれが透徹されねばならない。故に自我巧利の如き西洋思想に禍された個人主義、自由主義などは此の際斷じて片鱗と雖も許さるべきではないのである。

眼前の敎訓

ところが今日巷間の事實は果して何うであらう。われらの觀て不滿に堪えないものが決して少くない。そうして特に犧牲的精神に於て左樣に私は云ひ得ると思ふ。佛蘭西は今次開戰に當り、先づ國民に犧牲的精神の發揚を要望した。卽ち昭和十四年十一月、藏相レイノオは「獨逸が破産狀態から僅かの間に、英佛軍備に對する二十年の遲れを取戾し、十九ヶ月間に佛國の全人口に近い三つの國を併合したことは、畢竟國民の國家的犧牲的精神に依るものである」として熱烈に佛國民に呼びかけたのである。ところが皮肉にも佛蘭西は開戰直後、僅か一ヶ月半で征服されて仕舞つた。さうしてペタン元帥をして「佛蘭西敗れたり」の原因として第一に犧牲的精神の不足を指摘せしめてゐる。他山の石としてこれはいかにも大きく悲慘なる教訓をもたらすものであると云はねばならないが、然らばかへりみて我國は十分と云ひ得るか、些かこれらに關する一、二の卑見を述べたいと思ふ。

時局を忘れる者

買溜め、賣惜み、闇取引、價格公定品の品質の劣化、目方の不足等今更玆に贅言を須ひるを欲しないが、事實は未だに之が絕えない。しかも闇取引、品質の劣惡化などは、却つて益々潜行的に巧妙になりつゝあるとも云へるやうである。腐つた魚の山、喰へない胡瓜の如き、まさに其の一貌を露呈するものであらう。すべからく峻烈なる制裁を以てこれを排擊すべきである。車ね横道に這入るが、最近の「お化胡瓜」などは所罰するにも據るべき法文がないと云ふ。しかし現在の法令に於てその適當なる運用に依れば、何等か之を所斷するの途はあり得るのではないかとも思はれる。趣は異にするが、かつて外國では入浴中の婦人の着物を匿した男に對し、監禁罪を以て臨んだ事例もある。

さて他方消費者階層の生活に於ても亦、時局を解すること甚だ遠いものがある。帝都午後十時前後からの電車はアルコール電車と云はれる。車中インテリと學生の醉漢を見れば何人も理由が肯かれるであらう。但し學生は最近頓に革まりつゝあるやうにも思はれるが、これらは非常時下に醜態を極めたものであつた。

更に昨年の七・七禁令に伴なひ、國策に協力する一部の婦人連に依り、街頭等に於て矯正促進の方法が採られたことに對し、これを時局に諛ねるものと爲す人さへある。たとへ手段に於て研究の餘地であつたとしても、之等の人々は寧ろ犧牲的精神に於て爲されたであらうことは想像するに難くない。然るにこれを時局に諛ねるなどと云ふことは、一體何を意味するのか元より明瞭ではないが、とに角此の種、超時局的存在が人心に及ぼす影響こそ、却つて恐るべきものがあらう。

生活切下は必至

また一部には、此の際にも拘らず生活の切下げと云ふことが不可で、要は無駄を省くにあるとするの説がある。恐らくこれは、無駄排除に依る生活の合理化強調を以て眞意とするものであらうと思はれるが、若し眞實切下げを不可とするの意ならば、思はざるもまた甚しいと云はねばならない。往年日露戰爭に於ては、國民擧つて所謂臥薪嘗膽の意氣を以て戰ひ抜いたのである。今我國は日露戰役に數倍する大規模の戰爭に五年、しかも更に新なる大發展がいつ招來されないとも限らない。此の備へのためには無駄を省く位の、謂はゞ團扇片手の生活で濟まされやう筈はないのである。また獨逸の如き切符制の徹底した戰時體制に想到しても生活切下げの必要なる所以は容易に分ることであるが、ともすれば言ひ方に依つて不本意にこれが誤られるおそれであると思ふ。

衣服と國家との關係

尙衣服の私的生活と國家との關聯、並にそれらの非常時性に就ても、また認識の不十分なものが多い。國民服に就て一例をとれば、これは今までの反省なき我國民の衣服を合理化すると共に、國家的關係、就中國防上への寄與を以て主目標とされたものである。從つて美的感覺や個性的要件は、保健、勤勞並に國家社會的意義に對して自然從とされざるを得ないのである。ところで國民服を批評し若くは之を批難するものゝ多くは、これら基礎觀念を離れて僅かな趣味嗜好の點などにこだはり、そうして非協力的態度に出る傾向きが少くない。要するに國策と歩みを同じうするの意識に於て、未だ闇然する所なしとは云ひ得ないのではないかと思ふのである。

以上臨戰生活の本義につき個々の對象的云ひ草に終始した感がないではないが、要は生活に於ても國民はよく其の國家性を認識し、且つ犧牲的精神を以て最少限度にこれを切りつめ、しかも旺盛なる志氣を以て軍隊と共に戰ふの意義に徹底するにあると云ふに外ならぬのである。

（筆者は被服協會理事、本會理事）

服装改善の第一歩

青木秀夫

服装は精神の表現である。服装は其の人の心構へを形に現はしたものであり、又其の國、其の時代の精神力を最も端的鮮明に象徴するものである。剛健なる精神は質實な服装を要求し、華美な身なりは浮薄な心を代辨する。此の故に衣裳着物は單に寒さ暑さを防ぐといふだけでなく、國家興隆の原動力たる國民精神に係はる問題なのである。

衣服は人としての品位容儀を保つ要求から生れたものであつて、人の人たる所以を表はす條件である。であるから服裝に對する國民の理解理念は國民の風格、文化、氣力を測る尺度であるといふことが出來る。

我國は二千六百年の歴史を以て今日の服装を作り上げたのである。勿論其の間には幾多の變遷があり、外國からの影響もあつたのであるが、我が國の同化力、消化力に依つて何時も我が國の進展に相應ずるものたらしめる努力が拂はれたのである。氣候、風土、人情風俗に依つて服裝が左右されるのは言を要せざる所であつて、我が國には我が國の氣候風土に適應した服装が發達すべきは當然のことである。

今日の我が國は　我が國古來の精神力を以て新しき大發展をなしつゝあるのであつて、今日の服装は此の現狀並に現狀を基礎とする發展性に相應ずるものでなければならぬのである。卽ち大東亞共榮圏に邁進する心構へを表はす服裝が必要であり、國民の總力發揮にふさはしいみなりが要望される譯である。質實簡素にして活動的而も保健的のものでなければならぬ。

非常時局を乘り切るには乏しき物資を以て無限の活動力を發揮せねばならぬ。我が國の衣服資源は物に依つては必ずしも十分でなく、殊に海外物資に依るものが相當多いのであるから、此の乏しき資源を基礎として國民被服の確保改善を圖らねばならぬ。ありあはせの被服資材の利用活用に關する工夫研究が肝要になつて來る譯である。

斯く考へ來ると我が國に於ける服裝に就ては尙幾多の問題が殘つて居り、改善の餘地が多いのであるが、最も大切なことは國民の衣服に對する心構へを着實健全ならしめることである。卽ち服裝に對する理念の確立である。

（筆者は厚生省生活課長）

衣服の臨戰態勢

氏家壽子

最低何枚で暮す？

今日は誰の腦裡にも新らしく深く銘訓されて居る臨戰態勢下であります。

「何を着んと思ひ患ふ」ことの如何に非國民的であるかを一應云つて見る事も出來ます。事實衣服に就ての必要以上な關心は最近とみに是正されて來ました。

人々は衣服を樂しみ之によつてある表現を試み樣とした方向を轉換する樣になりました。恐らくつきつめた考へ方では着て居さへすれば良いではないかと云ふ所に來て居るでせう。そして、その事は戰を控へての生活に力強きものであると信じます。

然し乍ら之は一時的のものではありませぬ故、根本的に基準を求めて置き度いと云ふ事が同時に大方の御要求でありませう。

最低衣服何枚で暮すか——もう一度この課題を讀み直しました。

答の出せない試驗場の學生となつて私はこの大きな問題の前に更めてたじろがざるを得ませぬ。それこそ大方の求められて居る大解答でありませうから。書かんとする自分自身先づ尋ね度い問題でありましたから。

何枚で暮すか。題意は色々にとれると思ひます。個人の經驗でも、主義でも、一般に實踐させようとする方針でも兎に角何枚あれば暮らせると云ふ結論も出て來ます。けれ共、今日の場合此處では凡そ何枚で暮すか——と云ふ一線を見出す爲の、少くとも其準備となる爲の考察でなければ要をなさないのではありますまいか。

民需資材を決定する爲にも、生活新體制を確立する爲にも國民は之れを求めて居る筈です。爲政者も其を求めて居られる筈です。

ゆくりなくも私は衣服に就て自己の主義を大膽に實行して居られたお二人の方を今思ひ出しました。勿論大分前、事變數年前です。其一人は五十才臺の婦人、他も同年輩位の男子の方達です。全然別々の立場です。

婦人は無地の（筒袖の）着物、羽織、袴以外に何も持たない、どんな席上にも何等憶する所なく出席して居る。之に由つて家庭生活で最も煩忙だ衣服の仕事から解放されたと申されるのでした。

當時盛に稱へられて居た生活改善の先達と見上ぐ可き方であつたらうと思ひます。

男子の方は或結婚披露宴に來賓祝辭を述べられまして、自分は多忙な生活をして居る故、斯る祝儀若くは不祝儀の席に出る爲に衣服を替へる事は出來ない。衣服の爲に式に臨まないと云ふも不本意であるから斷然事務服の儘で伺ふ事に決めた。どんな場所へもこの儘出かけて未だ曾て咎められもせず惡びれた感も持たず、まことに樂である、と話されました。前の方は紺系統の無紋無地もの、後の方は折目もつかぬ袖にインクの汚點歴然たる鼠色脊紋廣を召して居られた事を今も瞼にはつきりとして居ます。

居合せた人々の批判、印象等は此處で考慮を致しますが、何方も勇氣のある信念のある生活指導者に間違ひはありません。

唯憾みとする點は二方とも我が爲にのみ衣服を選ば

れ、自己の着衣が持つ社會性、更に言ふならば國民文化との關係と云ふ事に就て一顧も拂はれて居ない事と、他の追隨を許さぬ、否他が喜んで追隨しないと云ふ事であります。

結果に於ては今日の國民服に甚だ近いのでありますが肝心の所に百里の距りがあると觀る事が出來ます。

衣服の問題は然く簡單ではありません。最低何枚と、それは云ふ可くして餘りに無理な事柄ではないでせうか。

臨戰體制下には勿論最少を保持する事が基準です。それ以上は求む可きでない、新調すべきでない、あらば獻げて大なるお役に充つべきでありますが、謂ふ所の「是だけ」は人々によつて嚴密に決定される筈です。

國民食糧が指す程のそれ程確然とした線はないにしましても、第一其人の活動狀態によつて必要量が左右されます。動かない人は摩擦丈でも違つて來るでせう。

續いて起るのは職業の如何です。單に身體的活動ばかりでなくて別な立場から職業的要求を異にします。

男子と女子とでは矢張り違ふでせう。例へば男子國民服の通りに女子一般が行かないであらうと想像される事も當然です。

このやうな考へ方は最低是丈あれば生命にさしさわらぬと云ふ限界線よりか餘裕のあるものではありませうが、實際生活に卽して居ます。

國民服を中心として

制定された國民服の男子用は色々な點から大變によく考へられて居るものでありますが、あの儘が女子用になるかと云ふ事は問題でありませう。近く決定される婦人國民服は多分一着で代表的と申す譯ではなからうと想像するものです。

これは婦人の生活そのものが多方面的でありますから一旦家を出たら一齊に一つものを着用してと云ふ譯に參りません。尤も男子服とて外出用のみではありませんが、婦人の生活は家庭の場合も相當考へられねばならぬ分量の多くを占めて居ますし、婦人の社會生活と云ふのも決して男性の通りでは無いからであります。

一概に申す事は益々困難になりますが、今假りに婦人も亦國民服を中心にして數の制限をしてみるとするならば、如何なる所に限定し得るかと云ふ狹められた範圍で考へて見度いと思ひます。

此際特別な禮服を省略して無作法にならぬ様國民儀禮を具へたものか男子のそれに匹敵する通常服になると思ひます。

其は同時に外出着でもある筈です。必要量は最低二着、夏と冬の季節に應ずる事とします。一着で下着による調節と云ふ事も可能でありますが、年中通じて一着丈ならば洗濯とか整形とかに不便ですから同じ物でも兎に角二着持つ方が結局長い使用に堪えられます。

作業の爲に矢張り二着が要求されます。之は家庭勞働でも家業の爲でも職業服でも、それ〲の目的に應じて形質を自由に選ぶとして一人當りその種類のものを二着要します。職業婦人が職場に用ふるものは外出用と同種になる場合もあるでせうし、出先の制服と云ふ事もありませう。

農村に於ては農場で用ふる着物は全然別個のものとなる筈です。

この種類は場所によつてまことに多岐ですが着替の爲に二着を要します。働く着衣は尚更清潔にする事が保存上、衛生上どうしても肝要であります。

家庭で用ふる休養服は男子同樣この外に手持の古い物を利用して置き度いと思ひます。寢衣もこの中に入れて考へます。

この外に必要なものとしては防空服若くは非常時服と稱す可きものです。日常服がこの目的を兼ねて居ても良いのですが、例へば消火消防を第一に考へた着物は家庭婦人にも職場の婦人にも必要でありまして、十分に防水とか防火とかの處置が施してあり、防毒の用意も加へられたものでなければならないのであります。尚防寒用の外被、雨具としての外被を各一枚持つことは贅澤とはなりますまい。雨着の如きは大體の方が廢品更生でなされるものです。少い枚數で生活する爲には季節の移り變りや寒さの用意として間に着る簡易な防寒着――チョッキ、セーターの類――を持つことがよろしいと思ひます

更に大切な事は下着、肌着の方でありまして、以上述べました衣服類の形式が和服式、洋服式、若くは新興の形式等により下に着用すべきものが變つて來ますが、何れにしても下着は餘り無暗に減ずる譯に參りません。

肌に着けるものでは上下四枚乃至六枚は持たねばならぬ數であらうと考へます。

枚數は地質によつても異つて來ます。從來婦人の力が

男子より持つ數の多い原因の一つとしては、毛織物を用ひない爲と云ふ事が出來ます。今後もこれは同じでありませう。枚數は處置法の如何にも關係します。手入法が良ければ長く用ふる事が出來ますから衣服の樣に何年間かをまとめて設計すべきものにとりましては耐久年限の長短が絶對數を左右する事になります。

理念と實踐との距離

一つの假定の下に申上げました事柄は恐らくどなたの場合にも當て嵌つては居ないであらうと想像します。

これでやつて行けない理由はないと思ひますが、これ丈では無い現狀である事も十分察せられます。

臨戰態勢に於て生活費を國家目的に順應させる爲に選ぶ可き方法はどなたがなさつても必ず被服費の節減に在るに相違ありません。それ程たしかな、そして普遍的な理念と實踐との距離を短縮する事が、婦人全體の急務であり眞劍な實戰であると信じます。

衣服に限り最低線の探究の結果、禮容も文化も埋もれてしまふ銃後生活を招來しはしないであらうと信じつゝ擱筆致します。（筆者は日本女子大助教授）

科学

リンゴ療法

リンゴは國光でも紅玉でも採果したばかりのものは酸度が相當高い、大體採果後百日まで位は酸度に大した變化がない　それが日を經るにつれて酸味はぐつと減つて來る。そしてこれとは逆に甘味が增して來るが、こゝに興味のあるのはリンゴ療法に用ひるリンゴの効果は、この酸度に正比例するといふことである。すなはち、酸度の高いリンゴほど下痢に有効で、甘味の强くなるにつれてこの効果は低下するといはれる、この酸の增減からリンゴ療法を見た場合これに用ひるリンゴは大體採果後百日まで位で、したがつて十二月ごろに採收したものは翌春の三月ごろまでといふことになる、しかしこれは種類によつて多少の相異があつて國光種は比較的早く酸度が低下するが、紅玉は割合遲くまで酸度を保有し、殊に三月以後は外皮のしなびた紅玉に比較的多いといはれる、リンゴを材料とした新薬が今日何種類か發賣されてゐるが、これを用ひるのは三月以後にそれ以前は天然のリンゴを用ひるのが常識であらう。

戰闘薬劑

渡洋爆撃のやうな長時間に及んで多くの體力、精神力を消費する場合には、一時的に作業能率をたかめる藥劑が必要とされドイツではこのため特殊の製劑を使用してゐるといはれる、現在判明してゐるものはペルリチンと稱する種類のもので、內容は鹽酸エキレナミンやエヘドリンに似たもの、交感神經を活潑にする作用を有すといはれる、普通にはこれを一回に六ミリ程度やるが實驗的には九ミリから一五ミリ程度をやる、しかし副作用が强く、そのあとは充分の休養を要するさうであるアメリカにも最近これに似たベンゼドリンが現はれてゐる化學構造はペルリチンより少し簡單であるが作用の點は大體同一といはれる。

早死産

早產兒は一ケ年に十五萬人流死産は同じく三十萬人、これがわが國の現狀である、之等早流死産は何によつて起るかといへば、その第一は母體が黴毒の場合で、外國での報告によると母體が黴毒で未治療の場合は早產三六%、死產九%といふ臨床例が出てゐるわが國では最近京橋區特別地區保健館で行つた調査があるがそれによると早產八五%、死產五%となつてゐる、しかしこれはいろ〳〵の理由でそのためわが國の姙婦黴毒による早流、死產は少いといふことはいへない事となつてをり實際にはこれよりも遙かに高率と見られてゐる。從つてこの問題は單に民族素質の點からばかりでなく、人口問題解決上からも重要視されてゐるでは姙婦にして黴毒に罹つてゐるものはどれ位の數に達するか、これに關する報告はまちまちで、或る病院での例は一〇%內外、或る病院での例は五〇%といつた風であり、保健館での調査は八%程度であるが、これまた實際には相當高率であることが想像される。この姙婦黴毒が胎兒にどれ位の割合で移行感染するかといふと、治療しない場合には大部分が胎兒に移行感染をし、これに對して早い時期に治療した場合はそのうちの大半は胎兒に移行しない、姙婦が黴毒に感染してそのまゝでゐると生れる子供を早流、死產にするばかりでなく、滿足に出產しても先天性黴毒兒として各種の故障が起き民族としての素質を低下させることともなるので、もしも姙婦で黴毒感染の疑ひがある場合はまづ血液反應を見 續いてこの完全治療こそ臨戰下、母體の責任である。

科学

蛹の效用

食糧問題に關聯して最近注目されて來た新資源に蛹がある、從來この蛹の利用はアミノ酸醬油の原料としてのみ行はれ、多量に繭を消費する製糸工場では、その副產物として出て來る蛹を原料に醬油の製造が殆ど常識で、市販醬油の五〇%は蛹醬油、鰯醬油とされてゐた、ところがこの蛹の持つ蛋白は動物蛋白として非常に優秀であるばかりでなく、ビタミンB2に富み榮養價の高いものである。この點に着眼した業者は蛹を原料とするビタミン劑の製造に着手した、いづれそのうち市販品となつて市中に現はれることとなるであらうが、その有する量は蛹一匹で卵五個に相當するといはれてゐる程だ、ビタミンB2は發育促進の作用を有し、老衰を防止、胃腸を强壯にする等各種の作用を有する、したがつてこの缺乏は以上と逆の結果を來す、各種結石をも缺乏は誘發しやすく脫毛もしやすくなる、その他各種の缺陷がこの缺乏に對してあげられてゐる

細菌戰

病源菌の種類は一千種前後の多數にのぼつてゐる、チブス屬の細菌だけでも百種以上が世界で發見されてをり、日本のみでも四、五十種には達しやう。しかしそれは存在が確認されてゐるといふだけでさてそれ等各種病源菌の病源性といふものが皆分つてゐるのかといふと必ずしもさうではなく、はつきりしたものは非常に少ない、といふ事を考へると細菌戰に使用される細菌といふものの種類は非常に限定され、どんな種類のものが使用されるかが大體分つて來る。また一時に多量に必要に應じて手に入るものでなければならない、といふことになると誰の頭にも直ぐ浮ぶことは培養菌の使用であるが、大體培養菌は毒力が弱い、種類によつては殆ど使用に堪へないものすらある、また場合によると敵よりは味方がその取扱ひ方によつては被害を受けないとも限らない、さういふいろ〳〵の條件を考へると細菌戰は簡單ではない。

しかも、細菌を以つて、第一線の勝敗を決める事などは不可能であるから、主として銃後攪亂を目的とするが、細菌を撒布する方法も、簡單には行かぬ 直接、航空機等から落しても大した事はない。

また、蟲などに附着させて放つ間接法もある(荻窪秀三)

ハイキング服裝批判

菅沼達太郎

總ての物資を極度に節約して如何なる事態に際會しても、物に餘裕あらしめねば成らぬ今日では、ハイキングの服裝に於ても、趣味嗜好を離れて考へねばならない。と同時に、ハイキング其事に就ても舊體制を清算し去らねばならぬ。舊體制の時代にあつてのハイキングは、成可疲勞少く樂くに且つ愉快に歩く事が重んぜられ、服裝、用具等も其に應じた物が考へられて居た。時に、山岳地のハイキングを除いては、此風潮は年と共に盛んなものであつた。然し、今日は其ではならぬ。山岳地でなく、平野や、街道上のハイキングに於ても、疲勞を少くする事を考へるより、進んで疲勞にたへ得る訓練が必要となり、樂みを第一義的とせず、困苦缺乏に耐へ、徒歩行軍による效果を上る事を第一義として、身體精神を鍛へねばならぬ。歩く、と云ふ事が趣味、娯樂の範圍を脱却して、絶對必要の時代となつたのである。我々は、先づ。頑健な足を所有せねば生きて行けない、國家を守れない、と云つても過言ではなくなつたのである。そして既に心ある人々は其を實踐しつゝあり、且つ又ハイキングと云ふ其言葉が持つ多分な舊體制觀念をも打破せんとしつゝあるのである。

處で、歩くには履物が第一である。無論鋼鐵の如き足があり、熱砂の上も、氷雪の山も、裸足で歩き得れば此に越した事はないが、現在其を望むのは全く無理であらうし、又、或地域では裸足の歩行は禁ぜられて居るから、健歩、强歩には其々適した履物を用ひねばならない。健歩、强歩等の趣旨から考へれば、陸軍用の軍靴を用ふるのが最適であらう。平常から軍靴を穿き慣れて置く事は、今日の場合必要事である。

軍靴の次は地下足袋であらう。今事變以來皇軍將士は時に應じて地下足袋を用ひて居る。ゴム底の地下足袋も軍靴と同樣之に穿慣れて居らぬと、長途の歩行には耐へ難いものである。

然るに此二つは現在一般大衆に取つては最も入手困難な品である。我々は此二つに代つて、しかも同じ效果を上げ得可き履物を考へねばならぬ。處で、徒歩行の場合一般大衆は現在何んな履物を用ひてゐるだらうか。

過般の厚生省奬健會主催長距離强歩大會參加者の履物を見ると、大體次の樣な色分けになる。

1. ゴム底ズツク靴
- 上履用ノ如キ、短靴（イ）
- テニス用ノ如キ、同（ロ）
- 體操用ノ如キ、短靴及編上（ハ）
- バスケツトボール

用ノ如キ、編上（ニ）
青年學校制定ノ如キ、同（ホ）
ハイキング用皮靴ノ代用品、同（ヘ）

2. 普通の靴
短　靴（ト）
編上靴（チ）

3. 軍　靴
陸軍拂下品（リ）
軍靴模造品（ヌ）
軍靴類似品（ル）

4. ハイキング用編上靴
牛皮又ハ其ニ類セル皮製（ヲ）
水產皮革製（ワ）

5. 登山靴

6. 地下足袋
朝日印ノ如キ厚底ノモノ（カ）
他ノ薄キ底ノモノ（ヨ）

7. 草　鞋
草鞋用胛掛足袋ヲ用ヒシモノ（タ）
普通ノ足ニ草鞋ヲ用ヒシモノ（レ）

8. 下　駄
駒下駄（ソ）
日和下駄（ツ）

9. 草　履
板裏（ネ）
ゴム裏（ナ）

以上は男子のみに就て見た所で、此各種の履物中何れが多く、何れが少いかを數字的に上げ得なかつたのは殘念であるが、大別すると、（1）の内ロ・ハ・ニ・ホが全員の大多數であり、（2）のトと（6）のヨは次位で各同程度である。次は（3）のルで、（4）と（7）は少數であり、（5）は十人位しか見受けなかつた。（7）の内でも本式に胛掛足袋を用ひてゐる人は極く僅である。案外なのは（8）と（9）が十數人あつたと思ふ。或はもつとあつたかも知れぬが。（9）の内ではナが多く、（8）は殆んどであつた。

此事は一催しに就いてであつて、之を以つて總てを律する事は無論出來ないし、此時のコースは殆ど街道上のみであつたので（8）（9）の如き履物も現れたのであらうと思ふ。然し現在の品よりも、耐久力強きゴム底ズック靴が現在程度の價格でもつと販賣されるとしたら、こうした時には全員殆どそれに成つて了ふのではあるまいか。

（一）

春・夏・秋の主として平地ハイキング用

然乍此種の物は、極寒地又は冬期積雪ある地方には洵に不適當なもので、主として春・夏・秋の季節のみしか使用に耐得無いから、理想的な健歩用の履物とは斷言出來無い。せめて、水產皮革製の軍靴でもよいから、一般大衆全部と迄行かず共、全國の青年學校生徒だけでも最少一年一足位の割合に配給出來ぬものであらうか。そうすれば、現役兵士と同樣に足の訓練が出來るのではないかとも考へられる。

前記の水產皮革製による軍靴と同樣品。再製ゴム底にズックの編上靴。木底にズック又は他の布製の編上靴等が考へられる。

此内、水產皮革製は手入の如何によつては、相當耐久力有るもので、第一位に奬さる可きであらう。之は鮫皮を胛とし、鯨皮を底としたものが普通で、底へは鋲を打つか、牛皮の底皮の切端しを要所へ打付ける事によつて、底の耐久力を増大する。

（二）
冬期の山地及平地用

再製ゴム底にズックの編上靴は既に衆知の通りで、此ゴム底も硬質ゴムの物は打鋲する事が出來るし、他の皮切れを打付けて補强する事も不可能ではない。

木底の靴は、ゴム靴の無かつた明治時代に魚市場や青果市場等に出入する人々に重寶がられた履物で、當時は、胛は紺木綿地、爪先にのみ皮を使用し、底は板草履式に作つたものである。此を適當に改良すれば、現今でも割合良好な野外用履物となるのではないかと思ふ。

（三）
（一）に準ずる女子用

着衣は男女共洋裝に限る事は云ふ迄もない。元よりハイキングの服裝は、實質第一を旨とした點に於て、今後も此に變化は無いが、從來は、山岳地のハイキング（登山を含む意味に於て）と平野や街道上のハイキングとの服裝の區別をわきまへぬ人々があり、其に加へて自由主義的傾向も交り、面白からざる服裝をして居つた人々が少くなかつた。そして、其が一因を成して、山岳地に於て、天候急變其他の爲に遭難した例も多數である。然し今後はかゝる事は完全に一掃されねばならぬ。

（四）
（二）に準ずる女子用

着衣に就て一層具體的に云ふならば、男子は、所謂國防服の如き型式の物、陸軍軍服に近い物、盛夏は半ズボン、他の季節は短ズボンにゲートル等を用ひ、女子も、空襲時等有事の際に役立つ可き型式の服裝にする事が理想的であらう。即ち、スカートならば、トラウザースカート（ズボン式の）とし、更に其裾口へ紐等を透して、裾をくゝれば完全なズボン（ニッカースの如き に或る物がよく、脚部も厚き長靴下を用ふる樣にするが最もよいと思ふ。モンペの如き物は、夏期の薄着時には良いかも知れぬが、冬期等の厚着の場合は活動上相當不活潑をまぬかれまい。斷然和裝の觀念を捨てゝ洋裝を採用す可きである。

然乍物資節約を斷行す可き時、特に新調する事は差控へ、（一一九頁へつゞく）

政治

翼賛壯年團の結成

大政翼賛會では、かねて第一次中央協力會議で問題となつた翼賛壯年團を組織することに正式決定し、いよ〱同志的團結によつて結成した。

結成基本要綱によつて生まれんとする翼賛壯年團は、青、壯年會の人々に依つて成るものである。青年及び壯年の人達の自發的意思による同志的組織である。これらの人々が、各々の地域的乃至職域において團結して臣道實踐に挺身せんとするものである。それ故この翼賛壯年團は翼賛會自體の組織ではない。しかし、國民組織の一つの基底として、翼賛會の有力なる外部團體であるので、そこにこの團體の國民的發展性と全國的普遍性があるのである。

然らば、この翼賛壯年團の結成により、本團と目的を同じうする既設團體との關係は何らなるか。既設團體たる大日本壯年團中央聯盟、農村協同建設聯盟、産業報國會、商業挺身隊等については、それらのものは本團に對し積極的に參加し、翼賛行爲として本團の組織の中に入るものと思ふのであるが、しかし、各自の團體にもおの〱の設立の目的があるのであるから、解體するといふまでには行くまいし、またその必要もなからうと思ふ。たゞ玆に注意を要することは翼賛壯年團の設置について、軍部が特に力を入れてゐることである。これは内外の情勢が切迫してゐるので、軍部が特に本團の結成に重大なる關心を寄せ、その育成强化に聲援してゐることは國民的一致による國策の遂行が今日より甚だしく要望されてゐる秋がないからである。

團體成立の特殊性

この結成基本要綱の目的といふのは、熾烈なる翼賛態勢下にある青壯年層を組織し、同心團結、各々その地域職域において率先臣道實踐に挺身せしむる所に存すといふのである。その性格は、大政翼賛會の指導下にその一翼として大政翼賛運動に邁進する組織であり、それが團員として自發的意思による同志的組織でなければならぬ所に團體成立の特殊性があるのである。

そこで、この團體の成分たる團員の資格は、二十一歳以上の有志青壯年者であればよい。團體の編成は、大政翼賛會地方組織に合致せしめ、道府縣、郡、市區町村にそれぞれ團を設け、それらを系統團體たらしめて組織を形成するのである。

大政翼賛會としては、從來國民組織の確立、興亞運動の展開、國民の錬成、それから調査の四部門があつて、之に基いて活動を續けて來たのであるが、これらの活動のうち何といつても國民組織を更に普遍化し、それを全體的系統あるものとして育成せんとする熱意を以て基底工作に乘出して來たのである。それが本團の成立を見るに至つたのであるから、これほど芽出度いことはないと祝福の辭を呈する次第である。

隨筆

樵人夜話

中山省三郎

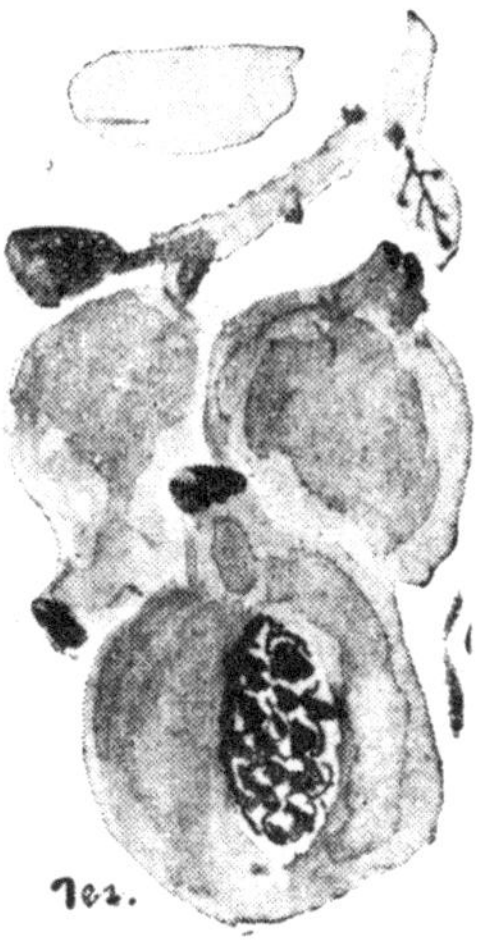

★適應性

暑い時に煖衣をまとひ、寒い時に薄衣をするといふやうなことは、修養としては大切であらうが、日常生活の能率化といふ點から見れば、あまり感心のできることではない。それどころか、時には馬鹿げたことだとも思はれる。

さる年の丁度今ごろのやうに暑い時、私は南支のあちこちを旅行したが、服裝といへば、ヘルメットに半袖のシャツ、半ズボンといふやうな極めて輕快なものであつた。ところが、臺灣に來て同じやうな服裝で街を歩いてゐると、人々が振返るので初めて氣がついてみると、臺灣にゐる男の人たちは、さういふ輕裝の服などはなく、お役人などは窮屈な詰襟の服を着てゐるのであつた。威嚴を保つためとか、さうでないまでも、日本人の禮儀を保つとかいふことのためにかやうな服裝をしてゐるのであらうが、私には感心できなかつた。

日本人はどこへ行つても內地の東京あたりの生活樣式を變へないといはれる。私の見て來た範圍でも、南支へ行つて支那家屋に疊をいれて四疊、九疊などといふ座敷を作つたり、わざわざ刺身を註文したりして、非常に高い生活費を支拂つてゐた。これは北滿や南洋へ行つても同樣だといはれる。

かやうに、その土地に適應しない生活をしてゐるために、われわれはどれだけの損失をしてゐることであらう。

ルーズベルト君といつてもよいところを、ルーズベルト閣下といふものだから、直ちに胸襟を開いて物をいふことの出來ない場合が多いといふやうな話を私は外交關係の人から聞いたことがある。

言葉といふものも、支那と日本とでは同文同種といひながらも、「手紙」といふのが「落し紙」の意味であつたり、「東西」といふのが「品物」といふ意味であつたり、等々さまざまの相違があるのである。まさしく、所變れば品變るである。種々の急激な文化のために服裝や言語のことなど構つて居れぬとはいへ、今日、大東亞共榮圏の指導者として立つ以上は、できるだけ早く異つた様式を理解し、それに適應する日本人の新しい生活様式を樹立しなければならぬ。かやうなことは言ひ古されたことでもあり、平凡なことでもあらうが、既に國民服令に於いてさへも、「暑熱ノ時期又ハ地方」に於ける例外を認められてゐるやうな時代に、何もかも、凡ゆる所で都會中心の、劃一主義に陥るやうでは、新しい建設の力は生れて來ない。（八月三十日）

★捕　虜

今日（九月七日）の朝日新聞を見ると、イタリヤ兵の俘虜收容所を受持つてゐる濠洲軍當局の某少佐がわが服部領事を訪れた時の話といふのが載つてゐる。

濠洲としては今度のやうに澤山の俘虜を收容するのは初めてでその取扱ひについていろいろ研究したが、はからずも日露戰爭の時の日本のロシア兵の俘虜に對する取扱ひが、非常に立派であることを知り、これが非常にいい參考になつた、俘虜の待遇については一九二九年のゼネヴァ協定によつて、自國の兵隊と同じ待遇を與へればいいことになつてゐるが、日露戰爭の時日本はロシア兵に日本の兵士と同じ米や味噌でも困るだらうと、當時相當の負擔であつたにもかかはらず、パンや肉を特別に給與したことが判り、大いに感心した、濠洲でもこれを參考にして、特にイタリア人の好むやうなものをあてがふことにしてゐる。
この記事を讀んで、私は日露戰爭當時のわが國に於いて、俘虜の取扱といふことがかなりに厄介な問題であつたことを想起するのである。明治三十七年三月の初め、旅順港外に於いてわが驅逐艦「漣」の勇士のために捕へられた露西亞水雷驅逐艇の乘組員三名を初めとし、翌三十八年五月末の日本海々戰の俘虜に至るまで、將校七百八十八名、下士卒五千百二十二名を收容した松山俘虜收容所が編纂した「松山收容露國俘虜」に寄せた河野所長（大佐）の序文の一節を見よう。

「予の見る所にては露國將校は概ね譎詐暴慢陰險陋劣にして襟度雷犖高尚の品性を具ふる者十一を千百に望み難く殆と恩義の何物たるを解せざるが如し故に若し彼等の悲境を憫み待遇を寛厚にすれば乍ち之れに乘じて驕昂し人を凌ぎ厭ふべき亡狀を演ずることあり然れども海牙條約に俘虜は博愛の心を以て待遇すべき條項あると力盡きて投降したる可憐なるを以て人道を重んずる吾人は彼等を嚴待するに忍びず不知不識非常に寬大なる待遇に傾きたり」

この書は二十ケ月に亘る俘虜收容所の生活から露西亞軍人の體格、風習、衣食住、品性、嗜好、德義心、犯罪など、さまざまな觀察を記述したものであるが、今もなほ多くの示唆や興味ある記述を見いだすことが出來る。

松山の俘虜たちは將校、准士官、下士卒など階級によつて日を定めて外出を許可された。また中には民家に妻子と共に居住することを許された者もあつた。

イワーノフ大尉は「高濱上陸者の間に交りて七八歲の少女の手を曳き憂心冲々たる狀態をもつて上り來れる」者であつたが、その女の子は「容顏愛すべきも蒼白にして幾多の辛苦を嘗め來りしことを表はし遠き異境に移され來りて心中猶旅順籠城中の恐怖の念を留むる如く、誰か惻隱の情を起さざらんや。大尉一番町に收容せられてより一時其愛兒を米國宣教師ブライアン氏に托す。蓋し同人の家、兒女五六人ありて異域に流寓せる此憫む可き少女を慰むるに足るべきを以てなり。此家に在ること數月、少女が身體に受けたる久しき疲勞を漸次回復に赴き其精神も稍ゝ快濶に發育し哀れなる寒國の一蕾は遂に凋落の不幸を免るるに至りたり……聞く所に依れば彼の妻は六年前不幸病痾のために西伯利に於て死亡せりと。爾來數年の久しき彼が艱難辛苦を厭はず、後妻を迎へず愛育したりしは卽ちこの少女なり。」

この少女は八歲であつたが、父と共に砲彈下の旅順にゐたのであつた。いま捕虜となつた父の許に住むことをゆるされて、彼女は硝煙の恐怖も忘れてしまつたのである。

或る夏の暑い日に收容所員が訪ねてゆくと、少女は「嫣笑を含みて室內に來り、我等に團扇を勸めたり。大尉は起ちて一椀の茶を酌まんとし、我等は辭して歸らんとすれば、少女はあわただしく數片のパインアップルと肉叉とを持ち來りて曰く、乞ふ一片を取れと。是れ固より父の命じたるところに非るなり。然るに來客と知り順序良く切り取りてこれを客に勸めんとする少女の心裡若し彼女に未だ母在らしめば彼女は朝夕その膝に縋り乳を求めんとする一少女のみ。」

事情によつては妻子を連れた捕虜の許される時代であつた。ヘーグの條約ばかりではなしに、戰勝國日本に對して、何かといへば干渉する國家群もあつたのである。わが國はあくまでも忠實なる條約の遵奉者であつた。

松山に來てゐた捕虜たちの中には放蕩無賴の徒がゐるかと思へば、人格高潔の士がゐたりした。

それにしても、「松山收容露國捕虜」の編者は松山地方に及ぼせる俘虜の影響を述べて、奢侈の風と投機心が釀成されたことに言及し、「外觀上一時繁榮を來したれども永久的に多大の損害を受けたるものと言ふべく、その生產力を減耗したるの一事は最も憂ふべきことといふべし」と慨嘆してゐるのである。（九月七日）

★衣　服

このごろ私は閑暇のあるとき、外祖父の屬してゐた下妻藩（常陸）の記錄を披見してゐるが、夥しい記錄には、御觸書の寫しがかなり見いだされる。

延享元年に出たお觸れのうちに次のやうなのがある。

町人男女衣類の儀、先年より度々相觸候處、近年は別て結構なる品を着し候由相聞え、不屆に候、前々相觸候通、絹紬木綿麻布之外、一切着用すべからず候、若相背き、過分なる衣類着いたし候もの有之は、見合次第召捕、急度可申付候、且又婚禮之節不相應美麗なを道具相用ゐ候由、金銀金具蒔繪の道具堅令停止候、相背く者有之にに於ては急度申付候

先年から度々申しつけたやうに、贅澤な衣類を着たり、婚禮の時、身分不相應に金銀金具などの道具を持つて行つたりする者があるが、さういふことは怪しからんといふのである。

今日、われわれは、高度國防國家を建設する國民として、奢侈の風の許されない時代である。徳川幕府は、幕府の名に於て贅澤を禁じ、儉約を勸めたけれども、われわれは今日、一個人、或は特定の集團の利益などからではなしに、國家の名に於いて奢侈の風を滅却せねばならぬのである。（筆者はロシヤ文學者、詩人）

日曜日の感想

安田貞雄

昨夜、會社で居殘りをして暗くなつてから郊外の家に歸つて來たが、家のラヂオが高い聲で例のトントントン

カラリンと隣組の歌を歌つてゐるのに疲れた身心を益々いらだたせた。一體、あの味噌醤油の歌詞を子供達を動員してまで歌はせる人の精神がわからない。非常に騷々しくしかも低調である。徹底した市井主義の雜音でしかない。こまかな涙ぐましい人情はあのやうな表現からは拂拭されてしまふ。それにしては火野葦平氏もつと言つてゐることだが、あれには國民的な高い格調がちつともない。早くあゝした俗謠はわれわれの耳から消されてしまひたいものである。隣組の歌としてはもつと立派なものが出來なければならぬと思ふ。歌のことで言ひたいことはまだある。近頃、東京の兵隊が、アスファルトの上を行軍しながら高唱して行く軍歌は概して歌謠調でありメランコリなのが多い。われわれが現役時代や戰場で歌つてゐた軍歌はあんな暗いものではなかつた。「出征兵士を送る歌」とか言ふ近頃の軍歌を聞いてゐると他人事でなく腹の立つほど變な歌謠調が主脈をなしてゐる。明治の軍歌のもつ高邁さとあの凛々しさとはすこしも感じられぬ。私はそのことを非常に殘念に思ふ。どうしてあのやうなつまらぬ歌曲が平氣で「醜の御楯といで征つ」人々に對して歌はれるのであらうか。現代の詩人が、かかる軍歌をすゝんで本然の姿にひき上げずして、その本分はどこにあるのであらう。つまらぬ市井の俗謠職人にまかせてをくことはもはやゆるしがたいことであると思ふ。もしもかかる低調で浮薄で陰氣な歌が流行し、われわれの子供たちがそれらをうけついで幼年時代を過ごすことを考へた時に、われわれの次の時代の人間の無氣力さが今から心配されざるを得ない。種々なる文化の傳承は眞に正しく強く全く美しいものゝみがなされなければならぬ。詩歌の傳承は、それが最も人間性にとつて切實なものであるだけに、われわれは深く反省もし、不健康なるものゝ根絶と、眞に次代の國民を形成するための正しい傳承が心がけられねばならぬと思ふ。

近頃、日本で一番讀者の多いある婦人雜誌の小説を讀んでゐたら、時代錯誤も甚だしいことが描かれてあつて全く不愉快にさせられた。ある會社の社長の妹が、その會社の技師長に戀愛して思ひがかなはぬ怨みから、社長である兄に、技師長の名を呼び捨てにして、しかも、誠にしてちようだい、たかが使用人ぢやないの、と言ふすごいせりふを使つてゐるところがある。畏くも　陛下の臣民に對して、たかが使用人とは何事だ。全體的にこの小說は大正時代の工場組織やブルヂョアの娘氣質ならあるひは領けるかも知れぬと思はれたが、私はこの小說の作者が今日の生產機構やその中で働いてゐる人達の思想感情に對して子供よりも無智なのに實は啞然としてしまつたほどである。

開き直つて今更ら言ふのもやぼつたいことであるが、今日國家總力を擧げての戰ひがなされてゐる時、產業の持つ國家的役割は輝かしい皇軍將兵の活躍とは不可分なものである。產業の經營や機構は已に個人的な利潤追求や私欲の猛執によつては寸時も持續出來なくなつてゐる現實の事情をこの作者は知らぬのであらうか。今日、國家の要請と、國民の希望によつて組織された產業報國運動は日本のいかなる小工場にまでも浸透し、資本家も經營者も勞務者も各自の國家的使命を痛感し、曾ての對立抗爭からは離脫し、三位一體となつて報國の實を擧げつゝあることは已に日本國民の常識とさへなつてゐる。今日、一職工といへども、社長は單なる私情によつて彼を馘首することは斷じてあり得ない。職域奉公といふ言葉以上のものが、貴賤上下の別なく國家最高の目的へきびしく結びつけてゐる。これは、學者の理念ではなく、今日では國民の生活となつてゐる。無智なる一女工が戀仇の同僚を傷つける場合すらも現在では考へる方が不自然である。まして、敎養あり富貴に惠まれた近代女性がどうして、たかが使用人ぢやないの、など言ふものか。若し數多い女性の中にゐたとしてもかゝる時代逆行の戀愛遊戲を心ある作家はとり上げずとも、まだたくさん生產の場面には主婦に讀ますべきテーマは多い筈なのだ。何よりも私は幻滅を感じさせたのは、この作者が現代一流の流行兒であるといふことだ。私は國の文化を憂ひ鳥肌のたつのを覺えたのである。

（筆者は「戰友記」の作者、日鐵社員）

創作

胡弓の音

柴田賢次郎

林唯一畫

私は寢臺の上に身體を起し、亂雜な寢具の上に眼を落すと「あゝ」と溜息をついて、枕元にあつた手拭で額の汗を拭ひながら、伏目勝に物思ひに沈んでゐる梅李の顏を盜み見た。やゝ濃目に見えた彼女の化粧が、今日は亦すつかり拭きとられて、頰の紅もなく、もと〳〵白い彼女の顏の生地が殊更清淨に見え、やゝ下ぶくれのした下顎のあたりが、とても可愛ゆく感じられた。言はうとしても言ひ得ない語つても通じない焦慮とはにかみの姿を覗いて、私は急いで手をシャツの中に入れ、背中の汗を拭きおはると、バタツと倒れ、枕を引き寄せたまゝ頭から毛布を被つて靜かに兩手を胸の上に當てた。瞬間立つて外套を叩きかけてくれる梅李の仕業を知つてゐながら「有難う」とも答へないで、彼女のなすがまゝを、耳元で聽きとりながら、私は次ぎ〳〵と瞑想に耽つて行つた。

五日前、私達の分隊が中華門の衞兵についた夜は、朝からの曇り空で、晝頃から雨になり風さへ出て寒い夜だつた。

私は歩哨に立つてびつしよりと濡れたまゝやゝ寒けのするのを我慢してゐたのだが、一夜を明かすうちに、すつかり風邪をひき、夜明けの立哨時には三十九度近い熱で、分隊長や戰友のすゝめるまゝに宿舍に引きあげて寢臺に橫たはつてしまつたのだつた。

それから五日間、分隊の皆は元氣に警備につき掃蕩に出てゐるのをすまないと思ひ、僅かな風邪で休まなければならない弱い自分の身體を蔑すんで見たりした。戰友達が「佐柄上等兵どうか」と聲をかけてくれても、不思議なほど、それが皮肉にきこえたりして、ぢつと自分の今の身體のことを考へてゐるうちに急に淋しい氣持になつたりするのである　それは皆病ひから來る憂鬱であるが、戰線にゐて病ふことは一ばん淋しいことであつた。故鄕のことがいろ〳〵と浮んで來る。思ふまいと力を入れて振り拂はうとするのだが、憂愁さは拂はれもしない。さうしてこゝ四、五日間の出來ごとが走馬燈のやうに瞳に浮んで來て、緣《えにし》の糸の連なりの不思議さに泌々と考へさせられるのでもあつた。

衞兵所から引きあげた私は直ぐに寢臺の中にもぐりこんだが仲々眠れない。手あたり次第そこらにある戰友達の毛布をかき集めて、その重さで身體が持ちこたへ兼ねる程重ねて、それを頭から被つて寢こんだ。何時の間にか私は眠つてしまつてゐた。併しそれも暫くの間で、總身が汗でびつしより濡れてゐることを感じるともう眼が醒めてゐた。

寢臺から起きた私は、ふらつく足を踏みしめ、宿舍の裡の老婆に洗濯でも賴もうと、外套を着流して裏口へ出、老婆の家へ入つて行つたのだが、私はそこに、老婆と話してゐる若い姑娘を見て驚いたのであつた。

それはまぎれもない梅李であつた。あの時には洋裝をしてゐたが、と思ひ直してもう一度見向くのに、彼女も私であることに驚いたのか、頓叫な聲をあげて椅子から立ちあがつた。紺一色の袍が洋裝姿であつた時の彼女より一際目立つて美しさを增してゐた。

世界人類の身體の構造は皮膚の色や目の靑さ黑さ、髮の色などの違ひはあつても、殆んど相違がないといふ話である。それだのに西洋人東洋人の人體の相違、それはすべて生活樣式といふよりはその衣類によつて變化してゐることが素人考へでも分る氣がするのである。姑娘の姿はどの姿を見ても均整のとれた正しい身體つきである。これは帶を締めることのないい袍から來る成長であるに相違はない。梅李も立派な均整のとれた身體つきの娘であつた。やゝ濃目に見える彼女の化粧が嫌な感じを與へたが、彼女を私はこゝで見ようとは思ひがけないことであつた。老婆は私と彼女とが知つた間柄であるといふことに、瞬間驚いた樣子だつたが、それでも愛嬌よく私の爲に椅子をすゝめた。

「王梅李」

私は聲をかけた。どうしてこうしたところに來てゐる、といつた意味を含めた言葉が彼女にも通じたのか

「先生、兄が、南京の難民區に歸つてゐると言ひます」

彼女は訴へるやうに言つた。私にはそれだけで充分に分る氣がしたのだつた。

彼女達と私との連りといふのはこうだつた。

鎭江の郊外だつた。私達の部隊は鎭江に駐屯中每日のやうに匪賊の襲來するといふ村落へ掃蕩に出かけてゐた。或日のこと私の分隊は康李街へ掃蕩に出て、私は一人偶然にも中國には珍らしい洋風めいた赤煉瓦の建物のあるのに心索かれて、何の氣なしに入つて行つたのである。とつつきの部屋の入口のドアに手をかけ力を入れて私は押した。仲々開かない。私が踵をかへそうと二、三歩來たとき、その

ドアがきいいみを立てゝ内から開いた。私は瞬間ふりかへると引きかへしてその部屋へ入つて行つたのである。

茫然とそこに突つ立つてゐる身裝りの立派な袪袍姿の老人、眼を部屋に移すと右隅の窓際にある寢臺に腰をおろして老婆と二十歲前後の美しい姑娘が抱き合ふやうに腰をかけて私に視線を注いでゐた。非常に立派な部屋であつた。左隅の書架には洋書がぎつしりつまつて、テーブルが一脚あり、片方には洋服簞笥と朱塗りの戸棚が並び、その戸棚の上には小箱だの包み物が雜然とおかれてあつたが、普通中國人の生活にしてはあまりに明る過ぎる感じがしないでもなかつた。姑娘が洋裝であるのも、この一家は外國ででも生活してきた人のやうに思はれた。私は部屋の中に入り自らドアを締めると、もう一度中をゆつくりと見た。老人は異樣な瞳を輝かせて亂入者に迷惑相な顏をしておろおろと後退りした。

「あなた方は中國の方でせう」

私は聞き覺えの中國語で聞いて見た。老人は澁面をつくつて顎で頷いて見せた。

「匪賊が襲來して來た筈だが」

中國語で話すよりは、英語の方が私には樂だつた。英語が解ると思つたので話しかけた。

「襲來しました。襲來しました」

と、老人は顏を輝かして來た。

「吾々日本軍は、匪賊襲擊の報告を受けて、中國の良民を保護に來たのだ」

私は片言ながら英語で話が通じるのに元氣を出して言つた。と老人はすつかり安堵の色を顏に浮べ「オヽ、サンキュウ、サンキュウ」と叫ぶやうに言つて步み寄り、無遠慮に私の手を握つた。

「同胞でありながら、匪賊の行爲は何といふ慘酷さでありませう。私は日本軍が侵入してゐるといふので、大變恐怖の念にかられてゐたが……有難う、有難う」

流暢な英語であつた。寢臺に腰を下ろして凝視めてゐた母娘と、何か囁きかはし、私の態度に安心の色を現はしてきてゐるやうだつた。

「心配しなくてもいゝ。日本軍は、貴方達を護る爲に來たのだから……」

私は貧しい自分の英語を恥らう氣持で、それでも勇氣を出して話した。

「あなたは將校ではなさそうだ。下士か兵卒か」

老人はすつかり安堵の色を現はし、大變にくだけて來た。

「兵卒だ」

私は肩章を押しつけるやうに見せた。老人は驚いた格好をし、私の肩先をまじ〳〵と見てゐたが、寢臺にゐる娘に何か小聲で言ひ、「來々」と今度は中國語で私を片隅のテーブルの方にさし招いた。私は導かれるまゝに歩み寄つて、すゝめられる椅子に腰をかけた。娘の方は立つて來て、戸棚の中をゴト〳〵と音させて何か探し物でもしてゐる樣子だつた。

「あなたは大學を出たのか」

老人は面白いことを訊ねはじめた。私はこの品のある珍らしい支那人一家のことについて、何か知り度い興味を覺えはじめてゐたので、溫和しく彼の問ふまゝに頷いて見せた。

「幾歳か。もう〇〇歳は越してゐるだらう」

老人は柔らかい笑ひをたゝへて問ひ、日本軍にはあなたのやうな兵が澤山來てゐるのかとも言つた。

「日本には眞實に戰爭に

強い若い兵が澤山殘つてゐる。今度の事變では吾々のやうな兵で充分なのだ。」

　と、言つてやると、「おゝ」と老人は驚嘆の言葉を發し、恰度そこへ娘が持つて來た瓶に目を移し、娘からその瓶を受けとると「グラス」と呼び、

「ハワイから持つて歸つたウヰスキーです。一杯差しあげませう」

　老人は娘の持つて來たグラスを私に握らせた。溢れるやうに、やゝ薄く色づいた液體が私の手に滴り落ちた。老人と自分に注ぎ、なめるやうに口づけた。

「あなたは何故こうしたところに事變中を生活してゐるのだ」
　私は浸みるやうに應える液體を飲みおろして訊いた。
「私はあなたを信用して打ち明けやう。私が、今一家のことを話しても、あなたは決して私達一家を敵として迫害するやうなことはあるまいと思ふから……」

と、言つて老人はグラスを傾けて、亦私のグラスにも注ぎ、

「私は今年の五月に久しぶりに祖國中國へ歸つて來ました。私達は海外で二人の子供を生みました。一人はこの梅李、もう一人は兄の興和です。私は泰、インド支那、ハワイを移り住んで、久しぶりに中國に歸つて來て、上海や南京、蘇州、杭州の如き都市の發展した變遷と、こうした田舍部落の三十年前と少しも變つてゐない姿と對照して、私は不完全な中國の姿を見、蔣介石治下の不公平な政治に驚きの眼を見はりました。このことは、こうした田舍に故郷を持つ私にとつて大變淋しいことです。私は今日まで海外から、何の爲に蔣政府へ献金して來たかと反省するのです」

老人は息をつぐやうに言つてグラスをなめ、聞き入る私の視線にぶつつかると顏を少しゆがめて笑ひ

「歸國してから聞く話は、何處へ行つても極端な抗日思想のことでした。抗日思想に口を藉つて祖國を思ふやうな氣焔はあげてゐますが、眞實に祖國中國の發展に心を碎いてゐる中國の要人には私は未だ會つてゐません。私は蔣介石將軍によつて統一された祖國に夢を抱いて、老後の樂を求めようと歸つて來たのですが、その中國は私達を容れるにはあまりに虛僞に滿ちてゐました。そこへ今度の事變でした。私の興和も勇んで從軍しました。私は興和の氣持が分ります。いざ戰爭になりますと、やはり私も中國人であります。國民總意の戰爭でないことを充分知つてをりながら、それでも笛に踊らされて、私達まで祖國の爲にと心は動いて來るのであります。併し今となつては、一日も早くこの戰ひの終ることを祈る氣持です」

巧みな英語に、私は時々耳を奪はれ、判じまごつきながら、眞實の中國の國民の聲を聞くやうな氣がするのだつた。

「どうぞ」

語り終ると、老人は安らかそうに、私のグラスに注ぎたすのだつた。

「興和は、今頃どうしてゐるでせう」

早口に老母が流暢な英語で呟くやうに言ひ、娘の顏を窺きこんだ。娘は何か答へたやうであつたが、それは聞きとれなかつた。

「興和は、今何處の戰線にゐるか分りません。今になつて見れば、早く歸つて來ればいゝと思つてゐます。この部

落でも息子や夫を兵に出してゐる家が澤山ある筈です。その家々を匪賊が襲ふといふのです。何といふことでせう」

老人は身體をふるはせて怒つた。

「南京は占領されたといふ噂ですが」

その時梅李が、おど〳〵と私に顔を向けて言つた。透き徹るやうな白い皮膚に頬紅でもつけてゐるのか、やゝ紅調して見へる美しい顔だつた。

「今日か、明日かでせう。いや、昨日あたり占領してゐるかも知れません。落ちれば吾々も南京へ入ります」

「ほゝ、そうですか」

老人が驚きの聲をあげて口をはさんだ。

「興和はきつと南京にゐるに違ひありません。日本軍が入城すれば治安は恢復するでせう。私は興和を探しに行き度いと思ひます」

梅李はやゝ物馴れた樣子で話しかけた。

「娘は、兄を探しに南京に行くのだと言つてゐるのですが」

母親が憂はしげに言ふ。

「娘さん一人では、しばらくの間は危いでせう」

「南京には、私の姉がゐるのですが、それとてどうなつてゐるか……」

母親はおろ〳〵と心配つて呟くやうに言ふのだつた。

「日本軍は、吾々良民の味方だとおつしやつたではないか。大丈夫だよ」

老人は、勵ますやうに言つた。

「そうです。私達の敵は中國民ではない。匪賊と蔣介石の軍隊だけです」

「謝、謝」

老人は嬉しそうに、今度は支那語で答へるのだつた。

その時、分隊集合のラツパが私を呼んでゐた。私はもう少し、この老人達と話し度い氣持であつたが、誰かに探しに入つて來られては、この空氣は亂されることであらうし、親しい氣持のまゝで別れてしまう方がいゝのだと思つて立ち上つた。と老人も名殘惜しげに椅子から腰をあげ、私の手を握つた。

「貴方は、日本軍の兵卒ですか。日本軍の強さが分ります」

老人は力をこめて言つた。そして出かけようとする私を呼び止め、私がかへりかけるのに、老人は「梅李」と呼んで娘に囁き、今私にすゝめてゐた殆んど減つてゐないウヰスキーの瓶を私の手に握らせるのであつた。そして老人はもう一度私の銃持つ手をとつた。私は老人の手を握りかへしたが、老人の手は少しふるえてゐたやうであつた。私は銃をとつて肩にかけもう一度挨拶した。老人も梅李も默つて頭を下げた。老母は寢臺の横に立つて梅李の肩越しに私を見送つた。晩秋の陽の暖かい日だつた。

「兄を探しに來たのか」

私が問ひかけるのに、梅李は、はつきりとそうですと答へるのだが 老婆の方が意外な様子で二人を見較べるのだつた。梅李はそこで簡單に私を知つてゐたことを老婆に話してゐるやうだつた。私達の宿營した家の裏の老婆が、曾て聞いた梅李の母の姉であることも私には直ぐに想像された。

「獨りでやつて來たのか」

「そうです。昨日來たばかりです」

梅李は、はつきりと言つた。彼女は思はぬ私との邂逅に何か話し度い様子にも見えたが、私は頭が重い、それに食つてゐない身體の疲れが來て倒れそうだつた。老婆は私の顏色の悪いのを心配げに見あげ「どうしたか」と問ひ、洗濯物を左腕にかゝえてゐるのを見て、立ち上ると私からそれをとりあげて頷き〳〵諾々と井戸端へ歩んで行つた。纒足の足どりも危くよろ〳〵とゆくのに、梅李がすつと立つて行つた。

井戸水を汲みあげて、梅李と老婆は何かしやべりながら洗濯を始めた。二、三枚の下着なので直ぐに洗ひあげた。老婆はそれを濯ぎ、梅李はたるんでゐる綱を張つて干場を造つた。濯ぎおはると、老婆と梅李は兩方の端を持ちあつて洗濯物を絞つた。美しい梅李の何の嫌氣も見せず老婆を勞はるやうに、洗濯してくれた様子を見てゐて、私は彼女をいとしいものに思つた。私は外套のかくしから慰問品としておくられた粗末なハンケチを出して、充血した手を早く拭くやうにとすゝめてそれを渡した。

梅李と、まさかかうしたところで會ふことがあらうとは思はなかつた。兄を訪ねて南京へ行くのだと言つてゐた梅李と、あの人品のいゝ老人達のことを思ひ出すことはあつても再び巡り會はうなどとは夢にも思つてゐなかつたのである ところが偶然にも會つた。彼女と會つてから、風邪は熱が下りもせず、私は戰友達にすまない氣持で寢たまゝである。梅李は毎日難民區へ興和を探しに出かけて行く樣子だつた。歸つて來ると、彼女はしほれた樣子でよく私の處へ老母と一緒に見舞に來て話をした。私は興和の話は持ち出さなかつた。といふのは興和は今になつて、この老婆を訪ねて來ないといふことは、もう彼が南京にゐないと思つてゐたからである。このことを話して興和や老婆を落膽さすに忍びなかつた。戰友は毎日警備で日中は一日中殆んどゐなかつた。

梅李と老婆は私の寢臺の側に立つて日本の話を聞きたがり、亦支那の話をしてくれた。煙草を與へると老婆は嬉しそうに何回も何回も頭をさげて禮を言つたが、梅李は「不要、不要」と言つて煙草を受けとらなかつた。慰問袋の中のドロツプを出してやると、珍しげに眺めてゐたが、その中の一つをとり出し、口に入れて味はうやうに小頸をかしげるのだつた。

熱が下つた。俺も今日は一緒に出るよと警備に出る戰友達に話しかけると、今日一日休んでくれ、明日からにしろと無理におしとどめられて、私は朝の寢臺の中にぼんやりと考へることもなく横たはつてゐた。と、そこへ午前中は一度も來たことのなかつた梅李が、あはたゞしくかけこんで來た。

「先生、興和が歸りました。歸りました」

彼女は嬉し氣に叫ぶやうに言つて、私の寢臺の端に腰をかけた。

「ほう、難民區にでもゐたのか、歸つたのか」

私にもこのことは意外であつた。

「鎭江の父のところへ歸つたといふ知らせがいまありました。兄はもう戰爭をやめて歸りました」

梅李は大聲で喜んだ。

「そうか、よかつた、よかつた」

人ごとでなく私も心から嬉しかつた。

「先生、私今日南京を發つて歸ります。午後民船があるといひますから……」

「歸るか」

私は答へかへして突嗟に思ひついたことがあつた。それは梅李の好意と、彼女の父の老人への謝意であつた。だが言葉だけでは何か物足らなかつた。私は慰問袋をとり出して中を探した。紙や罐詰や端書類ばかりで、これといふ格好の品は見當らない。私はそれを寢臺へ取り出した。と、思ひがけなくその中から小さい人形が飛び出したのだつた。

それは何處かの小學生から送られた紙の人形であつた。彼女は素早くそれに目をつけ、「おゝ」と嬉しそうな聲を出してそれをとりあげた。

「あげるよ。日本の人形だ。そしてお父さんやお母さんによろしく傳へてくれ」

「おゝ、有難う」

彼女は人形を腕の中にもう一度抱き締めた。

「先生、南京上海間の汽車が通じるやうになると鎭江は直ぐです。是非もう一度家へも遊びに來て下さい」

「行くよ。皆んなによろしく」

私が元氣で答へるのに、彼女は瞬間急に沈んでゆくやうだつた。人形をそこへおいて、彼女はやゝ頭垂れて行つた。しばらく沈默が續いた。

「先生、彈いて見ませうか」

彼女は急に顏をあげると、私のと並んでゐる城戸上等兵の寢臺の棚にある胡弓に眼を移して呟いた。それは先日の掃蕩の時、城戸上等兵が田舍から貰つて歸つたものであつた。私は默つて頷いた
彼女は胡弓を座において弓をとつた。朝の陽が高い窓から一筋光を落してゐる薄暗い部屋だつた。弓が一線にふれると、言ひ知れぬ音調が流れ出て、靜かな部屋の中にたゞよひ、手を動かす度ごとに彼女の身體がふるえて、心良い匂ひが柔らかく搖いでゆく。私は毛布の上に横になつた。眼を閉ぢてゐると、やゝ哀調を帶びて聞える胡弓の音に、私の魂は、雅かな音律の魅惑的な間に〳〵漂ひ、引き入れられて行くやうであつた。

ひとしきり彈きおはると、彼女は默つて胡弓をおいた。そして立ち上り
「先生、さようなら」

と、靜かに言つた。

「歸るか、さようなら」

私も起き上つて答へた。

成長期の服裝に就いて

清水登美

子供の成長を見るほど樂しい事はない。一目見ぬ間に驚く程大きくなつて居る。この前見た時のを標準に可愛らしい服を作つて贈物にすると、折角の好意ながら小さくて着られない事も出來てくる。かうした所に伸び行く新時代の希望がある譯であるから成長期の服裝に就いてよく考へねばならぬ。

この頃の子供は大抵親を凌いで丈が高いのは頬笑ましい。明治時代やその以前の座つて暮し屈從し背を曲げて頭を下げて居た生活や、女のくせにそんな男の樣な眞似をするのではないと子供の頃から女の子は別にされて居た風が清算されたのが大きな原因になつて居ると思ふ。この精神的な屈從や消極性が清算されると、形の上に現はれて來たのである。即ち和服から洋服へ、室内でのまゝごとや人形遊びから、戸外での潑剌たる運動になつて、體位の向上を男女全體の上に來して居るのである。これは文部省の調査表にも明らかである。

何時の時代でもさうであるが、今日最も強く國家が國民に求めるものは何かと云へば國力增强である。この源泉をなすものは國民の體位で質量共に增强されねばならぬのである。これは衣食住と精神と、つまり物心兩面から測らるべきであるが、重大な影響をして居るものとして衣を擧げねばならぬ。食は國民食に依つて、住は住宅營團によつて向上し、解決されようとして居る時、衣は服裝に關係する人達の誠實な努力によつて遲れをとらず解決され、翼賛道へ參加せねばならぬのである。

それで此處に成長期の服裝について考慮したいと思ふ。成長期の子供の責任は母や保護者にかゝつて居る。子供自身は抗議や注文が出來ないのであるから、その點母の愛情がこまやかに衣服の上に現れねばならぬのである。

誕生から四才頃迄が第一充實期であるが、この頃は胸部腹部を廣々と取つて窮屈にしないのが第一條件である。嬰兒の時に下脚を冷すのは問題だが、誕生後は袖や裾を短く、なるべく空氣日光に曝出させるがよい。それが活動に自由な爲、自然によく動いて育ちが上乘だと云ふ結果になる。風にもあてぬ樣包んで育てるのは知性なき感情である。

五才から六七才迄は第一伸長期になり大人になつてからの健康をこゝで確

保するのである。胸や手足が目立つて伸長するし、小兒らしい可愛らしい元氣が充ち充ちて居る。感情も發達するので表情が生々として、服の似合ふ似合はぬと云ふ事が出來て來る。幼兒期から自由活動期になるのであるから手足の活動が自由な樣に、袖付のゆるやかなのは勿論、露出部が多く日光から榮養を十分取入れる樣にする事が肝要である。

そして國民學校の學童としての生活に入る。一般に筋肉の發達は男子は肩の張りを生じ、女子にあつては腰に丸味が出來て來る。これが成長期に續いて、男女の性別がはつきりして來る。女子は胸がはり乳房がふくらみ、骨盤臀部が發達し體重が增加する。男子は骨格が頑丈に肩巾が廣くなる。

かうした生長變化の間であるから、最初は明きが大きく着易い事が第一であるし、始終動いて居るので窮屈と束縛があつてはならない。一度窮屈に頭を押込む樣な着物は二度と着ないであらう。同時に小兒の無邪氣な純眞な表情を生かす可愛らしい服である事が、文化の餘裕を現し世の中を明るくするのである。これは實用と裝飾と兩面にかゝる樣、服飾家の頭を働かす點である。

即ち三、四年の成長に備へ得る樣にギヤザー、シヤーリングで餘裕を作つて置く。丸ヨークの着物スリーブ風のものが適當して來る。お腹が出て居るのに調和して猶全體の恰好を取る爲には衿から中央にギヤザーやシヤーリングを取るのである。大きくなるにつれてこのギヤザーを伸して行けばよいのである。

七、八才以上になれば、胸とウエストのギヤザーを利用すればよい。衿刳や肩にギヤザーのあるのは、和服の肩揚に相當する役をなす。袖付もゆつくりなるべく直線にし、裁直しの融通性を付して置くべきである。これ等原型の考慮から更生への道が開けるのである。不足の分にレースをつけて裝飾を生かして更生も出來るしサスペンダーにしてボレロを配する事も出來る。ジヤンパーにしてスポーテーな型も出來る。縫込み餘裕を出す事、胴はぎ、袖下はぎその他布を足す場合刺繡やアツプリケやドロンオークを利用すればどんなにも氣の利いた新鮮さを表現し得るのである。前中央に別布を入れたもの、胴全部を變へたもの、レースにて補つたもの等、それは衣服資源を大事にする事、決して贅澤にはならず知性を働かしての美の創造となるのである。近代美はこゝに存する事を云はねばならぬ。徒らに流行を追ふのは愚である。

即ち經濟の問題がこゝに解決されるのである。三、四年は着られる樣に餘裕をもつて最初に作つて置く事、これを仕立替へる每に新調したのかと思ふ樣に新鮮味を現す。直線裁ち、曲線裁ちの問題が考へられて來るが、和服の縫込、肩揚げ腰揚げについても取り入れるものを取つてよい。

すると地質が問題になる。長く持たせようとしても弱質なものでは困る。子供は十分に飛び跳ねさせて置く、着物が痛むから大人しくなさい等と消極的になつてはならない。國家は純綿に次ぐ様な強い地質の生地を小國民の爲に提供して欲しいのである。又選擇にあたつても徒らに流行や目先の美しさに誘惑されてはならない。洗濯に堪へるもの、縫ひ替しの場合裏も使へるものゝ様、染色や色彩も堅牢であつた方がよい。

衣服の重大使命は保溫である。しかし着物を重ねて澤山着る事がよいのではない。保健に適當な保溫であればよいので、澤山の重ね着をして凝として居るよりも、薄着をして活動した方がはるかに暖いのである。露出部分が寒暑に堪へるのもこの例證とならう。短ズボン、短靴下、或はノーストツキングが子供には適して居る。

學童に對する國民學校の錬成と相俟つて、學童の家庭着、寢衣も考へられてよい。

日清日露の戰爭に若し日本兵が鎧冑の重量を負つて居たならば果して勝ち得たであらうか、兵隊の軍裝の働きよさりりしさが一原因であると服裝方面からの研究もある。男子は戰線に立ち又高度國防の實を擧げ、女子も國民皆勞に參加して國力の増强をなすべき時服裝に大改革が與へられてよいのである。

機に臨んで勇敢に働きしかも猶やさしさを失はぬのが、日本魂とすれば表面的な美しさや、やさしさに戀々として贅澤に陥る事のない様科學的な處置が肝要である。

（筆者は東京洋裁學園長）

(挿畫說明)

更生といふ事は、近頃非常によく考へられてゐる事であるが、新調した衣服を、翌年すぐ更生させねば着せられぬ、といふ事は、感心したデザインとは云へない。せめてそのまゝの型で三、四年は着せられるやう最初の注意が肝要である。先づ第一に成長のはげしい時期であるから、丈、巾等の簡單なのばし方の出來るやうにとの考慮が子供の服を新調するに當つて大切である。

一圖　スーツ（ジャンパースカート、コート・ブラウス）

イ圖　ジャンパースカート

丈—肩の重りを十分にとり、ボタンの位置の變更により、簡單に丈の調節が出來る。又裾のヘム、ヨークの縫代等にても相當の餘裕を置く事が出來る。

巾—前後の襞による。特に肩巾を普通ドレスと同型袖刳に廣くしておき、胸巾大きくなる用意としておくのもよい試みであらう。

更生法（ホ）圖の如き吊スカートに。從つてスカート丈、巾も自由に變へる事が出來やう。尙ジャンパーをそのまゝ丈を伸した場合（ニ）圖の如くベルトをつける事により、比較的高學年用としての感じにマッチさせる事が出來やう。

ロ圖　ハーフコート

丈—全體長目に仕立てゝおく事により、長い年月の着用に便利。又裾のヘムにて餘裕をおく。

巾—ダブルの折合、ボックス型のデザインの爲、簡單に擴げる事が出來る。

袖丈—袖口のヘム又はダブルのカフスによりカフスの折返し巾によつて。更に長くする場合は、のせカフスに變へれば、なほ更長い期間の着用に堪え得る。

更生法（ホ）圖の如きボレロ等に、又は短目のハーフコートにかへ、吊スカートに合せて。又感じが新しくなり、家庭用、一寸の外出用に役立つ。

ハ圖　ブラウス

巾—シャツ袖とし、肩揚を兼ねた飾りタックで、簡單に身巾のみならず、衿も長くする事が出來やう。尙大きくする場合は前身頃のプリーツで十分のひろさを出す事が出來る。

丈—身丈を割合に長目にしておき、三、四年はそのまゝ使用する。

更生法、アンダーブラウスを變へて、裾に、縫ひつけのベルトをつけ、ウエスト迄のオーバーブラウスにすれば又二、三年は着用出來る。

新興纖維の婦人服地とその扱ひ方

上田柳子

日支事變の長期に亘るに伴ひ衣類原料の入手は益々困難を訴へるやうになつてまゐりました。棉花羊毛は勿論、絹、麻類も統制され、人絹やスフの供給も制限されて思ふやうに出廻らぬ狀態ですから、これらを補ふために生産されるに至つた新興纖維には大豆とか鰯、鰊　鯨などの蛋白からとる動物纖維、硝子や火山岩からとる鑛物纖維など全く思ひもかけぬ布地が現はれました。殊に最近はパルプの原料の代りに各種の靱皮、葉筋などの纖維、野生の草木、海藻などから纖維となるべきものが渉獵されてゐます。

植物纖維としては竹とか大豆、成長の早い青桐、或は葛、藤づるなど纖維の多いものから生産し、桑の木などはかなり前からその生産に成功してゐます。また薩摩芋の蔓までも利用されやうとしてゐますが、この中でも特筆すべきものは大豆に藤づる、青桐などでせう。

また最近紙の製品が相當多いことは皆さんお氣づきのことでせう。シーツ婦人服、帽子、テーブル・クロースなど紙で出來てゐますが洗濯も相當に利きます。昔から日本紙の強いものは丈夫なものとされてゐましたが、更に加工がうまくなつていろ〳〵の製品を生み出してゐます。

新興纖維のその主なるものは何といつてもス・フであります。商工省でも依然ス・フの強化を叫んで、今後の衣類原料の重要なるものは絹とス・フであると稱してゐることは從來の通りです。

絹の國內使用奬勵から絹も今迄のやうに糸の細い高級なものでなく、太いもので多量生産を行ひ、絹の一般化を計り、もつと日用品化し洋服でも何でも毛に代るべきものも作り出さうとしてゐます。

一方ス・フは毛の代用品として起つたもので、もはや十分その發達をとげたものと云はねばなりません。最近手許に福井の人絹會社から送つてきた毛糸などは、染から云つても保溫からも強さも殆んど純毛と變りない程になつてゐます。今度の商工省令できめられた規格によつて、その標準に合はぬものは自由に作ることが出來なくなつてきました。惡製品を製造する會社には原料の配給は行はれなくなり、規格に合はぬものは、不合格として賣出されません。然しこれにパスすれば相當信用して使つてよいわけで、今後は婦人服地などもなるべく規格品を使用することです。

夏服地としては殆んど全部が交織物といつてよいでせう。例へば人絹と本絹の交織、ス・フと人絹ノイル、落綿綿麻の交織、木綿と麻の交織（こんにやく糊をつけて一見麻の如く凝麻加工したもの）などハンカチや洋服生地に用ひられてゐますが、なぜ殆んど交織物であるかといふと、現在では純絹一本で行くことは出來なくなり、また交織することによつて、絹と人絹を交ぜれば絹のみで出ない味を出す、一種だけでは味へない味を出す、これが一般にも好まれ交織全盛時代になつたのであります。次に新興織物の中から主として婦人服に用ひられるものをとりあげ、その特徴と取扱ひ方を述べて見ませう。

★リネツクス　ラミー七割、ス・フ三割の平織布地でス・フの水に濕ふと弱くなる缺點を麻で補ひ、且つ夏洋服地に適する地風をもつたものです。

取扱上の注意　一般麻製品と大差なく、水で濕り易く、且縮みが大きいので、仕立上げてから形がつまらないやうに、豫め湯通をしておく方がよろしい。

洗濯と仕上　輕く刷毛洗を行ひ、仕上には特に糊を施すには及びません。全部乾いてから輕く水霧又はうすい布海苔液を吹き疊み込み、濕りが行き亘つてから手で伸してアイロン仕立をします。

★ベンベルグ・ジヨーゼツト　經緯共に强いベンベルグの撚糸を使用した人絹の縮緬風のもので、捺染加工でプリント模様を染出した軟かい觸感をもち、比較的耐久力もあり皺にならぬので婦人服、子供服に用ひられます。

取扱上の注意　布味は消失しないが、水で濕めると收縮して形が崩れやすいのが持前です、それ故防水はその豫防策として有効です。

洗濯と仕上　この種のものゝ染色は堅牢は望みがたいが、良質の植物性石けん又は新洗劑の常温液を用ひて、摑み洗にするか又はざつと疊んで輕く壓付洗にするならば布も色も損ずるやうなことは殆んどありません。

濯ぎあげたら疊み、まとめて壓付搾りにするか又は直ちに懸け、擴げてタオルをあて、濕しとり、糊付はせずそのまゝ乾かして湯のし仕上げをします。

★シルテツクス　經緯とも絹の强い撚糸を使つたもので、絹洋服地として地風も柄も洗練されてゐます。

取扱上の注意　二重撚りにして鎖狀に作つた糸と壁糸とを用ひたものですから、普通のクレープ類のやうに、水や汗にぬれても殆んど縮まず着崩れもしません。ざらついた硬い手觸りは糊付のせいでなく、糸の撚りで出來たものですから、布味が何時までも變りません。

洗濯と仕上　微温湯に良質の植物性石けんを溶かした洗濯液を用ひて、刷毛洗ひします。

糊付はせず、乾いてからうすく水霧を吹き、手で伸ばして形を整へ、布切を當てゝ輕くアイロンで壓へるか又は乾してから湯熨斗で仕上げます。

★ス・フ・サージ　オールス・フ製品でス・フ撚糸を豫め染色した後織上げたもので、ス・フ製品の缺點を補ふために研究を加へたもので、市場では優秀品と認められてゐます。婦人服や女學生の制服などに用ひられます。

取扱上の注意　純毛のサージに比べて、重くだらける氣味があり、皺になり易く、襞づけが崩れやすい憾みがありますが、乾燥時における强さは遜色なく、幾分ケバ立ち易い缺點もありますが、擦り切れないし摺光りを生ぜず、蟲害を被る心配はありません。

しかし濡れると縮み皺になり易いことはまぬかれませんから、形のむづかしいものは、裁縫する前に地直しを行ひ、濡れたまま丸め込まずに懸け擴げて乾かすとよろしい。襞が伸びたら輕く霧吹して疊みつけると容易に直ります。

洗濯と仕上、ナフトール染料で染めたものは最も色が堅牢で、普通の洗濯では殆んど心配は要りません。仕上げには糊付する必要はありませんが、あまり洗濯してぺらつくやうですと、布海苔の稀い液に浸して壓搾りにし、輕く糊付を行へばよいでせう。一旦乾かし、水霧を吹いて疊みこみ、二三十分間の後全體に濕りが平均に行き亘つてから、手のしをして幅丈を整へ、裏側からあまり熱くないアイロンをかけます。

新興纖維の洗ひ方

大體申上げた通り、今はス・フ、人絹の全盛の時ですから、婦人服用の薄物は殆んどこの新興纖維によるものが多いわけです。從つてその洗濯法も物に應じて科學的に行はなければ大失敗をいたします。

新興纖維の洗ひ方としては、從來の揉み洗ひを止めて、少し變つた方法ですがお椀で叩く「お椀洗ひ」をおすゝめいたします。古い廢物のお椀で結構ですから糸底に穴をあけて紐をつけ指に通して輕く叩くとお椀の中が眞空になつて、汚水を引上げ吸ひ上げして布地をいためず面白いほど汚れが落ちます。

襟、袖口、裾など特に汚れ易い部分は「笸洗ひ」がよいやうです。洗濯板の平な面に汚れのひどい部分をのせ、陶製のナイフか竹笸で石けんをつけて輕くこすつて汚れをとります。一般にブラシ洗ひが布を傷めなくてよいやうに思はれがちですが、比較的落ちが惡いのでひどく汚れた場所はこの方法が一番効果的です。

このほか「摑み洗ひ」も新纖維の織物にはよい方法です。これは洗濯液をたつぷりしませてぐつと摑む手をはなしては、またぐつと摑む動作で、壓力を加へてはゆるめるこの方法は洗濯液がよくしみ込んで自然に汚れを落します。

ス・フのやうに纖維が散亂してゐると水が浸透してます〳〵散亂がはげしくなり强度も五〇%位低下します。これらを洗ふときは絶對に揉み洗ひやつまみ洗ひは避け、「押洗ひ」だけで洗ふのが一番無難です。またス・フが水に弱いからといつて水につけるや否や直ぐ洗濯をするといふのはいけません。十分か十五分水にしませてから操作を手早く始めればよいのです。

薄物や白いもので殆んど毎日洗ふやうな夏の下着類は、あまり洗ふと布地が傷んでしまひます。ゴシ〳〵揉むことは單に布地を傷めるだけで不必要な操作です。從來の揉み洗ひが洗濯の唯一の方法であるといふ概念をサラリと棄てゝ頂かなくてはならないと思ひます。かういふ連日洗ふものは石けん液にしたしておくだけで、石けん水は容易に布に浸透し、汚れを遊離しますから布を振つて「振り洗ひ」か「壓し洗ひをすれば一層汚れの落ちが早いわけです。

（筆者は日本女子大助教授）

原稿募集

本誌は建設的な生活文化關係投稿に誌面を開放します
左の規定御覽の上、どしどし御投稿下さい。

規定

創作、感想、實際（經驗）記事、地方文化運動に關するもの
一篇四百字原稿紙十枚以内（但し創作は五十枚以内）
締切毎月十日
掲載のものには稿料を呈す　誌上匿名は隨意
宛名は東京市芝區西久保廣町一八　**月刊「國民服」編輯部**

厚生

更生金庫の活用

支那事變が始つてから、産業の生産能率を高めるために先づ組織をひき締めてかゝる必要があつたので、統制經濟を强化するに至つた。そこでこの産業界の經濟を統制するには、中小企業は從來營業自由主義でやつて來たので、企業家の頭數が實際の必要以上に多く、商店の數も職業の種類に依つては相當に多いので中小商工業が今後このまゝで行けるか何うか疑問になつて來た。それが實際の營業成績の上に現はれて、物價高の割に利益が擧がらなくなつて來た。中にはこのまゝで行けば經營が立行かなくなつて來るものも續出するに至つた。資本力の少いものには殊にその打撃が强く現はれて來るのでこの困難を打開するには企業合同の必要が何うしても起つて來る。この組織强化の中に入ることの出來ぬものは、勢ひ他の職業に轉ずるか、若くは廢業するより他に方法が付かなくなつて來た。

廢業の後は?

經營困難な職業に噛りついて、いつまでも苦しんでゐるより早くこの仕事にあきらめをつけて、他に有利な仕事にありつかうぢやないか。しかし、さうするにも今までのれんの手前もあり、おとくいの義理もあり、まさか夜逃げをするわけにも行かぬ。借金は何うにか片をつけてからでないと後々までもたゝるので、これだけは何んとか仕末をつけてしまはないと商賣を止めるわけに行かぬ。

「ほんとにね、お前さんもこれまでいろんの苦勞をして、これから何うにか浮び上らんとするときに此の事變が起つて、やれ統制經濟だの、企業合同だの、それが私達みたいな小商人ばかりいつも不利益な目に會ふんだもの、ほんとうにつまりませんものね。これから一體、何うなることになるんでせうね。わたし心配でなりませんわ」

「いや、お前にも心配かけて濟まん、實はおれも此の店の仕末をするに何うしたらいゝか。先づ借金の片をつけてかゝらねばならぬので、それには店の品物を何うにかせにやならぬし、それがためにこの間からいろ〳〵と考へてゐたのだが、それにはいゝことを聞いたんだ」

「それは、何ですの―

「おれは思ひ切つて國民更生金庫を利用しやうと思ふんだ」

茲に話題になつた國民更生金庫とは抑も何んな仕事をやつてゐるものであるか。この金融施設は、時局の要請に應じて轉業せんとし、または廢業せんとする商業者や、工業者の資産及び負債の整理をして、他の業務に就いて更生しやうとする人達のために設けられた金融機關である。それで金庫を利用するのに必要な資格であるが、實際に金庫へ申込んだもの、例へば現に營業をやつてゐる業者が、高利の借財を返へすのに金が必要だといふもの、ためにその借入の申込を爲すもの、また玩

厚生

具商からの運轉資金の借入の申込だの、會社員が新たに小賣業を始めるための資金の借入の申込だの、或ひは菓子屋が傍らアパートを建てやうとするときの資金借入の申込や洋服屋が廢業せずに別に片手間に下宿屋を始めやうとして設備資金を造るための借入の申込等には、この金庫は遺憾ながらそれに應ずるわけには行かない。右のやうな場合に入用である金は、これは庶民金庫について借入れるのが一番よいわけである。

利用者の資格

たゞし、國民更生金庫を利用しやうとするものは、原則として現在の商賣や工場を廢業するもの、または他に轉業するものに限るのである。が業務の大部分を廢止するものや、廢業ではなく休業であつて、而もそれが相當長くつゞく場合のものや、再び開業の見込のたゝないもの、企業を合同してそのために現在の資產を處分して業主としての地位を失ふもの、企業合同して今までの店主が新な配給所の從業員となるものは、純然たる轉廢業とはいへないにしても之を轉廢業と看做して、國民更生金庫ではそれらの人達の申込に對して資金を融通することになつてゐるのである。

そんなら何んな人達が、この金庫を利用し得るかといふと、その範圍は割合に狹い。

商業方面では米穀商、旅客自動車運送業（ハイヤー、タクシー業）

工業方面では中小機業、ゴム製品工業、アルミニウム加工業、平和產業だつた機械鐵工製品工業等

がその主なるものである。しかし、この範圍はそれに限つたものでなく、情勢に應じて他の職業のものも取入れられて來やう。

最近の情勢では、從來實際貸付を拒否してゐたもの、即ち貸付の對象の外にあつた業務縮小者、法人組織乃至會社等に對しても、今度は一般轉業者と同樣の措置を取るやうに商工、大藏兩省の間で會議がすゝめられてゐる。

順調な轉廢業

これら業者を育成維持する方針が一時取られたものゝ、原料資材の重點配給と、絕對的な資材不足はすべての業者を、現狀のまゝ育成する事の困難を訴へてゐる。むしろ、これら業者に積極的に轉廢業をすゝめ、新らしい意氣を以て時局の要請に應ずる方策がとられつゝある。

最近全國一齊に行なはれた、ガソリン自動車全廢の結果生じた運轉手の轉業問題も、この線に沿ひ、極めて順調に進んでゐる。時局產業に行くもの、警視廳の消防士に大量採用され得るものなど、至る處に朗らかな風景を描いた。

筆者がガソリン最後の日に乘つたメータク氏は廿ケ年間も、タクシー運轉手をやり、感慨無量であるといひ乍ら、明日から某內燃機會社で働くのだと、意氣當る可からざるものがあつた。

車輛主である彼のため、厚生金庫の急速な溫かい計ひを祈るや切である。

国民服のページ

衣の高度國防化

有田實

曠古未曾有の時艱を突破して光輝ある東亜共榮圏を確立するがためには、高度の國防國家を建設して以て人的物的の資源、能力等を最高目的達成に集中するの要がある。

戰爭資材の積極的生産から國民生活の消極的消費まで一貫した理念に基いて、これに合理的制制を加へ能率化するのでなければ、長期戰、消耗戰である近代戰爭に必勝は期しがたい。支那事變もすでに四年、この間に國防産業の生産擴充は躍進して戰爭能力を漸次向上しつゝあるが、消費分野の國民生活は舊態依然として合理化經濟化の餘地が多分に存するやうに思はれる殊に衣服に就いては、衣料原料の大部分を外國資源に依存する我が國としては、再考再思を要する。

我が國の國民衣食住生活で最も煩瑣で不經濟で、大いに改善の餘地があるのは先づ衣であらう。男子用女子用共に種類が多く、二重三重の服裝形式に陥り、前者は西洋の單純な模倣に、後者は實用を離れた虚禮虚飾に墮した戰時生活體系の樹立を困難ならしめてゐる。特に男子用衣服に於ては軍民樣式の懸隔が甚だしく國民の使用又は貯藏してゐる衣服が何等國防力の躍進に寄與し得ないし、女子用衣服は非活動的で戰時下に於ける婦人の活潑なる行動を阻害し何れも高度國防國家を建設せんとする大國民の衣服としては不適當と言はざるを得ない。

男子用國民服はこゝに鑑みる處あつて既に制定せられ、普及の途上にあることは同慶に堪へない。男子用國民服制定の主旨と軍事的意義に就いては玆に再説を要しないが、其の眼目は畢竟するに國民衣服の國防化であり衣服文化の革命的發展である。衣服問題の改善が困難な點は傳統の歴史と愛着と實用上に多分に考慮せらるべき文化的價値に對する構想とに存する。幸ひにして制定國民服は世界服裝文化の水準を拔き且つ日本精神を表徵する獨自のもので、國民の歡迎を受け此の理念と形式とが學生服に勞働作業服に運動服に逐次採用されるやうになつたのは甚だ意を强くする處である。

女子用國民服はまだ研究の域を脱しない樣であるが、婦人服として國防活動に適應せしむるの必要は絶對的である。唯こゝに考慮を要するは從來簞笥に死藏してゐる多くの衣服を有効に利用し得るやうに考案し、消費の新たな增加を防止することである。これが爲めには過渡的な案に落付くもまた已むを得まい。少くとも活動服だけは早急に制定したいものである。男子用國民服制定の經過とその後の効果に徵する時は決して至難の問題でないと信ずる。之を要するに衣の高度國防化は最高の國家目的を達成し得るやう國民各層の使用に適する國民服を制定して日常生活即國防生活に合理化するに在る。而して國民服の型式内容は十分に日本精神と日本文化を表現し質實剛健にして大國民の氣魄を表徵する如く考案するを要する。精神的要素と崇高なる目的を缺いて如何に美麗でも制服としての價値は無い。最後に國民服著用者の心構へに對し指導し之を著用するの名誉と誇りと日本國民としての責任とを感得せしむるを要する。世界歴史に一線を劃すべき東亞共榮圏の偉業完遂に適應す國民服の現出と其の發展を希求して已まない。（筆者は陸軍主計中佐、陸省軍衣糧課員）

國民服と日本精神

石原　通

國民服が軍民被服の近接國民精神の昂揚　被服資源の活用、保健を目的として制定せられたものであることは旣に再々示されたので玆に贅言を重ぬる必要はないが現在市井に販賣せられて居る國民服の狀態を見ると、之が制定の趣旨がどうも徹底して居ない樣に思はれる。即ち國民服は場合に依つては軍服としての役割を果さなければならぬものであるから、地質も確かりしたものでなければならぬのに今迄に出來た國民服の内には地質のペラ／＼のものもあつて軍服に轉換出來るかどうか疑はしいものが澤山ある。之は業者が國民服に對し眞に責任感を以て製作したものでなくて自己の生活擁護の爲惡い地質と知りつゝ作つたものもあるからである。從つて斯る業者に依つて作られた被服は製作法に於ても制式に合致してないものが多くあるのは否むことが出來ない。又業者の内には頻りと羊毛の入つた地質を望むものが多いが之も國民服に對する認識が十分でないと思ふ。羊毛が他の纖維より優つて居るといふ事は勿論であるが、之が獲得には相當の正貨を必要とするし、尙戰時に於ては之が獲得甚だ困難である國民服の地質としては戰時に於ても平易に確保し得る資源でなければならない。從て國內資源で羊毛に負けないものを創意工夫して作る事が甚だ必要だ現在、軍隊の兵員でも內地に居るものは殆んど綿服ばかりだのに、一般國民が羊毛製品を着用しようといふ事は考へ直さなければならないと思ふ。次は値段の問題だが、去る六月二十一日の官報で國民服等の公定價格が發表せられたところ、業者のうちから大分國民服の公定價格が安いといふ聲を聞くが甚だ遺憾と思ふ。國民服が現下の情勢上甚だ必要なるものとして勅令で制定せられた以上これが普及發達を圖るは國民の責務である。而して普及を圖るのに値段を安くするといふ事は當然であつて、値段の安いところに國民服の特徴がある。安くても損をしないで良いものが出來る樣に工夫し、又各自の生活を肅正しなければならない。殊に今日本は大戰爭をして居るので、物の値段が高ければ國民生活を壓迫し、戰費を益々增大し遂に戰爭の遂行をして著しく困難ならしむるので決して物の値段を高くしてはいけない。殊に被服の樣に國民生活の重要部門を爲す物の値段は出來る丈け下げる樣に努めなければならないと思ふ。業者は一般物價が高くなつて居るのだから被服品丈安くする譯にゆかぬと云ふかも知れないが、一般官吏の俸給は濱口內閣當時減俸になつた儘現在の樣に物價高になつても復活して居ないが、それでもどうかこうか生活し貯蓄までして居るのに業者が生活が出來ない事はない。業者のうち値段を下げる譯にゆかぬと頑張つて居ながら反面無駄や贅澤な生活をしてゐる者も尠くない。此等は現下の時局上大いに反省を要する點だらうと思ふ。又國民服に關係して居る者は一丸となり協力一致する事が甚だ大切だ現在、國民服に關係して居るもののうちには各方面に相當の摩擦がある樣であるが、之は誠に面白くないばかりでなく、國家に對しても相濟まぬ次第だ。區々たる感情問題や屁理屈を拔きにして、互ひに相扶け相協力せねばならないと思ふ。

要は國民服に關係して居る人が一致團結し、日本精神を以て正しい確かりした國民服を出來るだけ安く作る樣に努力することだらうと思ふ。然らば日本精神とは如何之は歷代の天皇が御聖訓で御示しになつて居らるゝが、殊に　明治天皇が明治十五年一月四日陸海軍々人に賜はつた御勅諭の左記五ケ條で明かである。

一、軍人は忠節を盡すを本分とすべし
一、軍人は禮儀を正しくすべし
一、軍人は武勇を尙ぶべし
一、軍人は信義を重んずべし
一、軍人は質素を旨とすべし

この御勅諭は實に過去に於ける三千年の歷史を一括し、將來に於ける幾千載の國是を明示し給ひし帝國不磨の神言で、日本精神の眞髓を表現せられたものである。それで此の御勅諭は陸海軍人のみが遵奉すれば良い樣に考へて居る人もある樣だが、此の御勅諭の終りに此の五箇條は天地の公道人倫の常經なりと仰せられたことに依つても知らるゝ通り、一般國民の常に遵守すべき立派な御教へであつて、凡ての人が此の御勅諭の精神を基として行動をしたならば日本人たるの特色が發揮せられて非常によい結果を得らる丶事と思ふ。殊に今日の如く國民の總てが國家總力戰士の一員として國防の任に當るに於ては、その服する業務の如何を問はず此の御勅諭の精神を體得する必要がある。況して國防上密接の關係を有する國民服の製作その他の事業に關係して居る者が軍人が戰地に臨んだときと同じ氣持で誠心を以て此の五ケ條の精神を守り行ふたならば、國家の爲め大いに貢獻することが出來他より批難せらる丶樣な事がないと思ふ。日本人が軍人に限らず一般が精神的に世界に優越して居るのは此の日本精神が充實して居るからで、若しこの五箇條の御聖諭を遵守出來ないならば他國人に劣るは勿論禽獸と異なる所はない。滅私奉公の念慮なく、唯慾望のみで生きて居る人は此の世の中に處してゆくことは出來ないと思ふ。今次歐洲大戰に於てフランスの敗れたるは佛國人の魂が腐つて居るからであつて、吾人は此の轍を踏まない樣に心掛けねばならない。之に反しドイツの今日あるは前大戰以來二十年血のにじむ樣な思ひでパンより大砲への努力の賜だつた。我々日本人特に國民服に關係を以て居る人は先づ思を茲に致し、本來の日本人的良心に立ちかへつて日本精神を體得して自我功利の思想を捨て、忠君愛國の實踐者として職域奉公に邁進し各職分に十分の成果を擧げることに努め、東亞大共榮圏の確立にも寄與しなければならないと思ふ。それは國民服に關係して居る人の責務であるばかりでなく萬邦無比の皇國に生れた日本人としての使命でもある。

地方と國民服

武島一義

一、昨秋十一月實に三ケ年の生みの惱みを經て、國民服に關する勅令が公布せられ、國民被服の接近、被服の立場よりする高度國防國家體制が實現したことは何よりの事であつたが、其の後被服資源の切迫と共に、生地の生産配給意の如くならず、中央地方共に國民服を着たい者は無數だが服地が殆ど手に入らぬといふ實情だ。

一、國民服の生地に就ては商工省に於ても夏冬各百萬着程度宛を振向けられる筈であつたが、其後實狀はどうであるか、又生地の配給に就ては業者の系統機關を通ずる事になつてゐるが今位の數量では地方の府縣には殆ど其の配給が行渡らぬ樣だ。

一、茲一兩年は國民服の正しき規格、正しき着用方法を一般に周知せしめねばならぬ大切な時期であり、この爲に大日本國民服協會の如きも特別の使命を以て誕生した譯であるに拘らず、協會の活用充分ならざる憾少しとしない。

この點陸軍商工厚生省各當局の格別の配慮を期待して止まぬ。

一、國民服運動に關する一部の自由主義者の非難、無理解は勅令の公布と共に雲散霧消した樣であるが、大日本國民服協會の使命に就ては業者の一部に無理解の士もあつた樣であるが今日はよく了解されたものと思ふ。

一、單に業者の自覺に一任したのみで國民服が正しく普及するものであればそれに越した事はないのであるが、闇取引や不正が業者の中に一人も無くならぬ限りなんとも云へまい。折角制定された國民服の規格が亂脈に亘ることは政府としても大きな責任である。

規格の檢査の如きも一部業者の意向など顧慮せず眞面目な大多數の業者の協力の下にどし〳〵實施して欲しいものである。

一、地方から見てゐると政府統制の裏をかゝうとする一部業者の非國民的ユダヤ的行動は眞に時局に協力せんとする大多數國民の氣持から到底理解に苦しむ處であるが當局者は負荷の重きに任じつゝ今一層の勇斷果決を望んで止まぬ。

一、國民服も昨秋より今春、今春より今秋と日に月に地方にも普及しつゝある。而して一度國民服を着用したものは其の輕快にして一着萬能的効能を吹聽して止まぬ。

一、國民服の効能は個人の利便といふより時局下に於ける國民各自が必ず一着の軍服を所持せんと欲するものであつて被服資源の國防化であり被服の立場よりする高度國防國家の完成への國民的協力の姿である。

一、田舍町の街頭に又思ひがけぬ山間の僻村に颯爽たる國民服姿の人を見かける時限りなき心强さに打たれるものがある

一、面白い事には生來洋服嫌の定評ある半白の地方有志家などがいつの間にか國民服姿に早變りして大政翼贊の第一線に大活躍してゐることなどは微笑ましき限りである。

一、併し乍ら國民服の制定に少からぬ責任を感ずる自分としては昨今の亂れ勝ちな國民服姿には大いに神經質とならざるを得ぬ。

一、平氣でネクタイ、ワイシャツの上に國民服を着てゐる街の紳士や、開き襟で儀禮章をつけて歩く退役の將官殿や、見るもあはれな菜葉服的國民服まがひの氾濫にはなんとか今少し聲を大にして是正を加へ度いものである。

切に當局並に協會、一般言論機關の御奮起を期待して止まぬ。(一六、九、一)

(筆者は本會理事、熊本縣總務部長)

國民服註文の仕方

すべての物價が統制され一般洋服並に國民服にも公定價格ができて居ますが、はじめて國民服を新調される方の參考までに二、三注意を述べて見たいと思ひます。

さて國民服を註文なさる場合ですが、

まづ第一に正しい仕立の出來る商店を選ぶ事です。御承知のやうに國民服は軍民被服の近接といつた國策との密接な關係があるので、素生地は國防色となつて居り仕立方についても部分的に色々の規格があるのです。しかし、現在市場でつくられ、一般に着用されて居る國民服を見ますと、中には規格の違つたものも大分見受けられますから、よく注意して正しい國民服を需めて下さい。

國民服の裁縫料は背廣服の裁縫料と比較しますと大變安く、甲號仕立の上格が附屬工料三〇圓〇〇、中格以下が二六圓〇〇となつて居ます。若し表生地を持つてゐて仕立だけを希望する場合は勿論右の裁縫料だけで出來る譯ですが、さて右の工料でどの程度の仕立が出來るかといひますと、上格仕立の裏地は絹かアルパカです、現今は資材不足と材料の昻騰など色々の關係から註文品としては右の工料以内で本絹裏地やその他附屬の上等品を使用する事は困難なことゝ思ひますが絹三割混紡裏地乃至ス・フ五割混紡アルパカ程度の裏地ならあると思ひます。その他裏地以外の附屬品に就いても從來の上等品は購入が困難ですが、これに代る新興纖維織物の中には相當に强靱なものが澤山ありますから、さういふ丈夫な製品を充分使用すれば立派な國民服が仕立上る譯であります。また中格以下の仕立はシルパー程度の裏地を使用することになりますので現在では高級既製品程度の製品であると思ひます。

次に乙號の裁縫料は上格が二七圓〇〇中格以下は二三圓〇〇で、裏地その他附屬品及び仕立の程度は甲號に準じて居ります。その他表生地の使用量は甲號三米〇〇、乙號並に外套は二米八〇を超える場合にかぎり裁縫料が一割上げとなつてゐます。又上衣のみの仕立は最高價格の三割下げ、袴のみの仕立は最高價格の六割下げですから、從つて上衣のみの裁縫料は上格が二一圓〇〇、袴は一二圓〇〇になる譯です。

次は外套に就いてですが、これは上格の裁縫料は三八圓〇〇、中格以下は三四圓〇〇となつて居ります。中格以下の仕立でも相當にしつかりした製品が出來る譯です。その他中衣の附屬工料は最高八圓〇〇です以上によつて國民服の代價を計算して見ますと、先づ洋服店で註文を受ける場合表着地代金は最終小賣價格に一、三を乘じた額を加算する事になつてゐますから最終小賣價格六圓〇〇の表生地で使用米數三米〇〇と假定し、表生地代は一、三を乘じたる額卽ち二三圓四〇これに裁縫料三〇圓〇〇を加算しますと合計五三圓四〇が表着地、小賣價格六圓〇〇の國民服上格仕立の値段になります。また最終小賣價格八圓〇〇の表生地で三米使用の場合は、表生地代三一圓二〇、これに裁縫料三〇圓〇〇を加算して合計六一圓二〇でありますが上下五八圓〇〇、以上は一割の物品消費税が課税されますので六七圓三二が出來上り價格といふことになります。

その他中衣は表生地代迄入れて出來上り價格が一八圓〇〇位であります。それに國民帽子がウール物で七圓〇〇、儀禮章が九〇錢でありますから國民服甲號一揃ひが八〇圓〇〇前後で出來上る事になります。

文化

赤ちやんの被服と婦人

第一回中央協力會議最終日の懇談會席上で、山本有三さんから「政治にもつと温い人情味を」取入れて「興亞の赤ちやんに厚生大臣から産衣を贈つてあげて下さい」といふ要望があつた。

それが今度實を結んで、厚生省人口局から、赤ちやんの生れた家庭に純綿肌着及びネル着物の産衣一揃ひに添へて大臣の親心を籠めたお祝ひの手紙、それに育兒注意書まで贈らうといふことになつた。

此の世に素裸になつて産れて來た赤ちやんに、今秋中には人情味豊かな「國家から贈る産衣」が進呈されることになつた。

素裸の赤ちやんは此の世に産れ出ると直ぐ「國家の子」として、純綿の肌着が着せられる。その産衣も、全國各女學校の生徒が、自分達も「將來は母として」の氣持で、興亞の赤ちやんへの祝福の心を籠めて、一針ごとに縫ひこんだものだ。

こんなに意義の深い産衣を戴いた世の母親の氣持は、さぞ嬉しいことであらう。日本の母親の心は明るくなつた。

赤坊に着せる一枚の産衣はそれは誰だつて世の母親となるものは着せられるだらう。だが、いまは純綿のない時だせめて赤ン坊にだけは、眞新らしいものが着せ度い。それは親心である。そうした親心を持つものに取つて、新に生れる坊やのために、肌着にするやうなものが見付からない、だらうかと、血眼になつて探してゐるものが何んなに多いだらうか。眞新しい純綿のさらし、あの知多晒は何處に行つても見付かりつこはない。代用品として、スフの木綿ならある。先日も知人は、赤ン坊には何んとしても純綿でなければならぬとて、古いメリケン粉袋を取出し、それをカルキに晒して眞白いものとしやつとのことで産衣を作つた

登錄姙婦

赤ちやんの産衣で　姙婦のある處ではどこでも、その眞新らしい木綿ものを探し出そうと一方ならぬ苦心をしてゐる。いろ〳〵と探しても、それが見付からぬとなると、着古しのゆかたをおろして、それで以て産衣を作つてゐる。

その産衣を作るものが日本で一年にどれだけあるかといふと、毎年二百十萬人以上あるのだ。昭和三年には、二百十三萬五千人餘、それから十年目の昭和十二年には、二百十八萬人餘、それだけのお母さん達が産衣を作ることに一苦勞だ。それが今度から、厚生大臣の贈物としてお祝ひをして下さることになつた。嬉しいことではないか。

此の世に初めて生れた少國民の被服問題は、かくして解決された。

だが、これに關聯して、なほ二つの問題がある。一は私生兒に關するものであり、他は婦人服に關するものである。

毎年二百十萬人以上生れる赤ン坊に、厚生大臣から肌着が贈られるといふことになると、町内や隣組においても、どこの奧さんとどこのお神さ

文化

んがお腹が大きいといふことで人目を引く。區役所や町村役場から妊婦の調査がはじまる。お腹の大きい女を何んで調べるんで？、いや、それは大臣様から産衣が賜はるんだ、そうなると、妊婦の登録制が布かれる。それは、當然だ。役場の戸籍に入籍してある奥さんや、お神さん達は、大きいお腹は國策の線に添ふものとして、大偉ばりに偉ばれる

このお腹の大きいものに對して、大臣様からおほめの言葉がやがて賜はることになつてゐる。

しかし、世の中には、お腹の大きくなつた女に取つて、それが大びらにされないものがある　登録妊婦でなければ世の中が通れないぞといふことになると、私生兒は何うなるんだらう。

私生兒として生まねばならぬお腹の大きい女に對して、世の中のものが道徳上許されぬとか、不義の子だとかいふ眼ばかりを以て、之を遇することは、人口増殖に對する全面的否定である。

何とならば、私生子も嫡出子も、國家の子である點において、異るところないからだ私生子は、日本では毎年十一萬人以上生れてゐる。こうした不幸の女達に對して、もつと温かい人情で以て保護することになるなら、國家の役に立つ赤ン坊がもつと多く安全に産れる筈だと思ふ　こういふ子の増加は、元より望ましくないが。

私生子へも、厚生大臣は、温い手を差延べねばならぬ

私生兒への保護施設が考案されるなら、赤ちやんの被服問題は、大體解決したものと見てよからう。

だが、母親やその他の成女の婦人服問題は何うなるか。

それは、厚生省當局においても、標準型となるものについて案が進められてはゐる。應募諸考案の型が、そのうちに統一され標準化することであらう。

從來婦人服について、新考案を以て標準型を見出そうとした企ては　個人的にもしば〳〵行はれてゐた。たゞそれが難點に逢着するのは、洋服と和服とを融合統一して、定型化せんとする所にある。

しかも、考案の基本となる所の和服なるものが、日本服裝史上僅々二、三百年といふ短期間の徳川時代に形成されたもの、それが明治、大正時代を素通した今の女着物であつて、之に洋服を取入れやうとする改善案に過ぎぬものだ

若い女には、實用化と共に文化意慾に添ふものでないといまゝでの洋服で通すことになるであらう。それにしてもわれらは、一日も早く理想に近い標準婦人服の世に行はれんことを望んで已まぬ。

文化の惰性は未だに、新らしきものに眼を向けまいとしてゐる。和服黨の執着の恐ろしさ、洋裝黨の我意の根強いのにも困つたものだ。

それ〳〵の長所を認めながら、しかも、どうにもならぬ缺點を背負つて、無益な競爭意識を實生活にとり入れて、苛烈な美的感覺を相互に露呈しなければ文化が滅びる事は決してないであらう。

會報

★七月廿八日から三日間、福島縣須賀川町厚生館で地方講習を行つた。特筆すべきはこの講習は厚生省所管の授產場施設に對する國民服指導である事で銃後施設の擴充的見地から注目すべきであらう。本協會からは石原常務理事、佐藤技術講師が出張した
★八月五日から九日まで、日本百貨店組合國民服檢査員養成講習會を開催、場所は淀橋區角筈財團法人食糧協會附屬食糧學校、講習生六十八名、組合加盟の全國デパートの洋服部主任又は技術者ばかりで本協會講習所各講師の懇切な講義に、一同緊張しながら所定の講習を終へた。

滿洲國でも女子國民服

わが婦人標準服創定に呼應して、友邦滿洲國でも「女子國民服」の創定を計畫し、滿洲國厚生生活研究會主催で試作品募集を發表 この旨、本協會へ連絡があつた。

滿洲國の國民服ともいふべき協和會服の次に生れる、滿洲國女子國民服は五族協和の理想に沿ひ、滿洲各民族とも着用せらるゝ點を强調してゐる點など注目す可きものがある。吾等は日滿一體の見地から切にその成功を祈るものである。募集要項を左に掲げよう。

女子國民服試作品募集要綱

一、趣　旨　女子國民服ニ對スル輿論ノ歸趨ヲ察知スルト共ニ之ガ創定ノ參考資料タラシメントス
二、募集主體　滿洲國厚生生活研究會
三、後　援　民生部協和會
四、考案要領　女子國民服試作要項ニ依ル
五、賞　金
優秀作二點(賞狀及賞金三〇〇圓宛)
佳作一〇點　賞狀及賞金三〇圓宛)
六、締　切　康德八年十一月十五日
七、發　表　康德八年十二月中旬
八、審査員　滿洲國厚生生活研究會幹事及被服部會々員
九、作品送先　民生部厚生司內滿洲國厚生生活研究會
十、其ノ他　應募ハ試作現品又ハ圖面ヲ以テスルコト試作現品ニハ簡單ナル圖面及說明書ヲ附スルコト優秀作ニシテ圖面ノミノ應募者ニ對シテハ試作現品ノ提出ヲ求ムルコトアリ應募現品ハ返還ス應募作品ニ付既ニ特許權意匠權其ノ他ノ權利ヲ有シ又ハ出願中ナルトキハ其ノ旨附記スルコト

女子國民服試作要項

女子國民服ハ婦人平常服タルヲ基準トシ左記要項ニ依リ考案スルモノトス
一、滿洲各民族トモ着用シ得ル物タル事
二、大陸ノ氣候風土ニ適應シ女性ノ保健並ニ體位ノ向上ヲ期シ得ルモノタル事
三、質實簡素ニシテ優美性ヲ失ハザル事
四、日常ノ生活動作ニ便利ナルト共ニ非常ノ際ノ活動ヲモ考慮スルコト
五、資材ハ制限物資ヲ避クルト共ニ所持品ノ活用ヲ考慮スルコト
六、家庭ニテ仕立テ得ルヲ原則トシ手入保存ニ便ナルコト
七、生地、色、柄ハ適宜ナルコト
八、儀禮章又ハ色合其ノ他ニ依リ儀禮ノ場合ニ着用シ得ル樣考慮スルコト

協會指導製作見本品頒布

勅令に依る規格の確保と指導の爲、本協會は、正しい見本製作品を、實費で頒布してゐます。目下の所、種類は國民帽、儀禮章等で、一個々々、本協會の嚴重な鑑査に合格した品ばかりです。値段其の他詳細は本協會へ御照會下さい。

尙、國民服縫製指導の爲、國民服上、中衣型紙を發行する計畫です。目下、第一輯として、甲號中衣型紙が發行されてゐます。

「中衣」は國民服の最大特徵であるといはれてゐますが、これに對する一般の理解が薄いので特に最初に編纂したわけです。型紙は實物大(標準寸法)で、和裁の方でも、理想的な中衣が縫へるやうになつてゐます。詳はしい說明書つきで、手を取るやうに說明してあります(定價一部金卅五錢送料六錢)

財團法人大日本國民服協會役員名簿

（昭和十六年九月現在）

相談役　厚生省生活局長　川村秀文
同　陸軍省經理局長　栗橋保正
同　陸軍被服本廠長　西原貢
同　陸軍製絨廠長　森武夫
同　商工省纖維局長　梶原茂嘉
同　農林省蠶糸局長　石井英之助
同　貿易局長官　石黑武重
同　大政翼贊會總務局長　熊谷憲一
同　日本蠶糸統制會社副社長　吉田清二
同　日本原麻株式會社々長　鹿野澄
同　産業組合中央金庫理事　井川忠雄
理事長　陸軍主計中將　石川半三郎
常務理事　陸軍主計大佐　石原通
理事　厚生省生活局生活課長　靑木秀夫
同　陸軍省經理局衣糧課長　吉良五市
同　衆議院議員　龜井貫一郎
同　被服協會理事　三德德次郎
同　農林省蠶糸局絲政課長　山添利作
同　宮内事務官　中田虎一
同　厚生省囑託　齋藤佳三
同　熊本縣總務部長　武島一義
同　東京日日新聞地方部長　瀨口正央
監事　株式會社第三銀行常務監査役　富永靜雄

評議員　厚生事務官（生活局生活課）　植田俊雄
同　滿洲海拉爾安井部隊本部　高木六郎
同　南支派遣藤井部隊本部　下川又男
同　陸軍省經理局高級課員　森口德治
同　陸軍省經理局衣糧課員　有田實
同　陸軍被服本廠技師　小川安朗
同　陸軍技師　小泉竹像
同　日本化學機械製造工業組合専務理事　八木靜一郎
同　商工技師　岸武八
同　商工省纖維局絹毛課長　籠島潛
同　商工省物價局總務課長　吉田悌次郎
同　商工省總務局附　溜淵正利
同　商工省纖維局綿業課長　和田太郎
同　商工事務官　今井善衞
同　農林技師　田口敏夫
同　内務事務官　丹羽喬四郎
同　東京日日新聞社編輯副主幹　西野入愛一
同　大阪毎日新聞社副主幹　世川憲次郎
參與　益田友之助
同　新田義次
同　全日本既成服工業組合聯合會理事長　中谷虎司
同　日本纖維雜品工業組合聯合會専務理事　小林源次

（81頁の續き）従來から所有する物を改造する事を考へ、ハイキング用服裝が全然無い人のみが如斯服裝を整へ置き、一朝有事の際にも役立たしむ樣にする可きである。

又携帶品に於ても然りで、ハイキングに携行する、應急食糧、急救藥品、野外炊事具、リックサック、雜嚢等は、其が、たゞちに緊急の際に役立つ事を忘れては成らぬ。特にリックサックの如きは、平時に於ても、最も便利な旅行用具である事を知らぬ人が多い。スーツケース、ボストンバッグ等の如き手提式の鞄が如何に不便であるかは、最近痛切に感じられては來たが、尙且つ物を背負ふ事を體裁惡しと考へる爲か、或は物を背負ふに不適當な服裝の多い爲か、未だ一般旅行用化して居らぬのみならず、ハイキングに於てすら、手提鞄を用ふる愚さも度々見受けられるのである。

然し他方一考を要するのは、物を背負ふ事は多少の訓練（特に肩の）を要する。たゞ單に歩くのみでなく、物を背負つて歩く事も合せて練習せねばならぬ。

臨戰體制があらゆる方面に施かれつゝある今日、ハイキング服裝も之に應じた物を考慮する事を約して筆を擱く。

後記

たゞさへ繁忙な協會事務に加へて、婦人標準服に關する事務などもあり、本號の編輯は全くの所 臨戰態勢的に遂行した。

思ふ事の十分一も盡せなかつたが、一歩でも進めば慰さめられる。

あはたゞしい内に、執筆を快諾下さつた方々の御厚意には頭が下がる。これも國民服精神への共感ではないかと、ひそかに思つてゐる

本誌の使命は、協會の向ふ所と同じであるが、廣く國民服精神を呼びかけ、服裝を中心とし、あらゆる部門の生活文化を取り上げて行くつもりである。

本號卷頭の火野葦平氏の一文は、廣く文化人に決意をうながしてゐるが、最近、とかく、文化運動が一沫の輕薄味を持つて來つゝある折柄、示唆する所多いと信ずる。

國防を離れて文化なし 狹い文化圈を作つて、一人よがりになつてゐるのは、その人が、未だ臨戰態勢下の時局を眞に認識してゐない證據である。

自由主義の時代に脚線美のみを誇つた「靴下」問題を取り上げたのも、これらの素材が含んでゐる所の、より廣汎な事態を考へて貰ひ度いからである。

服裝は精神に影響し、精神は服裝を規整する。兩者健全であつて、正しい服裝文化が生れるのだ。

この意味で青木生活課長の述べられた服裝改善の理念がはつきりしてゐないと困るのである。

要は、有田中佐の書かれた如く、衣の高度國防化である。これが根本である。

國民服に對する批評も相變らず聞くが、われわれは國民服創定の頃、廣く天下の聲を聞いた。勅令制定までの一年有餘にも、よかれ惡かれ、批判の對象となつた。その結果關係者一同をうなづかせる樣な具體的、建設的考案を寄せた人はなかつた。煎じつめると過去への執着が露呈するのだつた。

今は、如何にあるか、ではなく、如何にすべきか、の時である。口先だけの生活刷新では何の役にも立たない。國民服は少なくとも一つの具體的なものを示したものである。これを本誌の題號に選んだのも意義があると思つてゐる。

服飾の流行などを、未だに―生活―と切り離して考へてゐる人があるが、流行が生活を支配するのでなく、正しい傾向が、民族の厚生に資する麗はしい生活感情から生れるとすれば、こんな嬉しい事はない。しかも それは都會中心でくな、地方文化と融合合體したものでなければならない。出來るだけ廣範圍の人に讀んでいたゞくため 編輯部は苦心してゐる。どん〳〵編輯への苦言を呈して貰ひたい。（眞）

「國民服」每月一回 十五日發行 第一卷 第一號

㊝定價一册四十錢（郵稅六錢）

「國民服」はなる可く豫約して下さい。御希望の方は書店へ御申込下さい。定期御購讀の方は左記の前金を添へて本協會へ御申込下さい。

半年分（六册）	金二圓四十錢（郵稅とも）
一年分（十二册）	金四圓八十錢（郵稅とも）

●御註文は總て前金で願ひます。

●御送金は振替が便利です。

廣告料は本協會編輯部廣告係へ御照會下さい。

昭和十六年九月二十日印刷納本
昭和十六年九月二十五日發行

發行人 石原通
編輯人 井澤眞太郎
印刷人 淺野剛
東京市芝區櫻川町一二
印刷所 合資會社金羊社
東京市芝區西久保廣町十八
發行所 社團法人大日本國民服協會
電話芝（43）四五〇五番
振替口座東京一二四四、六七五番
會員番號第二一六〇四三號
配給元 東京市神田區淡路町二ノ九 日本出版配給株式會社

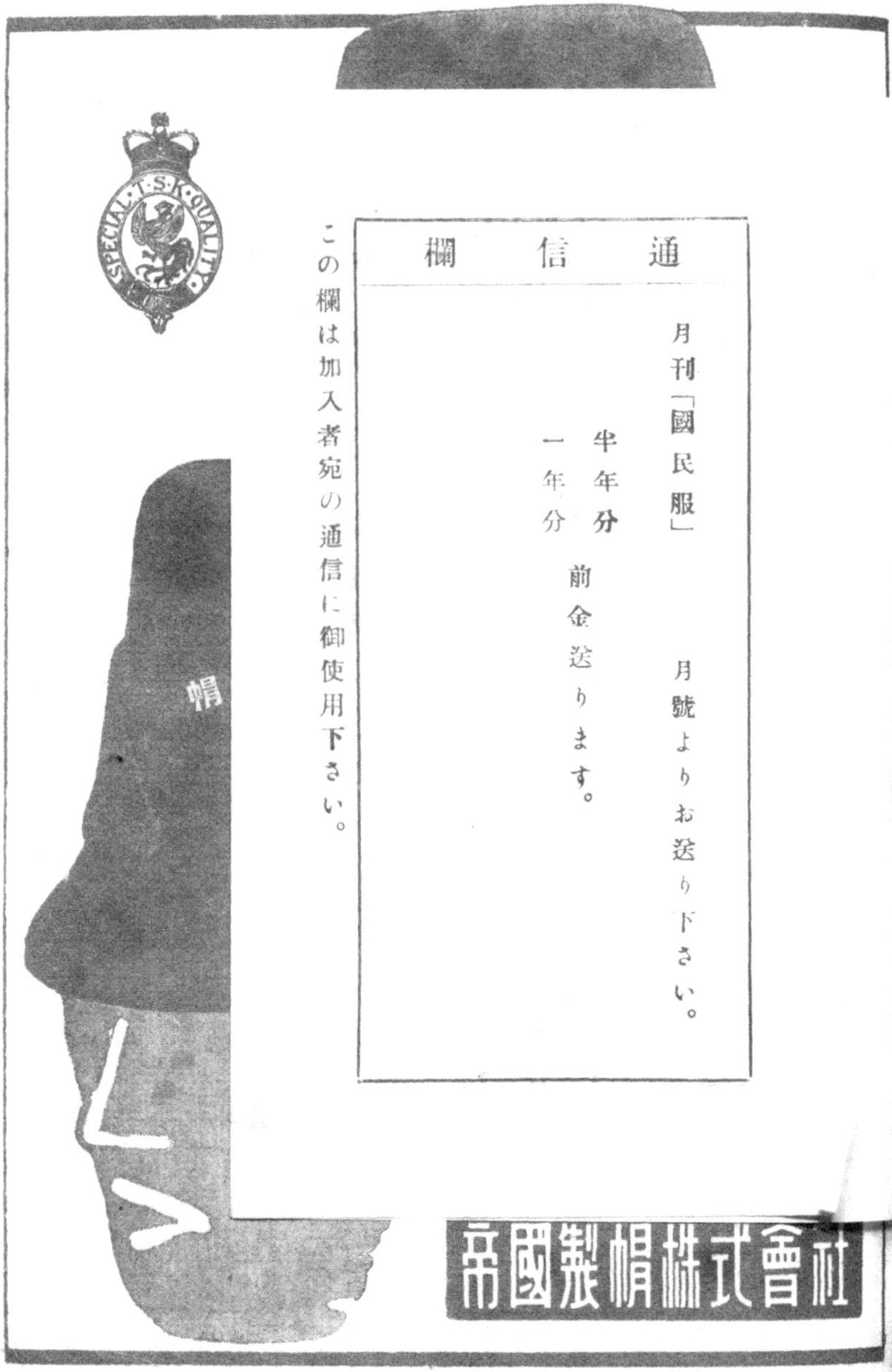

通信欄

月刊「國民服」　月號よりお送り下さい。

半年分
一年分
前金送ります。

この欄は加入者宛の通信に御使用下さい。

御注意

一、振替貯金の拂込をなさるときは表面※印の欄に夫々記入し之に現金（又は郵便爲替證書、振替貯金拂出證書、小切手）を添へて郵便局（小切手による拂込の場合は特に指定した郵便局）へお出し下さい

二、この用紙を御使用の場合は拂込料金は加入者の負擔となりますから料金を要しません

行つて、一人よが
あるのは、その人
態勢下の時局を
ゐない證據であ
時代に脚線美の

關係者一同をうなづかせる樣
な具體的、建設的考案を寄せ
た人はなかつた。煎じつめる
と過去への執着が露呈するの
だつた。
今は、如何であるか、ではな

「國民服」毎月一回十五日發行 第一巻第一號
㊝定價一册四十錢（郵稅六錢）
「國民服」はなる可く豫約して下さい。御希望の方は書店へ御申込下さい。定期御購讀の方は左記の…金を添へて本…

各票記載事項に間違のないことをお確め下さい

局番號印

拂込票

通常拂込料金加入者負擔

口座番號 ※ 東京壹四四、六七五番

加入者氏名 ※ 東京市芝區西久保廣町一八 財團法人大日本國民服協會 月刊「國民服」編輯部

※ 一金

拂込人住所氏名 ※

口座所管廳日附印

受付局日附印

遞信省

金額を訂正したものは受付を致しません

一年保存

拂込通知票

通常拂込料金加入者負擔

口座番號 ※ 東京壹四四、六七五番

加入者氏名 ※ 東京市芝區西久保廣町一八 財團法人大日本國民服協會 月刊「國民服」編輯部

※ 一金

拂込人住所氏名 ※

受附局日附印

口座所管廳日附印

遞信省

金額以外の記載事項を訂正した場合は相當證印して下さい

文字は正確明瞭に一、二、三、十の數字は壹、貳、參、拾とお書き下さい

振第九號乙

※印の欄は拂込人に於て記載して下さい

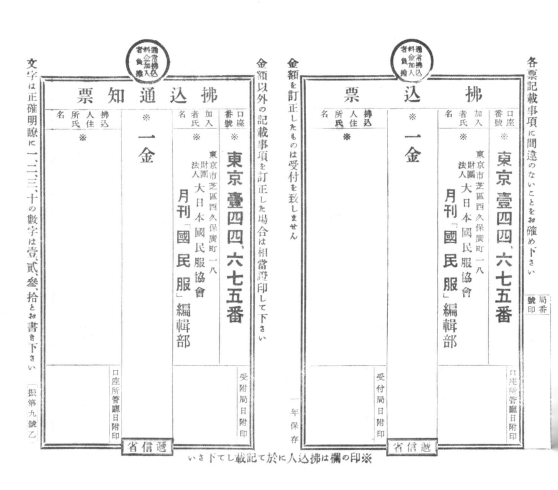

通信欄

月刊「國民服」　　月號よりお送り下さい。

半年分
一年分　前金送ります。

この欄は加入者宛の通信に御使用下さい。

御注意

一、振替貯金の拂込をなさるときは表面※印の欄に夫々記入し之に現金（又は郵便爲替證書、振替貯金拂出證書、小切手）を添へて郵便局（小切手による拂込の場合は特に指定した郵便局）へお出し下さい

二、この用紙を御使用の場合は拂込料金は加入者の負擔となりますから料金を要しません

SPECIAL T.S.K QUALITY
戰線は戰鬪帽
銃後は國民帽
本社・工場・浜松市
支店・東京・大阪・名古屋
帝國製帽株式會社

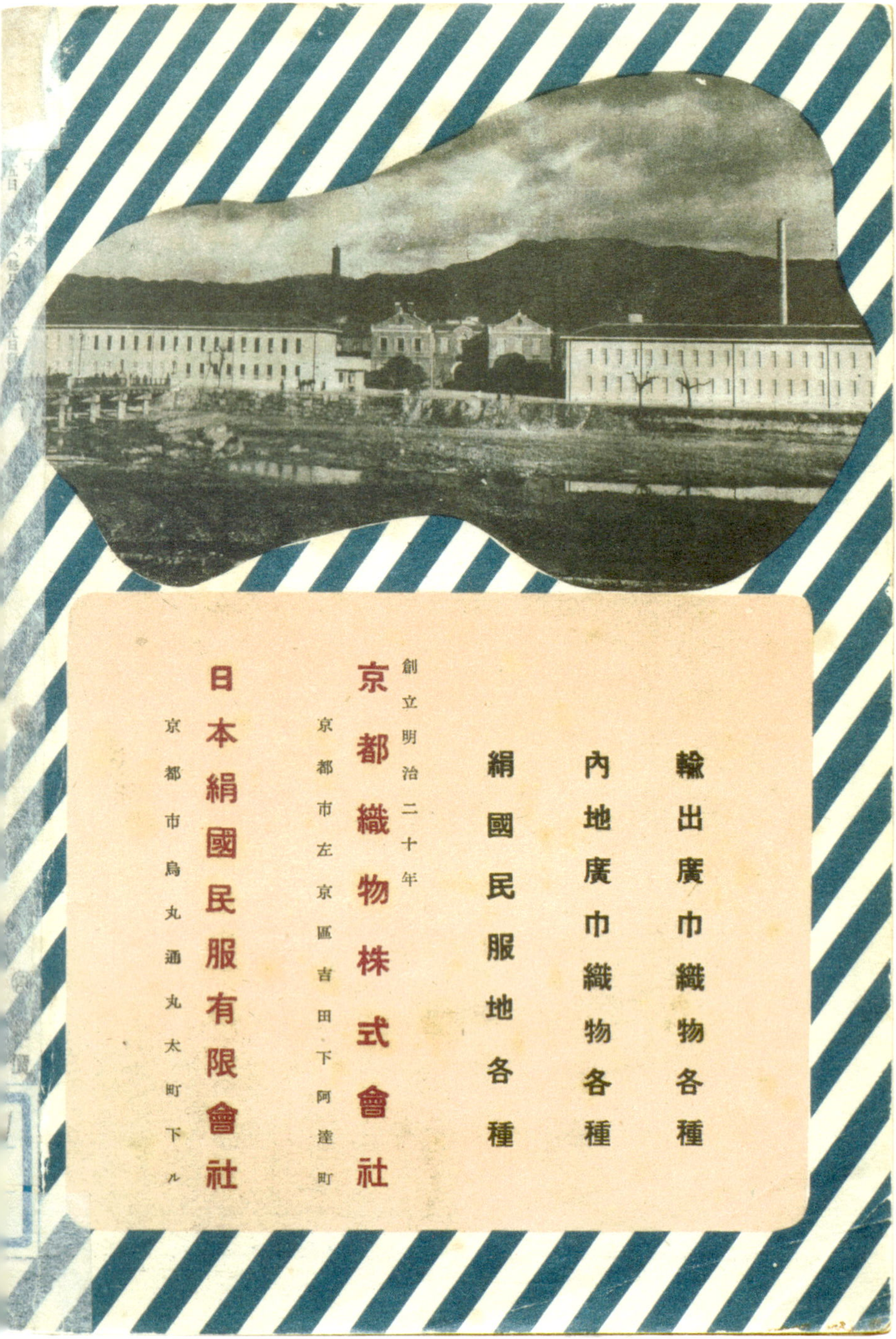
輸出廣巾織物各種
內地廣巾織物各種
絹國民服地各種
創立明治二十年
京都織物株式會社
京都市左京區吉田下阿達町
日本絹國民服有限會社
京都市烏丸通丸太町下ル

『国民服』第一巻第二号　十一月号

昭和十六年十一月十五日発行　財団法人大日本国民服協会

昭和十六年十月廿日印刷納本　昭和十六年十一月十五日發行　（每月一回十五日發行）

生活文化綜合雜誌

國民服

11

特輯・臨戰生活と絹科學

正規国民服帽
並戰闘帽
八紘一宇
民帽
・生産者ノ販賣ニヨリ一口十ダース以上註文ニ應ズ・
大日本國民服協會特別會員
内善製帽所
神田區佐久間町三ノ二三・電下谷(83)八七一一番

キッコー
國基の優秀製品
國民服 甲號 乙號
中衣 A號 B號
レインコート A號 B號
制定
儀禮章
國民帽 純毛フアー
戰鬪帽 純毛ウール A・B
戰鬪帽 夏季用
カタログ生地見本進呈
株式會社
東京竹馬販賣所
東京市京橋區銀座四丁目
電話・京橋(56)五六三八・六八八八

國民服・十一月號目次

國民服の中學生

府立 千歳中學校を訪ねて

霜降と紺サージに代表されてゐた中學生は、今國防一色の制服姿となつた。乙號國民服がこゝでは、若き者の意気と力を表現してゐる。先生もセビロをかなぐりすてゝ國民服を着た。

教へる者、教はる者、一心同體の國民精神に燃ゆ。セビロの汚れを氣にした過去は夢だ。身體一杯から出る號令の聲も朗らか、堂々、分列行進に校旗は進む。校長さんへ頭右！

擧手答禮の校長、胸の儀禮章が陽に映える。

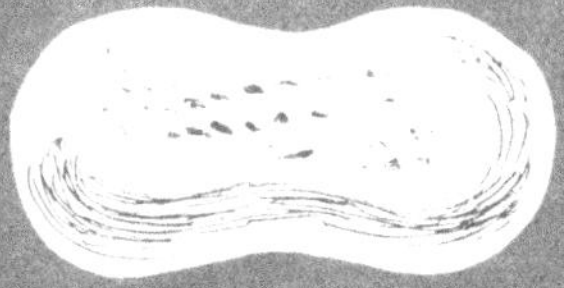

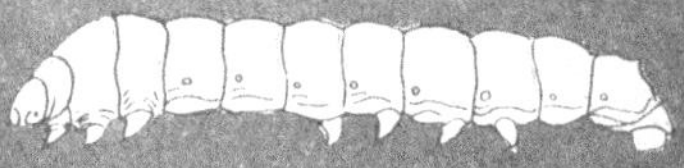

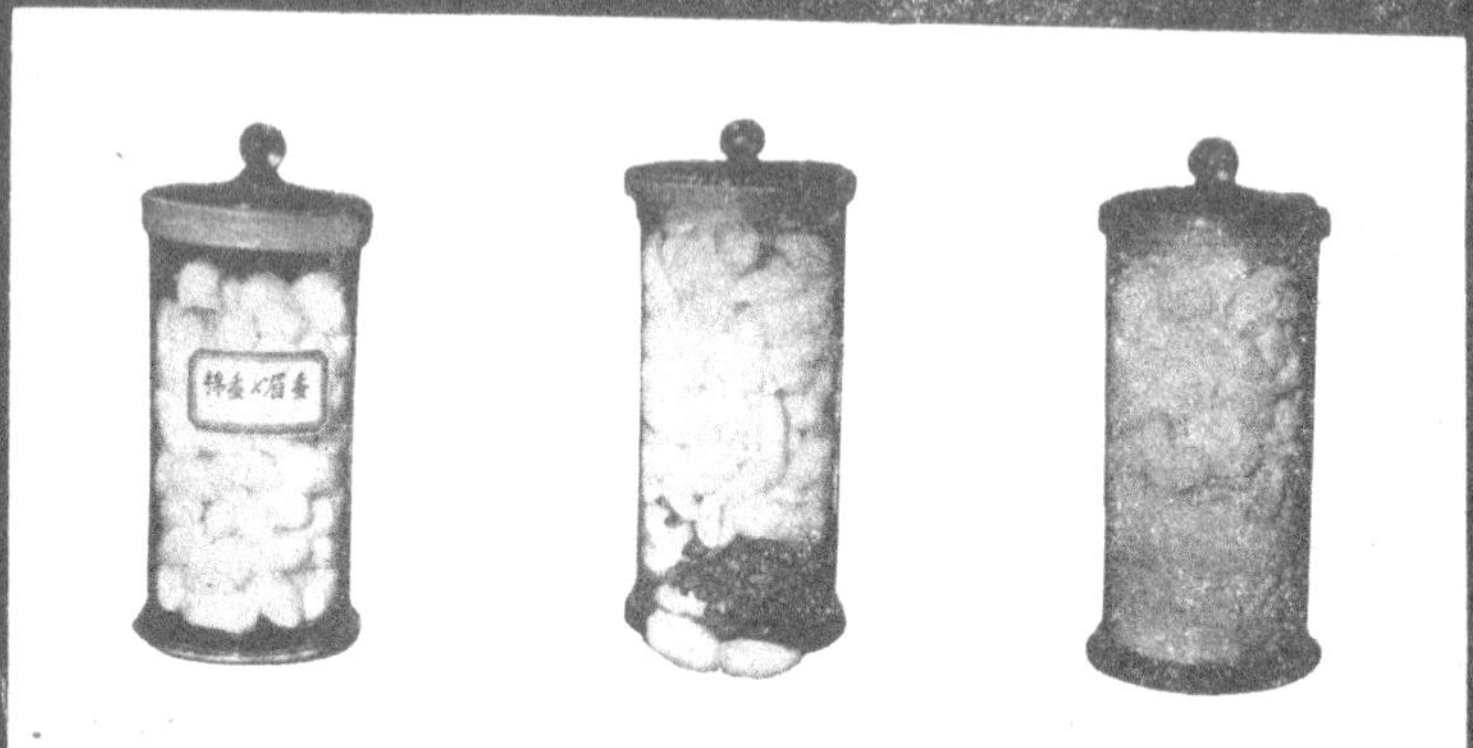

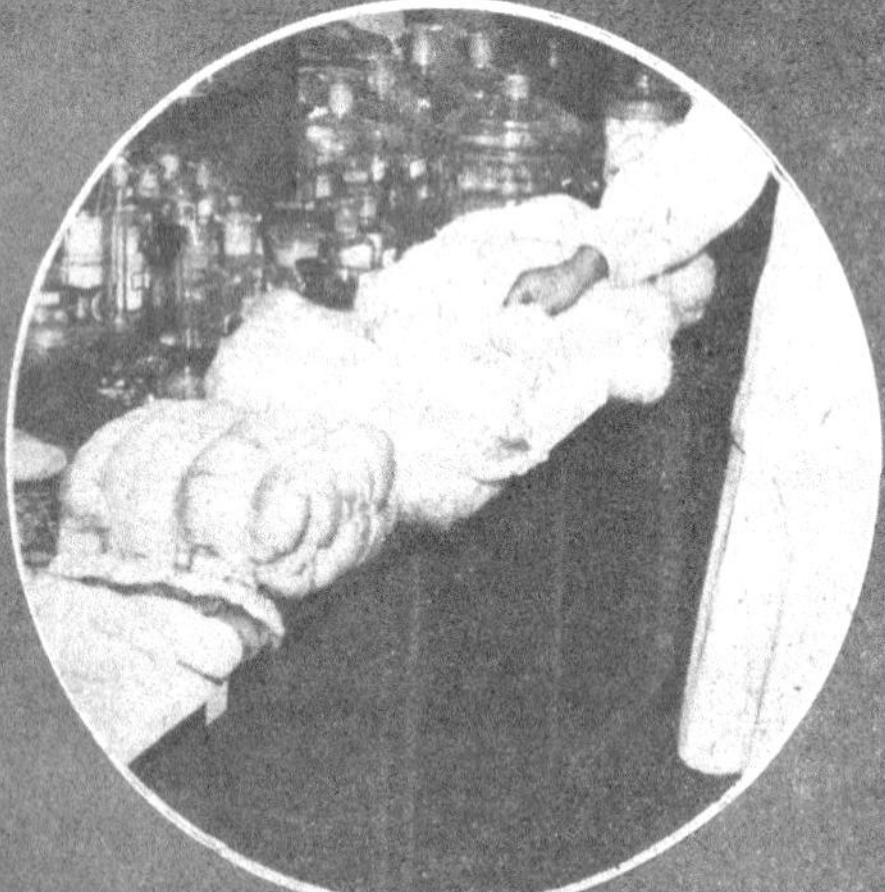

絹は前進する

これまでの絹はこゝでは通用しない、これは絹短繊維で、羊毛代用品として再出發したところである。

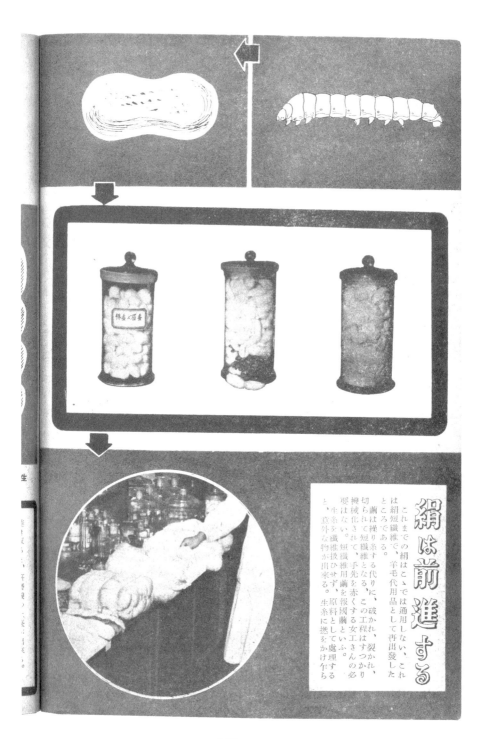

繭は繰り糸する代りに、破かれ、裂かれ、切られて短繊維となる、この工程はすつかり機械化されて、手先を赤くする女工さんの必要はない。短繊維用繭を報國繭といふ。

生糸を繊維扱ひせず、原料として處理すると、意外な物が出來る。生糸に撚をかけ乍ら

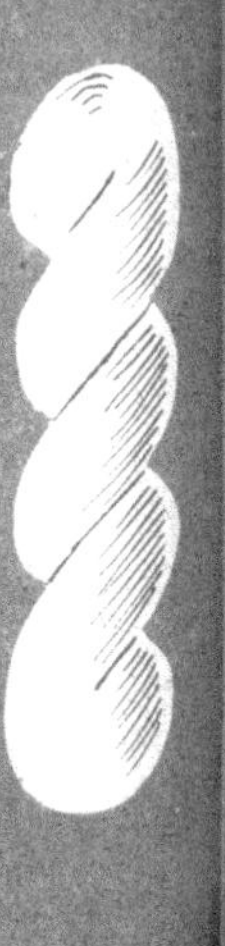

生絲

捲きとり機

研磨用研粒をふりかけて固める

研磨機

繭綿

開綿機

三千ポンドの壓力

齒車

壓縮

捲き取ると、研磨機の土臺が出來る。

生糸に強壓力をかけて出來た絹齒車は、無音耐久の特長があり、特殊機械の部品として重寶がられる。

生糸を壓縮して枝狀としたものから、靴やハンドバツク、草履などが出來る。これは皮革代用品として將來性がある。

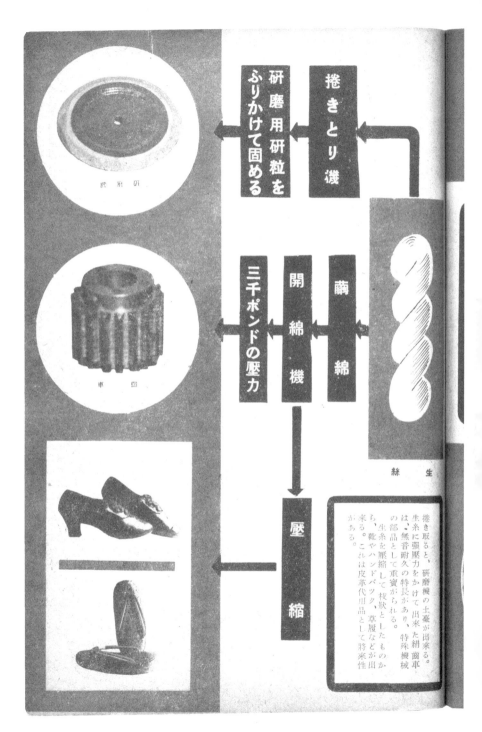

蛹からとれるもの

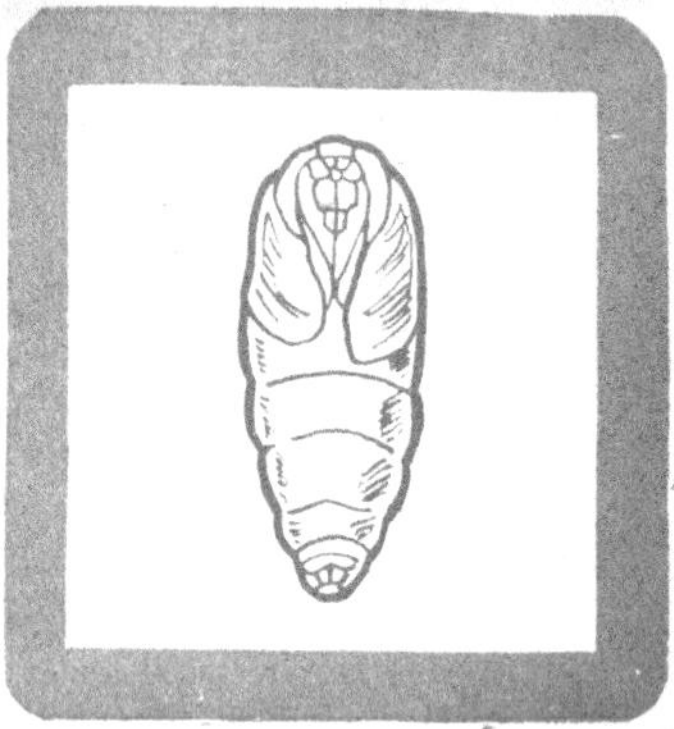

蛹《さなぎ》

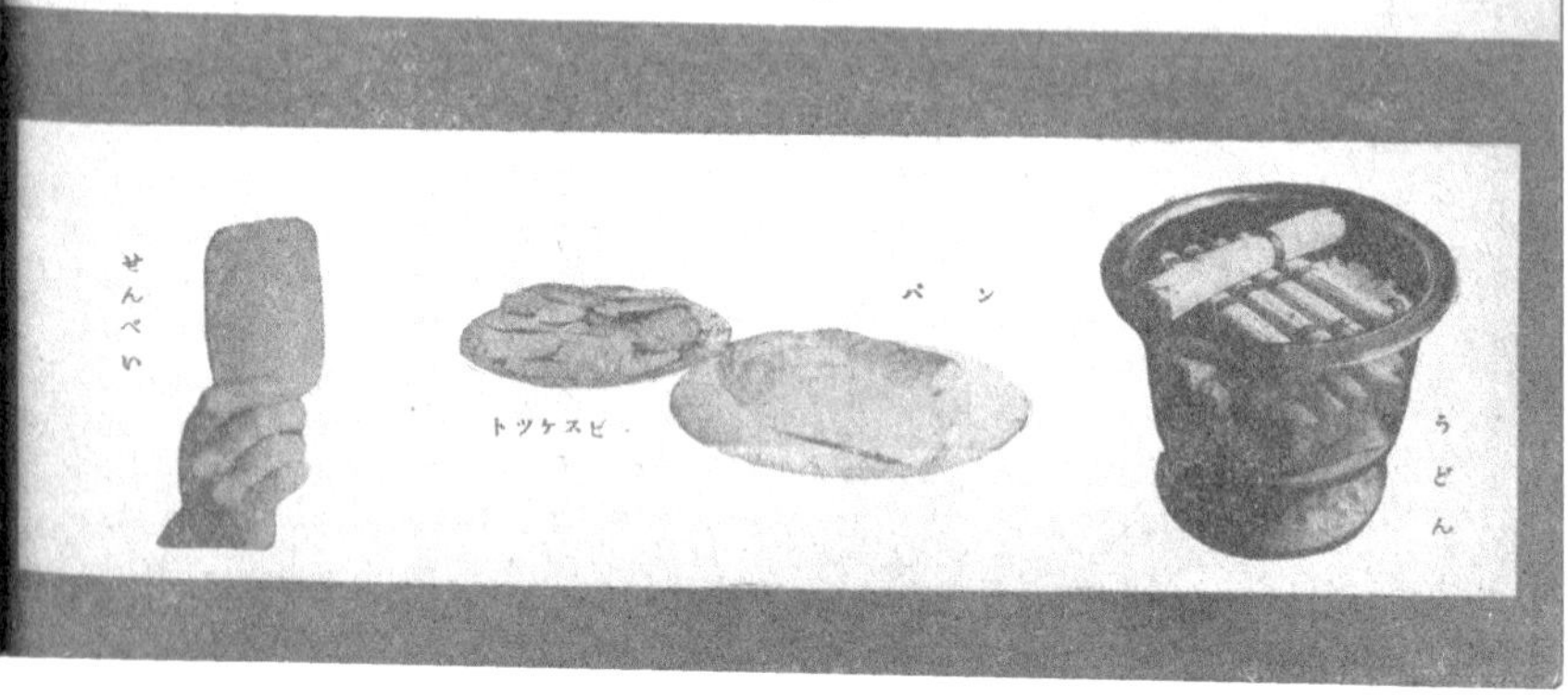

蛹油 → 乾燥油 → 原油 → 蛹揮發油、

ホルモン　石鹼、　ビタミン　アミノ酸

ビタミン食前の鼠

→ビタミン食後の鼠

桑の實

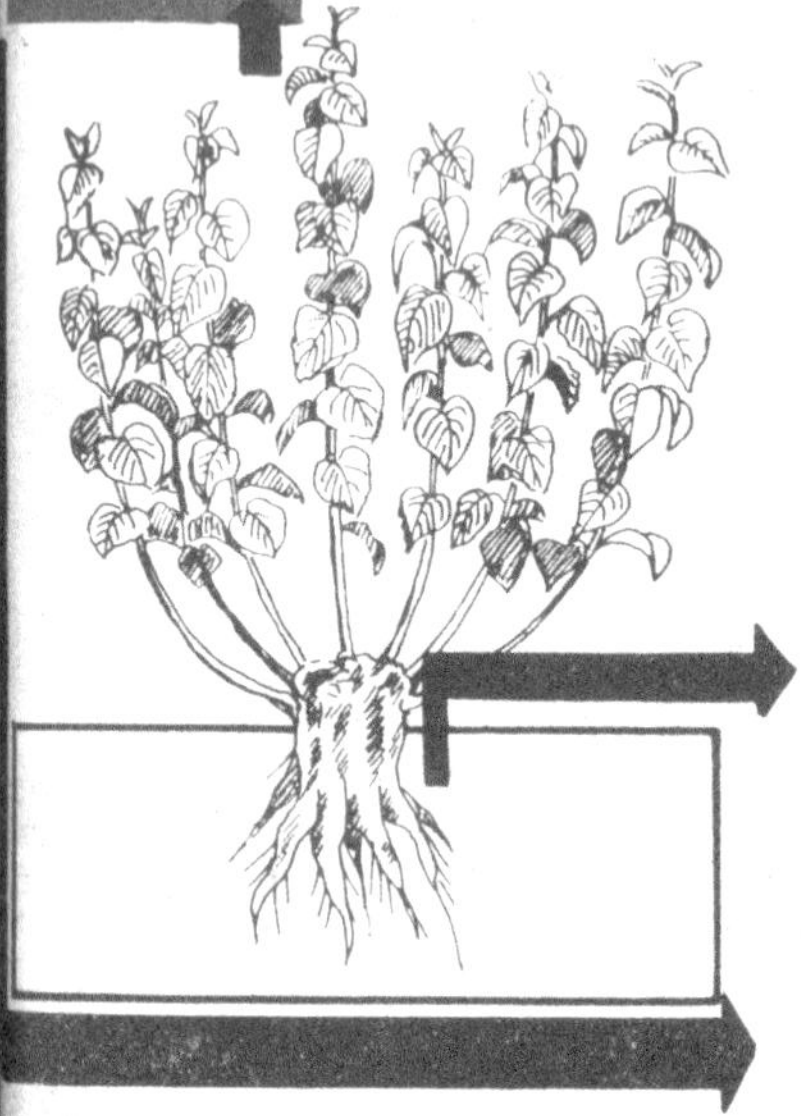

桑根酒

桑からとれるもの

桑の枝から桑パルプが出來る、桑パルプは紙になる。

桑の實を醱酵させると、おいしい桑の實酒になる、赤いブドー酒のやうな味である。根は桑根酒の原料となる、ウイスキイに似て、血壓降下劑を含む珍酒である。桑の葉をエーテル浸出すると養毛劑になる。

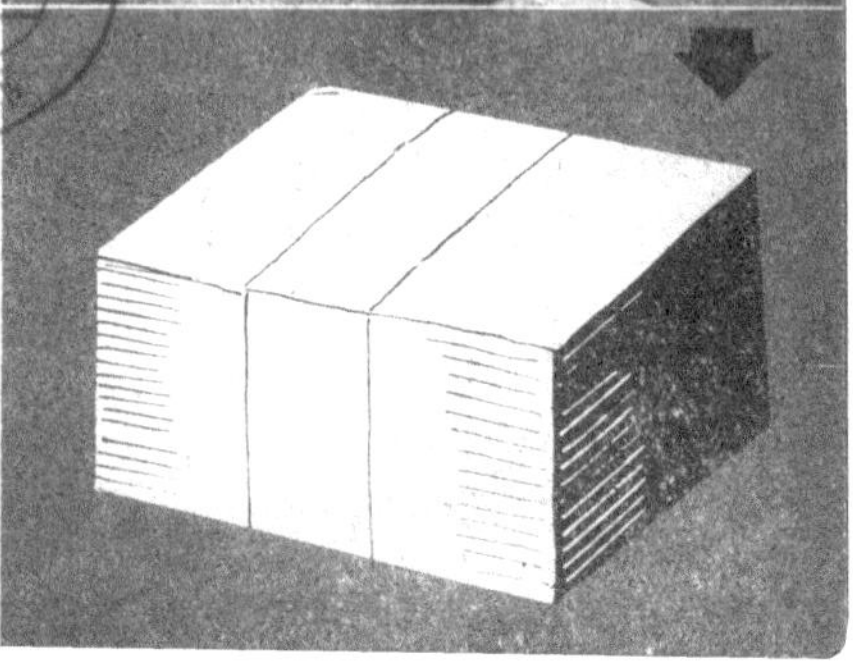

和紙

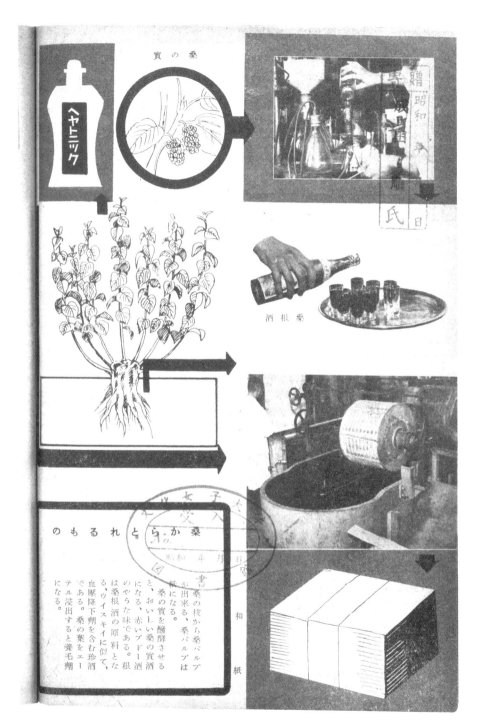

國民服

第一巻第二號

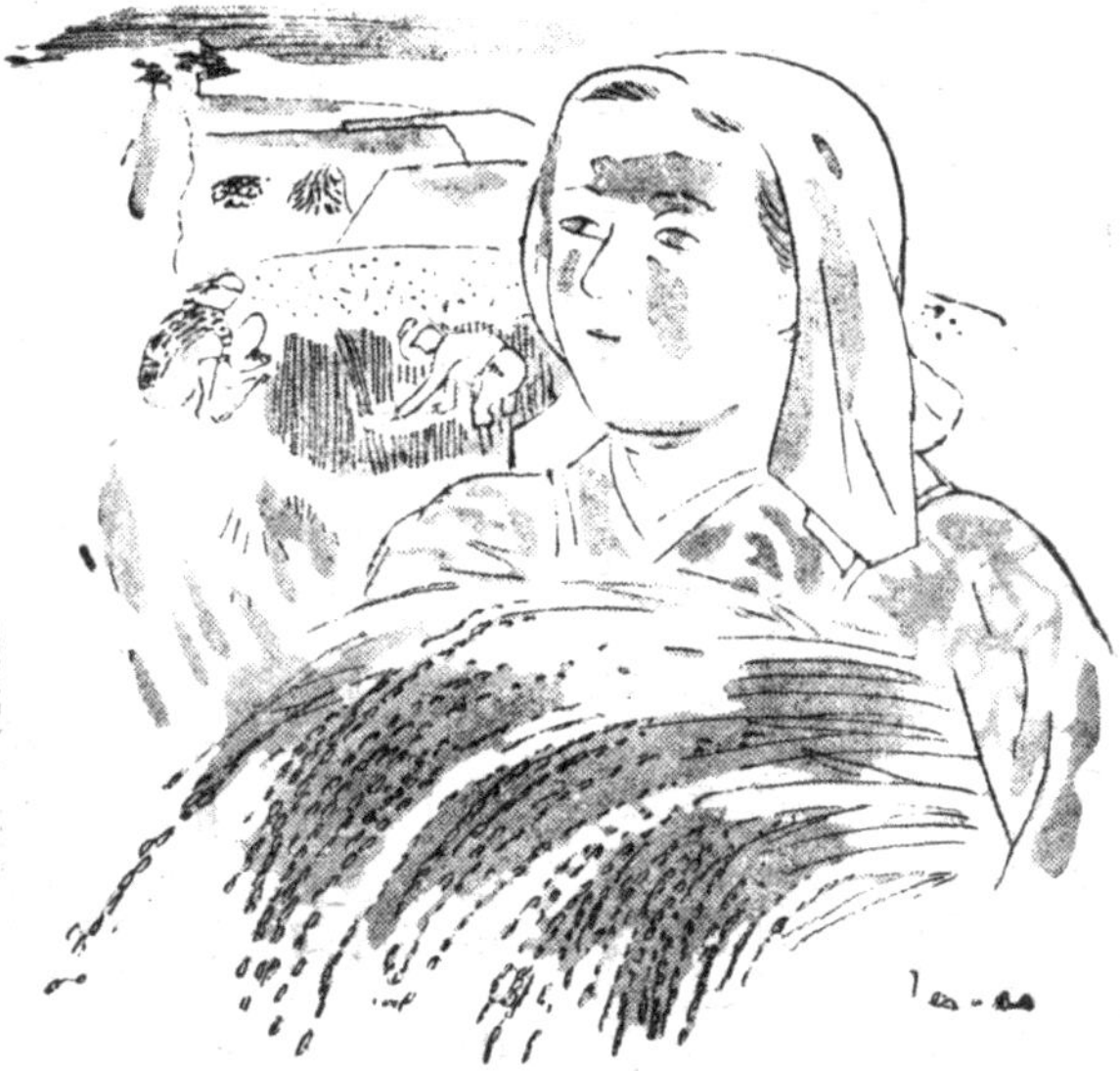

巻頭言

衣服は精神に影響を及ぼす。これは確かだ。しかし乍ら、形式から、支配される精神は弱體である。まづ、精神があつて、衣服はこれを强化する役割を果す可きである。

形式と精神が分離されてはいけない。

このどちらかゞ過剰となると、生活の均衡が破れる。外面はボロでも、歐米依存でも、精神さへしつかりすればよいといふのも、その一例である。かゝる論者には、形式主義必らずしも無駄ではない。放任しておけば、精神まで怪しくなつてしまふからである。

皇國精神と國民生活

石川半三郎

變轉極まりなき國際狀勢と共に、今や、世界史の一大轉換が、全地球上を覆ふの感がある。東海に嚴然たる皇國は、比類なき皇軍の精鋭を以つて、敵に鐵火の教訓を與へ、過ぐる所　御稜威を草木に至るまで洽からしめてゐる。皇國內に於ける臣民は、愈ゝ强化せられんとする統制經濟を克服し、益ゝ意氣高らかに進軍しつゝあるのである。

八紘一宇の肇國の大精神は、古來、わが國民精神の基調を爲すところの雄大無比なものであるが、これが現時の如く大規模に具現化される事は、二千六百年來、曾つて無かつた事である。

畏くも紀元二千六百年紀元節に渙發せられた詔書「爾臣民宜シク思ヲ神武天皇ノ創業ニ騁セ皇國ノ宏遠ニシテ皇謨ノ雄深ナルヲ念ヒ和衷戮力益ゝ國體ノ精華ヲ發揮シ以テ時艱ノ克服ヲ致シ以テ國威ノ昂揚ニ勗メ祖宗ノ神靈ニ對ヘンコトヲ期スベシ」の

「神武天皇創業」を想へと仰せらるゝ、大御心の程を拜察して、皇國の悠遠なる歩みを、今日此の時に於て、一大飛躍せしめんと、我等臣民は固き決意をもつてゐる。

變轉極まりなき國際情勢は、明日の國際政局に豫斷を許さない。

併し乍ら、皇國臣民の行く可き道は、嚴然として定まつてゐる。今にして、いさゝかの精神的動搖はない筈である。不退轉の決意を以つて、道義世界の實現を期し、具體的には大東亞共榮圈を建設し、以つて、世界新秩序の一環としての、東亞新秩序建設に邁進する外はないのである。

今や、皇軍は熱帶の地に至るまで軍旗を捧じ、あらゆる困苦に堪へて、右の目的達成に努めてゐる。國家總力戰遂行の爲めの、高度國防國家の建設は、しばしば口にされてゐるが、果して所期の態勢が整つてゐるであらうか。

所謂、勇猛なる口舌の士は多いが、實行の段になると、多くは怯懦である。理論の時ではない、實行の時である、と云はれ乍ら、闇取引の如き、低級なる事件が、未だに跡を絕たない事は、殘念至極である。

いやしくも、國體の淵源を想ひ、天壤無窮の皇運を扶翼し奉る可き臣民が、日常生活に於て、私利私慾のみを圖らんとするのは、吾人の諒解に苦しむ所である。

學識備はり、事業の才能をもちながら忌む可き經濟事犯に關聯し、賣國的行動を爲す者のあるのは、その人が皇國臣民としての敎養に至らざるものがあるからである。

國體の尊嚴は知り乍ら、單なる觀念と化し、實生活に於て、自由主義的拜金思想に支配せらるゝのは、國民各層に浸潤せる歐米思想の根強きを想はせるのである。

われらが生活は、卽ち國家の生活である。

かく想へば、臣道の實踐は期して待つ可きものがあらう。

「私生活」に干渉するな、と或者は云ふ　私生活と雖も、皇國臣民たる以上、皇國の國土に身を置く以上「私生活」の優位性は絶對に認められないものである。

生活の劃一は決して個人生活を破壞するものではない、むしろ個人生活――正しくは皇國臣民の生活――を助長、發展せしむる道である。但し、その場合の個人は、自由主義的な意味での個人ではない、皇國臣民としての自覺を、實生活に具現した「個人」でなければならぬ。

皇軍の將兵は、「一死奉公」を身を以て示しつゝある。皇國の爲めの「死」は無上の光榮である。其處には、いさゝかの利己心も、打算も、況んや安逸などの存在する餘地はない。

奉公の窮極は「死」である。しかも、それは「生きる」事である、皇國の運命は、個々の「死」から新たなる「生」へと向ひ、かくて我等の子孫は、永遠に光輝ある運命を擔ふ事が出來るのである。

この覺悟を、われらの「生活」に具現する事は決して不可能ではない。

戰線に於ての「死」は文字通り、鐵火の前に身を碎くことであるが、國土に於ける「死」は、これまでの「自我」を精神的に殺す事である。たとへ、多少實生活上の苦惱が加はるとしても、これが不可能な筈はない。

國防が總べての根幹となつた、今日並びに將來の國家に於ては、政治、經濟、文化、各般の事、國防より出發しなければならぬ事は云ふ迄もない。

いはゆる生活文化とは、生活に關する科學、經濟等廣範圍の事象を包含し、これを五箇條の御誓文の御精神と高度國防の見地から、處理す可きものである。

生活刷新といひ、生活科學といひ、單に一局部に拘はつては、大局的解決を見る事は困難である。

今次大戰勃發以來、世界の列强は申し合せた如く總力戰體制を採り、ドイツ、イタリーの如きは勿論であるが、自由主義の本家の如き英國、米國に至るまで、高度國防國家體制の整備に主力を注いでゐる。

これは何を物語るのであらうか。

大東亞共榮圈の指導者であり、道義世界の建設を理想とするわが國は、決して、この世界的傾向に後れを取つてはならない。

わが總力戰體制の目的は、偏へに皇運を扶翼し奉ることで、臣道實踐こそ、その實行手段である。

畏くも、萬世一系の天皇の下、一國一家の大和《たいわ》を旨として、民族の生々發展を遂げて來たわが國は、すべての事、
天皇に歸一し、御稜威によつて輝やいて來たのである。

わが國の如く崇高なる肇國の精神並に傳統を持つ國は、世界中にない。

わが皇國臣民は、右の崇高なる精神を以つて、生々發展し、自らが負ふところの、偉大なる世界的使命に振ひ立つ可き秋である。

新しき生活道徳

城戸幡太郎

協同の生活

生活道徳といつても、生活を離れた道徳といふものは考へられないのであつて、道とは人の踐み行く道であり、徳とは道を通じて體得した性格である。しかし道は老子が、道の道とすべきは眞の道にあらざるなりといつたやうに、生活の樣式が變るとそれに通ずる道の性質も變つてくる。汽車や電車が發明されると、そのために新しい道が開通してくる。自動車が發明されると歩道の形態も變つてくる。飛行機が發明されると直ちに空路が開拓されてくる。道の形態は樣々に變つてくるが、道がなければ生活の目的を達することはできない。道は生活するものゝ必ず通らねばならぬ道路である。しかし、それは自分獨りが勝手に通る道ではない。生活してゐる自分を反省して見れば、誰しも世の中では自分だけで生存することのできないことを自覺する。自分が世の中で生活するために踐んで行く道は、自分と他人との生活を關係づけて行くための交通路であることが解る。即ち道はわれらが交りを結ぶために開かれたものであるから、道は自分勝手に作られたものではなく、交りを結ぶもの同志が協力して作つたものである。道が遠くなり廣くなるにつれて獨りの力でそれを開通することは益々むづかしくなる。道はわれらが通るために自然にできてゐたものではなく、われらの協力によつて開かれたものであり、それも舊い道を修理しながら常に新しく作られて行く道である。そしてわれらはこの道を通じて始めて協同の生・活を營むことができるのであり、道が亂雜であれば、われらの生活も亂雜になつてくる。道德における道とは、かやうな意味で、われらの生活を秩序づける道理であり、德とはその道理を辨へて秩序ある協同の生活を營むもの丶體得すべき性格であるといへるのである。書經に「正德利用厚生」といふ言葉があるが、德を正すとは、この秩序ある協同生活を必要とする人間の本性を明かにすることで、用を利し生を厚くすとは生活を營むに必要な物的資源並びに人的資源を開發育成して民生の慶福を增進するために役立てることである。

新しき經濟道德

これは道德の一般的原則であるが、生活樣式の變遷や國民理想の發展によつてつねに新しき道德の問題が提出されてくるのである。生活の樣式を變へた最も强い力は自然科學の發達による技術の進步と人口の增加と、それに伴ふ戰爭であつた。今これらの問題について歷史的考察を試みる餘裕を持たぬから、現在われらが當面してゐる道德の問題について述べるに止めたいと思ふ。滿洲事變や日支事變は何故に勃發したか。世界大戰は何故に勃發せざるを得なかつたか。東亞共榮圈の確立は何故に必要であるか。世界新秩序の建設は何故に必要であるか。これが新しき生活道德を考へねばならなくなつた主要な理由である。

生活を規定する重要な條件は生活に必要な物資を得るといふことであり、その方法として生產と配給と消費との關係が正しく秩序づけられねばならぬことである。それに經濟組織の新體制といふことも考へられ、それに應じて新しき經濟道德といふことも考へられてくるのである。第一に生產について考へて見ると、生活必需品が日本の國土において自給できるだけに生產されるならば、それを公平に配給する道を考へればよいのであるが、それが自給できないとなれば、その供給方法としては外國貿易によるか、海外移民によらねばならぬ。ここにいはゆる「持てる國」と「持たざる國」との對立が生じてくる。豐葦原瑞穗國も今では決して持てる國ではなくなつた。米でも、農民が雜穀を食つて我慢してゐれば、自給もできるが、農民も同じ日本國民として米を喰つて生活すべきものとすれば、米の自給は不可能になつてくる。現在、米が不足してゐるのも、農民が米を賣らないで常食にするやうになつたからである。もし日本人が米を常食にしなければ生活できないとすれば、米の自給法を考へねばならぬ。限られた國土において増加する人口の食糧問題を解決するには生産技術の改良と外國貿易の確保と海外移民の奬勵に俟たねばならぬが、外國貿易は自由主義經濟によつて行はれてゐる限り、それを永久に確保することは困難であり、海外移民は國家の自由には行はれない。ここに持たざる國の要求として新しき國民生活圏を確保することが必要となるのであつて、日本が滿洲國を獨立せしめ、抗日支那を打倒して東亞共榮圏の確立に邁進してゐるのもそのためである。しかし、それが國家間の問題である限り、最初から協和の精神を以て目的を達することは困難であるから、この新秩序建設のためには戰爭を覺悟せねばならぬ。ここに國民生活の戰時體制が整備され國防國家體制の確立が必要となつてくるのである。しかし、この新體制の確立には舊體制による生活習慣が可なり強い因襲力を以て固執してくるから、これを轉換して新しき生活態度に建直して行くことが必要である。そしてこれは法律を以て強制しなければならぬほど強い固執性を持つてゐるが、それがわれら日本人の生活である限り、國民が日本人としての道徳的自覺によつて自からの生活を反省し生活態度を改めて行かねばならぬのである。ここに新しき生活道徳は國民教育の基礎をなすものとして國民を啓蒙して行く強い政治力を發揮しなければならなくなるのであるしかし、それが法律ではなく道徳である限り、その政治力は單なる權力ではなく、權威として國民がそれに心服するものでなくてはならぬのである。

國民皆勞

生産に關する道徳としては、これまで生産は生活の手段であり、生産のための職業は生計を得るための手段と考へられてゐたから、生計を豐かにするためにはできるだけ收入の多い職業が選ばれたのである。しかし、これからの職業は自己の生計を豐かにするためのものではなく、國家の必要とする生産に從事することで、そのためにはその仕事に適した能力によつて國民の職域が定められねばならぬのである。職域奉公とはその意味であつて、そこには「使ふもの」と「使はれるもの」との對立はなく總てが「仕へるもの」となるのである。國家奉仕は目的とする國民皆勞といふことがそれを意味するのであつて、仕へ奉るといふ精神には自己の生活を豊かにするための競爭や勉勵は認められないのであつて、その精神はたゞ國家目的を達成するための生産擴充と、それに必要な技能と體力とを錬磨することによつて自己の職責を全うすることでなくてはならぬのである。しかし、そのためには國家は國民の生活を安定し、國民に最低の生活を保證することによつて最高の名譽を得せしめることを考へねばならぬのである。協心戮力といふことも、かくして得られる生活態度であつて、これによつて始めて統制經濟も行はれるのである。そして、これは單に生産に關する道德のみではなく、配給に關しても同樣であつて、物資の配給を公正にすることとは國民全體の生活を安定にすることで、國民が自利にのみ專念してゐては國家全體が危機に陷り結局は自己の生活まで破滅するに至るのである。ここに全體主義の立場が認められるのであるが、新しき生活道德とは生活に對する個人の國民的自覺に外ならぬのである。公定價格を決定したり、切符制を實行したりするのは、國民にこの自覺を促すためで、配給に關する新しき道德さへ守られたならば、かやうな煩はしい制度などは不必要になるのである。それに戰爭は多くの人命と物資とを喪失する。これを補ふものは勞働力の徵用 生産の合理化、物資の代用、消費の合理化などであるが、特に國民の消費生活に新しき道德が認められねばならぬ。これまでは生産の目的は消費であると考へられてゐたが、これからはむしろ逆に消費の目的は生産にあると考へなければならぬ。家庭での消費生活は明日の生産活動へのエネルギー蓄積でなくてはならぬ。

消費生活の科學化

エネルギー經濟の立場から見れば國民の消費生活こそ最も重要な意義を有するのであつて、第一には物資の不足を調節して生産を補充し、第二には身心の疲勞を恢復して勞働力を確保する役目を果してゐるのである。生活文化とか勤勞文化とかいはれることはこの消費生活に關する新しき道德によつて確立されるのであつて、衣食住に關する風習の如きも新しき生活道德から見直されて來なければならぬのである。特に衣服についてその例をとつて見れば、物資の不足を調節して生産力を補充するといふ見地からは物資の自給自足を原則として新しき被服資料とその能率的使用法とを發見することが必要であり、それによつて國家の國防計畫は鞏固なものとなり、國民の生活企畫は合理化されてくるのである。

更に身心の疲勞を恢復して勞働力を確保するといふ見地からは、衣服は保健衛生の立場のみならず趣味敎養の立場からも、その様式を改良して行くことが必要であり、それによつて國民の文化は高められ生活は樂しまれるのである國民服の制定の如きはこれらの目的を果すものでなければならぬのであり、それによつて新しき生活文化を發展せしめ、新しき生活道德を確立するのである。これは食物についても、住宅についても同じことがいへるのであつて、一般に新しき生活道德は生活企畫の統制原理或は指導原理として發見されるものであるが、それが國民生活を企畫し指導して行く力を持つためには、その原理は生活の現實から離れることはできないのである。そして道德が生活の現實から離れ得ない限り、道德は生活の現實を問題とし、それを解決する方法としての科學を無視することはできないのである。殊に生活道德の問題は生活科學の方法なしには解決されないのであつて、服飾の道德は服飾を科學することなしには問題となり得ないのである。何となれば服飾は生活するものを離れては問題にならず、生活科學が單に生活の科學として自然科學的方法によつて研究されるものではなく、生活するものを科學するもの丶主體として認める限り、服飾は單なる物質の複合として研究の對象となるのではなく人間の文化として、生産され配給され消費される生活の問題であり、これを解決しようとする生活主體において道德的自覺が認められるのであるから、服飾といふ對象の中に織込まれてゐる道德の問題は服飾問題を研究する生活科學の方法なしには解決されないのである。一般に道德が生活を離れては考へられず、生活問題の解決が道德の問題であり、同時にそれを解決する方法が生活科學の方法に示される限り、科學的方法なしに道德問題が解決されると考へるのは謬見である。

（筆者は法政大學文學部敎授）

（附　記）

この問題についての雜誌「敎育」十月號所載の拙稿「生活科學と生活敎育」を參照されたい。

ドイツの被服資材

増田抱村

獨逸被服資材の生産的地位

戰時經濟時代の下にありては、國民生活に關するものとして被服問題は極めて重要なる考察の對象となる。それは被服問題は國民生活の一部を構成し、國民の需要に應じ得るか何うかといふ點に於て、被服資材に對し國の統制を强化する要あるからである。この觀點に於て先づ考慮を拂はねばならぬのは、被服資材の生産量に關するものであるが、この點より云へば、人造絹絲の如き一九三七年、即ち昭和十二年の比較に於て生産量は我國は、世界第一位にあり、米國第二、獨逸第三位、英吉利第四位、伊太利第五位佛蘭西第六位の順列になつてゐる。昭和十二年に於ける人絹生産量は、日本內地一五二、〇九〇瓩、米國一四一、六三〇（同上以下略す）、獨逸六五、〇〇〇、英吉利五四、二九四、伊太利四八、三三一、佛蘭西三三、〇〇〇瓩であつて、日本は人造絹絲の生産量に於て世界の首位を占めてゐるほど優勢なる地位にあるのである。一九三八年、即ち昭和十三年にありては、我國は事變の影響に依つてその生産力を幾分低下したのであるが、それにしても此の年に於ける世界列强の生産量に比し、米國を首位とすれば日本は第二位にあるのである。即ち一九三八年にありては、米國一一六、九九〇瓩、日本內地九〇、六六四、獨逸六五、〇〇〇、英吉利四八、二八五、伊太利四五、三九四、佛蘭西二八、〇〇〇瓩の生産順位であるから、被服資材を人造絹絲に就き觀するとき、日本は獨逸より遙に優位な地位にあるわけである。之に關する數字上の地位に就き、關係國の生産量を次に示せば

人造絹絲生産量

	一九三八年	一九三七年
日本内地	九〇、六六四瓲	一五二、〇九〇瓲
米國	一一六、九九〇	一四一、六三〇
獨逸	六五、〇〇〇	六五、〇〇〇
英國	四八、二八五	五四、二九四
伊太利	四五、九九六	四八、三三一
佛蘭西	二八、〇〇〇	三三、〇〇〇

人造絹絲に就いては、日本は技術的に卓越し、その生産能力も曾つては世界の首位を占めた位であるが、棉布資材に代用せらるゝステーブル・ファイバーに就いては、獨逸が世界第一位であり、我が日本は之に次ぎ世界第二の地位にあるのである。即ち一九三七年に於ける關係國の生産量よりその順位を觀すれば獨逸九五、〇〇〇瓲、日本内地七九、〇三七、伊太利七〇、九二二、英吉利一五、九二八、米國九、一一七、佛蘭西五、五〇〇瓲の以第である。翌一九三八年にありては、各國とも之が生産力の飛躍的發展を見るに至り、その生産量も增進したのであるが、たゞ英吉利と佛蘭西のみ前年よりも低減した。この年に於ける各國のスフの生産高は、獨逸一五五、〇〇〇瓲、日本内地一四八、四二二、伊太利七五、六二八、英吉利一四、三九五、米國一三、五三二、佛蘭西五、〇〇〇瓲の順位であつて、獨逸は世界スフ生産高の最高峰を占めてゐるのである。之が統計表を次に示せば

	一九三八年	一九三七年
獨逸	一五五、〇〇〇瓲	九五、〇〇〇瓲
日本内地	一四八、四二二	七九、〇三七
伊太利	七五、六二八	七〇、九二二
英吉利	一四、三九五	一五、九二八
米國	一三、五三二	九、一一七
佛蘭西	五、〇〇〇	五、五〇〇

獨逸は、かくの如くステーブル・ファイバーの生産力に於て世界に冠たるものがあり、また之が生産技術に於て、今より約二十年以前に既に實際の生産に着手してゐたのである。

被服資材の配給系統

纖維工業に於ける獨逸の生産力は、世界の他の諸國を超越して最高峰を示し、從つてその國内生産量を以て被服需要量の大部分を賄つてゐるのである。殊に纖維工業の技術

の飛躍的發展が石灰や石炭より人造羊毛絹絲の生産を可能ならしめてから、被服資材では獨逸は供給量に不足を感ずることなきに至つた。

それにも拘らず獨逸は、被服資材の配給に關して統制を強化してゐるのは一見無駄のやうに思はれるけれども、これは軍需に充分應ずるためと、消費の昂進を把制せんがためまた國內一般消費者に對する被服資材や衣類の配給を消費に對する適應に於て均分化せんがためである。この目的のために強化した政策の施行を觀ずると、そこに衣類及服被資材切符配給制が戰時下に實施せられてゐるのである。一體この切符制配給には消費に對すると、同樣に生產に對しても統制が必要であつて、生產は資本主義國に於けるやうに營利を目的とする任意的生產でなく、國家の行ふ配給に適合せんがための計畫生產が必要となるものである。それであるから獨逸では、この計畫生產の下に原料が整備せられ、從つて被服資材の生產がその分量に於て配給を司る行政機關に取り明瞭に全體量が知悉せられてゐるのである。卽ち生產量が全國的に主務行政廳に於て分明してゐるので消費者全體に對する供給量を把へ、軍需に對する支出量の殘高を以て國內一般消費者の全體需要量に流用するのである。そこに國內の消費的需要量が判明してゐるわけであるから、殘存被服資材の一定量を何れたの期間に何れただけの數量を配分すればよいか、之を行ふためには一人當り乃至一世帶當り何れだけの數量を割當てればよいかが明になつて來る。これが基礎になつて獨逸では切符制に依る配給が行はれてゐるのであるから、よい成績を擧げてゐるのである。

切符制配給は、基本的のものとして生產が確保せられてゐるのでなければ、うまく行かない。獨逸では、それが計畫生產に依つて必要なだけの生產量が生產機關から配給機關に引渡されてゐる。そして配給機關が政府の統制の下に組織的に系統がついてゐて、切符と引換へに最終配給者に配分せられてゐる。そこで生產と配給との關係を獨逸に於ける制度に就いて、次に圖解して示すことにする。

纖維工業の生產機關卽ち工場經營者、人絹ステープルファイバー、人造羊毛の生產に關係を持つ業者等は、政府の統制下に生產者團體として纖維工業職分團を組織し、それが地方的に配置されてゐるのであるが、之が全國職分團に依つて統制されてゐる。玆では之を一團として示してゐるものであるが、生產品は被服資材として生地が全國被服※

獨逸被服資材配給關係圖

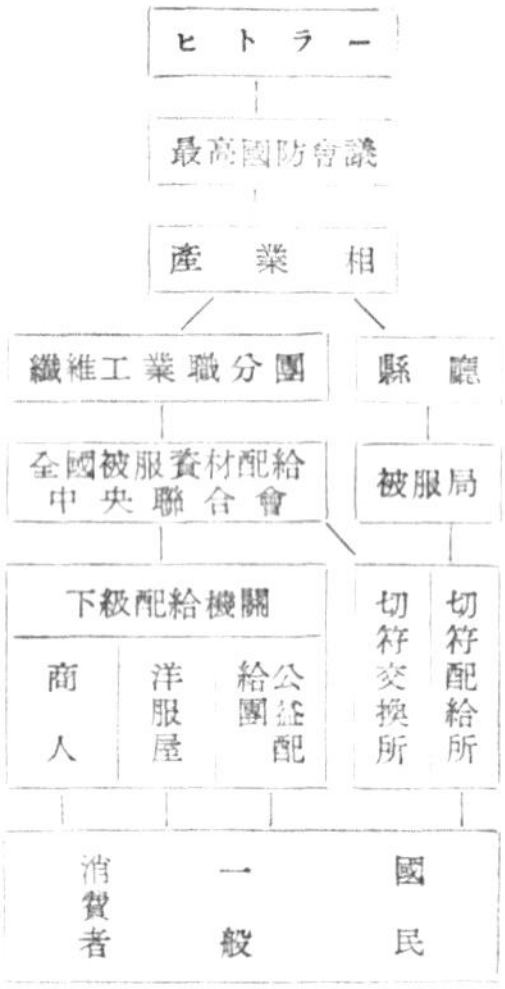

※資材配給中央聯合會に引渡される。この中央會が需要量に應じて、下級配給機關に配給する。下級配給機關は生地を直接販賣する所の商人や、生地を加工して被服として販賣する洋服屋、これは婦人服業や男子の洋服屋や、また消費組合等を包む公益團體を凡て包括する下級配給機關が切符と引換に消費者に對して被服や被服資材を配給することになつてゐる。この關係は次に說明する。その前にこれら生產より消費に至る一貫せる配給系統は、國の產業相の統制下に置かれてゐる。そして消費者關係に對してはこの產業相の命令の下に地方行政官廳、卽ち縣廳があつてこの下に被服の配給、それは消費者に對してその所要に應じて公平に被服資材の配給を監督指揮する行政官廳がある。これは被服局であつて、切符配給所並に切符交換所を監督して、消費者の爲に切符の交附を命ずる。被服局では、消費者側の總需要量を決定し、之に對する被服資材の生產量を明に知つてゐるのであるから、需要と供給との關係が机上プランの下に解明せられ、また需給の關係に就いて命令しその配給の圓滑化を圖つてゐるのである。而して被服資材の生產と配給の關係は、國の最高機關たる國防會議の方針の下に置かれてゐるので、民需は軍需を先にしその殘高に就いて國民の消費者に配給されてゐるといふ狀態である。軍需は民需に先行してゐるけれども、民需は實際の要求量に對して不足を感ぜしむることなく、消費者は贅澤をするのでなければ、被服に就いて何等苦痛を感ずるやうなことがない。

被服及資材の配給方法

被服並にその資材が消費者に對して配給を行ふことに就き、原則として切符制を强化するに至つたのは、一九四〇年二月からのことであるが、これは戰時狀態に入つてから軍需資材の消耗が兵員の增大に伴つてそれに比例するやうになり、被服資材の生産と配給は、軍國獨逸として之を統制下に於て行ふ必要に迫られたからである。卽ち統制經濟の一方面として被服の生産と配給は、計畫行政の下におかれてある。從つて被服行政局は、最高國防會議の方針として産業相の指揮の下に、被服資材の現存高と生産量と輸入量との調査に依つて、軍の需要を充足せしむることを第一眼目とし、軍需資材として總現在量より軍需品が供給された殘高に就き、之を民需に均分に配給してゐる。之にためには生産者の生産能力に依る生産量とその在庫品量、及び中間配給者の在庫品や下級配給機關の手持量に就き强制調査を行つたものである。これが切符制配給斷行以前の政府の準備行爲であつたのである。これで、供給側の數量が全國的に政府として分明したわけである。

消費者側も、人口調査の結果より一世帶當り家族數に應じ、また獨身者に對しても、從つて年齡別にも、所要需要量を決定したのである。それに依れば、被服の所要量は普通一人當り一〇〇點とし、一點を重量に於て一定瓦量として配給を認めた。一人が一ヶ年一〇〇點の被服若くは資材が與へられた切符との引換に於て、如何なる公認商人や組合からでも購入出來るのである。需要品目に就いては消費者に對し任意選擇を認めてある。またこの點數を限度として、如何なる被服若くは資材に就いても、消費者の欲するものが自由に手に入れることが出來るし、配給品に不足を感ぜしむることがない。それは生産の限度に於て配給を認めてゐるからである。消費者として、自己の欲するものは任意に切符を持參して行けば、普通の店や販賣所に付き求め得られるのであるが、如何なる物と云つても被服――これは既製服や生地や靴下や下着や靴も包括されてゐるのであるが、生産の規格が根本に於て規制され決定されてゐるので、贅澤や高級品の製造が禁止されてゐるのであるから配給されてゐる所の品質や規格が公認せられたものであるから、之に付き任意に手に入れることが出來るのである。被服資材たる生地の種類は、品質や色彩や模樣から云つてその生産品の種類が現行配給品種として約二百五十種のものが認められてゐるから、上流階級の贅澤者でない限り、これだけの多種類の織物生地が配給されてゐるから不自由を感ずることがない。

消費者の種類を成年男、女　中供の男、女、兒童（國民學校）及び幼年者の六種に別つて、之に切符を配布してゐる。一人當り一〇〇點の切符は、消費者として現金引換に依るものであるが、併し金額支拂に依るものでなく、購入の爲の行使切符の分だけ切符決算所で現金を支拂ふことになつてゐる。從つて消費者が商店で切符と引換に現品を引取るのである。商店及びその他の下級配給機關は、消費者から受取つた切符をまとめて切符決算所に付き、之と引換に現金を受取るのである。下級配給機關は、その決算書これは勘定帳であるが、之に明記せられた切符數だけ之と引換に生産者若くは中間配給機關から現品を廻して貰ふことになつてゐる。中間配給者若くは生産者が引渡した製品に對する價格貨幣は、切符決算所の方から支拂を受けることになつてゐるのである。その間の切符の勘定に關しては、小切手の使用が行はれてゐる。消費者として、切符の使用に依らず被服の交附を受けることの出來る場合もある。これは廢品の使用であつて、例へば古外套を新品と交換することも認められてゐるのである、斯くの如く獨逸では、生産の計劃化と配給の統制と、而してまた消費の制限が徹底的に行はれてゐるのである。

× × ×

農村服裝を語る

今和次郎

國民の服裝といふと、農村における服裝はその一半を占めていゝわけである。農村の人々は默々としてゐて都會の人達のやうにやかましくないから、表面に目立つてゐないが、國民の半分が農村人だとすると正にさうなるわけである。

農村だつて、服裝の限りにおいては、敢て都市と變りがない。變つてゐるのは作業服位なもので、農村の人々も都市に出て、町に出て呉服物を買つて、都市の人々に見習つて服裝を作り上げてゐるのだから、と一應は考へられるか知れない。

しかし農村服裝の研究といふ觀點からは、さうきめ込んで投げてしまふわけには行かない。農村には都市とちがつた生活がある。衣服は生活と密着してゐるものだとすると、農村生活といふものと服裝とがどう結びついてゐるか、たとへ形その他が都市の人々のものと同一に見えるとしても、服裝と心理との點で、服裝と生活との點で、相當異つたところがある、と云ふきつかけから敵前上陸して考究に指を染めてもいゝわけになる。

作業服丈はどうにかしなければ、と云ふ輿論から、既に產業組合に於ても、亦帝國農會に於ても、研究調査した結果が擧げられて、夫々實現されてゐる事は有難い。實際農村の生活は、服裝をどうにか改革しなければならないのだからである。しかし今指摘したやうに、作業服は農村服裝のうちの一部であつて、農村服裝の全般は尙問題となるべき點が多々あるのである。

これ迄、農村の事といへば、餘りに生産部面の事ばかり注目されて來た。その餘勢から先づ作業時の服に手が染められたわけであるが、農村生活の厚生、新らしき農村生活といふ觀點から、綜合的に農村服裝について考究されなければならないのである。

堆肥場や作業場ばかりの改良では農村住宅の改良にはならないと同樣である。臺所も居間も寢室も、さつぱりと具合よくなるのでなければ、農村生活が本當に若々しくならないやうに、平常着や他所行着の仕末等が全部とゝのはなければ農村生活があかるくはならないのである。

まづ調査から

以上のやうな主旨から、卽ち農村服裝の規正化といふ事を目指しての立場から、一度やつて見たいと思ふのは、農村服裝調査である。どうもこれ迄行はれてゐる調査研究は、新らしき農村服裝計劃の爲にといふはつきりした目途を持つてなされてゐるのではなしに、部分的な改良の參考にするとでも言へる態度に歸着するかの如きうらみがある。

それでこゝに、どういふ風な調査をやつてみたいか、といふ空想から書きはじめる事としよう。

主眼は現實の農村服裝生活を如實に知る事にあるのだから、調査舞臺を現實の農村の中に求めなければならない。そして調査の對象とする農村を先づ選ばなければならない。どういふ目あてで選ぶかと云へば、標準的な營みを持つてゐると見當つけられる村なり部落なりである。そして選んだ村に於ける服裝の現實をそつくりしらべ上げるのである。

もちろん勞力の關係から、更に選んだ村の中における標準的な農家といつても無理だが經營、家庭事情等を斟酌して、大中小の程度を夫々代表してくれると思はれる農家を各々數戸づゝ選定して、それらの各戸における服裝の現實を洗ひざらひ調べ上げるのである。

農村と言つても各種の性格のものがあるから、田場所で畠場所で、山場所で、養蠶場で、或は漁村で、と言ふ風に、また最近では機械化の進んでゐる村でといふ風に擴げて、更にそれらの夫々を地方的な分布まで擴げて、こつこつと進行させたい。

から言ふ調査の積み上げが出來たならばと空想させられ

るのである。そこでは自ら生活の現實ときりはなすことなしに、服裝と云ふものが考へられ、それらの現實をどうしたらばと云ふ考へを生む確實な根柢となる資料が出來ると思ふのである。

わたくしは、服裝に關しては斷片的に注意してゐるに過ぎないからはつきり云へる立場ではないのであるが、家屋調査の經驗からはさう感ずるのである。

足でつくる統計

では農民達が持つてゐる衣類をどう云ふ方法で洗ひ浚ひ調べ上げたらよいだらうか。若しもそれに本腰を入れてやるとすれば實に大變な仕事である。かつて一人の女性が、自家の衣類全部をしらべるのに半年かゝつてもまだ殘りましたと、調査結果を持つて來たときに報告してゐたのを思ひ出すが、どんな家庭内でも、服裝物件にからまるやゝこしい擴りの量は實に大きいのに、それに服飾物件を介して文學的領野にまで浸み入らうとしたのだから尙たまらない。

この場合には、それほどまでにしなくてもよい。今或る家の中に入つたとすると、先づ靜態調査として、一家に納められてゐる衣類全部の記錄表を作る。それはあるひは家族員制に分類記入をやつた方がいゝかも知れない。老人・主人・主婦・子供の甲乙丙……と云ふ風に所有或は所屬關係で分類して記入する。そしてそれは、夫々在りかの室別に進行させた方が混亂を來たさない。一室から次室へ、簞笥の中から行李、そして釘にかゝつてゐるのまで全部である。土間へも、軒下へも搜しに行かなくてはならない。そしてこゝで簡單な種類別、式服、他所着、平常着、輕勞働着、重勞働着、また下着、羽織その他の補助着、外套、雨具等の記入や、材料、色、柄などの記入等、各員每の分類の下になされて進行するであらう。もちろん、現在各員が持つてゐるものについても裸かにしてしらべて、その中に含めなければならない。そして特殊な種類に就いては實測圖を作ると云ふ風にである。

かくして各員別の所有服裝物件の靜態的調査が出來上る。それから動態調査にかかるのであるが、既に調べてあるそれらの一點一點についての故事來歷について、それらが使用される場合について、また使用時の具合のいゝ點惡い點などに就いて、修理や洗濯の回數について、等々の聞き書きをとるのである。場合に依つては着て見て貰つたり仕事をして見て貰つたりしなければならない事もあらう。かうしてそれらの部厚な帳面が出來れば、その家を引き上げてもいゝ。

それから机の上で其等の各種の集計を作る。それで比較考査の爲の用意が出來たのである。勿論、健康な調査者ならば調査の際の感想、家の人々の言葉等をその後の頁に添へて置いてもらへば一層完璧である。

どうしてそんな無茶なしらべ事が出來やうかと反問されるか知れないが、私がやつてゐる家屋の調査、家具什器のしらべの經驗から推して、それは必ずしも不可能ではないと思ひたいのである。たゞ如何にも調査される家の人々には迷惑な事にちがひないが、そこが調査者の巧拙の問題である。醫學のためには人間の屍體解剖までやつて、その病因をたしかめるのだから、空な議論よりも、かうしてたしかめた方が早くて確實である。

かくしてはじめて農村服装についての正しい知識が得られるのである。

諸學問との關聯の下に

更に突き込んで、農村服装についての研究考査をするのには、色々な學問的基礎が要る。材料學、衛生學等の衣服研究の上の一般的な學問に就いては割愛する事にして、特に農村の場合重要だと考へられるものについてざつと書いて見よう。

農村服装を形成させてゐると見られる素因については

一、外的素因と見られる｛傳承／自然（氣候）｝

二、内的素因と見られる｛作業／慰樂｝

に分析して見る事が出來る。以下これらの各項について略記してみよう。

農村服装に含まれる傳承關係さへ調べ上げれば、農村の服装についての學問が終りであるとしばしば考へられたりする。實際農村に於ては、傳承を調べる事こそ重要ではあらう。都市と農村とを比べると、農村にはそれが充ち滿ちてゐるからである。

傳承を訪ねるには、われわれは交通不便な山村へ行く、不便な土地ほど古い傳承がいためられずに存してゐるからである。そこでは古い傳承が殆んど純粋の姿で見られる場合があるので、研究者としての悦びがあるからである。しかし平野地の村でも、例へば家屋においては、桃山期頃からの傳承と見られる作り方が一般であるやうに、衣服においても昔の繪卷物に見られるやうなのを偶々見る事が出來、江戸期の庶民の服裝からと見られる斷片をも拾ふ事が出來る。

實際或る地方に見る服裝の特異性、その面白さを解釋するのには、傳承研究の助けなしには出來ない。恰も、大都市に於ける場末の風俗の中に、數年以前の流行が殘るのが通性であるやうに、地方農村の風俗には、もう少し尺度が大きく、場合によつては數代前の、或は數十代前の風俗の殘存が見られたりするのである。

傳承の生きた研究

しかし傳承方面の研究は、これまでは專ら傳承方面そのものに限られてゐる感があるのは物足りない。勿論專門化するためにはさうあらねばならぬだらうが、しかしそれを現實問題として適用するのには、個々の現象の來歷因緣を搜すのみでなく、もつとそれが現實に作用してゐるところ迄注意したいのである。つまり一般の現實部面において傳承が生きてゐる量的關係をも知りたい。家屋で云へばある部落の眺めの中に茅葺と、藁葺と、柾葺と、瓦葺とそしてトタン葺の屋根が夫々どういふ比率で見られるか、といふ現在の動き、その中に傳承がどれだけの力で生きてゐるかを見逃がさないやうにしたいと思ふのである。股引とメリヤスのズボン下とが、一つの場面に於いて混合して着けられてゐるのがみられるのであるが、たゞ股引の方が古いと指摘したのでは意味がない。どう云ふ風にしてその土地に股引が行はれるに至つたかは傳承として當然注意されるだらうけれど、傳承されたものが現在いかにして衰亡せんとしてゐるかには興味を持たないうらみが研究者の間にある。

この村ではあの老人と誰某とが死ねばもう昔の事はわからなくなると云ふ場合に、專ら生き殘りの老人を搜して、古きを訪ねる事に重點が置かれるので、實際動きつゝある現實には淺くしか觸れられない。

かゝる理由から、傳承方面の研究は、今日の衣類計畫と云ふ見地から、勿論參考としては必要であるけれども、の立場は自ら限定づけられなければそこからのみ來る結論では狂ひが生じるのである。

農村と氣候

次に傳承關係と對になる、自然環境から影響される部面について概略を考へてみよう。

農業と氣候を離れては考へられないと同様、夫々の農村は、夫々特定づけられた氣候の中に營まれてゐるので、農村衣服を考へる場合も氣候關係をはなれて考へる事が出來ない。北方の農村はこれ〳〵であり、南方の農村はかくかくであるといふ研究が重要性を持つ。傳承は農村生活における歴史性であり、氣候は農村生活に於ける自然性である。都市の服装に於いては、歴史性も自然性も極めて稀薄であるのに對して、農村においては古き習慣とみらるゝ傳承は無論の事、自然に對して、より從順に營まれてゐるから、それの感化も自らその生活部面、服装部面に加算されて來るのである。

北方の筒袖は、南方では平袖になり、北方の股引は足頸までであるのに對し、南方のは膝までの半股引である。笠の大きさや形狀、蓑の形や材料と、或る程度その土地で得られる材料と、その土地の雨の降り方に關係してゐる。特に雪國の外套や履物類は全く都市人の想像以外のものであらう。そして現在各地に見らるゝこれらの現象は、それは決して昔日都市から傳播したものではなく、その土地に於て工夫され獨自に發達したもので、祖先がその土地で作つたものを傳承してゐるといへば云ふことが出來るであらう。

民藝への關心

所謂民藝と呼ばれるもの、或は一般に農村に現在傳承されてゐるものの中には、これらの二つの流れが含まれてゐるのであるが、これらのものをはつきり分析して認識するのでなければ、としみ〴〵思ひたい。そしてその土地で自然的に成長したものを見るのには、自然科學的な或は工學的な見方が要求されるのであつて、こゝに農村服装研究の一つの立場も認めていゝわけなのである。

だから農村における衣服を解釋するに當つて、歴史的傳承ばかりを專らとした場合、即ちどつちからそれが傳播されて來たかといふ事ばかり注意すると、とんでもない誤りに墮する事が屢々であると見なければならない。例へば同じものが、甲地にも乙地にもある場合、それは同一な文化的源から傳播したものだとの前提からのみ考へる事は幼稚な考へ方である。

同様に又、自然的條件から自發的に生れるとばかりする考へ方にも危險が伴ふ。わたくしの專門としてゐる家屋研究の領野の例でいへば、例へば、土地々々の雨量と屋根勾配との關係ばかりから總べての土地の家屋の屋根を判斷せんとしたり、またそれを反對に屋根の千木の分布の現實を總べて文化的傳播の絕對的な現はれだとの觀念から研究をしてゐる研究者達があるが、餘りにそれらは單純すぎて困る。それらの研究者に對しては、常に多少共文化的要素と自然的要素との複合から生れて來てゐるやうに運命づけられてゐる。生活用物件、即ち服裝や建築の研究者としての素質があるかどうか疑はなければならないのである。つひ學問そのものの議論になつてしまつたが、先きを急いで次の問題にうつる事とする。

野良着の改良

こんどは、農民の生活內容から服裝に現はれる方面の分析の事項にうつることゝしよう。即ち農民の生活には、萬人の生活のやうに、勤勞的方面と慰樂的方面とが考へられるわけである。

さて勤勞作業方面において、農民は如何なる服裝をしてゐるか、またしたらいゝかといふ事がこゝでは主題となる。そして農民は働く人々であると云ふ觀念からは、農作業服こそ農村服裝の重要なものであるといふ事になる。

衣服は活動的で能率が上るやうなものでなければ、とは一般に云はれてゐるが、それをもう少し具體的にいふと、衣服はそれを着て、ある勞働をする場合に最も適應したものでなければと云ふ事になる。交通勞務者、工場の工員にはそれ〴〵それらの作業の性質に應じた作業服が考へられると同樣に、農村の作業服は勞働の性質に依つて自らそれらの性質が生れる。即ち土に働く作業から來る必然さがなければといふ事がその性格になる。

そして、水田作業、畠の作業、山の作業、または養蠶作業等々の夫々の作業の性質に應じた作業服が考へられるわけである。

實際また、在來から或る程度、作業別による差別が農村の現實にみられる。しかしそのことがまだ十分によく認識されてゐないから、農民の生活をよくする爲にも、作業能率をあげて貰ふためにも、もつと整理され徹底されなければと思はれる。

今日だらしなく、畑に長着物で仕事したりしてゐる地方もあるが、野良着或は働き着としては、在來から二部制が行はれてゐる。上體衣は腰か膝までで、袖は筒袖か平袖或はネヂリ袖で、裾には馬乘りを切る場合もある。そして多くの場合衽のない袢天仕立である。下體衣は股引型か袴式の仕立で、そして大抵上下揃ひで一反で作られて、場合によつては殘り布が前掛けとされる。

そして多くの場合それらは單衣であるが給の場合もある東北地方から北陸地方へかけては布を幾枚も重ねて刺して部厚に作つたものもある。かゝる刺子の中には、その刺し目を整へて美しい模樣に仕上げてゐるものもあるが、青森のコギンなどはその見事な例なのである。上體衣には、表着から移つて來たものと、下着から移つて來たものとがあるが、下體衣も同樣である。即ちモンペと股引のそれぞれの因緣中モンペは袴から、股引は下着からである。

補助衣の問題

袴式のものは前後二枚、別々に紐がついて腰に結へて整へるやうになつてゐる。昔武士が旅に出るときや狩に出るとき、平常の袴では不便だから、その裾の部分をしばるか別に作りかへるかした。即ちタッツケ、カルサンの類である。そしてその細める手法が色々出來たのでその種類も多い。信州のカルサンは下にカフス形がついてゐる。一般にタッツケと呼ばれるものは、極めて下を細くして脚袢の形にまで整えてゐる、山形邊で代表されると思へるモンペは一層形式をはなれて、單純化し、實用的にしたものだと思はれる。

これに反して、股引は、庶民階級に用ひられ出した下着、或は長脚袢の意味のものを一本の紐でつないだ生誕過程をふんだものと考へたい。今日の婦人の二本の長靴下、あれを一本の紐付きにしたものが即ち昔の股引である。もと〳〵それは下着として出發したのだから、お尻の體裁は整えられてゐない。また下着だからそれをぬがずに兩便が出來るやうにもなつてゐる。今日でも股引をつける農民は、常にその上に袢天を着るのであるが、モンペの場合はそれと反對に、袢天なり長着なりの上につけられるのである。

昔、武士が野に下り、袴を簡便化してモンペとしたし、またもともとから農民は、庶民風の股引を野良において着た事と思はれるが、その有樣が、主體的な傳播と傳承の關係を受けて、今日の農民の下體衣を現出してゐると考へられやう。つい股引では頰かむりしないと人前に出られぬといふ風情なのも面白い。

尙補助衣の問題は多々ある。草ずれや虫防ぎのための手甲や脚袢或ははばき、運搬具との關係から、肩の補布、それが雨具と合着して出來た嚢の形態構成等々。

嫁入にみる封建性

最後に、勤勞あるところにそれに應じた慰樂がなければといふ見地から、農村服裝を見なければならない。在來の働き着の襟や紐に農村婦人達は、彼女達の樂しみの表現を見出してゐるのを見ることができる。また無地か、縞か、絣かの選擇、またははぎ合せで、それを示してゐたりする見事なものもある。秋田の袖の飾り絣などは最も著しい地方色化された現はれであらう。

それらとは別に、惧るべき衣服の貯藏といふ事を農村服裝の場合には特に取り上げなければならない。卽ち彼女の嫁入仕度についてである。一生の間買はなくてもいゝ位な衣類を持たせて娘を嫁入させるといふ事は、それは餘裕ある身分ならば親にとつても娘にとつても樂しい事に相違ないが、その爲に一代かゝつても埋め合せのつかない借金を脊負込むのも一般にみられるのである。かゝる衣類を通しての非知性的な要素、習慣的なる周圍との振り合ひ等に心を使つて喜ぶ(?)事は考へ直さなければならぬ最も大きい箇條であらう。

今日の農村生活は新しく建て直さなければならないが、その中に含まれる服裝の設計をどうしたらばいゝかは時局下の重大な問題であらう。

（筆者は早稻田大學教授）

國防

鐵は骨、銅は肉

政府は九月一日、金屬類回收令を公布實施した。同令にもとづき、鐵および銅製品の特別回收を行ふことになつた

これは單に工場や事業場、商店や店舗ばかりではない。一般家庭にも廣く及んで、之が回收の實を擧げんとするものである。

金屬類回收令は、國家總動員法に基く勅令である。

この勅令に基いて回收する物件は、

鐵については看板、傘立、喫煙用器具、石炭用バケツ、泥拭器、門扉、門柱、塀、格子、柵等の三十一種。

銅については置物、手摺、欄干、水桶、郵便受口、喫煙用器具、洗面器等三十種。

これらの物件を本勅令に基いて必ず出さねばならぬ施設は、十人以上の職工を使用する工場、銀行、會社、商店、劇場、旅館、料理屋、飲食店等十九種の經營である。

これらの場所にある鐵や銅の製品であつて指定されたものは、强制徵收であるから、許可なくして讓渡や移轉が出來ない。陰で賣買することも同樣であるから、この點、注意を要する。

一般家庭の回收は强制による徵收ではないが、不急不用の品物は勿論生活必需品であつても、代用できるものはそれにゆづり、御國のために献納して貰ひ度い。

國防上、鐵は骨、銅は肉である。

家庭の鐵器は大戰艦へ

紡績工場の紡錘は代用品で間に合ふが、全國のこれらの紡錘だけで、大戰艦が二隻も出來るのだ。まして全國各家庭の鐵器を集めたら、それが幾隻出來ることやら。

各家庭で、自發的に出し得るものは

銅の軒樋、呼樋、竪樋、銅の葺板、鐵銅の格子、標札、鐵の物干、銅の郵便受口、鐵銅の傘立、帽子掛スタンド、鐵の脚立、鐵銅の煖房裝置、銅のカーテン用棒、洗面器、銅の吊り下げ、手洗ひ器、鐵の石炭用バケツ、灰皿、銅の置物、花器、茶こし、水こぼし、菓子器、焜爐、火鉢、銅のシャンデリヤ、鍋、釜の數あるもの等である。

これらの回收について一言説明を加へておきたいことがある。それは防火建築用のトタン張でも回收されるものと考へてゐるものもあるが、それは心配の要がない、必要止むを得ない金屬は、申告したからとて必ず回收されるものとは限らない。

貸店舗の場合は、所有者の取付けた金屬と居住者に所有權のある物とがあるが、これは兩者連名で申告してよいし、諒解に依つて孰れかの名儀でもよい。

それから一般家庭にも通ずるが、金屬回收に關する地方ブロック會議や、地方官廳を通じて、商工省は調査の不行屆のないやう説明に努めつゝある。これは町會等を通じて、各家庭にも注意あると思ふから、出品覺悟のこと。

國防

逃げ出すと食糧停止

臨戰の秋だ。

一億國民の防空熱は、愈々昂つた。

この際、時局便乘で玩具に等しい防毒面の横行もあるが、うかつにその手に乘らぬこと。また物置代りの防空壕や、手押ポンプの購入に頭痛鉢卷きの隣組もあるが、そういふことはむだだ。

家庭防空壕は勝手に作るな

防衛總司令部、内務、陸、海軍、企畫、農林、厚生、鐵道、文部の關係官廳で開いてきた「防空啓發宣傳會議」が「國民防空訓」を案出するに至つた。それが情報局から發表されたから、國民はそれによつて處置を講ずるがよい。これは週報にも出てゐる。

家庭用防空壕については、必要なる場合、その方式、場所が指定される。それまで、勝手に作らぬこと。

公共防空壕については、指定區域ではすでに構築中である。これに入るべき人員や、廣さも指定される。之が資材は防空局から供給されることになつてゐる。

防毒については、

(イ)防毒面は、防空局や陸軍省技術本部から警防團員に配給される。これは應急防毒面であるので、他より購入せぬやうに。

(ロ)防毒室については、いよ／＼臨戰の時機になると當局からその方法について指示することになつてゐる。

食糧の問題だが、非常時には農林省で、その場合に處する準備が出來てゐるから民間で無用の買溜めをする要がない。

避難退去に關して、心配してゐる向もあるが、「退去は絶對にしてはならぬ」とのことである。

市町村區域から勝手に逃げ出したものについては、食糧の配給が停止される。

國民は、その地を死守せよ。國民服で！

警防團の再編成

國民防空の尖兵として、警防團の機能が最高度に發揮されることになつた。

内務當局は　この點について鋭意再編成に努めてゐる。

これは、十月十二日から行はれてゐる防空訓練が、之を機として新機能を發揮してゐるのである。

從來の警防團は、町會を單位として組織されてゐるもので、大半が學校區域、その他の區域によつてまち／＼の防空をやつてゐたが、中には防空訓練の際に、隣組家庭防火群の活動と對立するなど、面白からぬこともあつたが、これは從來の警防團規則には身分上の强制がないこと、從つて團員の移動が多く、非常の場合には職場から當てにしてゐた人が離れ去るといふ缺陷があつた。

そういふことのないやう警防團の組織につき當局が刷新する所あり、從つて實際に當つてその機能を發揮することゝなつた。

制服論

田中俊雄

一

流行の衣服といふものと、いはゆる制服といふものとの間には、一見近似した性格がうかゞはれる。

先づ流行の衣服も制服も、ともに大勢の人間が大體において一時に同じやうな衣服を着るといふ現象である。これが流行となると、全く猫も杓子もそれを着用しようとし、ことに女の人などは流行のものをつけてゐるとなんとなく安心してゐられるといふ。紫の色が當世のはやりとなれば、その布地などはどうであらうと、ともかく紫がかつたものを着てゐれば、世間の人からじろ〳〵見られることはない。一般に變つた服裝だといつて注目されるのは、この流行の中心から、先に走りすぎてゐるか、あまりに遅れてゐるかのいづれかである。流行の中心地帶は、丁度颱風の中心に生ずるといふ颱風眼の存在のやうに心理的には無風狀態に置かれてゐるのらしい。

しかし、流行には必らずしもそれを着なければならないといふ規則はないし、また着ないからといつて誰からも叱られるといふことはない。着る、着ないは各人の自由である。流行といふ現象はこの個人の自由といふことを根本に置いて成立する所の普遍性の現象なのであつていはゞ流行は自由主義的な制服ともいはるべきものであらう。

しかし、本來の制服には、いかなる場合といへど、自由主義的制服などいへる概念はあり得ない。いひかへれば、個人主義のうへに成立する自由主義は、制服のもつべき構想とは根本的に相容れないイデオロギーである。

それは自由の國とよばれるアメリカであつても、その制服が本來の意味をもつてゐるものならば、決して個人的な自由の概念はふくまれない。制服はいかなる場合といへど、全體主義の理念を、衣服によつて表象するものでなければならない。

たわいない例だが、この間きたアメリカ映畫の「青い制服」のなかで、ダービン二世のグローリア・ジーンが扮する貧乏人の娘ピツプ・エマが金持娘仲間のペンギン會に招待されて、キヤンプにゆく。外來者のエマはペンギン會の制服をもつてゐない。體操の時間、エマは會員一同の着てゐるやうなパンツももつてゐない。エマの同情者はかわいさうに思つて着せようとするが、他の意地悪仲間に見つけられて、ペンギン會の制服の規則をいへと詰問される。ちいさな同情者は眼をつぶつて、「ペンギン會員の他は制服を着用すべからず」云々の意味の言葉をいはざるを得ないのであつた。

制服はその集團に屬するもののすべてが、規定された所のものを、必らず着用しなければならないし、またもしその制服を着て濫らな行動をした場合は、その責任も負はねばならない。しかもその責任の範圍は決してその行爲者自身の一個人には限られず、その制服を用ひてゐる集團全般におよぶのである。おそらくその行爲を目撃した大衆の眼は制服をきてゐる一個人に對してよりも、その人が着てゐる制服そのものに、より強い注目をそゝぐであらう。

制服とは實に流行の衣服の如く大勢のものが同じものを着てゐるといふ平面的な普及の形式から脱して、その集團の意圖する行動目的に結びつけられた所の、社會的に立體的な形式をもつ衣服の謂ひにほかならぬ。これが制服のよつて立つべき根本義である。

現今の日本において最もすぐれた制服の存在こそは、恐れ多くも一天萬乘の　陛下の御統帥のもとに、選ばれた國民の愛國心を實に見事に組織化したわが陸海軍の軍服であらう。

二

ゆゑに、一つの制服を創造する以前に、先づ確立されねばならないのは、その集團のいだく行動精神の熾烈さである。制服はその精神が熟しきつてまさに發火點に到達したとき、はじめてそれがつくられるものでなければならない。

この制服以前の集團の目的意欲が確立されてゐなければ、その制服がいかに形態的に完備されたものであつても、それは流行以下の空虚な衣服になりさがる。また制服の形態だけは美々しく、その行動が下らなければ、むしろ逆の效果を生じ、對社會的には盲動の表象として嫌惡されるに至るであらう。

われわれは、この制服の行動精神と衣服形態との緊迫した見事なる調和を、かのナチス・ドイツの制服にみることができる。

かのナチスの制服は、はじめからひとつの集團として完成され、用意されたものに、それを着せていつたのではなくて、少數の人間が着用してゐた制服を、次第に多くの人間を獲得していつてそれを着せていつたのであつた。

それはドイツ國民が、かのヒツトラーの言論を聞き、その精神に共鳴し信服した同志が、はじめてその制服を着たのであつて、この制服以前の強烈なる同志的結合のいい前提こそ、まづ第一に注目さるべきであり、つぎにその運動が進捗するにしたがひ　その精神に適合した合目的的な制服の形態を造形的に解決し創造していつた所の能力に對しては、われわれは限りない敬意を表さねばならぬ。實にナチスの運動は、ドイツ國民に對して、ナチスの制服を着せてゆく運動であつた。

たとへば、われわれは制服をもたないナチスといふものを想像することはできない。ヒツトラーが、一九二三年いわゆる十一月革命の失敗によつて投獄されて以來、ナチスの褐色の制服は禁止された。やがて彼が出獄して再起第一回の黨大會を古都ワイマールで開いたが、そのときも依然として制服の禁止令は解かれてゐなかつた。この日のワイマールにおける市中行進の寫眞をみると、ヒツトラーは背廣服その他雜多な服裝の黨員とゝもに歩いてゐるが、彼自身も乘馬用ズボンに白い長靴下をつけ上衣はスキー服のやうなダブルのものをきて、レーン・ハツトをかぶつた、あまり冴えない格好である。

われわれはこの寫眞を前にして、いはゆるナチスの燃ゆるやうな運動の精神を感ずることはできない。せいぜい勞働爭議のデモンストレーションである。この時集つた黨員は二萬におよんだといふが、例のS・AやS・Sの連中も白シヤツのまゝであつた。

しかし、ワイマールのデモンストレーションは、制服に對して好結果をもたらした。その勢に呑まれたバイエルン政府は、ついに制服禁止令を解除したからである。

　そこで早速S・Aは元通りの鳶色の制服を用ひ、S・Sには黒色の制服を規定した。一九二七年、ニユールンベルグで開かれた第二回の黨大會の市中行進は、例の黨旗を先頭に一糸亂れぬ整然たるナチスの行進だつた。

　この戰ひとつた目的意欲の旺盛な制服の行進こそ、まさにナチスそのものゝ姿にほかならない。
　また一九三三年、ヒツトラーが、これまで抗爭してゐた他の黨派のパーペンやフールゲンベルグおよびゼルテなどの首領と妥協して、聯合内閣をつくり、その首班となつたが、同年二月二十二日ヒンデンブルグ大統領の言も容れて、帝政時代のドイツ皇室の菩提寺カルソニゾン寺院において、ドイツ國民の向上と光輝ある歴史の發展を誓ひ、平和建設の公約を言明した式典を營んだ。その時のヒツトラーは、パーペンやフールゲンベルグなど他の閣僚とおなじくモーニングを着てゐた。
　われわれは、このモーニング姿のヒツトラーカラもまたナチスの精神をうかゞふことができない。變に板につかない妥協の印象をうけとるだけである。
　大體、この聯合内閣は最初から、その成立を危まれてゐた。果たせるかな、ヒツトラーはこのモーニングをぬぎすてた翌三月二十三日、制服のS・AやS・Sの黨員にポツダームの國立劇場をとり卷かせそのなか

で國會を開催して、全會一致の贊成によつて國家權力行使に對する全權委任を可決させ、いはゆるヒツトラー獨裁政治の基礎を築いたのである。

三

ヒツトラーは、制服をきてもよく帽子をかぶつてゐない。軍隊を檢閲するときでも應々にして無帽である。もし、彼が帽子を立派にかぶつてゐて、檢閲される側の兵士が一人でも帽子をわすれてきたら、その兵士の制服の全整列は亂れてみえるであらう。しかし、ヒツトラーが無帽でも、さうはみえないのである。

このことは、制服の立體性をさらに究明する上に興味ある材料である。制服は前述したやうに、その集團に屬するものは大體において同じやうな制服の着方をしてゐるが、そのすべてがまつたく同一だといふことはあり得ない。唯一人しか着ない制服といふものもあり得るのである。それはその集團の最高指導者の制服である。

しかし、この最高指導者の制服が肉眼的にはたゞひとつにみえても、實に彼の背後にはその集團全體の制服群がつながつてゐるのであつて、このゆゑにこそ指導者の制服は權威をもつのであり、またもたねばならぬ所以である。

かくのごとく、制服にはその集團の命令系統に從ひ種々な階級が累積されてをり、制服の階級は一般に下ほど多く、上ほどすくない圓錐形のやうな形をして、この社會に成立してゐるのである。

一般に制服はその上層部にゆくに從つて、その制服そのものの形態を大きくするか、色を目だたせ、光澤をだすか、模樣を大きくするか、他に裝飾物を附加するか、このいづれかの場合をとることが多い。つまり遠目の效くやうにつくり、制服の支配する空間上の領域を大にしてゆくのである。もしその上級のものが自分一人の制服で足りない場合には、他に制服をきた供の者をひきつれ、一段ひろく空間を支配する。江戸時代の上級武士が一人で歩行するのを、「お忍び」といつたのは、かうした事實の半面とみるべきであらう。

一般に昔時はこの上と下の差が甚だしく、現在とは比較にならないが、それでも現在の軍服の肩章の材料の選びかたなどにもその精神は繼承されてゐる。

しかし、かのヒツトラーが、やゝもすると反對に頭の一物をとり除けて、最高指導者の風格をしめしたのは、かのナチス・ドイツの成立と組織運用の特異性をしめす點、きわめて異色ある現象といはるべきであらう。

四

さて、この圓錐形をなして累積されてゐる各階級の制服が、何等かの情實によつて、その制服を着るだけの實力のないものが着たりすると、かへつてその制服のためにその集團を紊亂させる。

ひとつの集團の意志傳達の系統を明示し、圓滑ならしめやうと、その階級制度を衣服に固着せしめた制服は、その制服ゆゑに上の者は下の者に暴威をふるひ、また下の者は上のものに阿諛し、結局組織の運用は停頓し、混亂して、その制服は無價値といふより、むしろ人間の眞實性を隱蔽する障害物となるといふ考へも胚胎しなくはない。

かつて英國の思想家カーライルの述べてゐる「サータ－・リザータス」の意見がさうである。

カーライルは、トイフイルズドリュツクといふその書中に空想した教授をして、つぎのやうな意味のことをいはせてゐる。――

人間がはじめて衣服を着用するやうになつたのは裝飾のためであつた。しかし、そのつもりで着用した衣服はまつたく意外なものをあたえた。それは、外界に對する安全感とほのかな暖みを感じさせると共に、實に羞恥心といふものが衣服の內部にあたへられてゐることに氣がついた。さらに進んで衣服はそれを着ため、われわれに個性といふものをあたへた。そして、さらに身分といふものをあたえ、社會制度といふものをあたへたが、ついには人間はむしろその衣服の衣紋掛けになつてしまつた。

カーライルはさらに皮肉な例をあげて――

こゝに二人の人がゐる。一人は見事な赤服を、いま一人は粗末な擦切れたる青服をまとつてゐる。赤服は青服にかういふ。「汝を絞罪に處す、死體は解剖に附す」と。青服は戰慄する。そして悄然と絞首臺に進んでゆく。絞索が青服の首にかけられる。ついに斷末魔の時がくる。やがて青服は外科醫に解剖され、彼の骨は接合されて醫學研究用になる。どうしてかうなるのであらうか。第一、間は一のスピリットであり、見えざる覊絆によつてあらゆる人間は連繋されてゐる。第二に彼は此の事實の眼に見得る表象たる衣服を着てゐる。諸君の赤服、すなはち絞罪宣言者は馬毛の假髪、白貂の皮、及び絹綿ビロードの長袍を着けて居らぬか。それによつて萬人は、彼が「裁判官」であるといふことを知るではないか。——社會、余がそれを考察すればするほど、益々余を驚かすものゝ多い社會は、衣服の上に基礎されてゐる。——

唯心論的理想主義者であつたカーライルのいひたいのは、この第二の意味の衣服の上に基礎されてゐる所の眼にみえる社會の存在ではなくて、それらの表象的なものを透視して第一の人間本來のスピリットをみ、その自我に絶體的權利をあたへて、第二のものから超絶しようとする超絶主義の主張である。

したがつて表象的なもの、たとへば制服などは、その本來の全體の構想のもとにおける積極的な意義としては考へられず、消極的なあるひは否定的な惡罵の對象としてえらばれてゐる。——

公爵・貴顯・僧正・將軍・式部官その他官吏など、綺羅星のごとく居並んだ華麗きわまりなき戴冠式において、突如としてある魔法使があらはれ、その杖をふりあげた瞬間、制服のありとあらゆるボタンが飛び去り、それが下着ものこさず水蒸氣のやうに消散されてしまつて、そこに裸のまゝの人間がふみはだかつてゐたとしたら、一體この場面はどうなるであらうか。最も高尚なる國家劇は滑稽中最下等な見てさへ涙のでるほどの、無慘なものになりさがり、哀哭怒號の裡に、法令・政治・立法・財産・警察および文明社會は、一瞬にして全く瓦解してしまふであらう。——

カーラーイルの思想は、自我自體が絶體なのであつてその各々の自我が集つて、新たなる集團の力といふものの生れる意義は、正面的にあつかはれなかつた。

カーライルのいふのは制服の暗黒面であつた。制服をきるものはつねにこの暗黒のあることについて自制しなければならないが、しかしこの暗黒面のみをながめて制服の意義を論ずることはできぬ。

制服には輝かしい本來の使命がある。自我を單なるひとつの自我に終ることなく、それらを抹殺するのでなくして、逆にそれを止揚して、新たな第三の集團意欲にまで高め、その集團におけるスピリットとして、各個人の

太政官制服雛形

帽（色黒）

紋徑一寸八分、筋ハ是迄ノ笠印ノ別ニ同ジ
勅任金大筋幅一寸、小筋幅一分、筋間ハ三分
奏任　銀　同上
判任　銀ノ廣筋一本幅一寸
以下二等銀細筋一本幅三分
掛緒總テ幅八分

ハミ出シ　ヘリ幅一分、勅任金、奏任銀、判任以下白色
形ハ陸海軍服同様、尤地合ノ都合ニヨリ裁縫並ニボタンノ數等ハ勝手タルベキ事

袴　色深鼠又ハシモフリ

勅任　金　大筋　一寸　細筋　一分、筋間三分、
奏任　銀　大筋　五分、細筋　一分、筋間二分、
判任　銀　廣筋一本幅五分、従九位官以下白細筋一本幅一分。

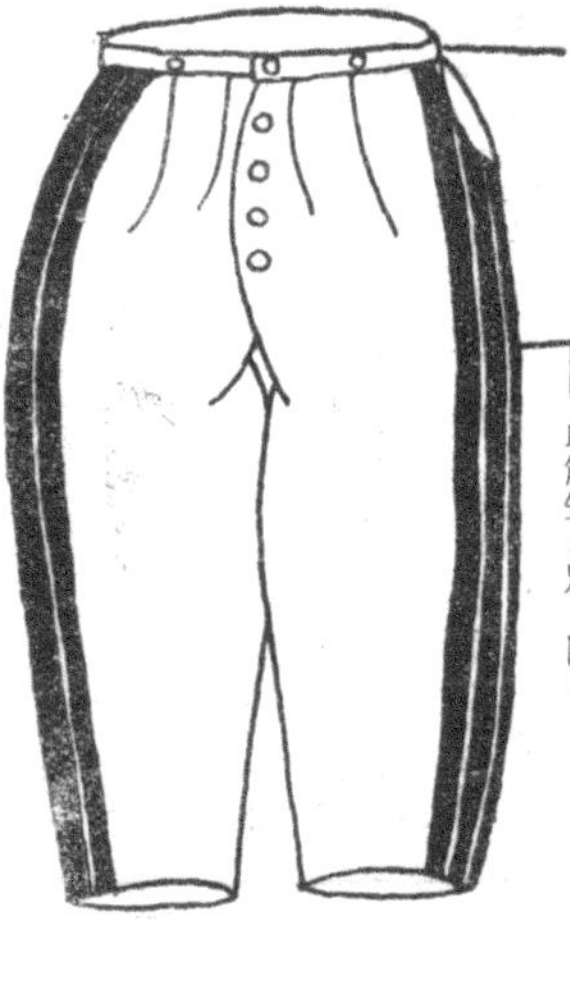

右地合何レモ毛織ノ事

（35）

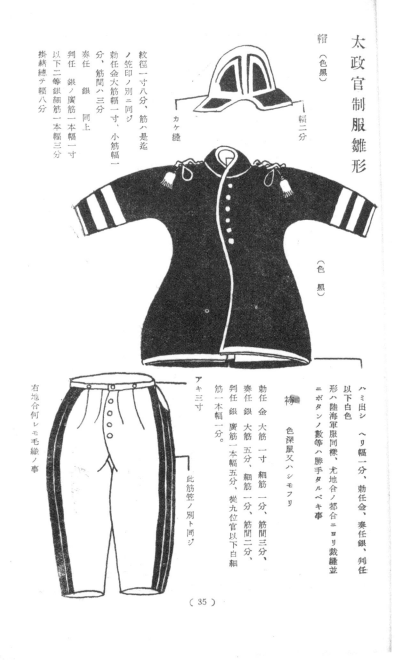

スピリツトを生かすことでなければならぬ。

實に制服を着るといふことは、一人の意志を全體の意志におきかへることなのである。カーライルの思想は制服の暗黒面のみをみた自我への逃避であつた。

五

さて、問題を日本の現在の制服にうつすが、どうしていまの日本の官吏は國家の仕事をするときに制服をきてゐないのであらうか。

警官や驛員、郵便配達夫その他臺灣の官吏などは制服をきてゐるが、一般の官廳の役人はきてゐない。官廳で着てゐるのは、入口にたつてゐる守衞ぐらひなものである。他は陸海軍をのぞく各省の大臣をはじめとして、すべて警察の刑事同様、私服で日本の政治をとつてゐる。

制服に關する歴史的な資料は目下整理中であり、また紙面もないので、いまこの誌上で發表することはさし控へたいが、日本の官吏の制服が、非常用あるひは旅行用としてともかくも設定されたのは、明治三年十一月五日であり、時間的にいへば陸海軍々服の十二月二十二日より、わづかではあるが早いのである。

（挿繪參照）

今般制服雛形、圖面通御定被仰出候條、非常用並ニ旅行等ニ可相用、且旅行中禮儀ニ關シ候節ハ衣冠ノ代リニ可相用事

形は大體當時の軍服と同じであるが、たゞ肩章だけはちがつてゐて、官吏のはうは掛緒であつた。範圍は正二位官より從九位官以下二等まで規定されてゐた。勅任・奏任・判任などの大禮服としては、明治五年にこのほかに規定されたのである。

大體、日本の近代の制服は、かの明治維新が、それまで相剋をつゞけてきた尊皇攘夷と佐幕開港のふたつのイデオロギーのなかから、尊皇と開港をとつてたくみに尊皇開港の旗幟のもとに發足したやうに、近代の精神的分野における制服としては、尊皇のイデオロギーによつて中古以來のわが國の制服を繼承し、實際に事にあたつて國を守り、政治をする者の制服としては、開港のイデオロギーによつて外來のそれをとつたのであつた。

中古の制服、禮服の殘つたのは、たとへば宮中にてとり行はせられる御卽位式、大嘗祭などの御式や、その他神社の神官などの分野で、それは衣冠・束帶・狩衣・直

垂・小うちき・袿袴などであつた。

明治三年にいまの官吏の太政官制服や陸海軍の制服の正式規定をみるまでは、オランダ式、フランス式、ドイツ式、イギリス式等の種々なるものが各藩によつて勝手に藩兵の軍服としてきめてゐたが、十一月の規定により陸軍は大體フランス式、海軍はイギリス式として制服をつくつたのである。

われわれはこの現代日本の發足にあたつて行はれた所の、この制服の編成替へについて深く反省されるものがなければならぬ。

さて、かうしてできあがつた近代日本の制服は、官界においては、對民衆と實際に相見ゆる鐵道員・警官・守備などの、ぎり〳〵の表幟としてのみ、わづかにそれを殘存させ、他はすべて私服となつて現在に至つてゐるのである。

わたくしは、日本の官吏はすべて制服を着用しなければならないといふやうなことをのべるのではない。そのやうな大膽な言葉はなかなかいへるものでない。しかしかういふことはいへる。

私服をきて政治してゐたおかげで、衣服といふ造形的な文化財の存在が政治的にいかなる意味をもつのかといふことが、まるで反省されずにすごしてきたといふことである。

たとへば、前の近衞内閣が改組して、また第二次近衞内閣ができあがつた。そして例のごとく、首相官邸の階段にならんで新閣僚の姿が新聞に紹介された。

近衞首相はじめ平沼内相その他二名の閣僚はフロックコートをきてゐるし、橋田文相・井野農相と富田書記官長などは、モーニングをきてゐて、鈴木企劃院總裁はひとり背廣である。その他東條陸相と小泉厚相は陸軍々服及川・豐田・佐近司の海軍出の各相は、海軍々服であつた。これが全國民にむかつて政治をする新內閣の最初の勢揃ひの寫眞であるが、どうもそれにしては服裝があまりに雜多すぎるやうにわたくしは思ふ。もしかうした場合新內閣々僚が、國民の制服として設定された國民服でもいゝと思ふが、それを陸海軍大臣以外の人は着て、臨戰態勢の國民への挨拶を整然となされたら、おなじ一枚の寫眞が國民にあたへる決意のほどといふものは、決して同一ではなかつたであらうと思はれる。

ニュース映畫や新聞寫眞の發達した今日では、國民の眼に映ずる政治する役人の姿は、單に官廳の入口の守衛のみではないのだ。守衛の姿はやはり守衛の姿でしかないが、大臣の姿はまさに政治の姿なのであり、ひいては國民の姿となるのだ。いひかへれば國民に挨拶する姿そのものが、とりもなほさず、新内閣第一歩の政治そのものなのだといふ、衣服にかぎらずあらゆる造形的分野の要素が、いかに政治に動員されねばならないかといふ重大なことに對して、これまでの政治はあまりにも盲目だつたのではあるまいか。

これは單に國民を心理的に把握して、その政策を喧傳するといふごとき低度なものと考へてはいけない。それは喧傳でなくて日本の新しい文化そのものなのだと確信せねばならぬ。

中古の日本において、年中の行事、臨時の儀式、その他行列などあらゆる場合、かたわらに有職家《ユーソクカ》といふものがゐて、その官職の装束、調度、方法などに至るまで、その演出をつかさどつた。これは單に國民にその威容を喧傳するといふだけでなしに、これが實に中古文化のひとつだつたのだ。また江戸時代には武家故實家がゐて、武家の行事の演出をやつた。これが實に江戸の武家文化のひとつにほかならないのであつた。——

われわれは新しい日本の文化を築くために、どうしても政治自體に、もつと文化の造形的表現威力を理解してもらはねばならぬ。

六

最後に國民服について一言したい。

昨年十一月二日、勅令をもつて公布された男子國民服令は、いま論じてきたごとき一般の制服とはいちじるしく性質のちがつた制服である。

國民服には階級がない。すなはち、國家目的に對して軍服にみられるやうな命令系統による明確なる階層がなく、立錐形のひとつの頂點に集一されるまでの系路が具體的に組織化されてゐない。

たゞあるものは、國家目的遂行にむかつて、官民こぞつて挺身するといふ自發的奮起の形式である。われわれはこの精神を火と燃さねばならぬ。國民服を着た以上は國民の衿度を傷けるやうな行爲は絕體につゝしまねばならぬ。もし國民服にこの灼熱した精神が喪失されるならば、具體的なる立體性をもつてゐない國民服は、社會構成上何等流行のそれと選ぶところなく、それはやがて國民服の單なる流行として消滅してしまふほかにない。

この意味において國民服運動は、つねに國服精神運動でなければならぬ。

社會的に制度をもつた官吏がいまだ私服で政治をとつてゐる現狀において、國民服としてその官吏もふくめ、組織されない民衆とゝもに國民の制服が規定されたといふ尨大さは、幾多の困難をともなふとともにその普及には當事者において愼重を期さねばならぬ。

國民服はそれが平常用にも着用されるといふが、坊間應々にしてみるところは、正式な國民服の着方をしてゐないものが多い。當事者のもつとも苦心された國民服の中衣は存外用ひられてゐず、依然としてワイシャツにネクタイをしめ、國民服の上皮だけをつけてゐるものが多いのはどうしたわけか。

平常服としての國民服は、帽子や靴の色は自由でいゝらしいが、國民服をきてソフトをかぶり赤い靴をはいた格好からは、われわれは東亞共榮圈の指導國家としての意氣は感じ得ぬ。

國民の制服として勅令によつて規定された國民服は、もつと嚴格化されなければならんではないか。制服である以上頭の上から足の先まで整然たるものでなければならぬ。一度こゝろみに機を把んで國民服の正確な着方をした市中行進を行つてはどうか。昨年十一月に規定されて以來、いまだその第一の目的綱領たる「國民精神の昂揚」の威力を、具體的にわれわれの眼に國民服はしめしてをらぬ。

わたくしはこの制服論の稿を結ぶにあたつてつぎのことを提案したい。現在國民服はいかなる樣相において國民に着られてゐるのか、その調査をしてもらひたい。それはどんな人が、どんな場合に、どんな氣持で、どんな風にきてゐるのか、國民生活上に現在しめてゐる位置を調査してもらひたい。この徹底的調査がなければ、たゞ國民服を着ろといつたところで、その普及は力弱く、なかなかその生活化は行はれがたいであらう。

この調査の完了をまつて、國民服を國民の制服たる名に恥ぢないやうに、あるひは不備の點は改訂され、一段嚴格なる規定のもとにその運動に進まれることを希望してやまないものである。(十六・九・二七)

經濟

配給機構の統合案

日本商工會議所では、進展せる戰時經濟施策の圓滑なる運營を期するため、とかく問題化しつゝある各種組合の整理統合、配給機構の整備、生鮮食料品（靑果、鮮魚介類）の需給調整の三問題を取り上げ研究してゐたが、この程成案を得て關係政府當局に建議した。こゝに國民生活に直接關係ある生鮮食料品の需給調整に關するものを擧ぐれば、

一、農會若くは漁業組合の機能は、蒐荷、出荷に關する指導統制に專念せしめ、之が實行は商業者をして當らしむること。

一、鮮魚介における産地仲買人の團體取引化の實施を急速に考慮すること。

一、卸賣會社は一都市一會社とし、類似市場並に類似業者を嚴重に取締ること。

一、指定消費地内の行商の取締を强化すること。

以上は比較的重要なる事項と認むべきものであるが、日本商工會議所のこれら主張事項は、生産者と消費者の立場を全然無視し、全く食料品取扱商業者の擁護のみに專心し國家的見地を逸脱せるは遺憾である。

例へば、卸賣會社を以て一都市一會社と爲すべしとの主張は、統制經濟時代に便乘して卸賣機構を少數資本家の手に獨占せんとするものであつて、現に魚市場會社にその弊害を暴露しつゝあるを注目すべきである。かゝる機構にして一段と强化せられんか、食料品の價格が生産者と消費者の意向を無視して單一會社の市場獨占的操作に依つて決定されることゝなる。若し斯る獨占會社に依つて市場が支配されんか、國民生活が少數者の營利業者に依りて蹂躙さるゝに至るべきこと覺悟せねばならぬ。また獨占卸賣會社を擁護せんがために、消費地の行商を禁壓せんとするが如き橫暴の甚しきものである。行商は近郊生産者と市内消費者との直接配給手段で、之に依て靑物等の供給が緩和されてゐたのだ。

今冬の家庭用配給木炭

農林省では今冬に備へて生産地を督勵、木炭陣の完璧を期してゐるが、この政策的数果として各地から續々入荷を見るに至り、すでに今年一杯の分は確保されたと聞いた。

昭和十七年度も本年同樣通帳制を實施せんといふことまで談がすゝめられて居り、木炭貯藏倉庫の收容力の點から昭和十六年度以上に家庭への前渡しを强化されるものと思はれる。この分で行けば、來年の四月以降の分が一、二月頃早くも配給されることゝなり、今まで以上に家庭の消費規正が要望される譯である。

そこで今冬の家庭用配給量であるが、これには瓦斯の有無を參酌して今春來それ〴〵一定數量が增配されてゐるが東京では十月から來年の三月まで次の如き割合で配給されることゝなつた。

ガスのある家庭では、一人の場合三俵、二人五俵、三人乃至五人七俵、六人乃至八人

九俵、九人以上十俵。

ガスのない家庭、一人の場合五俵、二人七俵、三人乃至五人九俵、六人乃至の八人十一俵、九人乃至十一人十二俵十二人以上十三俵、たゞし、これらの配給量は、必ずこれで押通すといふわけではなくその家庭の住宅狀況、例へば疊數の大小に依つて、その配給木炭 數量もそれ〴〵增減が認められるといふもの。木炭政策に關する限り、成功であらう。

經濟

卸と小賣混同に新判例

卸賣と小賣とを兼業してゐる業者の取引について、經濟事件が發生するたびに、それがいづれに屬するかといふことが從來も屢々問題となつてゐた。

それが今度、大審院の判例で、新しき規範が示されたので便利である。それに依れば卸賣と小賣とを兼業してゐる者の取引の場合においては、相手方が取引品の小賣業者で且直接に消費に供する目的がなかつた時は、「卸賣」と解すべく、またその相手方が直接消費者であるときは、これを「小賣」と解すべきである と判別するに至つた。

この新判例は、愛知縣の洋服生地及び既製品卸小賣業者某氏が、京都の羅紗小賣業者に背廣地二萬九千五百餘反を指定價格を超過した値段で卸賣した外、毛織物後染服地規格第七號四千四百餘米の卸賣に關し事件の摘發を見るに至つたもので、國家總動員法違反で懲役八月に處されたことに對する上告理由として、「これらの取引品は、小賣營業に爲さんとして仕入れたもので金融の必要に迫られて小賣業者の要求に應じ、小賣最終價格より二割も安く仲間賣りしたものであるから、この商行爲は卸賣として認むべきものでない」といふのであつた。

しかし、取引の相手方に付直接消費の目的を有するや否やに依つて、右の如く決定を見たものである。

甘くなるお菓子

高いばかりで一向に甘くなかつたお菓子が、農林省で定めた生菓子の新規格に依つて九月十五日から實施され、それの追放を見るに至つた。

從來お菓子類のうちでは、ビスケット、キャンデー、ドロップ、ゼリー類には、一定の規格が定められてゐた。がそれ以外の和洋生菓子には、目方についてのみ制限があるだけで、實質中味や、新鮮度については何等の規格もなかつたのである。これも甚だしい當局の手落ちであつたものであつたから、今年の春から夏あたりときたら和洋生菓子はどれも、品質がガタ落ちでまるで食べられたものではなかつた。大人も子供も、あやしげなお菓子を食べて醫者にかゝつた例がいくらでもあつたほどだ。それで今度の新規格となつたものである。

この新規格は、とりあへず先づ六大都市で實施され、追てその他に施行を見ることゝ思ふ。

空ゆく歩兵・落下傘部隊

安土良

　此處は白耳義戰線でも特に堅固を誇つてゐたエベン・エメール要塞。そこを守備してゐた一千數百の白耳義軍は、日一日と近づいて來る潮の様な獨逸軍の壓力の前におびえ乍らも、嵐の前しばしの憩ひを樂しんでゐたのであるが、或日何處からとも無く忽然として現れた獨逸兵の姿に我と我が眼を疑ふいとまも無く、たちまちの内に全要塞は占據されあつけなくも白旗をかゝげて了つたのである。

　しかも守備兵たちが驚いたのは、集結した獨逸兵を見れば何と僅か一箇中隊八十名の兵だけだつたことである。『何處から來たのか』武装解除をされて寒々とした格好の白耳義軍が首をかしげたのも無理はなかつた、彼等ドイツ兵士たちこそ、ウキツチ中尉指揮の下に敵の虚を衝つて突如降下して來た三箇中隊の落下傘部隊の一部で、他の二箇中隊はいち早く附近にある三つの重要な橋梁を占據して友軍地上部隊の通過を待ちわびてゐた。

　一九四〇年五月初旬の話である。

×

　奇襲兵科としての落下傘兵團の眞價が次第に知られて來たのは今次大戰に於けるドイツ落下傘兵の目覺しい活躍の後であつた。

　此の特殊部隊がソ聯邦に於て先づ實際的に結成されたものであると云ふ事は世間周知のことである。（詳しく言へば、第一次大戰末期に於けるアメリカの故ミツチエル將軍のプランを以て嚆矢となすと）

　然し乍ら實戰に於て斯くも華々しく效果的にその特色を發揮したのは何と云つてもドイツ軍當局の撓まざる研究と訓練の成果であり、誇りであらう。

　一時、流行的に『落下傘部隊』の名が世間にひろめられ、あらゆの機會にその紹介がなされたのであるから諸君既に百も御承知のことと思ふので、その歴史や訓練の實際や又實戰談等をくどくと述べる必要はあるまい。

それで此處では主としてドイツ落下

傘兵は如何なる裝備を有してゐるかと云ふことを中心として彼のまはりに就いて解說を試み樣。

――前に一寸述べた樣に落下傘兵團と云ふものは決してドイツの專賣でもなければ、ソ聯の御家藝でもない。現在に於ては以上の國の外に、英國、米國等に於ても着々として此の新兵科の整備に絶大な努力を拂ひつゝある。之等各國の落下傘兵の裝備を比較して見ることも亦興味あるものであるが、之に就いては稿を改めて次の機會に述べることゝして、先づ何よりも盟邦ドイツの勇敢な落下傘兵に就いて知つて置くことは我々國民の一つの常識であらうと思ふので特に今回はこの一つをとりあげてみた次第である――

×

では、此の颯爽たるドイツ落下傘兵の勇姿を御覧下さい。

之が彼等の制裝である。

我々は彼の頭のテツペンから足の爪先まで遠慮なく眺め廻すことゝしやう

第一に、彼が冠つてゐる革ひも付の鐵兜であるが、之は例のニュース寫眞でおなじみのドイツ軍特有のモノスゴイ格好とは一寸趣が變り、殆ど鍔のない樣な前後に廣い、丁度競爭用自動車の操縦者たちが冠るクラツシュ・ヘルメツトに似通つた感じがある。

誇らかに輝くマークこそ、實に全ドイツ青少年憧れの的である處の落下傘部隊の徽章である。次に軍服は、空軍のそれに準ずるわけであるから、灰緑色のスマートなもので、兵科を表す襟章は黄色である。

落下傘兵としての正規の訓練が完了すると、彼等の右腕には緑の腕章が巻かれ、それに銀の刺繍で「落下傘聯隊」の文字がきらめく。戰闘に參加する場合は此の軍服に武裝をしてその上から同じ灰綠色のゆつたりしたギャバヂン・コートを着て、さうして此の上にパラシュートを着けるのである。

　手には長い皮手袋、足はこれもゆつたりした作りのズボンの上から半長靴を穿く。

　武裝に就いてはそれ〴〵の任務の相違によつて一概には言へないが、落下の時は出來るだけ輕い方が良いことは勿論で、重量のある必要品はすべて圓筒形のケースに收めて別々に落下傘をとり付けて投下される。それで兵自身が體につけるものとしては、ピストル小型手榴彈、銃彈、水筒、ガス・マスク、携帶食糧等の最少限に止められてゐる。

　餘談になるが、別に落される圓筒形のケースはボタン一つで左右にポンと割れ、中に收められてゐる兵器は非常に容易に取出せる樣になつてゐる。

　又この兵器たるや實にドイツ科學の粹を集めて精巧を極めて居り、地上で簡單に組立てられるとすぐ立派な輕機關銃となり、自動照準器付の重機關銃となり、又時には輕量な歩兵砲や對戰車砲迄玉手箱の樣に飛び出して第一線に火を吐くのである。

　ところで話は元へ戻つて、今一度寫眞の落下傘兵を見て戴きたい。

　彼が左手に持つてゐる綱は引綱と呼ばれるもので、之が正に彼にとつては命の綱ともたのみ綱とす稱すべきものである。

　よく一般に云はれてゐる樣な『飛行機から飛び出したら七ツ數えてから胸のヒモを引張れば良い、さすれば落下傘は安全に開くであらう』と云ふ式と一寸違ひ、自動式とでも云ふべきもので、兵士はたゞ勇敢に輸送機（有名なユンカースＪＵ５２型）の出口をけつて空間に飛び出せばいゝのである。

　即ちこの六米程の綱の先端に付いてゐる環は輸送機の中にある止金に掛りその綱の他の一端は彼が背負つてゐる落下傘袋の最上層にあるパラシュートの中心尖端に接續されてゐるから、彼の落下する勢で、注意深く整然と疊み込まれたパラシュートはスル〳〵と一本の糸の如く滑らかに引出されて行き完全にパラシュートの全部が伸び切ると同時に彼の體の重みによつて細い接續端は切れて、今迄の命の綱はも早その使用を完全に了えて輸送機の胴體に沿つて風になびくことゝなり、引出されたパラシュートは一度大空に見事な白い孤を描くと見る間に風をはらんで彼の頭上に華と開き、直徑七米、四〇平方米と云ふその大くらげは彼の體を右に左にゆすぶり乍ら、一秒間六米の速度を以て地球に近づいて行くことゝなるのである。

　ナルヴイク山岳戰、白蘭電擊作戰、クレータ島攻略と次々にその輝しい戰果を我々の前にたらした獨軍落下傘部隊も此處暫くは目だつた動きを見せない樣であるが、次はモスクワ上空か、ロンドン上空か、はたまたいづこか、何時かは又再びその特異な奇襲ぶりに世界の眼をみはらせることであらう。

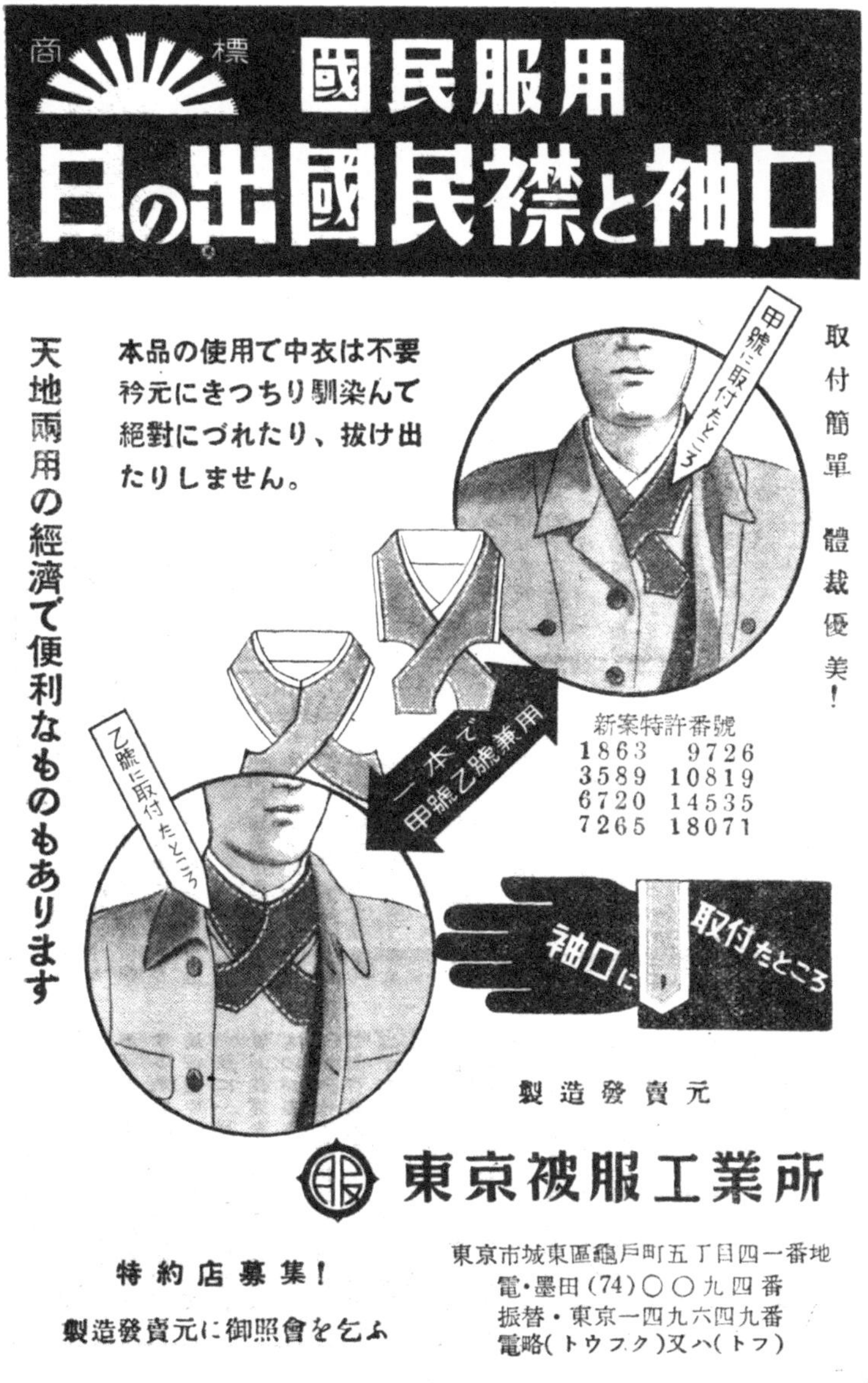

商標
國民服用
日の出國民襟と袖口
本品の使用で中衣は不要
衿元にきつちり馴染んで
絶對にづれたり、拔け出
たりしません。
天地兩用の經濟で便利なものもあります
取付簡單 體裁優美!
甲號に取付たところ
乙號に取付たところ
一本で甲號乙號兼用
新案特許番號
1863 9726
3589 10819
6720 14535
7265 18071
袖口に取付たところ
製造發賣元
東京被服工業所
特約店募集!
製造發賣元に御照會を乞ふ
東京市城東區龜戸町五丁目四一番地
電・墨田(74)〇〇九四番
振替・東京一四九六四九番
電略(トウフク)又ハ(トフ)

厚生

救貧から厚生へ

わが國社會事業の新體制氣運を表明し、之が世論の表現として期待された中央社會事業協會主催の第一回社會事業研究發表會が、九月十、十一の兩日麹町區三年町の社會事業會館で開かれた。その爲つた研究發表に依つて、社會事業の進路がはつきり明示された感あるのである。

それは、從來の社會事業は極貧階級の救濟を中心とする昔の慈善事業から脱し切れずにゐたものであつたが、今度の研究發表のテーマによつて過去の救貧的社會事業から全國民といふ廣汎なものへ向つて、厚生政策を强化すべきことが强調された。

中でも國民生活の確保について、社會事業の今後の進むべき重要なる一部門が取上げられた。

國民生活を何うして確保するか。

机上プランだけでは、何うにもならん。榮養獻立を敎へ國民食の最低限度を決定した所で、それが臺所に直接どれだけの關係があるか。

都會生活者の臺所では、野菜が不足してゐる。魚が不足してゐる。高價な食物、分量の不足、腹が減つては戰さが出來ぬ。

國民生活の確保には、生産の增進と配給の公益化より他に途がない。

僧侶や女給さんも登場

統制と企業合同の影響で、歸農せんとするお米屋さん、お菓子屋さんなどを世話するため、昨年九月「歸農對策事務室」が農林省内に出來たのであるが、それから一年を過ぎた。

この間に歸農申込者がどれだけあつたかといふに、全米商聯の米屋さん十萬人を筆頭に、日菓工聯のお菓子屋さんなどをはじめ、カフエーの女給さんや、坊さんなども加へて、總數は約二十二萬二千人に達した。

これらの人々を何う處置するか。

同事務室での斡旋によると歸農したもの內地で五千人、滿洲牡丹江省東京鄉に入地したものや、その他の生産部門に轉業したものを加へるとこれが五千人、計一萬人が新しい職場で更生した。

だが、申込者の大部分、殆んど全數に近いものがまだ新生産部門に就職し得ないやうだ。こゝに外地人口配置に關する政府の力の入れ所が、國民注視の的となつてゐるのだ

玆に一言人口問題の見地より、注意を要望せねばならぬものがある。

農村より流出する人口は、毎年百萬人を下らない。右の二十二萬二千人を假りに全部農村に入れた所で、八十萬人近いものが離村人口となつて新に職業を求めつゝあるのである。

日本全體から見ても、毎年職業を要求する人口は八十萬人と見てよい。轉、廢業者を入れると毎年百萬人の人口をどう仕末してくれるかといふことが、日本現下の人口問題の斷面である。

人口を增殖せよといふこと

厚生

を以て人口問題の凡てゞあるかのやうに云ふものもあるがそれは他の重要性を故意に看過してゐる。

外地は、東亜共榮圏として擴大されつゝある。そこには兵隊ばかりが行く所でない。

政府は數億圓の巨費を投じて、この人口を外地に强制移殖せよ。共榮圏の爲に。

男に罪あり

伊藤某女、產後三日にして信じ切つてゐた男から三百圓で手を切られた衝動で、その嬰兒を殺したかどで殺人事件に問はれ、公判に附された。この公判で辯護士久米愛子女史、論じて曰く、母親がその愛兒を手にかけて殺すのは

一、母親自身がこの世に生きて行けなくなつた場合

二、子供と共に生きて行けなくなつた場合

三、子供の前途に希望を失つた場合

等であつて、かゝる場合に敎養の足らない、意志の弱い思慮の淺い、知識の乏しい女には、やゝもすれば母子心中の形をとることがある。この事件の場合はその一例であるが、この事件を發生せしめたものは男である。子供を抱へて街頭に抛り出され、郷里に歸つても兩親なく、途方に暮れて撰んだのがこの母子心中である。生き殘つた母に罪ありとはいへ、この事件の責任者は男であるに拘らず、男を罰することが出來ないのは女性として殘念である。云々

久米女史の云はるゝ如く、男にも罪はある。わが法律の缺陷で、それを罰し得ないまでゝある。

たゞ、かういふ苦惱の女性が、もつと容易にかけ込んで救はれる所があるなら、さうした悲劇を起さずに濟んだのではなからうか。

厚生施設戰線に異常あり。

子供を抱へた未亡人のために

秋風のひとしほ身にしみる頃、いとし兒を抱へてよるべない身をかこつ未亡人が、如何に生活戰線のために苦鬪してゐることか。軍事保護といふ國家的惠みの大なる手によつて救はるゝものには、人生の行路において未亡人としても、生きて行けないほどの困憊がない筈である。

しかるに、軍籍に在らざる夫の突然の死によつて未亡人となつた婦人に取つて、財產も金融力もなく、而も子供を抱へてゐる身にありては、どうして生活を支持して行くかは、その身において生死の淵に臨むほどの苦悶であらう。而も彼女として、夫の生前の生活標準から轉落して極貧街を彷徨し、救貧法の適用を受くるほど良心を喪失してゐないものとせば、その生活問題は眞劍に考へさせらるゝものである。

そこで、これらの未亡人に對する救濟方法については、從來論議にも上り、また一部のものに考へられてもゐたのであつたが、幸なるかな、今度原田積善會が、これらの人々のために、その救濟資金を寄附されたのである。

蠶絲業の再檢討

◇—國民被服資源として—◇

片田銀五郎

山の木材が人造絹絲に化けたり、石炭と空氣と水とが化學作用によつて強靱彈性に富むナイロンになつたり、樹脂がビニオンに變じたりする、近代科學の世界に生絲のみは天地創造の昆蟲の巣たる繭から人爲を加へずして、繰り出した儘の姿であることは、一面には原始産業であるとか、非科學極まるものだとする觀方もあるが、其處に蠶絲業の特色があり、生命があると言へよう。科學が自然を征服するといふ、併しながら科學は人智の範圍に限られて居るので、一疋の蠶の仕業、そこに人智の未だ及ばない科學の殿堂神秘が潜んで居るのではなからうか。

蠶絲の今日まで辿て來た歴史は、何れの角度から見ても、優雅典麗、美細研艶、纖維界の王座として、國内消費の趨勢を見ても、アメリカ女性の脚線を美化する點からも、他の追從を許さぬ高級生絲を要求して止むことを知らなかつた。若し夫れ、日本に世界一をもつて誇るべきものを求めるならば、確かに蠶絲業は其の一である。開港貿易七十年の間わが國の蠶絲業は國力と併行して旭日昇天の勢で、急激なる進歩發展を遂げ、通計百七十億圓の外貨を獲得し、依つて以て日本の經濟を支へ、文化の殿堂を築き、國防の充實に貢献したと觀るも、強ち不當の言でないと思ふ。これには長くも歴代　皇室の御奬勵があり、政府の援助も見逃すことは出來ないが更に蠶絲業者の涙ぐましい奮鬪も買つてやらねばならぬ。

「一絲千條是國脈」ともてはやされた蠶絲業が、今日緊迫せる國際情勢の下に、海外輸出を一應杜絶するに至つて、豫て覺悟したる通り生産の全量を國内消費に振向けねばならぬ場合に到達したのだから、多少の不安と動搖は免れぬ事だ、殊に絹物は古來よりわが國に於ては、實用的衣料に非ずして、贅澤品の待遇取扱を受けて居つた事は國民の日常服を見れば、直ちに首肯出來ることで、お蠶ぐるみも、絹の夜具も、中流の國民は望んで得べからざることであつて、絹物→贅澤→高價の刻印が名譽づけられたものである。從つて、民衆の用途に向つて卓越せる使用價値を發揮せしむべき研究を怠つた傾きさへあるのである。兎角世人は絹織物は高價に過ぎるから贅澤だと言ふが、適確なる比較價値を究明したる結果ではない。例へば 絹靴下の如きはスフや人絹に比べて値段は二三倍するが、その耐久力からすれば却て割安であり其の上はき心地も良い、玆に絹の優秀なる性能があるのだ。しかも今日海外から羊毛も、木綿も、人絹やスフの原料も輸入不可能になつた爲めに、衣料原料は甚しく不足窮乏を告げて居るのだから、如何に戰爭だと言ても、裸體生活の許されない限り、一般民衆の被服はもとより、特に軍用被服、飛行機の翼、パラシユート、砲彈藥袋等蠶絲の國防的性格をも當然重きを措かねばならぬ。

　アメリカは七月二十五日、日本資產凍結令を發し、經濟的壓迫を加へると同時に、在米蠶絲のストツク約八萬俵(一俵十六貫)を國家管理に移し、優先的に軍需に必要缺く可からざるものに使用する命令を出した、故に全米の絹織工場も靴下工業も全部閉塞の餘儀なきに立ち至つた、然らば米國の軍需資材として蠶絲は何に使用せるゝか、その主なるものは藥嚢(砲彈火藥包)とパラシユートである、前者に使用する分量は推定するに困難なるも、パラシユートに就ては去る九月二十九日同盟通信によれば、一個六十五平方ヤードの傘と索條とを合算すれば約十二ポンド即ち一貫四百四十匁を要し、五十萬個のパラシユートを製造するには、七十二萬貫卽ち六萬俵を要する譯である。斯う考へると、わが國としては、今後敵性國家の國防に絕對必要なる蠶絲は斷じて之れを供給してはならぬことになつて來る。而してわが國に於ても、絹は直接軍用資材に不可缺であることは、多言を要しない、但し其の所要數量は知るに由なきも、軍服資材と併せ考ふれば、絹絲纖維は立派な國防資材に編入して然るべきものである。

　斯くして蠶絲は海外へ賣らず買はずの、國內自給自足から、進んで東亞共榮圈の自給自足經濟に立かへた以上はこれをそのまゝ贅澤品扱して、措く譯には行かない、立派に軍需に役立たしめると同時に、國民衣料として品質的にも改善を加へ、値段を引下げて、實用化に邁進せねばならぬ次第であつて彼の脆弱にして不評判のスフでさへ、國策纖維として強制混用されて居る今日、優秀強靱なる純國產纖維が、五十萬俵や七十萬俵(一俵十六貫目)のものを、全部國內消費に振向けられても、到底他纖維の不足を滿し得るものであるまい、研究努力によつて、ウント値段が引下げられるものなら、其の用途は恐らく無限の擴大力を有つであらう。蠶絲を活用する爲めに世人の再認識を煩す必要の上に文藝春秋八月號に猪谷善一氏の言葉を借用すれば「生絲は今まで對米輸出用であつたものを、共榮圏で利用する、さうして混紡して使ふ以外に方法はない、アメリカでは生絲は必需品だが、日本では値が高過ぎて贅澤品である。それはイカンから今までのやうに高く賣れば良いと言ふ考を改めて、生活必需品に引戻すといふ努力、つまり合理化が必要である。さうして之れを共榮圏の全部に綿の代用羊毛の代用として使はせるやうにすることが、一番大きな目標ではないかと思ふ」と言はれて居る。此の一句は第三者が見た、蠶絲業に對する正鵠を得た通念と言へよう。

窮すれば變ず、變ずれば通ずるの譬への通り、我が蠶絲業の今後進むべき途は、判然して來る筈である。即ち當業者の研鑽努力によつて、今迄の絹の觀念から離れて、種々なる實用製品を作り出すことである。然らば如何なる方向に研究を進むべきか、第一は繭絲の用途擴大に關する研究、第二は蠶絲の副産物利用に關する研究、第三は繭絲の生産費低減に關する研究である。

第一、蠶絲が古來より織物纖維として就中中流以上の婦人に愛用せられ、女性の流行心を唆り、優越感を唆つたのは、其の本質が他の追隨を許さぬ最上華麗にして、高價なるが爲めであつて其の目的の爲めに高級品質の非實用に向つて有ゆる研究が進められたのである。然るに今日繭絲を民衆化し實用化する爲めには、綿織物の代用としてスフを用ひて弱いと言ふ非難を防ぐに特太の長纖維として之れを混ぜて丈夫なる製品を作る。又毛織物の洋服地を繭絲によつて置き換へることが、大きな使命となつた。絹の洋服地は十數年來の研究によつて、羊毛に代用すべく相當成果を擧げて居る、即ち洋服地用の太い紡績絲を作るには、繭一粒の纖度の太い荒いものが選ばれ、此の特殊用報國繭を切開し、或は一粒絲となし、或は平面繭となしたるものに　繭絲の表面を包被するセリシン(膠質)を定着して、短く截ち、謂ゆる短纖維として紡績機械にかけるのであつて、恐らく繭絲纖維の新規利用方法として、數量的にも、品質的にも、羊毛代用短纖維程實用價値の多いものは尠いであらう。現在我國の繭の年産額は約七千萬貫である。今假に全部を羊毛代用短纖維に加工すると繭絲量一億一千萬ポンドであつて、事變前の羊毛消費量一億七千萬ポンドに比較すれば、遙に及ばない數量である。故に作今羊毛資源の窮乏に伴ひ、纖維界の動向が、ここに集中されて居るのは、尤も至極のことではあるまいか。絹服地は過去に於て相當の非難の聲を聞いたが、日進月步の科學技術によつて、遠からず羊毛服に劣らぬ、實用價値ある優良製品が市場に表はれるであらうと信ずる。

第二は蠶絲の副産物の遺利集蒐利用厚生である。過去に於て順境に惠まれたる蠶絲業は、繭綿(繭の足場)の如き殆んど捨て顧みられなかつた、之れを拾ひ集めれば産繭量の約一パーセント年産七十萬貫(生絲四萬四千俵)の純繭絲を、セリシン定着によつて羊毛代用短纖維にはうつてつけ副産物である。桑葉收穫後刈取つた枝條は、農家にとつては大切な焚付けである。其の六億貫の桑條は、其の皮をむいて纖維又は洋紙を作り、木質部はパルプを成製する、七億貫の蠶沙、蠶糞は緬羊の飼育に絶好の餌料である。更に繭の中に潜伏する蠶蛹は年額乾蛹二千萬貫（生蛹として六千萬貫）であつた、しかもそれは從來漁鶏の餌料又は肥料として價値の乏しきものあつたが、近代技術の力によつて乾蛹より約三十%の油脂を搾取することが工夫せられ、其搾滓より更に多量の榮養蛋白が精製せられ、其の上に高度の化學研究の力によつて、貴重なる活力素たるビタミンB2を抽出することが出來ると言ふので、蠶蛹は最近蠶絲業界の人氣者に成つた感がある。

第三は生産費引下げの問題は　繭絲が輸出品であらうと無からうと、人造絹絲が發達しようとすまいと大切な事である許りでなく、殊に國内消費に轉換するに至ては、蠶絲業の死活を決定する生命線である、羊毛代用短纖維の製造も、長纖維特太の製産も、一切が繭絲の廉價生産に出發する。勿論國内消費の特太纖維六十デニールとか百デニール以上ともなれば、製絲能率も、從來の細絲に較べ二倍し、三倍することは當然であるが、其の原料として七割乃至八割を支配する、蠶繭の廉價生産こそ其の根本を爲すものであつて、そこに農家の悩みがあり、研究苦心を要する點がある。近時政府の普及奬勵に着手した多絲量系報國蠶種も其の一であり、蠶の飼育法の如きも一、二齢期各齢一回給桑育、三齢以後も一日一回給桑育に改め、進んでは屋外育、桑園育等の安全にして簡易なる方法が案出せられ、桑園の能率の増進と副産物收入と相俟つて、繭の廉價生産が行はれるであらう。

今やわが蠶絲業は開港以來七十年の歴史を有する、海外輸出主義を清算して、其の全量を國内纖維不足を補充し國防用として更に東亞共榮圏内に於ける被服資源の重要役割を果さねばならぬ時機が到來したのである。其の品質的變化に於ても、亦價格の點に於ても思ひ切つた一大轉換期に遭遇した事である。見方によつては繭絲の長纖維特太の加工とか、羊毛代用短纖維の製造の如き全く新興纖維工業と見做すべきが至當であり、桑條、桑皮、蠶沙蠶糞等の副産物加工利用の如き、或は蠶蛹の榮養化工業等蠶絲業の開け行く可き途は甚だ廣い、幸に研鑽努力によつて繭絲の生産費の引下げが敢行されるならば、其の用途は國策纖維として無限に擴大されて行くであらう。蠶絲科學研究所の創立された目的趣旨精神も、恐らく蠶絲業再編成大轉換に關する難問を科學技術の力によつて打開せんとする趣旨に外ならぬ。

（筆者は財團法人蠶絲科學研究所技師）

特輯 臨戰生活

古語では「きぬ」は「衣《きぬ》」であり、廣く着物を指したものであつた。それは着布《きぬの》の略語であつたのかも知れない。しかし、絹の「きぬ」と同音であることに、我々は絹の國日本の傳統の深さを感じるのである。

遠き神代の昔、天照大神が、口に繭を含みて、糸を引き出し給うた、といふのが、我が國製糸業の起源といふ傳說があり、或ひはまた神功皇后の三韓征伐の際、捕虜によつて大陸から養蠶法が傳へられたのだともいふが、いづれにしても、古代より、皇室がこの道を御奬勵になつたことは、史實に明らかである。

絹は美しいもの、貴重なもの、或ひは贅澤なものといふ觀念は、今も昔もかはらずその親しみと憧れの故に、幾千星霜、我々の祖先は絹を身にまとふことに喜びを感じ、その實用性を高く評價し、生活と離れがたく結びついて來たのである。宮廷文化の爛熟した平安朝時代の人々が、どんなにとりどりの裝束に心をつかつたか、その裝束を作る主材料として、絹の文化を高めたか、といふことも、當時の隨筆や小說を一冊ひもといただけで知られるであらう。

明治時代となつて、外國との貿易が始まるや、生糸は忽ち輸出の王座に登つた。多い時には年に八億萬圓もの外貨を獲得して國をうるほしたものである。貿易の始まつた頃は、南歐や、支那の糸生產高に一目おかねばならなかつたものが、昭和になつて遂にこれらの蠶業國中、群を拔き、生產額でも、輸出額でも、世界第一位を占めるに至つた。

しかし、この生糸輸出黃金時代も、もはや過去の話となつた。今夏のアメリカ對日資金凍結令で、生糸は輸出の大きな得意先

★特輯・絹の科學

と絹科学

を失ひ、貿易はじまつて以來の大轉換期に直面したのである。

一方では、國内の食糧増産のために、一部桑畑の減反も實際問題となつて來た。内憂外患一時に受けて、その中で、絹はどのやうに立直るであらうか。これは興味ある懸案であり、切實な問題である。

相繼いで起る、樣々な事象を、今はよく視つめ、一つ一つ理解してかからねばならない時代である。かつては外貨獲得の女王であつた生糸、國内でも、誰一人その恩惠にあづからなかつた者のない「絹」がこの難關にある時、我々は無關心ではゐられない。新たに絹といふものを見なほし、その成行きを注意深く見守らずには居られない。

「おかひこぐるみ」でありながら、絹については何も知らない人も案外多い。國民の「衣」の問題解決の鍵として、まづ絹への認識を高めることが急務であると思ふ。

農林省蠶絲試驗場

蠶糸の特徴

絹糸は、蠶の吐いた糸で作られることは誰でも知つてゐる。詳しくいへば蠶といふ虫の巣であるところの繭をときほぐして取つた糸である。

その糸は、羊毛や綿とちがつて、最初から細く、長く出來てゐるので天恵の織物用の糸といつてよい。その細さは約三デニール。といふと、今までアメリカの婦人用靴下間に製られた一四デニールといふ最も細い生糸でも、もとの蠶糸を四、五本合せなければならないといふ細さであるところがその長さがまた驚くべきもので、比較的大きな繭でも、わづか長さ四、五ミリ、幅一、三ミリといふ小さな形でありながら、引き出される糸は、一個分で、約一〇〇〇米から一三〇〇米に及ぶ、つまり繭三つ分の糸をつなげば、富士山の高さになるといふほどに長い。しかもその糸の丈夫なことは、他の纎維の比ではない。木綿が強いといつても、それは糸を太くしたり、厚く織つたりするからで、蠶糸と同じやうに細くし、うすく織つたとしたら、到底その足元にも及ばないであらう。また蠶の糸は光澤、手觸りがとび切りよく、染料の染め栄えもするといふのだから、衣服材料として、天性の美德をそなへてゐるわけである。

この素晴らしい糸を吐く蠶は、動物學的にいふと鱗翅目、蠶蛾科に屬する昆虫で、アゲハテフやシロテフの仲間である。昔から家蠶として人に飼はれる蠶のほかに、野生の蠶の種類もいろ〳〵ある。例へば印度や支那に多い柞蠶、我國に産する天蠶や栗虫などで、それ〴〵織物原料としての特質を備へてゐる。

家蠶の種類もまた剩しい。一化性多化性といふ世代による分類、また脱皮回數により三眠蠶、四眠蠶、五眠蠶といつた分け方もあり、繭の色や形によつても分類されてゐる。

我國では普通には四眠蠶が多く飼はれてゐるので、蠶といふものは四度眠つて、四度脱皮するものだと思つてゐる人も少くないやうだ。

繭の色も、白と限つたものではない。黄色、橙色、綠色などいろ〳〵である。

品種によつて、飼ふのに骨が折れるものや、割合手のかゝらぬもの、太い糸のとれるもの、ごく細い糸を吐くもの、堅い繭を作るもの、ふは〳〵と柔い繭となるものなど様々である。これまでは品種改良も、一番需要の多いアメリカ向に、細い糸、節のない糸、よく揃つた糸のとれるもの、といふ標準のもとに行はれてきたが、今後はこの點がまづ違つて來る。後に述べるやうに、これからの蠶絲は國内被服資源の中軸とならねばならないのであるから、目標は手のかゝらない、丈夫で、糸が澤山とれる品種を生産することへと變つて來るのである。

蠶は、桑の葉の繁る春から秋にかけて飼はれるが、その季節により、春蠶、夏蠶、秋蠶の區別がある。最も品質のよいのは春蠶で、夏蠶、秋蠶がこれに次ぐとされてゐる。

繭から糸へ

蠶の成虫は、卵を産んで死ぬだけの、ほんの僅かなはかない命であるが、幼虫時代は、約一ケ月餘に亙つて、脱皮するために眠る以外は、猛烈な食慾を發揮し、驚くべき成長をする。四度目の眠りを終へて、すつかり成長を遂げた蠶は、卵から孵つた時の大きさの約一萬倍もの大きさになるといふ位である。

成長し切つた蠶の身體が、透明になるといよ〳〵糸を吐き、蛹を護る巣を作るのであるが、この成熟した蠶を熟蠶といふ。

繭にこもつた蠶は、數日のうちにもう一度脱皮して蛹となるが、十五六日でまた脱皮して蛾となり、繭を食ひ破つて外に出る。

だから、繭を利用しようと待ち構へてゐる人間達は、蛾にならないうちに熱で蛹を殺してしまふ。そしてよく乾燥すると、はじめて、そのまゝ貯藏することの出來る繭となるのである。

繭の中には相當に屑がある。玉繭といつて二匹以上の蠶が一緒になつて一つの繭を作つてゐるものがあるし、孔のあいてゐるもの、死籠繭、綿繭、薄皮繭等があつて、これらは高級な生糸をとるには適しないのでまづ選り分けて別の用途にまはす。

殘つた繭は煮繭機にかけて煮られ、糸口から糸を引き出して、小枠に繰り取るのである。次にその細い糸を糸の種類によつて何本か集めて一本の糸とし、大枠に取ると、はじめて輸出にしたり、織物材料としたりする生糸が出來上るのである。市場に出る前に、嚴密な檢査が行はれるのは勿論のことである。

生糸以外にも蠶絲から樣々な糸が作られる。その中でも、今後を期待されるのは、絹織維を紡績して作る羊毛代用の糸であらう。これまでも絹の紡績糸はないわけではなかつたが、最近、時代の寵兒とならうとしてゐる新しい絹織維は、特殊の化學的處理で蠶絲の外側についてゐるセリシンを定着したもので、羊毛の特質を兼ねそなへ、從つて用途も廣いといふわけである。この方法の研究は一應出來上り、今年の繭生産高のうち、一〇萬俵はこの短織維に向けるといふ位、既に實用に供せられてゐるが、なほ短織維製品の成績如何はこれからの絹の使命遂行に大きな關はりがあるのである。これに就ては項を改めて述べることにしたい。

絹の性格

絹は高貴なもの、麗はしいもの、といふ觀念は、誰でも一應持つてゐるが、どんな性格を備へてゐるために、この定評を受けるやうになつたのであらうか。

まづ科學のメスを向けて、その性格を解剖して見ることにしよう。

蠶の體内には二つの絹糸線がある從つて吐く糸も二條であるが、それは吐き出されると同時にくつついて一本になつてしまふ。顯微鏡で、蠶絲の横斷面を見ると、この二本の單纖維が、一種の膜で包まれて一緒になつてゐることがわかる。この膜の性質は丁度膠のやうなもので、二つの糸をぴつたり貼りつける役目をつとめてゐるのである。だがこの膜は熱やアルカリに弱くて、蠶絲をいろ〳〵に精練するうちに、大部分とれてしまふ。もつとも今まではわざとこれをとつてしまふ場合も多かつたといへる。絹を練るといふのがそれで、練つた絹は生糸にくらべてずつと手觸りがやはらかく、光澤もあるし、さら〳〵と絹ずれの音も出る、絹本來の味と思はれてゐたかういふ特質は、實は、もと〳〵ある纖維のまはりの膜をとつてしまつたものの性質に外ならない。

この蠶絲を包んでゐる膜が前述の「セリシン」である。

ところで、この「セリシン」は繭の纖維のうち二割から二割五分位を占めてゐるといふ。これだけの目方が、絹を練るために無駄になつてしまふのである。

假に無駄は省みないとしても、果して「セリシン」は無用の長物であらうか。

最近輸入の杜絶した羊毛の代りに繭糸を何とかして實用化したい、羊毛のやうに、可紡性を持つ纖維として新たな用途に使ひたい、といふ必要に迫られて來た。その結果、數年前から研究をつづけられた「セリシン定着方法」が完成したのである。

「セリシン」を、或る種の化學的處理により、水は勿論、熱にもアルカリにも溶けにくいものにし、糸の本質である「フイブロイン」に密着させる。そして更に、纖維を收縮させる處理をすると、堅くなつてゐる「セリシン」に罅《ひび》がいる。この罅《ひび》が役に立つのである。

羊毛の纖維が紡績するのに都合がよいのは、第一にその纖維の表面に魚の鱗のやうなものがあつて、お互ひにからみあひ易く出來てゐることである。それと反對に、繭の纖維の一本一本は、表面が滑らかで、單獨に紡ぐにも他の纖維と混ぜて紡ぐにも、具合がよくない。この缺點が、セリシン定着と、纖維の收縮によつてできた皺《ひだ》で除かれるのである。それは紡績に適するばかりでなく、手觸りも外觀もふはりとして羊毛に近く、また耐久力も強くなる。

つまり絹の性格は、その處理法によつて、隨分ちがつた二つのものになるわけだ。持つて產れた本質に變りはなくとも、人間が環境によつて非常に違つた性格になり得るやうにこの頃では、絹も時代の要求により今までと異る性格を與へられるやうになつたのである。

そこで、持つて產れた本質をいま少し檢討して、絹本來の姿を描き出しておくことにしよう。

絹は電氣の不良導體である。絹を摩擦すると電氣が起るが、そのまゝそれを保つてゐる、といふ性質もある。電氣の絶緣體として用ひられるのもそれが不良導體だからである。

絹は丈夫だといはれるのは、元來纖維そのものが強く出來てゐるからだ。殊に伸力、彈力に富んでゐる。生糸は、同じ太さの鐵線の三分の一にあたる強さがあるといはれ、また彈力は、もとの長さの一割五分乃至二割引き伸ばしても切れない位である。

可塑性は、羊毛が一番優れてゐてこれには及ばないが、木綿よりも遙かにまさり、この性質は絹布の取扱ひの上に、色々と應用されてゐる。例へば縮緬やお召類の湯のし、裁縫の仕上、洗濯物へのアイロンかけなどで、縮んだものを一定の幅にのばしたり、形を整へたりすることができるのも、相當に可塑性があるからだといへる。

定着されてゐないセリシンは、水に溶け易く、殊に熱に弱いので、熱湯に長く浸しておいたりすると、セリシンはすつかり溶けてしまふ。更に長く熱湯に入れておけば、比較的水や熱に強い絹の本質・「フィブロイン」まで冒されて、色も茶がかり、光澤も手ざはりも損じ、伸力、彈力も減つてくる。

熱に對して一番弱いのは羊毛で、水分のない場合は一三〇度位からおかされるといふが、絹はこれよりも強く、時間が長くなければ一七〇度位に熱しないと焦げない。もつとも絹織物になつてゐる場合には、百二十度位から焦げるものがある。それは本來の絹だけでなく、目方を殖やすために、錫や鐵などの化合物で、いはゆる增量をしたものであるから實際にあたつては油斷がならないわけである。

よく纖維を見分けるのに、布の端をほぐして、糸を燃して見ることがあるが、これは動物纖維と、植物纖維の判別には、確かな方法といつてよい。絹や羊毛のやうな動物性の織維を燃やすと、一種の臭氣があり、ちり〳〵と縮んで黑い炭素のもえからが殘る。それは動物性纖維には窒素分が含まれてゐてアンモニヤガスが發生する爲であるが、羊毛の場合は、更に硫黄分を含んでゐるので、絹とはまた違つた臭氣を發する。

絹は、酸にもアルカリにも強いとはいへない。もつともタンニン酸のやうに絹と親和し、增量したり、染料の染着力を强めたりする例外もあるが、殊にアルカリに對しては、羊毛ほどではないとはいへ、相當に傷められる。勿論濃い酸に浸せばすぐ溶けてしまふし、うすい酸でも、溫度が高かつたり、長時間浸しておけば溶ける。

しかし、絹物を洗つたあと、或ひは染めた後で、うすい醋酸液に浸すと、光澤を增し、絹の鳴りを生ずるといふので、酸處理はひろく行はれてゐる。これは、一應効果的な方法ではあるが、絹本來の性質からいふとなるべく避ける方がよい。酸處理で生じた光澤や鳴音は、一時的のもので、暫くたつと、段々もとに戻るし、もと〳〵酸に強くない絹のことだから、たとへ薄くても、度々酸液に浸され、そのまゝ乾かされれば、自然に耐久力を減じるのは、わかり切つた話である。

炭酸ソーダや石鹼は、アルカリ性ではあるが、その作用が緩やかなので、さほど目に見えて絹をいためるほどでもない。適度のうすさのものなら、その中で絹を煮ても「セリシン」が溶けるだけで、本質である「フィブロイン」は影響を受けないので絹練りにアルカリ性の液が屢々用ひられる位である。しかし洗濯なども度重なり、また石鹼水の溫度が高かつたりすると、段々「フィブロイン」もいためられる。絹の取扱ひにあたつては、酸にもアルカリに弱いといふことを忘れないやうにしたいものである。

躍進する絹化學

近年、生糸の輸出高が多少少くなつたとはいつても、最近の平均、年に四、五億萬圓を下らなかつたものが、アメリカの對日資金凍結令で、ぱつたりとまつた。

もし今春の議會で、蠶絲業統制法が布かれてゐなかつたら、恐らく未曾有の混亂に陷つたことであらう。

とにかく、政府の力で混亂は食ひとめられた。そして、早くから今日あるを豫期して、着々と用意されてゐたので、今後、蠶絲業の趨くべき方向も、大綱はほゞ定まつてゐる。

今のところ、再び大量に輸出するといふ見込みはないのだから、當然絹は國内で使ふより外はない。しかしそれは無理矢理に國内需要に押しつけるといふのではなく、いはゞ旱天に慈雨を望むが如く、國民が待ち望んでゐるものを與へる、といふことになるのである。

事變が長びくにつれて、色んな方面の「物」に不自由さが滲みわたつて來たが、被服資源もその例に洩れない。むしろ一番早くぶつつかつたのが衣服材料の變化だつたかも知れない

純綿、純毛、といふ言葉は、今では一種の憧れを含んで發音される。近頃は所詮手に入らないもの、といふあきらめの氣持が、もう徹底して來た。

それと反對に、代用纖維として登場したス・フは、粗惡なもの、弱いもの、まがひものゝ代名詞にまでなつた。外米入りの飯を「ス・フ入り飯」といつたりする。ス・フの研究が進んだ今となつては、些か寃罪の氣味はあるが、とにかく衣服材料の大變動は、一時國民を戸迷ひさせたことは事實である。

丈夫な布が欲しい。體裁もよく、すぐ皺になつたり、水につけるとひどく弱つたりしない布が欲しい。羊毛に代つて冬は保溫性の高いもの、夏は木綿や麻のやうに洗濯に耐えるものはないであらうか――かういつた渇望は、今もまだ滿たされてゐない。

ところが、絹のもつ本來の優れた性能と相俟つて、絹に對する新たな角度からの研究、及び新しい用途の開拓が進められ、この國民の切なる希ひは叶へられようとしてゐる。

今後被服の主材料となるべきス・フは人造纖維であり、今は質的に、絹や羊毛のやうな天然の纖維に遠く及ばないが、そのうちに必らず性能は改善されるであらう。しかしそれを飛躍的に早めるのは、絹の混紡である。三割の絹を混紡することによつて價格をあまり騰げることなく、その強さを二倍にすることが出來るといはれる。

これまで贅澤視されてゐた絹は、この新しい用ひ方によつて、實用化され、一般大衆のものとなるのである。

次に、實用化する上の大きい問題は、價格のことだ。僅かに混紡すれば、その品物の値をひどくつり上げることはないとはいへ、絹そのものは何といつても高價である。

もと〳〵天然の纖維で、生産費を大巾にこれ以上下げることは一寸むづかしい。蠶を飼ふにはどうしても

一定の桑畑が必要だし、それを飼ふ手數勞力も、全部を機械利用といふわけにも行かない。

そこでもし、絹の値を下げようと思へば、生產費そのもの丶節減を考へるよりも、養蠶の副產物をうまく利用する方が早途だといふことになる。

從來　蠶絲關係の人々は、繭と、生糸のことより外はあまり考へなかつたといふ憾みがある。アメリカの婦人靴下に向く、ガラス糸のやうに細くなめらかな糸を作ることに腐心して、それ以外の資源が、蠶や繭の中に、或ひはまはりにどつさりあることを忘れてゐた。

アメリカでは生糸には税金をかけず、織物その他の製品には過重な關税を附して、その輸入を阻止して來たことも一つの理由であらう。つまり細い良質の生糸さへ作れば、文句なく外貨が獲得できたのであるからその他のことに研究の進まなかつたのも、無理のない話かも知れない。

しかも、今は、さし當つて、絹の價格を引下げる工夫をしなければならない時であり、それには、これまで閑却されてゐた方面への技術的研究が、最も必要なのである。

養蠶に附隨して、殘桑だの、蠶の糞だの、蛹だの、蛾だのといふ、いはゞ廢物とでもいつたものが澤山出る。この量はばかにならない。これらの物を有効に利用すれば、それだけ糸の値段は下げられ、しかも生產者へ迷惑を及ぼすことなく、また國內に不足する種々の物も得られるといふ一石三鳥の策となるのである。

幸ひにこの研究は、今やすばらしい成果を擧げつ丶あり、豫想外獲物が蛹の中からとび出したり、桑の木から發見されたりしてゐる。實驗室だけの成功にとゞまらず既に工業化されたものも少くない。また同時に蠶絲そのもの丶利用法も、急速度にすゝみ、よりよく絹の性能を生かし在來の絹の領分を出て、新たな利用分野を獲得しようとしてゐる。嘗て絹の壘を摩さんとして表はれた人絹が、遂に絹に及ばず、却つて木綿の領分に喰ひ入つたことは、面白い現象だといはれたものであるが、今、時代の脚光を浴びて再出發する絹は、果して何の分野を冒すであらうか。

短纖維の技術的完成は、恐らく羊毛の領分を完全に支配させるであらう。混紡、混織、混撚の技術が進めば、實用品として、スフと協同して木綿にとつてかはるかも知れない。

かうした技術上の研究がどの程度に進んでゐるかを知ることは、絹の將來を思ひ描くのに最も必要なことである。また、何故に、絹が國民服の中軸纖維となるのであるか、といふ疑問も、それによつて明快な解答を與へられることになるであらう。

現狀を正しく視て、國產纖維「絹」への期待を强めようといふのが、この特輯の主眼である。以下詳しくこれらの點について紹介することにしたい。

絹繊維の新しい利用

絹糸も落ちぶれたものだ、長いのが特長だつたのに、今では、切り刻まれてしまふのだから――と歎く人もある。昔を思へば、そゞろ感慨にたえぬ點もあるかも知れないが、切り刻まれてこそ、新しい用途への道が拓かれるのである。

繭を繰つて糸にするのでなく、繭を切つて蛹を取り出し、これに化學的處理を施して、綿のやうな形にしてしまつたり、または一旦糸を繰り取つて揃へたものを、短く切つて、これに化學的處理を加へたりすると絹は羊毛のやうな紡績に適した短纖維となる。化學的處理といふのは卽ち、セリシン定着のことであるが、これにより、纖維は同時に防水性と保溫性を加へられることになるのである。

もと〲、絹は、あらゆる纖維の中で一番熱の傳導度の低いもので、理論上は、最も保溫性が高くなければならぬ筈である。ところが事實はむしろ逆で、羊毛製品の保溫性と、絹織物の保溫性とを較べると、遙かに羊毛の方が暖いといふ結果を示してゐる。それは、結局、絹の製品は本來の蠶絲そのものゝ本質を完全に活かしてゐなかつたからだといつても過言ではない。蠶絲のまはりを包んでゐるセリシンを、色々な操作で洗ひ落してしまつて、その中實だけを利用したのが、これまでの生糸の使ひ方だつた。魚を食べるのに、眞中のよい身だけをとり、骨は勿論皮も腸もすつかり捨てゝしまつて顧みないのと同じこと、むしろそれ以上の不合理であるといつてよい。これによつて、折角自然から惠まれた動物纖維としての特色を捨て、それだけ利用價値を狹めてゐたのである。

魚の身だけ食べるのは美味でもあり安易でもあらう。しかし、さういふ食生活は、今日の榮養學から、缺陷のあることを指摘されてもゐるし、また時代は、自然の與へた物は餘すところなく利用することを要求してゐる。多少手をかけて料理をしても皮や腸を食べねばならないこともあるのである。

セリシン定着法は、つまり絹そのものが、本來備へてゐる特長を、充分に發揮することができるやうにする處理法なのである。これによつて必然的に絹は、同じ動物纖維の仲間である羊毛に似通つた性能を與へられることになる。

しかしまだ、繭纖維の利用法は、

研究途上にあるといつてよい。暫く、研究室をのぞいて、その成果がどこまで行つてゐるか、また養蠶の副産物がどのやうに利用されようとしてゐるかを識ることにしよう。

×

農林省蠶絲試験場は、玄關を入るなり、何となく蛹や繭の匂ひがたゞよつてゐるやうな氣がするが、殊に科學部長渡邊綱男博士のもとには、蠶繭類の新規利用に關する題目が山積し、若く、有爲な科學者の群が、蛹臭など物ともせず日夜研究にいそしんでゐる。その研究の結果の中には、既に工業化してゐるものもあるし、また試験管の中での成功にとゞまつてゐるものがあるが、これらをとりまぜて、渡邊博士の解説を聞いた。これは絹の使命を説く爲に口を酢つぱくするよりも、幾層倍か効果のある報告であると思ふ。

蠶絲試験場化學部長　渡邊博士

☆繭綿で洋服や毛布を作る

繭綿といふのは、繭といふ家を建てる蠶にとつて足場のやうなものである。建築の際、まづ足場を組んで家の組立にかゝるやうに、蠶も最初吻から吐いた糸で、繭の土臺を拵へる。そしてその中に本格的に繭を作るわけである。この繭綿は、繭毛羽ともいはれ、從來も眞綿その他に色々利用の途は講じられてゐたが、最近、羊毛や綿糸の代用として、或ひは他の纖維の補強材料としての新用途が拓けて以來、とみに利用價値を增して來た。今では羊毛や絹糸の代用に使ふ絹の材料は色々あるが、最初にこの方面に進出したのは、繭綿だつたのである。繭綿はどれ位とれるかといふと、生繭の重さの一パーセントである。つまり繭が今年七〇〇〇萬貫とれるとすると、そのうち七〇萬貫はこの繭綿が出るといふことになる。繭綿はセリシンに富み、丈夫ではあるが、その中には蠶糞や殘桑葉などが、少ないもので一三パーセント、多いのは二四パーセント

近くも含まれてゐるので、これらを除く特殊の方法が講じられねばならない。それは尾藤技師發明の處理法によつて最近實用化され、除塵と共にセリシン定着が行はれて、洋服地や毛布、ネルなどの新材料として役立つてゐる。

☆新しい用途向に作られる報國繭

繭絹は羊毛代用品として好適なものではあるが、僅か全生産高の一パーセントではあまりに量が少ない。そこで特別の品種の蠶を飼つて、中まで足場と同じやうな具合の繭を作らうと試みられた。これが報國繭で今までのものとちがひ、大部分は初めから糸に繰るには向かない繭である。この種の繭を作る蠶は、概して飼ふのに手數のかゝらぬ丈夫なものが多く、また繭は普通の繭のやうに堅くなく、ふは〲と綿狀に出來てゐるものがあるので、蛹をとり出す仕事も、比較的樂である。この品種は二系統あつて、一方は白色繭と綠色繭に分れ、白い方は繭層の步合が生繭の重さの一九パーセント、綠色の方は一五―一六パーセントであるこの中では綠色の方が丈夫でもあり形が小さいので桑も少ししか食はない。他の系統のものは、やゝ堅い繭で國内向の丈夫な糸をとることも出來るし、繭層步合二一・五パーセントといふ能率のよいものである。

この繭を短纖維とするのに、最初は、繭を縱又は横に切つて蛹を取出す方法が廣く行はれてゐた。しかし研究が積むに從つて、このやり方は不合理だといふことが認められて來た。といふのは切ることによつて、どうしても短い纖維ができて、それが屑となつて散つてしまふ。その量が約三パーセントに及ぶので、相當無駄が多いことになるのである。そこで、同じく尾藤技師發明の繭を煮て、絹紡用開繭機にかけて開絮する方法が、追々に普及されようとしてゐる。なほ、ほかにも、セリシンを全然失はず、且つ纖維を損傷せずに繭毛糸を剝ぎとる方法の研究が、二三成功してゐる。

☆羊毛に最も近づく絹帛

屑繭や、前の報國繭を材料として羊毛代用の短纖維を作るのに、最も優れた方法の一つは、井上博士發明の絹帛であらう。

これは長さ六尺、直徑二尺の廻轉ドラムに一旦煮た繭を五〇粒から一〇〇粒位、一度に一粒づつ緒をつけて繰取つた上、横に二寸位の長さに切つて紡績する方法である。つまり繭を切らずに一度繰つて糸にしてから切るところに特徴がある。この方法によると三デニール位の細い蠶絲が、綾になつて繰取られてゐるのであとは簡單に撚つて、瓦斯定着をするだけで、殆んど羊毛のやうな纖維となるのである。また撚る時に、芯に、人絹や、絹紡糸を入れることもできるが、これは絹で覆はれた特別な味を持つ糸となる。またはじめに繭を好みの色に染めてから繰ると、色のついた風變りな絹帛ができる。これは襖紙、壁紙、表裝、ハンドバツグ等に使はれて、一種獨特の裝飾的價値を發揮する。丈夫なことは勿論で、紙ともつかず、革ともつかぬ新しい美と實用性をもつのである。殊にこの方法で作られた玉虫色の絹帛の優雅な味は、織物には到底望めない。

かうした裝飾的な用途は別として絹帛利用の洋服地、ネクタイ、セーターなどの特色は、最も毛織物に近い感觸をもつことである。到底純絹とは思へないほど、毛に近い製品がこの絹帛を原料としてもう旣に作られてゐる。

☆品質はよいが能率の惡い短截纖維

煮た繭を一粒づゝ繰取りながら、短く切つてゆき、セリシン定着をする方法であるから羊毛代用絹纖維の作り方としては念がいつてゐる。念入りなだけに、手觸りからいつても風合から見ても、可紡性に富む點でも、なかなか優秀なものが得られるが惜しいことには能率が上らない。從つて生産費が高くつくといふ惱みが殘つてゐるわけである。また繰糸の出來る繭でなければならぬ、といふ條件もあつて、これはまだ一般化するまでには至らない。

☆平らな繭

蠶は俵形や椎の實形、或ひは球狀の繭を作るといふのが常識だつたがこの頃では、蠶のこの習性を無理に歪めて、板のやうに平らに糸を吐かせる方法も行はれてゐる。

いよ〳〵糸を吐かうといふ熟蠶を上簇させる代りに、蓆の上や、糸網の上に置いてやる。勝手の違つた蠶は、はじめは容易に糸を吐かうとしないが、一、二日經つと、こらへ切れないのか、あきらめるのか、とにかく、載せられた物の上に糸を吐きはじめる。簇のやうに適當な足場が得られないのだから、自然吐いた糸は平らになる。そして蠶自身は蛹となつて、その平板な繭の上にころりと横はるのである。

この方法が星野正三郎氏によつて發明された當時は、行燈、團扇、表裝など、紙の領分に使はれたものであるが、今ではこれがまた優れた羊毛代用品として使はれるやうになつた。質もいゝし、紡績の際の歩どまりも良好だが、たゞ問題は吐糸量の點である。蠶としても、習性に背くので、充分に糸を吐かない場合が多い。これは品種にもよるが、ひどいのは、八〇パーセント以下のものもある。もつとも、既に九六パーセントの吐糸量を有する品種もあり、今後板狀繭でも、完全に糸を吐きつくすやうな品種を作つて行くことで解決されるわけである。その研究は、目下各地で行はれてゐる。

☆製絲の副産物からも羊毛代用纖維

糸の緒を出すときに出る緒糸、或ひは繭の中にある蛹襯などの、製糸の副産物は、これまでも絹糸紡績の原料になつたが、その場合蛹を振り分けた後精練するのが常であつた。これではセリシンを失つて羊毛代用品としての値打をなくするので、最近は、蛹を振り分けたあとすぐ、セリシン定着をして、乾燥後、開綿機で絹毛とする方法が行はれてゐる。

この際、ネツプが生じるとか、油脂の含有量が多いとかいふ缺點も擧げられるが、これも追々に改良されてゐる。

☆セリシン定着とその効果

以上隨所にセリシン定着法について述べたが、同じくセリシン定着といつても、方法はいろいろある。目的は、要するに、絹に羊毛のやうな物理的性質を與へること、卽ち、蠶糸の外部を包被してゐるセリシンを熱水にも、藥液にも、染料にも不溶性のものにし、更にその外面に龜裂を作つて可紡性を增すことにあるのであつて、數多く發明されてゐる各處理法はそれぞれに特徴もあるが、代表として、蠶絲試驗場尾藤技師の研究によるホルマリン法、及び定着纖維の性質を紹介して見よう。

（ホルマリン溶液の濃度は繭綿で四パーセント、繭纖維三パーセント、生糸二パーセントで、その浸漬温度は二〇度—三〇度、時間は三〇分—一時間が適當である。水素イオン濃度はセリシンの等電點に相當する PH 4.5 内外がよい。また定着助劑として多價の鹽類を添加すれば、効果が增大される。ホルマリンをアルデハイド瓦斯狀態の乾式定着を行ふ場合には、アルデハイドの量が原料纖維に對し一パーセント位がよい。この際は水蒸氣の共存が必要であつて、その量が、原料纖維の二〇—三〇パーセント、温度七〇度、時間三時間位が適當である。）

ホルマリン法のほか、ホルマリン變法、クロム鹽法、タンニン酸法等が行はれてゐる。

このやうにしてセリシン定着を行つた絹纖維は、どのやうな性狀となるか、第一表はそれをあらはしたものである。

この表の試驗に供した纖維は繭綿である。強力、吸濕量の點では、大たい、無處理のもの、定着法を講じ

第一表 セリシン定着絹繊維の性狀

	吸濕量（飽和室5時間）	強力（14中100本）	溶解量%					染料吸收量%		
			煮沸水1時間	パパイン	石鹼	N/100 Na OH	N/100 H_2SO_4	直接	酸性	鹽基性
無處理	% 19.3	gr 5.2	34.5	42.4	42.4	43.2	45.5	87.2	43.2	89.8
ホルマリン法	18.1	5.1	11.9	8.4	31.5	30.9	42.2	33.4	35.9	90.9
ホルマリン變法	23.2	4.9	2.3	4.2	0.4	5.5	13.8	-95.0	86.4	25.0
クロム法	18.3	5.0	2.6	1.2	1.6	29.9	11.5	95.1	91.6	40.0
タンニン酸法	18.2	5.0	6.3	1.0	9.1	4.6	7.9	28.6	38.6	99.2

たもの、殆んど變化が認められないが、たゞホルマリン變法によつてセリシン定着をしたものだけは例外で、吸濕量に富んでゐる。吸濕量の高いことは、織物にした場合、汗等の吸收率が高いことを意味するわけである。

次に溶解量であるが、これは著しい差異を示してゐる。もと〱セリシンは熱や水、アルカリ等に弱いもので、この性質を變へる爲にセリシン定着が行はれるのだといつてもいい位である。從つて、一時間煮沸した結果、無處理のものは二四・五パーセント溶けたのに對し、一番溶解度の高いホルマリン法でも一一・九パーセント、ホルマリン變法や、クロム法では殆んど二、三パーセントしか溶けない。石鹼その他に對しても、表に見られるやうな效果を示してゐる。

染料の吸收率は、染料の種類により、またセリシン定着の方法によつて、變化がある。ホルマリン法及びタンニン酸法では、直接染料、酸性染料の吸收量が少い代りに、鹽基性染料は九割から十割近く吸收する。これに反してホルマリン變法とクロム法とは、直接、酸性染料をよく吸收し、鹽基性染料にはなじまない。これによつて、セリシン定着をほどこした繊維は、その定着の方法如何により、染料を考へる必要があるといふことがわかる。なほ、折角セリシン定着を施したものも、染色の工程で、またセリシンが溶けて、糸の腰がなくなるといふ説もあるやうだが、この表の煮沸によるセリシン溶解度及び染料吸收量をにらみ合せて見れば、適切な方法で定着しさへすれば、その心配はないことが、はつきりわかるであらう。

次に混紡した場合の強力の成績を見ることにしたい。

セリシン定着をした絹纖維が、外觀、手觸り、保溫性、ともに羊毛に近いものとなり、他の纖維との混紡にも適したものになるとしても、弱くては何にもならない。

次の表はその性能の試驗をした結果をあらはしたものである。絹は、セリシン定着を施したもので、これと羊毛とを、色々な割合で混紡して一〇番手の紡毛糸を作り、その糸の强さと、それで織つた服地の强さとを示したのである。

これによると、絹ばかりのものが糸も、織物も、最も强力優れ、羊毛の割合が多くなるほど弱くなつてゐる。從つて支那羊毛のやうな品質の劣つたものでも、絹を混紡しさへすれば强くなり、絹の混紡によつてこれまでよりも丈夫な「毛織物」が出來ることになるのである。

なほ、セリシン定着と共に、捲縮加工といつて、纖維をチリ〳〵縮ませる加工法を行ふと、より一層羊毛に近い感じの纖維が出來る。つまりちゞれさせることによつて、色澤もよくなるし、防水性も與へられ、且彈力に富んだ織物のできる纖維が得られるのである。

この加工法も、氷結法、加熱法、酸縮法、鹽縮法等いろ〳〵あるが、いづれも藥品の濃度、溫度、時間等の僅かな違ひで製品の品質が左右せられ、技術的にむづかしいものとされてゐる。

第二表 セリシン定着絹纖維の混紡成積

混紡割合		强力	
絹	羊毛	10番單絲10本	混紡絲織物
100	0	瓩 5.41	瓩 25.0
80	20	4.96	23.0
60	40	4.79	22.5
50	50	4.42	21.0
40	60	3.90	15.6
20	80	3.70	14.8
0	100	2.49	13.4

☆特色のある節絲

以上、絹の新用途として、羊毛代用の方面ばかりを述べたが、森山技師發明の節糸製造法は、以上とまるで違つたやり方で、風變りな用途をめざすものである。

簡單にいへば撚り糸を一旦編んでから精練し、必要に應じてはそのまゝ染めて、またほどく。かうするとちり〳〵縮れた糸が出來るので、それをビロード織、縮織物、編物類の原料、雜貨裝飾用として用ひようといふのである。アメリカで閉出しを食つたやうな品質のよくない生糸でも、かうして使へば、特殊の持味のある糸となり、今後益々需要の多いメリヤス製品その他に、立派に役立つわけである。

☆生産費を安くする爲の特太生絲

生糸は、大抵何本か引揃へて撚つた上で使はれるのであるが、これでは、一度繰取つたものを、また撚るといふ二重の手間をかけないと、一本の糸が得られない。そこで、この手間を省き、從つて生産費を安くしようといふ意圖のもとに、太生糸の研究が行はれた。つまり、太生糸は繰糸、撚糸の二つの工程を一どきにすまさうといふ工夫なのである。

渡邊權藏技師の考案によれば、繭五〇粒を一度に繰つて太糸にすると平べつたい糸になるが、二五粒づゝ二口にし、この二本をまとめて小枠に捲きとると、斷面の丸い太い生糸が出來る。この糸で、縮緬や靴下を作つて見たところでは、內地向の實用品として、まづ〳〵結構なものが得られたといふことである。

撚糸までの工程でどの位能率が上るかといふことを驗べて見ると、一四デニールに較べて、八四デニールは、繰糸工程で三割、八四デニール三本三子の撚糸で三割六歩の進捗を認めてゐる。

このほかに河倉博士發明の別法もあるが、概して太糸は質が粗硬になり易く、利用にあたつて不便だといふ批難もある。しかし今ではこれをやはらかくする爲にレシチン溶液を使用する方法が發明され、柔軟な太糸を作ることも可能となつてゐる。

☆テグスの新用途と家蠶テグスの進步

從來、釣糸として親しまれたテグスは、人造テグスで、生糸を數十本揃へて、ゼラチンを滲みこませ、引伸ばして固めたものである。イタリーやスペイン方面をお得意先として昭和一二年頃には七、八萬圓も輸出されたものであるが、最近はこれも國內に向つて新しい御用をつとめることになつた。

それは、以前支那から六〇〇萬圓內外といふ輸入をしてゐた豚毛の代りとなつて、各種のブラシの材料となることである。豚毛は普通品でも一貫目二五〇圓內外もしたが、絹テグスは八五圓位でできる。性能からいつても、値段からいつても、またとない豚毛代用品である。

豚毛に限らず、馬毛その他の獸毛代用品にもなり、また金網の代用にもテグスは適してゐる。經糸にテグスを緯糸に紬糸を使つて織つた布地は皮革代用の靴向のものにもなる。テニスのガツトは勿論、小は爪楊子までも、テグスで作られる時代である。

しかし生糸からテグスを作るには糸を撚つたり、ゼラチンに度々浸したり、煮沸したり、壓しつけたり、風乾したり、またゼラチン液を塗つたり、ホルマリンの處理をしたり、なかなか手數がかゝる。

ところが最近、テグスとして定評ある楓蠶テグスより以上の品質のよいテグスを、家蠶から至極簡單に製造する方法が發明された。それは、熟蠶をそのまゝ二十時間酢に浸し腹を割つて絹糸腺をとり出し、すぐに引きのばして乾かすのである。長さはどれでも一定してゐて、大體一米弱のものだから、充分のびるだけのばして乾すことが大切である。仕上は、マルセル石鹸で精練するだけである。

この方法の特長は、蠶の廢物利用にもなることだ。生きのいゝ蠶をわざ〳〵殺さないでも、死にかけた蠶或ひは死んだ蠶で充分である。いよ〳〵糸を吐かうといふ眞際になつて急にのろ〳〵しはじめ、遂に、吐かずに死んでしまふ蠶はかなり多い。殊に夏はそれが甚しいが、こんな蠶も、腹の中には、絹糸腺が發育し切つてゐるのだから、テグスにしてしまへば、立派に利用できるわけである。

細くて、丈夫で、消毒も利くといふ特質を利用して、このテグスは外科手術用の縫合糸にも歡迎される。細いのは、眼の手術にさへ使はれる位である。しかも値が安く、一本一錢位でできるので、今までスペイン産の一本一〇錢もする糸を使つてゐたことを思ふと、外科の先生に歡迎されるのも、もつともな話である。

なほ、絹糸腺をとつたあとの蠶の身體や血液は、鷄や魚の飼料となり殊に黄繭種の蠶の場合は、それを與へた鷄の卵黄が濃くなるといふのは面白い。

☆漁業にも進出する絹

魚を漁る網は、綿糸又は麻糸が使はれてゐたのだが、どちらも今は缺乏して來た。この際絹が、漁網材料として有望であるといふニュースは漁業日本のホープでもあらう。

次の表は、綿糸との比較である。

一六八デニールの生糸をレシチンで柔軟にし、三通りの太さに合撚したものと、これと同じ太さに一四デニールの生糸を原料として、合撚したもとのを試驗材料としたのであるが糸の增大率、强力ともに綿糸を凌ぐことが認められた。

海水に二四時間浸したあとの糸の增大率は綿糸は二四パーセント近く、絹の方は、少いのは一一パーセントといふ好成績である。

强さの方では、綿糸は海水につけて暫くの間は、却つて强さを增してゐるが、あとはぐんぐん弱つて、一ケ月後には、遙かに絹よりも弱くなつてしまつてゐる。殊に夏は綿糸が早く弱り、四、五日で脆化したとい

第三表 海水に依る纖維の變質

原料絲		太さ			强力					伸度				
		原絲	海水浸漬24時間後	增大率	大氣中	海水中浸漬				大氣中	海水中浸漬			
						1日	10日	30日	2ケ月		1日	10日	30日	2ケ…
綿絲	番 本 子 20× 2×3	μ 662	μ 820	% 23.8	kg 2.87	kg 3.03	gk 3.08	gk 1.21	kg 1.06	% 19.6	% 25.2	% 24.8	% 19.6	% 21.0
絹絲	168《デニール》× 2×3	521	593	13.8	2.81	2.70	2.64	2.30	1.52	38.5	56.2	48.9	42.1	26.7
	14×24×3	5C1	624	11.1	3.82	2.89	3.00	2.75	1.61	39.4	56.6	54.1	49.5	27.9
	168× 2×4	612	698	14.1	4.61	3.60	3.65	3.52	2.07	36.4	53.8	49.4	51.3	28.9
	14×24×4	630	718	14.0	4.94	3.71	4.00	3.53	2.11	40.1	58.8	58.4	52.9	29.5
	168× 3×3	653	736	12.7	5.14	3.99	4.00	3.80	2.44	41.6	60.6	58.5	57.7	33.7
	14×36×3	658	764	16.1	5.14	4.14	4.18	4.08	2.93	38.6	60.0	58.6	59.0	37.9

ふ實例もある位である。但し伸度の點では、木綿に一歩を讓らねばならない。

要するに、絹網には多少の缺點もあるが、海水中での耐久力は强く、漁獲率も高く、輕くて水切れもよく、取扱ひに便利だといふことになる。殘された問題は、値段のことで、今少し生産費が安くならなければ、綿網のやうな普及はのぞめないであらう。漁網のほか、ヘヤネット、鳥網、絹ショールなどの用途もひらかれてゐる。

☆絹から革を

繭綿は羊毛代用として使はれることを、前に述べたが、絹擬革の原料にもなる。

開綿機で一度ひろげたものを熱湯に入れると、セリシンがふくらむが、それを今後は壓搾して、同時に冷水で冷すと、セリシンが固まり、固い紙のやうなものができ上る。あとをなほ藥劑で處理して乾かしたのが、即ち絹紙であるが、紙といふにはあまりに强いものである。つまり自然に含まれてゐるセリシンを膠の代りにして纖維をくつつけ合せるわけである。その强さは一〇〇分の一吋厚さで一一キロ、伸度は五パーセント内外といはれる。但し、角が比較的弱いといふ缺點はある。

最初の用途は、紙の代りに、裝飾的な壁紙や襖紙が主であつたが、革の拂底とともに、塗料を施して、新たに皮革代用品として登場することになつた。スリツパやハンドバツグや草履、或ひは靴まで作られてゐるが、まだ本物の革の性能には及ぶべくもない。但し塗料を塗らないものは電車の吊革、電線の被覆、パツキングなどに大量に使用されてゐる。

同じく繭綿を原料として、セリシンのみに賴らず、カゼインやゼラチン等の膠着劑を加へ、三〇〇〇ポンドの壓力で壓搾して擬革を作る方法もある。これは絹板といひ、非常に强靱なもので、この應用には、無音輪車の如きものまである。つまり絹を原料とした齒車であるが、ファイバーやベークライト製のものより、輕いのは勿論のこと、磨滅も少いし油にも強く、熱によつて膨脹することもなく、水にも壓縮にも耐えるしその上音響が少いといふ、優れた製品である。

このほかに、平面繭を加工して作つた擬革もある。

☆絹の砥石と篩

絹で拵へた研石で、金屬をとぐところまで絹の科學は進んでゐる。河倉技師によつて發明されたシルク・グラインダーがそれである。輕金屬の圓い芯板の上に、繭糸を放射狀に捲きとつて、研磨用の粉をふりかけながら仕上げ、藥品で處理したものであるが、このグラインダーの特長は、絹纖維の切口があらはれて、絹の特性により、金屬の仕上りが、非常に滑らかに出來ることにあるといはれてゐる。

絹篩は、鉛筆の芯や白粉を篩ふのになくてならないものだが、これまで、日本ではどんな高級の生糸を用ひてもうまく行かなかつた。そこで一ヤール一六圓—二五圓を投じて瑞西から輸入したものであつたが、最近研究の結果、特別の品種の繭を作れば、手易くこれが作られることが判つたのである。それはよく揃つて節のない、太さ一・八デニールのもの五粒付の生糸を作ればよいのであつて、この品種の飼育も、今は成功して、瑞西製に負けない絹篩が出來るやうになつた。この絹纖維は篩のほか、アトラス、ミラニース、高級靴下にも使はれる。

養蠶副產物の利用

さきに述べた通り、絹が大衆的に國民被服材料の中軸となるためにはさし當つてその價格を下げる工夫が必要であり、それには、今のところ養蠶副產物の利用を益々高度にしてそこから役に立つものを數々取出し反射的に糸の値を下げるのが一番妥當であるとされてゐる。それは一寸考へても實現の可能性が多いが、事實、研究は豫想以上に進んでゐる。

かりに、織物としての絹に御厄介にならないといふ人があつたとしても、副產物から出來るさま〴〵の生活必需品のお世話にならぬわけには行かないであらう。

國民の誰もが、もつと〳〵關心を持つていいのはこのことであり、また以下に紹介する事柄は、時節柄、非常に興味深いニュースでもあると信じる。

☆蠶沙は羊の腹を通して肥料へ

蠶沙は、蠶の糞や、残桑、蕪などの混つたもの、つまり養蠶の際に出るごみ屑のやうなものであるが、これが年々六億萬貫もできるのである。今までは大概肥料として使はれてゐたが、もつと有効に使ふには、これを飼料として緬羊を飼ひ、その羊の糞を畑の肥料にまはすことである。

實際に蠶沙で緬羊を飼つて見ると發育もよいし、毛の品質もよいばかりでなく、面白いことには、盛んに双兒を産むことが判つた。

蠶絲試験場での實驗によると普通の飼料で飼つた方は、八頭のうち、一頭の親羊だけが双生兒を産んだのに對して、蠶沙で飼はれた羊は八頭のうち六頭までが双生兒を産んだ。この原因はまだはつきりつきとめられてゐないが、恐らく桑葉の中のビタミンB2の影響ではないかと見られてゐる。

緬羊を一頭飼ふには、蠶沙を年に五五〇瓩必要とする、そこでもし、我國で出來る蠶沙を全部羊の飼料にあてるとすれば、三〇〇萬頭の羊を飼ふことが出來るのである。かりに三分の一としても百萬頭。かうして絹と羊毛とが一緒に生産されるやうになれば、素晴らしいことである。

緬羊一頭で、一年間に一五〇〇瓩の厩肥が出來る。この厩肥の窒素の量を〇、六パーセントとすれば、三〇〇萬頭で、窒素が二七〇萬瓩となり、五〇萬町歩の全國桑園の窒素所要量のうち、二四パーセントを賄ふことが出來るのである。いきなり畑に蠶沙をやるより、羊を通して肥料とした方が得策だといふことが、これでわかる。

なほ緬羊のほか、肥育牛や乳牛、山羊などの飼料にも、蠶沙を或程度まで混ぜて差支へないことが明らかにされてゐる。

☆蠶糞から活性炭や藥品がとれる

蠶糞は蠶沙の中の半量を占めてゐるので、その生産量は相當多いわけであるが、これから、優秀な活性炭が出來ることが、志方博士によつて發明された。活性炭は、脱色用、醫藥用、觸媒用等のほか、時局柄必要な瓦斯吸收用、瓦斯マスク用としてもなくてならぬものであり、用途は頗る廣い。

製造法は段々に改良された結果、今では、ドイツのカーボラフインを凌ぐものができるやうになつた。

今かりに、四―五齡期の蠶糞を、全部この方面に向けるとすれば、約

二八、〇〇〇噸の活性炭ができるのである。

繭を作るまぎはの蠶の糞には、一五パーセントの赤糞が混つてゐるがこれからは、胃潰瘍の特効藥、ヒスチヂンが抽出される。また蠶糞の中には、ペクチン質が多量に含まれてゐるので、その粘着性を利用して糖蜜の代用品が作られ、煉炭製造などに用ひられる。このほか、蠶糞を微粉にして、石鹼やアルカリ類、香料などを加へて洗毛劑が作られるし、消化劑もとれる。それは糞の中に自然に含まれてゐる蠶の消化酵素を利用するわけであるが、これは量が比較的少いのが缺點である。

養鶏業者は、卵黄の色を濃くすることを、商品價値を高める上から、いろ／＼と考慮するが、蠶糞は、卵黄の色を濃くする效力がある。飼料の中に五パーセント位、蠶糞を加へるだけで、わざ／＼玉蜀黍や他の餌をやらなくても色は濃くなり、鶏の健康も保たれるといふ。殊にこの效果は、黄繭種よりも白繭種の蠶糞の方が高い。それは、黄繭種は桑葉の中のキサントフイルを蠶自身で吸收することが多いからであらう。

☆ 多彩な蛹の用途

蛹といへば、製糸の際の廢物視せられて、肥料でなければ、鶏や魚の飼料となる位であつた。しかも蛹を食つた鶏の卵は蛹くさいとか、うなぎが蛹臭いとかいつて、とかく蛹は喜ばれない傾向が未だにある。さういひながら、それとは知らず、蛹油の天プラに舌づゝみを打つ人が少くない時代なのである。

今では、蛹の役立つこと、肝心の繭に追つかんばかりの狀態にならうとしてゐる。その利用法の變化に富むことはまさに繭糸を凌いでゐる。

蠶蛹の成分は、大體三〇パーセントの脂肪と五〇パーセントの蛋白質のほかは、グリコゲン、皮にあるキチン質、灰分等である。これらの成分が殆んど餘すところなく、有用な物を産んでゐるのである。殊にビタミンB2が豐富に含まれてゐることが、最近發見せられ、一層その重要性を加へて來た。

蛹油

主成分の一つである油を搾るには、大體三つの方法が行はれ、一つは手搾り、一つは水壓で搾る法、一つはベンジン浸出の方法である。手搾りは能率がわるく、七、八パーセントしかとれず、水壓では一五パーセント、ベンジンでは二八パーセントを得られることになつてゐる。

蛹油は臭いもの、と相場がきまつてゐた。從つてはじめのうちは、洗濯石鹼の材料になる位のものであつたが、脱臭方法が發明されてから、とみに利用範圍が擴大した。

大體蛹にせよ、蛹油にせよ、臭いといふのは、糸繰りをしたあと、茹でられた蛹が長いこと積んでおかれて、腐敗するためである。つまり一種の蛋白質の腐敗臭なのである。そこでこの油をアルカリ性にしておいて、水蒸氣で匂を吹きとばす方法、その他の脱臭方法を行ふと、殆んどとり立てるほどの匂ひのない油となり立派に食用に供されるのである。精製法の不完全な場合は、天プラなどを揚げる時、油から多少の臭氣を感じることもあるが、揚げた品物には少しもそれが殘らず、むしろ淡白な風味である。

旣に小柳技師發明の脱臭方法は、某會社で工業化され、各方面に出廻つてゐるが、その油の成分は、大體食用大豆油に相當し、榮養價が高いのみならず、揮散率も少いので、天プラ材料としては特に好適であるといはれてゐる。またこの油の特質は乳化し易いことゝ、從つて消化し易い點である。水に入れて一寸ふつても擴散する位である。これは炭素が少いからで、炭素の多い脂肪酸を含む油は硫酸を加へても容易に水に擴散しないものである。

蛹油は食用となるほか、石鹼の原料としても優れてゐる。殊に脱臭されたものは化粧石鹼用にも適し、泡立ちよく、洗滌力にも富んでゐる。なほ小柳技師法の脱臭工程のうちでは、グリセリンも採取されるし、又この油を硬化油としてクリーム等の化粧品にも使ふことが出來る。

ガソリンに近い液體燃料を蛹油から製造することも旣に成功してゐる。それは蠶蛹の脂肪酸石灰を低溫乾溜して、それを蒸溜するのであるが油の約四五パーセント位の生產量である。從つて價格の點で難點があり、まだ實用化に至らないが今後の研究の結果は蛹が有力なガソリン資源にならないものでもないのである。

ビタミンB2

數多い蛹の利用法の發明の中でも、特に功績の大きかつたのは、小柳技師によつて發見された蛹中のビタミンB2である。ビタミンB2は牛乳、鷄卵、肝臟、肉類、酵母などに比較的多量に含まれてゐる、生長促進、榮養改善に關係すること多大なビタミンである。ところが含有量の點に於て、これまで最も多いとされてゐた豚の肝臟の約四倍の量が、蛹に含まれてゐることがわかつたのである。即ち、切繭から出したまゝの蛹から油を搾つた粕、一瓩の中にビタミンB2は二三〇瓱も含まれてゐる。今年の繭產額七〇〇〇萬貫とすると、その中には、ビタミンB2が五六七〇瓩存在することになり抽出精製して、かりにその五分の一だけを取得したとしても一一三四瓩となる。

我々の一日に必要なビタミンB2の量は二瓱であるから、その半量を他の食物でとり、半量を蛹ビタミンに仰ぐとすれば三一〇萬人、一ケ年分に相當するのである。しかもこの貴重な榮養素が油を搾つたあとの蛹粕から得られるわけである。

純粹のビタミンB2の製品は非常に少く、且高價であつて、今春ドイツのメルク製は一瓦一三九二圓もした。殊にその注射藥はこれまで日本にはなかつたのであるが、この豐富な資源を得たので今後の心配はなく、一グラム五〇圓位でできるのである。今ではドイツから蛹を送れといふ注文も來てゐて、科學の國だけに旣に蛹のビタミンに眼をつけてゐるらしく思はれるが、今後はビタミンB2の製品として輸出するやうな時代も考へられるのは、愉快な話である。ドイツでもアメリカでも、純粋の製品は勿論化學的合成品であつた。

何故蛹にビタミンB2が多いかを検べた結果、結局それは桑の葉に由來してゐることが判明した。桑も品種によつて、含量の差があるが、桑葉に含有量の多い土地では、蠶作も良いといふ關係も認められてゐる。つまりビタミンB2は、人間に對しても成長促進の役目をつとめるやうに、蠶にとつても 成長を助けるのになくてならない、榮養素なのである。

その證據には、抽出したビタミンB2を桑の葉につけて、蠶に與へると、目に見えて發育がよくなるといふ。また子供や幼動物の成長に必要であるばかりでなく既に胚子の頃から、影響を與へることも大體認められてゐる。例へば雞に蛹を飼料として與へて試すと、三五個の卵のうち全部受精してゐて、そのうち三三羽孵つたのに對し、魚粉を與へて飼つた雞は同じ三五のうち九羽しか孵らなかつた。鼠も妊娠中に蛹を與へると、仔は大きくまた一般に妊娠率高く、産れる仔の數も殖える。蠶沙で飼つた羊が盛んに双生兒を産むのと、何かのつながりのある現象ではないかと思はれるのも當然である。

人間にはとり立てゝB2缺亡症は見られなかつたが、それはなかつたのではなく、むしろそれと氣づかない樣々の現象となつてあらはれてゐたやうである。例へば疲れ易いとか、身體がだるいとか、食慾減退とか、病氣もないのに瘦せるとか、下痢をするとか甚だ漠然とした症狀を呈する。一番はつきりしてゐるのは、唇の兩端のたゞれ位のものである。

大體食慾がなく、脂肪を吸收しない爲に瘦せるといふのは、B2不足の場合が多い。それは脂肪に燐酸をくつつけたり離したりする作用があり、B2が充分であると脂肪の消化吸收は助けられるのである。

日本人の主な食品である白米と魚とは食品中ビタミンB2の最も少い方に屬するものである。かなりあるのは、味噌位のもので、その他はビールに豐富だが、これは誰でもその恩惠を受けるといふわけには行かない。

また日本人の榮養上缺けてゐるものは一般的に見て脂肪と動物性蛋白質であるといふ。ところが蛹は、この缺けてゐるものを三つとも補つてくれるのである。ビタミンB2の量は、さきに述べた通りに多量であるし 蛹からとれる油は年に一五、〇〇〇噸位までは行き得るといはれ、蛋白質もすべての蛹をこれに廻せば三二、〇〇〇噸、即ち牛六〇萬頭に匹敵する。

國民體位向上のために、最も必要なものを、蛹が一つならず備へてゐることは日本の强みの一つとなるであらう。

ホルモン

雌の蛹からは女性ホルモン、交尾しない雄の蛾からは男性ホルモンを抽出することが吉田技師によつて成功した。人間に對する効果までは、研究が進んでゐないが、動物試驗では、雞と鼠で面白い結果が出てゐる。

雄の雞を去勢し、性器が萎縮してしまつたところに、この蛹のホルモンを注射すると再び性器が元通りに大きくなる。

鼠の雌には、性週期があつて一定期間で發情するが、卵巣を摘出すると、それが見られなくなつてしまふ。そこへ蛹のホルモンを注射すると、また發情の週期が起つてくる。

要するに今後の研究を期待してもよいところまで、家蠶ホルモンの研究は進んでゐるのである。

調味料・醬油、味噌

蛹の主成分、蛋白質の利用法はいろ〳〵だが、味の素のやうな調味料も、優秀なものが出來る。つまり蛋白質をアミノ酸に變化させたものが原料となるのであるが、以前は蛹臭いとか苦いとかいつて嫌はれた。しかし最近は臭みをとる方法も發明され、苦味物質も濾し別けられるやうになつたので、純粋の强力な調味料となり、既に工業化されようとしてゐる。もしこれに匂ひがあるとすれば、それは磯の香に近いといふのだから、變れば變るものである。殊に醬油の味を出すことは妙であるといはれる。二三滴入れると味がよくなり、現在のまづい醬油の缺陷を補ふのである。

醬油や味噌の製法は幾通りもあるが、要するに大豆などと同じくその蛋白質を原料とする點に變りはない。勿論この頃の蛹醬油、蛹味噌には殆んど蛹臭はないといふことである。

蛹麴

蛹はもとから、雞、豚、鯉、鰻などの飼料又は餌に使はれてゐたが、そのまゝ與へるとどうしても卵や肉に蛹の臭ひがうつるのを免れない。そこで蛹で麴を作つて脱臭しようと試みられたが、これが完全に成功したのである。出來上つた蛹麴は、臭氣がとれたばかりでなく、飼料としての價値も高いものになり、實際に養雞に試して見て好成績をあげた。

なほ同じ麴でも、特に或種のものは脱臭だけに止まらず、蛹麴に芳香を與へ、しかもビタミンB_2を合成するといふことも發見された。この蛹麴を飼料にすると、牛ならば牛乳や肉にビタミンB_2が增し、雞は卵にB_2が豐富になる。また一旦麴にしたものを、精製して、粉にしパンや煎餅に入れて、人間の食用にもすることが出來る。

蛋白質の利用法いろ〳〵

以上の調味料、味噌、醬油等すべて蛋白質の利用法であるが、このほかに、蛹のうどんもあればビスケットもある。

蛹の入つたうどんは報國麵と名づけられてゐるが、蛋白質だけに、普通の麵に較べて非常に榮養價がすぐれてゐる。このうどんは、サンドヴイッチ風に出來てゐて、良質の小麥粉で上下を包み、間に蛹の蛋白がはさまれてゐる。このうどんで鼠を飼つて見ると、普通麵で飼つた鼠に較べて、著しく成長が早く、健康であることが認められた。

また蛹蛋白質の粉は、煎餅やビスケットの材料に混用すると、特殊の風味を添へる。榮養價を高めるのは勿論である。パンに使ふには、一度蛹を燻製にして、完全に脱臭してから用ひる。これらも將來ある蛹蛋白の利用法である。

なほバクテリヤの培養器に用ひるペプトンも、蛹蛋白からできる。

☆蛾からも油を！

蠶の蛾は一部分が飼料となるほか廢物として利用されないものが多かつたが、その成分を見ると、雄には脂肪が五二パーセント近く含まれてゐることが知られ、以後、蛾油の採取も實際問題となりさうである。即ち昭和十三年度に廢物になつた蛾は四八七七六貫であるが、これから得られる油は約四〇〇〇罐(一罐四、四貫)に及ぶ計算になる。油をしぼつた粕は、アミノ酸原料にまはされる。蛹麴の製造も、目下研究中であるから、遠からず現實されるであらう。

雄の蛾から男性ホルモンが抽出されることは前に述べた通りである。

☆餘すところなき桑の利用

全國には五〇萬町歩の桑畑があるといふが、その葉を養蠶に使つたあと出來る限り利用することが、農家にとつては收益の途となり、間接に繭の生産費を引下げることにもなる。養蠶副産物の新利用法のうち、蛹や蠶糞などと共に、桑の利用法の研究が、學者の間で熱心に進められてゐるのも、單に國家に必要な物の資源にしようといふ目的だけではない。秋、葉の落ちた枝や、春刈り込んだ桑條は、これまではたゞ農家の焚き物になつてゐたが、その有効な利用法は次のやうにぞく〳〵研究されてゐる。

葉

春蠶の殘桑は特にビタミンB2、ビタミンCその他の養分を豐富に含んでゐるので、これらを壞さぬやうに乾した桑茶など、人間の食糧にあてるに適してゐる。また桑葉から、皮膚保護劑や洗毛劑も作ることも出來る。

實

最近は桑の實の酒も作られる。

これは新鮮な實に等量の砂糖をまぜて一ケ月位放置したものをAとし、別に新しい實に水を等量加へ、更に砂糖を入れて壓搾した汁をBとする。

枝條

靫皮部のパルプは、セルローズが九二パーセントに及び纖維も長いので、上等の日本紙の原料にされ、障子紙は勿論、防寒用のシャツまで作られる。木質部で作つたパルプは、主として人絹用となる。

根

取上げたいのは桑の根の藥効である。桑の木の浸出液が、血壓降下の作用をもつてゐることは、昔から言ひ傳へられてゐたが、果してそれは事實であり、殊に根皮に一番その藥効の强いことが明らかになつた。動物試驗の結果によれば、投與後次第に血壓が下降し、大體五時間でもと通りになることが認められてゐる。中でもアルコールで滲出したものは、水で浸出したものより降り方が早い。別に桑の根からも酒が作られてゐる。この桑根酒に限り、適量に飲めば血壓下降の藥となるのである。この酒は桑の根を熱水で浸出して土臭い匂ひをとり、別に根を燒酎で浸出した液を加へ、味醂と香料を加へて作つたもので、アルコール分は一八パーセント位含まれてゐる。こくのある黄色い酒で、風味はむしろ桑實酒より勝れてゐる。(完)

随筆

郷里にて

中山省三郎

☆馬淵さん

戰死した弟の村葬が近づいたので、私は田舎に歸つて來た。

近所の人が車座になつて話をしてゐる。

「花火屋はうまいことをしたなあ。なかなか支那の漢口なんちうとこまで普通の人ぢやあ行けねえがんな。」

「まあ、そらあさうだ。それでも、揚子江で九江といふところへ差しかかつた時なんぞは、ずゐぶんおつかなかつたぞ。敵の野郎奴らが鐵砲を打つ放しやがつてな。」

「それがそれ、俺らも一ぺんはさういふ目にも遭ひてえつていふのよ。」

「ま、そんなことは大したことぢやねえがな。漢口で、花火をうんと上げてから南京さ歸つた時は愉快だつたなあ。」

「何だ。」

「俺らが南京さ歸つて來ると、報道部長が偉い御馳走をして下すつてな。いろいろ御苦勞だつたといふ譯よ。何せ戰場の花火は戰國時代からの武士の嗜みだといふので……。」

「報道部長つて。」

「うん、その大佐がまことに溫厚な、偉い人なんだよ。ぶらない人でな、ちつとも。俺らはいい氣になつて、すつかり御馳走になつちやつたんだ。それから大佐殿が、どうだ、花火屋諸君、せいぜい飮んで、何か餘興でもやらんかつて……。ところが、誰もが場所柄で遠慮してんのよ。」

「なあんだ、花火屋、おめえは十八番《おはこ》の義太夫を忘れたのか。」

「いやいや、たうたう俺がやらされる番になつたんだ。」

「やらされるつて。志願したんぢやねえのか。」

「とにかく、ええとこを唸つちやつてな。」

「太閤記か。」

「うん。一つやつたら又やれつて仰つしやるから、またやつたんだ。」

「出來したぞ。」

花火屋は益々得意になつた。私は暫く默つて聽いてゐたが、ふと思ひ出して、その報道部長といふのは、誰のことかと訊いてみた。すると、馬淵といふ大佐でがす、と答へた。それならば、自分もからかういふ譯でよく知つてゐると私がいふと、花火屋は感激した。


「まことに溫厚な」と花火屋が表現した馬淵さんに初めてお目にかかつたのは、昭和十三年の夏のことである。私は三ケ月ほど、殆ど同じ所に暮したが、その夏の思ひ出は、今もはつきりしてゐる。

報道部といふのはどういふ所であるか、――その頃、一般の人たちは、單に軍のニュースを新聞雜誌を通じて發表させる機關といふ位にしか考へてゐなかつた。それが今日、單に國內、或は國外に對する報道宣傳のみならず、輿論昂揚、指導はもとより、第三國の啓蒙とか、新しき文化建設の促進とか、さまざまな任務を有することが漸く多くの人に理解されるまでになつたについては、馬淵さんを初め、多くの報道部員諸氏の並々ならぬ努力がなされたのであつた。

馬淵さんはこのごろ刊行された「報道戰線」の中で、いかに報道部が多難な道を步いて來たかを述べられて、多くの人の注目を喚起されたが、私はいま、上海南市の廢墟に立つて、或は軍工路に沿つた畦道に立つて、さまざまな人々、時には外國人記者に對して上海戰當時を說明された風貌を思ひおこす。

夏の暑い日であつた。外國人記者の一行と共に南市に出て、われわれは行人稀れなる野原に立つて、過ぐる年の秋に行はれた激戰の跡をかへりみた。

「わが川並、田上、石井、細見等の部隊は昨年十一月九日、完全に南市を封鎖して、一氣に擊滅せんばかりの態勢に移つたが、俄かに進撃を中止した。すでに、この南市なるものは上海戰線に於ける支那軍の重要策源地ではあつたが、ここに居住する夥しき無辜の人民をむざむざと戰禍の中に罹る譯には行かぬ。ここに於いて、我が軍は敢へて實力行使を控へ、平和裡に入城せんとし、支那軍隊の退去を勸告するため凡ゆる努力をしたのであつたが、彼等は『保衞大上海』の夢さめやらず、死守を叫んで抵抗するため、已むなく十日正午までに非戰鬪員の避難を通告した上、午後三時半より攻撃を開始し……」

外人記者と馬淵中佐
（十三年夏上海南市にて）

馬淵さんの言葉はH氏によつて英譯され、外人記者に納得の行くまで說明が加へられた。また、上海楊樹浦に近い軍工路を前にして戰ひ戰つた飯田部隊將士の奮鬪を具さに說明される時、われわれはただ聲を呑んで涙を浮べるばかりであつた。

とはいへ、私はいま、かやうな情景のみを思ひおこしてはゐない。むしろ多くの中國人を衷心から信服せしめたやうな人柄がまた、われわれをして心おきなく事變の核心に觸れしむる契機となつたこと、――さういふただ一つの事實さへもが、明日、或は次の時代にいかに大きく顧みられなければならないかを痛感するのである。

「まことに温厚な」と花火屋はいつたが、私たちはまた大佐の烈々たる熱情をも具さに見て來たのであつた。

☆寫　眞

「寫眞をとつて上げませう」と、田舍へ來て、昔からの知合ひに言葉をかけると、直ぐに承諾はするが、かなり年をとつた人などは一瞬、いささか動揺の色をあらはすのであつた。年寄たちは、寫眞をとられれば壽命が薄くなり、家の寫眞をとられれば家運は傾くといふ風に考へてゐるのである。このやうな風習は中國人にも見られるが、沖繩邊でも、寫眞をとることを、魂を拔く（ヌブ）ことといひ昔氣質の人たちなどはひどく嫌ふのである。

幕末のころ、露西亞の提督プーチャチンと折衝した川路左衛門尉聖謨《としあきら》の下田日記には、露西亞からしきりに寫眞撮影を所望される話が載つてゐる。

「魯戎自分の顏をうつし參度旨にて、いろ〳〵と申。再應申斷候處、不聞入候間、元來の醜男子、老境に入、怪の如くなるを、日本男子也など申されむも、本朝の美男子のこゝろいかゞあるべく、さて魯戎の美人に笑はれんはいや也と、案外の事にいたし、外し候處、魯西亞の婦人、馬鹿は男のよしあしを論ず、才人は官のよしあしを論ず、男の美惡を論ずるは、愚也。故に御懸念に不及と申候。よほど醜男とは存じたれど、かくまでとは不存。」

この日以來、露西亞人の寫眞所望はいよいよ頻りであつて、「魯人けふも像をうつし度旨達て之を申し、大いに困り申候　痘瘡の跡迄もうつり候由也」といふやうな日もあり、なかなか應じなかつたが、二ケ月近くも經つて、左衛門尉はつひに寫眞を撮らせてしまふ。

「日なたに、四方雪の如くなる木綿を張り、其內にギヤマンにて差渡三寸ばかりの目がねの如くなるものをかけ、其內に白銀のかがみをかけたるを、二間ばかり隔、向ひ居る也。早回りの針五六分ばかりの內に、顏色、しわ、出來物のあとまでうつる。衣類のいろ目もうつる也。これは子孫へ傳へ申す可くと大悅いたし候」

寫眞一枚のために多くの手數と日數を要したのであつ

たが、その頃から九十年に近い歳月を經てゐながら、今もあちこちで同様のことが繰りかへされる。

左衛門尉はあんまり風采があがらないのに、これを日本の男子だなんどといはれては不名譽になるといつたが、やはりどこかに「魂を抜かれる」のを怖れる感情があつたやうに思はれる。

☆時　勢

老人がやつて來た。私が學生時代に夏休みなどに歸ると、文科といふところでは歴史などもやるのでせうといひ、私が無論さうですと答へると、幡随院長兵衛と爭つた旗本の名は何といつたかとか、清水次郎長が亡くなつたのはいつのことかとか訊いて、私を辟易させた老人である。いろいろ雜談をした後で、急に眞面目くさつて話し出す。

「算盤先生のことだつたと思ふんでがす。先生の先生が或るとき、かういふ問題を出した、五人手間で二十日かかつて一軒の家を作るとする。一日十時間働いて建てるんずが、二十日かかつては困るといふ。これを一日か半日かで建てる方法はないもんか、勘定をして見ろ。算盤先生はさつそくパチパチとやつて、ええと一日で作るのには百人手間、半日ならば二百人手間、一時間なら千人手間、一分間なら六萬人手間、はい先生、そんなことは六萬人ゐればたつた一分間で建ちますと得意になつて答へたんださうです。すると先生は、この馬鹿者めが、六萬人で一軒の家が一分間で建たると抜かす。まだまだ貴樣は修業が足りないと、たまげる程怒つたさうです。それから時勢の話になつて、世の中のことはなかなか算盤どほりには行かん、非常に急激に解決がつくことと、時が經たなければ解決のつかんことがあると、何でもそんな話をしたといひます。利口者の先生もだいぶ參つたとかいふ話でがす。」

この老人が問題を提出した最初の先生の言葉を、どの程度にまで理解してゐるかは分らなかつたが、私は何かそこに今日の時勢にさへもつながる深い示唆の含まれてゐるのを感じた。

科学

一酸素炭素

寒くなつて、何時も問題になるのは一酸化炭素だ。なぜこれが問題となるのか、一酸化炭素は呼吸によつて血液中に入ると酸素へモクロビンがなくなつて一酸化炭素へモクロビンが出來、そのため窒息する。ではどれ位の一酸化炭素へモクロビンならさしつかへないかといふと、全體のへモクロビンの一〇%内外まではまづ健康にさしつかへなくそれより量の増加するにつれて影響を及ぼし、結局、六五%以上に達すると生命を失ふことになつてゐる。しかしこれは血液中のへモクロビンについてであるが、空氣中における一酸化炭素の量はどの程度までは衛生上支障ないか、衛生學はこれについて一萬分の一までは保健に影響なく、それが五千分の一になると頭痛が起るが、それでもこの位の量では三時間か四時間はまづよい。しかしもつと含有量が増して三百分の一になるとその影響は直ぐ現はれて十數分で仆れる。

この一酸化炭素はどんな場合に多く發生するかといへば燃燒の不完全からで、したがつてガスの場合、薪の場合、木炭の場合を問はず完全に燃やし或は起すことが大事である、一酸化炭素は空氣よりやゝ輕い、ガスの發生する場所では開放して置くとこの中毒から免れる、八疊間ぐらゐの大きさの部屋では西洋間だとその中に火鉢を置いて不完全な燃燒の仕方をさせた場合一時間で中毒量に達するが、日本間では普通には密閉がきかないので一時間ぐらゐでは中毒量には容易に達しないこれは日本住宅のよい點である。

ビタミンB1

最近榮養學の進歩はめざましい、殊にビタミン關係の研究が相當派手である。つぎに記すBに關するものはそのうちの一つである。まづB1であるが、このビタミンを流行性腦炎に罹患させたマウスに皮下注射をすると死亡率が減少する。これは腦炎に罹患する前に注射した場合も大體同樣である。そこでこれから考へられることは夏季流行性腦炎の流行期においてはその日常生活においてB1を出來るだけ多く攝つて置く必要があるといふ事だ。B1の何が腦炎に効くかについての研究はまだ行はれてゐないが、ビタミンBは1にしろ2にしろ體力を維持せしめ生活力を旺盛にする作用があるところから考へて、細菌に對する抵抗力が増强される結果ではないかと推論されてゐる、熱射病の患者にビタミンB1の注射をするとその回復を早めるといふ事實がこれまた最近の學會に報告されてゐるが、結局これも抵抗力の増强といふことで説明が出來るやうである。

日本人の身長

日本人の身長は伸びる。最近の數字によると男女ともにわが國民の身長と體重はずつと伸びてゐることが報告されてゐる。この調査は日赤病院で出産した乳兒五千人について行はれたものだが、それによると十年前と十年後の今日とでは男女平均して身長では一・二センチ、體重では七三・九二、九グラムだけ增加してゐることを發見した。初產兒についての調査だけにこの報告は興味がある。

科学

副乳

動物には澤山の乳房があつて人間にはなぜ二つしかないか、この答へは人間は動物ではないからといふのが普通誰でも答へることばだ。しかしこれは間違ひだ、人間にも二つ以上の乳房を持つたものがゐるからである。これを副乳といつてゐるが、大體その數は日本の妊婦の統計では六人か七人に一人の割で存在し、妊娠したことのない婦人では二十人に一人ぐらゐの割で存在してゐる事となつてゐる。問題は副乳の數であるが、外國では一番多いので十四對あつたことが報告され、わが國では八個が一番多く、ついで六個、五個といふ風になつてゐる。しかしこれらの副乳からは本當にお乳を分泌する場合は非常に少なく、大抵は少し膨れ上つて小量の乳汁樣の分泌物を出す程度にとゞまるさうである、だが、なかには本當にお乳を分秘して三十日間も上腿の側面にある副乳から授乳したといふ報告がある副乳のある人は双生兒をうみ易いといふことが傳へられてゐる。實際に調査した人の書いたものを見ると四十人に一人の割で双生兒を出產したとある。また双生兒をうまぬまでも十人、十二人、十五人といつた風に多產の人にはしば〳〵副乳の發達が見られるさうである。多產奬勵の今日、副乳のある婦人は大いに歡迎されていゝわけだ。

蚊の問題

蚊はぼうふらから、ではぼうふらは何からかへるかといへば蚊の產み付ける卵からであるが十月ごろになると、ぼうふらは蚊にならずに、ぼうふらのまゝで越冬して四月の終りごろに蚊となつて繁殖を開始する。したがつて、蚊の繁殖を防止するには十月から十一月ごろに、池だとか防火用水槽なぞ平素あまり換水することのない水はきれいに取りかへて、その中に棲息してゐるぼうふらを驅除することが絕對必要である。しかし場所によつては蚊のまゝでも越冬することがあるので、日當りのよい場所もこの頃に掃除を施行すると、翌年蚊の繁殖は抑制される。

桑パルプ

桑の樹からは優秀なパルプがとれる。製紙にしても良質のものが得られるが、更にこのパルプから製した紙でバケツが土佐でつくられてゐる。

家ダニ

家ダニの跋扈は各方面ともます〳〵ひどい。この完全な驅除は硫黄燻蒸であるが、一番手輕でどこの家庭でも出來ることは猫を飼ふ事である。家ダニの繁殖源が鼠にあるところから猫を飼へば鼠がゐなくなつて結局家ダニもあとを絕つだらうといふ所から出た話だが、實驗によると案外この驅除法は有効である。

スフの戰ひ

―戰時衣服材料の話―

織本益夫

弱いスフ、水につけると潰けてしまふスフなど〻、悪口をいふ者もあるが、戰時下、衣服源の自給自足のため、スフは絹と並んで無視する事が出來ない

絹のないドイツなどは、銃後はもとより、戰線の兵士まで、オール・スフ一點張りで鬪ひ拔いてゐる。われわれはスフの品質向上を熱望する一方、國民一般にスフを再檢討せよといひたい。

ドイツでは、第一次世界大戰前には纖維の大部分を外國に依存し、年額十三億マークに達してゐた。大戰が終つてもこの狀態はつゞき、自給自足などは及びもつかなかつたが、ナチス政權確立と共に外國からの輸入を二十七パーセントにまで低減した。

このかげには、祖國の前途を深く考へたドイツ國當事者の血のにじむような努力があつた。今日、ドイツがスフを主とした國內產化學纖維で、衣服資源を裕々と賄つてゐるのは、遠く、第一次大戰直後からの努力が實を結んだのであつた。

チルン・ロットワイラ會社のやり方の如き、その一例である。同會社は火藥製造會社であつたが、戰後の不況時代にイー・ゲー染料會社と協力して優秀なスフ纖維を作り出した。

當時は外國から天然纖維が洪水の如く、外國資本の手によつてドイツ國內へ流れ込んでゐたのであるが、その壓迫を堪へて作つた結果、ドイツのスフは周知の如く米國產綿に次ぐ強度を持つに至つた。

其後、カゼイン、石炭、其他各種化學纖維が澤山出てゐるが、スフの重要性は少しも變らない。初めからスフで戰ひ拔いてゐる國民もあるのだ。

先驅者ドイツ

スフは、元をたゞせば植物の纖維素であつたものを、化學的方法で之を抽出して纖維の形に連結したものだ。それだからスフは棉や麻と同じやうに植物纖維といふ點で兄弟なのだ。それが、棉と手ざわりが違ふやうになつたのはなぜであるかといふに、組織體の分子の大きさが違ふことゝ、分子の連結の形が違ふからである。そんなわけで スフは棉とはちがふが、その性能から云へば、棉に極めて近く、また羊毛にも近いので、これらの物資に對し相當廣い範圍において代替が出來るわけである。それが、羊毛や棉の輸入が一時的に杜絶してゐるやうな現在では、棉や羊毛の代用品として、どうしても之にたよらざるを得ないわけになるのである。

このやうに、被服資材としてまことに重要なスフは、それならいつ頃から世に現はれたものであらうか。これは、スフの歴史に關する問題であるが、案外古いといへば古いことになるし、また割合に新しいといへば時代的には新しいことになる。それは人工的に纖維を製造して、それを被服材料たる纖糸にしやうと企てたのが、現世紀の初頃であつた。日露戰爭が終結した年から四年目に當る一九〇八年に、これを考ひ出したのが佛蘭西のベルツェルといふ人であつた。彼は絹屑を處理して紡績纖維を造らうとしていろ〳〵やつてみたが、思ふやうに人工短纖維を造ることが出來なかつた。ところが、彼のこうした考方や製造への着手が世間に傳はると、これも佛蘭西人であるが、プルランといふ人がこの企をやり遂げやうとして研究にかゝつた。それがまた英吉利でもミッチェルが、この事業に着手したのである。彼等は先づ人絹を適當の長さに切斷して、それを紡いでみやうとやつてみた。だが、普通の人絹では糸の太さが大きいし、紡いでも太いためにうまくゆかなかつた。紡績の原料として取扱ふことになると、それに依らない別な纖維素を作らねばならぬことが判明したのである。それがわかつただけでも　一つの發明といふことが出來るが、そのヒントに基いてスフの製造を發明したのが佛蘭西のギラールであつて、時は一九一〇年、日本の年次では明治四十三年に當る。

スフの製造はそのやうにして、佛蘭西で發明されたのであるが、それが實用向への工業化にはまだ行つてゐなかつた。そのうちに、第一次世界大戰へと時代は進んで來た。獨逸では、經濟封鎖といふひどい目にあつた、羊毛が入らない。棉が入らない。さあそうなると、國内で被服素材が拂底して何うにもならなくなつた。佛蘭西は、聯合國側であつたから、印度の棉が入る。日本から絹が入る。濠洲から羊毛が入るといふので、被服素材には事缺かなかつたから何を苦しんでスフを多く作る必要があらうかと、この工業化はそんなわけで緣遠いものとなつてゐた。

しかし、獨逸では、そんなのん氣なことを云つてゐられない。早急を要する問題となつてゐたので、そこは獨逸の科學者だ。自分の智識が國家のお役に立つのはこの時とばかり、製造設備を早急にやつて着手した。だが、スフの製造方法が未だ充分研究せられてゐなかつた時代であつたから、すぐ工業設備をしたところで生產成績が擧りやうがない。その根本が未だ充分把握せられてゐなかつたからだ。そのうちに、大戰時代も過ぎた。最も必要を痛感した大戰時代に、スフがとう〳〵生れなかつた。そのために、獨逸の子供達はボロを着てゐた。そうしたみじめな大戰時代が過ぎ去つてしまつた。しかしそのときの必要性を痛感した獨逸人は、たとへ平和の時代になつても、之が製造方法を放棄しはしなかつた。この生產的研究は、ロットワイル工業社の人達に依つて繼續せられた。この研究が報いられて一九二一年、わが大正十年に當る年であつたが、第一回のビストラ・スフ製品がロットワイル工業社から發表されるに至つた。この事業の有望が認められ、イー・ゲー會社との併合が行はれ、人工纖維の生産に更に一層研究を重ね、いろんな標本的な織物を出すやうになつた。しかし、獨逸のスフ織物は未だ世界の市場にデイビユーするまでには至つてゐなかつた。

獨逸がこのやうに、スフの製造の研究に沒頭してゐることが世界の耳目を惹いてからといふもの、各國が競つてスフの研究に力を入れるやうになつた。もつとも、それも羊毛や棉の不足を感ぜぬやうな生産國――アメリカやイギリス――では、ことさらそんなものゝ製造に浮身をやつす必要がないので、それも持たざる國の人達である。例へばイタリーの如きはそれであつて伊太利のスニアビスコサ會社では、大正十一年頃であつたらうか、その製品スニアフイルを發表して、獨逸にこれ見よがしに自慢したものであつた。

日本のスフ

然らば、日本はどうかといふことになるが、日本も之が研究に着手したのは案外に古い。それは、佛蘭西がスフの研究に着手したのが世界一古いに拘らず、實用化への執心と努力を示すに至らず、これもつひに獨逸に敗けたのであるが、日本は佛蘭西と同じ位の年代にスフの研究に着手した。それは明治四十三年に、瀧野平兵衛といふ人に依つて人造纖維の混紡に關する特許が發表されてゐるのである。これは人絹屑を絹紡原料に混紡する方法に關するものであつた。日本絹織株式會社では人絹屑の利用について研究してゐた。しかし、いづれも人絹を土臺にして之を以て何うにかしやうとした研究に過ぎなかつた。いはゆる獨特のスフ、本來的なスフの製造に關する考察は、大正時代の末にはじめて日本に來た獨逸のスフ織物を現在見てから、それを見て驚嘆の聲を發してからのちのことであつた。それも織物各會社の技術家等の關心を惹いて、日本でも一つやつてみやうか程度に過ぎなかつた。また日本の織物會社の重役などいふ人間は横着で、現にすぐ金になるものでなければ、おいそれと研究者を動員しない。若い技術屋も、おれも一つやつてみやうと興奮しても、やるには設備やら材料やら研究室を整へるに金を要するし、それを重役に相談しても、おれのところは絹織物だからそんなものゝ研究は必要でないとか、また人絹會社ではこゝは人絹だけをやればそれでよいなどゝいふ重役等が多いので、若い研究者の研究が本レールの上になか〳〵乘らなかつた。そのうちに羊毛や棉花に不自由を感じないアメリカやイギリスあたりでも、スフの研究は世界的傾向にならうとしてゐることを看取したので、直に之が製造技術の工夫に取かゝつた。そのうちに昭和の初頃に英吉利のコートールド會社の製品が世界の市場に現はれるやうになり、世の物めづらしがり屋の購買心をそゝり需要がつく。供給側の生産を刺激する。それが世界の纖維工業界をひどく昂奮せしめた。それを見てやつとこさと腰を擧げて、それならおれもやつてみるべえとやり出したのが日本では昭和八年頃であつた。それが日東紡績のスフ工場で、世界的に云へば遲ればせながら、あとからくつ着いて行つたのが今日の御時世に役に立つた次第だ。あとのもの共も、なぜ早くやらなかつたかといふことになるが、これは日本の實業家の多くは藝者などに金をドシ／＼出すに拘らず、着實な研究者には金を出すどころか振向いても見ないといふ風であるから、彼等はすべて世界的趨勢からおいてけぼりにあふのである。國家のために不忠なわけぢや。それでもわが國のスフ製造業は、事業着手の沿革から云つて最近のことであつて、昭和もつい近頃のことであるが、それにしても短期間の發達として技術的にもまさに飛躍的のものである。

スフは動く

スフは實に新興纖維である。羊毛や棉に代替し得られるものとして、被服物資の王座を占めやうとしてゐる。その柔軟性と光澤のやはらかさ、それに適度の伸度はよく被服素材として新興衣料となるものである。羊毛や棉の輸入阻止の時代に、之に代るべき被服素材としてスフに於ける價値が絶大なるものがあらう。それは纖維工業の生產的效用性からばかりでなく、消費者として多少の不滿があるにしても、これに依る織物の斬新なる新興性の刺激は、消費者の購買心をそゝらずにはゐるまい。これは實用價値の上から、他の異種織物との消費割合に重點をおいて觀ずればスフが如何に多く婦人に依つて使用せられてゐるかを知るのである。

この點について、日本ではまだ充分な消費者に關する調査が行はれてゐないが、アメリカ(合衆國)では參考になる資料が出來てゐるのである。それは、棉と生糸と羊毛と人絹とスフを材料とした消費の分量についての調査である。消費の向を工業用、家庭用、男子洋服、婦人服の四つの用途の割合についてみると、棉は工業用が最も多く四割二分、次ぎが婦人服で二割二分、男子洋服と家庭用は同率で各々一割八分の割合になつてゐる棉若くは棉製品は大部分工業用として消費せられてゐる。

そんなら羊毛は何うか。これは、大部分男子洋服用に消費せられてゐるもので四割を占めてゐる。次ぎが家庭用の三割二分、婦人服が第三位で二割、第四位が工業用の八分といふ順位になつてゐる。

生糸はと觀ずるに、これはアメリカで女にはなくてはならぬものだけに、婦人服用として絶對多數を占めてゐて九割二分、次が男子洋服用であるがこれは六分、家庭用と工業用はおの／＼申譯的に一分づゝといふ割である。

人絹とスフ、これは殆んどその用途からいつて同じやうな割合になつてゐる。

人絹は婦人服用が最も多く七割六分、次が男子洋服用で一割五分　家庭用七分、工業用二分といつた割合だ。

最後にスフだが、これは大部分婦人服用で七割三分、次が男子洋服用で一割五分、工業用は第三位で八分、最後が家庭用で四分に過ぎない順位である。

これに依るとスフ用品は、大部分婦人服用として消費せられてゐるもので、これに次ぐのが男子洋服用として取材せられてゐるといふことがわかるのである。これはアメリカにおける用途であるが、そんならわが國ではスフ用品は何んなものであつて、その用途如何といふに、これは先づその製品の上から觀察すれば一目瞭然だと思ふ。

第一にスフは毛織物に代用

されてゐることである。その製品の種類からいふと洋服地、學生服地、セル、モスリン、フランネル、アルパカ、コート地、ショール、その他室內裝飾用生地などで、これらは從來羊毛で紡織されてゐたものが、羊毛の輸入杜絶に依つてスフが羊毛に代つて、これらの種類の織物となつたわけである。

第二にスフは在來の棉布に代用されてゐることである。その製品からいふとメリヤス生地、ポプリン、棉ボイル、中形浴衣、風呂敷地、蒲團地、重地、八掛、夏の婦人子供服地、洋裁生地、學生服地、別珍、室內裝飾用品等である。

以上述べた第一、第二の製品に依つてもわかるやうに、外國の原料である羊毛や棉の素材に代用されてゐるといふことが、輸入杜絶に依つてもこれさへ國內で生産されてゐるなら、敢て被服資材に困らぬといふことがわかることゝ思ふ。すなはちスフは、被服物資に於て外國に依存せるものを之で排除したといふ國民經濟上の偉大な功績のあるものである。いな、それればかりではなく更に次の如き代用效用を發揮してゐるのである。

第三、麻織物に代用してゐること。その製品から云へばハンカチフ、蚊帳、夏のワイシャツ地、ポプリン、チープルクロース、椅子張地等。

第四、絹織物に代用してゐること。即ち服裏地、羽織裏地、富士絹、夜具座蒲團地、銘仙着尺、八掛等。

第五、人絹織物に代用してゐること。別珍、モール、パインシルク、ショール、ポプリン、風呂敷地、裏地、カーテン地等。

弱いか？强いか？

右に述べたやうにスフ織物の效用は、實に被服用途に於て廣汎なものであり、また日常生活に絶對に必要なものとなつてゐるので、現在のやうに羊毛や棉の輸入禁止の時代には、スフ織物なくしては生きて行けないやうになつた。食物と同じやうに日常生活必需品となつて、われらの生活を構成する物質的要素となつた。それほどスフ織物は緊切缺くべからざるものとなつてゐるが、惜しむらくは之には他の素材織物例へば毛織物や綿織物に比し缺點のあることである。それは、耐久力に乏しいといふことである。

使用上からいつて、洗濯によつて、引張つた場合、汗のついたとき、濕つたとき、そうした原因によつて、(イ)自然に破れる、(ロ)穴があく、(ハ)ホツレ破れがする、(ニ)擦り切れがする、といふことになる。その破れる個所は多く膝頭であるとか、縫目、肱、裾、背中といつた所が破れる。それからまた伸びたら伸びつ切り、縮んだらそのまゝ、毛羽立ちがするといつた狀態である。これらがスフ製品の最も大きな缺點であらう。日本での體驗では、洗濯縮みがして乾いてからそれをそのまゝ着ると、ついにはホツレ破れがする。それ故之が補强方法として、收縮を補正したり、押へたり、縫代を廣くしたりそれに洗濯する前に藥店で賣つてゐる補强液にひたして乾かしてから水につけ、それからつまむやうにして洗濯すればよい。主婦として、この心掛けが必要だ。

スフ織物の耐久力不良は、原因に遡ると紡織方法が惡いものにそれが多い。即ち紡績が不良のために絲班が多いもの、その細い部分が薄弱な部分となつて破れる。一本の絲の切れることは、織物中の他の絲を次いで斷切せしむることになる。それ故、紡織方法の良否が織物の品質の耐久力に影響するのである。加工方法にも依る。例へば絹紡式のスフ絲で織つた生地は、強力が大なるものである。

またスフ織物の乾燥強力を觀ずるに、綿布とは大差ないが、毛織物にくらぶれば著しく優つてゐるのである。たゞ濡れた場合に何うかといふにスフ織物は棉織物よりは弱い。しかし毛織物とは大差ない。この點から云つてスフ織物の耐久力を圖るためには、防水補强處置を講ずることが必要である。

それから伸度について何うかといふに、これは乾燥時にありては、スフ織物は毛織物よりも弱くなる。しかし、棉織物よりはいくぶん强いものがある。

最後に保溫力について觀察するに、これは一概に言ふことが出來ない。纎維による影響を重視するよりも、これは織物の構造の如何に依つて、その保溫作用を異にするものである。すなはち織物に包藏せられてゐる空氣の含有量は織物の構成如何に依つて違ふものである。それから通氣性も、それによつて異ること。また織物の表面の形狀の如何によつても、熱傳導率も異るものである。こういふ點から云ふと、スフ織物は人絹に比すれば保溫力が大きい。それは、スフ織物は紡績織物で含氣性が多いし、また織物表面の形狀として毛羽が生ずるので、それで熱の放散率を減少せしむるからである。そこでスフ織物をして保溫力を大ならしむるためには、その織方を工夫することが大切である例へば混紡の場合、生地を少し厚くすれば、純毛織物に比して保溫性にそれほど劣る所がない。サージのやうなものでも、織物に中空性を保たしむれば、保溫性に於て效果があるであらう。純毛織物に比して、スフ織物は保溫力に於て、それに及ばないといふ缺陷を有するが、しかし、棉織物に比較せば保溫力に於て大差ないのである。それから日光に曝露することより來る弱體化につき見るに、これは人絹と等しく棉布や毛織物に劣ることは爭はれない。しかし絹織物よりは强いといふことが立證されてゐる。

以上述べたやうに、スフ織物には缺陷もあるが長所もあるので、この非常時局には、被服用品として國民は、何うしてもこれを愛用せねばならぬ。

食の研究　森熊猛

新生活設計図
これからのおくらし
錬成用試案
榎本映一
ピンポンのネットにもなります
野菜の自給自足
杉　柾夫
高度に敷地を生じた一例
新鋭マンガグループ
水用
新しき住宅
1
新住宅研究所
ナルホド
2
新住宅研究所
南義郎作

子持ち用簡單服　小泉紫郎

子供をオンブする時は、バンドを、うしろへ廻し用のない時は、胸へ飾りに、とめておく。

防空壕兼用住宅　秋玲二

「一寸ハンドルを押せば御覧の通り家が浮上ります」

食の研究　森熊猛

象はわらを食つてあの體力を作る、人間もこゝに研究すべき學問がある

政治

三國同盟提携固し

日獨伊三國條約締結の一周年を迎へたのは、この秋の初めのことである。

本條約は、世界の平和を維持し、東亞の安定を確立するわが肇國精神の具現である。

世界の動亂化を防止し、世界の平和を確立せんとする精神は、御詔書中にあり

禍亂ノ戡定平和ノ克復ノ一日モ速ナランコトニ軫念極メテ切ナリ

抗日蔣政權の打倒のために四年餘に亘り戰つてゐる。

時代轉換の奔流の一脈なり

舊秩序をそのまゝ固執することを平和と心得てゐる民主國等の誤認は、之が是正に浮身をやつす要なし。

帝國の大東亞新秩序建設を妨害せんとする國家群に對し等しく洋の東西に於て新秩序建設に邁進しつゝある日獨伊三國提携の強力を以て當れ。これ東亞の安定を確立し、帝國の地步を確保する途である

しかし、國際情勢が如何に變化しても、東亞における帝國領土以外の外地と雖も、共榮圈內にあるものは、わが內地人口の移植地であり、繁榮の樂土である。

この範圍を擴大し、その地步を確保せよ。國民は今や、一人として國民服を着ざるものなく、此の國際難局に擧國對處せんとす。

秋天、日高く、偉風萬里薰る。嗚呼、我が日本よ。

政治の倫理化

翼贊壯年團成立して、意氣昂る。

壯年團は、高度の政治性を有するものとして、全國的强力團體たらしめよ。

之がために養育し、その發達のために團員の熱誠と努力が必要である。

それにしても、一縣一黨あるを知り、國家合體の見地を忘却すること勿れ。政黨が死滅狀態に陷つたのは何か、それは、一縣一黨あるを知つて國家あるを忘却したからである。

政黨それ自體のみの利益あるを知り、國民全體あるを忘却した所に、政黨政治の禍根あり。佛蘭西共和國が、一九四〇年に亡國の弔鐘に依つてその死の告げられたのも、それに依るのだ。

一縣一黨の孤立的にして、且つ排他的なるもの、かくては遂に存在の意義無からん。

この弊害に陷らしめざるために、中央との連絡が必要である。地方的部分相互の連絡を圖ると共に、中央によつて統禦せらるゝ組織體へ發展せしめる。かくて、有機的機構へと組織が發展するものである

壯年團は、國民組織の表現化だ。

壯年團を國民運動の義勇軍と考ふるものあり。之により國策遂行に協力性を持たせよ全國的に、國民の意志を代表して。

これ、政治の倫理化なり。

それにしても、國民意識の等しき昂揚には、國民服を身に着けて、一步前進せよ。

東亞共榮圈を科學せよ

國民必需品を、國內生產のみを以て自給せしめんとする

政治

考やよし。だが品にも依る。

農林省は、内地七千三百萬人の人口を扶養するに、國内産米のみに依らんとする政策を固執してゐる。

自給自足、政策の原則として、美名之に過ぎたるはなしだが、效果は擧らない。

年々歳々、内地では米が足らない。このまゝではお腹が減り通しだ。それは當然だ。何故か。

日本人口の增加傾向は、すばらしい。だが、米の生産量はそれに追從し得ない。人口食糧問題は、重要な衣粧を着けて、舞臺に登場してゐる。

人口被服問題も、時を同じくして登場してゐる。爲政家や當局は、之を如何に考へるか。この問題なればこそ、東亞共榮圏確保の大事業に直面してゐるのだ。

國内食糧の不足は、外地の供給地より補給せしめたらよいではないか。米の餘つてゐる佛印や、タイや、さういふ補給地より外米を取入れて、先づ須らく米の不足してゐる國民に何故たらふく食はせぬか。

少國民や中學生の、腹一ぱい食べたいものに減食の悲哀を滿喫せしむるとあつては、昔の藩政を司つた家老と雖も爲さゞる所である。

外米の代金は黄金で拂ふ要なし、バーター制は、その一法である。共榮圏内は有無相通ぜよ。内地人口の扶養地は外地へ延長する。

滿蒙の羊毛、北支の綿、佛印のゴム、やり場のない外米補給地は、かくして轉開しつゝある。一定原則に捕はるゝ政策の更改の秋である。

共榮圏を科學せざれば、應變自在の妙案なきか。

滿洲生産物の問題

日滿農政研究會は、臨戰體制下緊急に解決すべき事項を協議した。

一、滿洲農産物價格問題

二、農産物增産出廻促進に對する勞力對策並に指導の徹底

三、滿洲開拓政策

滿洲における農業生產力の飛躍的發展のためには、農業生產方法の改善、技術の向上に依り反當り收獲量の增加を圖ること必要だといふことになつた。これは今更改めて言ふまでのことではない。今まで何うして居つたかと言ひ度い位である。

滿洲開拓の基本方針が最近動揺してはゐやせぬか。

しかし、陸軍、拓務兩省の意見では滿洲移民送出しの國策は、表面時局の影響を受けて變化あつたにせよ、その根本國策に至つては不變なりと。

當面の問題として、内地における大豆需要量に對して、滿洲より二百五十萬トンを供給せしむる必要があるのであるが、彼地の大豆生產力は事變前までの水準に回復してゐないとのことである。此の際可能なる物資につき内地需要に補給し得るものは、營利を離れて供給せしめよ。二、三年前、滿洲石炭を内地に輸入せば、内地石炭價格下落し、會社の利益少くなるとて反對した實業家あり、石炭不足の嚴寒の冬には、このこと終生忘れられず、感冒死亡率の高かりし年なりき。

創作

服装

福田清人

草吉《さうきち》が一昨年、初めて滿洲《まんしう》の旅をした時、つくづく感じたことのひとつは、あの新しい國が生《うま》れて十年もたゝぬ間に、あのやうに見事《みごと》に統一され、發達《はつたつ》しつゝある原因には衣服《いふく》が強い作用を及ぼしてゐるといふことであつた。つまり協和服《けふわふく》の制定と普及《ふきふ》である。

あの簡素《かんそ》な服裝で、民族の色や階級《かいきふ》を消して、多くの人々が活動《くわつどう》してきたことが、とにかく大きな效果《かうくわ》をあげたことは間ちがひない。民族協和《みんぞくけふわ》といふ建國理念《けんこくりねん》は、形のあるものにも手がゝりを求めておいた方がよく、その意味で協和服制定《けふわふくせいてい》にはいゝ創意《さうい》がはたらいてゐると思ふのであつた。

「誰《たれ》が何だか見わけがつかなくて困るねえ。驛《えき》の出迎へから、宿《やど》に最後まで殘つてひどく親切《しんせつ》にしてくれた人に、やはり出迎へてくれた公社《こうしや》の人だらうと、改めて恭々《うやうや》しくお禮を言ふと、相手が變な表情《へうじやう》をしてゐたよ。なにしろあんなにホテルのボオタアまで協和服《けふわふく》をきてゐるのだからねえ」

同行のおなじ文學仲間《ぶんがくなかま》の一人が苦笑《くせう》して言つた。

「君の下げた頭《あたま》のひとつぐらゐ安いもんだよ。とにかく協和觀念《けふわくわんねん》を普及させた服《ふく》ぢやないか。また內地の宿屋《やどや》の客引きみたいに、宿屋の名前入《なまへい》りのハツピを着せられ、廣告《くわうこく》の代用《だいよう》となり、人格《じんかく》を自ら失《うしな》はせてしまふやうに、しつけられたものより、そんなものがなくて、一人前《にんまへ》の人間《にんげん》として見られることは道德問題《だうとくもんだい》としてもいゝことぢやないか」

草吉《さきち》は、いくらかユーモラスな語調《ごてう》をもつて、笑《わら》ひながら答《こた》へたこともあつた。

草吉たちは、大陸開拓《たいりくかいたく》に關心《くわんしん》をもつた文學團體《ぶんがくだんたい》から、六人ほど主《しゆ》として開拓地《かいたくち》を見る目的で旅《たび》したのであつた。彼等は、その時服裝《ときふくさう》をどうしようといふことも、ちよつと話《わ》題《だい》に上つたが、一、二ケ月の旅に背廣《せびろ》で充分《じゆうぶん》ぢやないかといふことでけりがついた。たゞ一人、遠藤《ゑんどう》だけは、軍屬《ぐんぞく》でもきるやうなカーキ色の服《ふく》を着てきた。遠藤《ゑんどう》は獨逸《どいつ》で青少年運動の問題《もんだい》など研究《けんきう》してきた男で、文化政策《ぶんくわせいさく》といふことに關心《くわんしん》を持つており、ずつと小說《せうせつ》を書いてきた他《た》の五人とちよつと肌合《はだあ》ひがちがつてゐた。

いつたいに文學者《ぶんがくしや》といふものは、時代に對し敏感《びんかん》だと同時に、表面的《へうめんてき》にうか〳〵とはおし流《なが》されてはならぬといふ自省《じせい》を、保守的《ほしゆてき》にまでとる場合が多い。そして服裝《ふくさう》の問題でも、時代《じだい》〳〵の思潮《してう》やその文學觀《ぶんがくくわん》に規定されて、自分の好みを示《しめ》してゐる。文學者の特權意識《とくけんいしき》が強かつた過去《くわこ》の時代には、わざ〳〵眞紅《まつか》なチヨツキを着たり、トルコ帽《ぼう》をかむつたりいはゆる異彩《いさい》をはなつ服裝《ふくさう》をして「世俗《せぞく》」を眼下にみおろした。ロシア的な考《かんが》へ方が、ルパシカを着せたりまたわざ〳〵小說《せうせつ》を書くことを「創作《さうさく》」といふ精神的《せいしんてき》な言葉にかはつて「生產《せいさん》」など物質的《ぶつしつてき》な言葉が用ひられた頃《ころ》は勞働者《らうどうしや》のやうに菜《な》つ葉服《ぱふく》など着て步く作家《さくか》もゐた。

草吉の時代《じだい》の作家《さくか》は、多く洋服《やうふく》を着た。彼等は、文學者《ぶんがくしや》の特權・獨善意識《どくぜんいしき》をすでにすて去つてゐた。少《すく》くとも「洋服をきた人々」と一列《れつ》に、自分《じぶん》をおいた。しかし、なほさうした服裝《ふくさう》を「文人《ぶんじん》」らしくないものとして、ぞろりとした和服《わふく》で、書齋《しよさい》からちよつと町にでてきたといつた風《ふう》な服裝――それ等のもつ藝人的《げいにんてき》雰圍氣《ふんいき》が文學の純粹《じゆんすゐ》さを保つもののやうに、無意識《むいしき》ながら考《かんが》へてゐるかにみられる人もかかなり殘《のこ》つてゐた。

　出發の日、東京驛《とうきやうえき》に一行が集つた時、遠藤一人、軍屬風《ぐんぞくふう》な姿《すがた》であらはれたが、それはすこし仰山《ぎやうさん》なやうな印象《いんしやう》を與へた。もつとも彼は拍車《はくしや》のついた長靴《ながぐつ》まではいてゐたからである。しかし滿洲《まんしう》に行つてみて、それは決《けつ》してさうでなく、むしろその土地《とち》にふさはしいものにみえてきた。

　草吉《さうきち》たちは、開拓地《かいたくち》のことを思ひ、もつとも古びた背廣《せびろ》を着て出發《しゆつぱつ》したのであるが、そのため新京《しんきやう》やハルピンのホテルでは、内地《ないち》で職でも失つて放浪《はうらう》してきた人間《にんげん》でもあるかのやうに、怪《あや》しみの眼《め》をひからせて眺《なが》められ、開拓地へ行くと、やはり古《ふる》びても背廣《せびろ》は背廣で、また例の駈足《かけあし》の視察者《しさつしや》かといふそぶりを開拓民《かいたくみん》たちは見せるのであつた。かうした背廣《せびろ》によつて草吉《さうきち》たちは、協和服《けふわふく》一色《しよく》——原住民はのぞくとして——の國の「赤毛布《あかけつと》」であつた。彼等《かれら》はハルピンで、S君といふ駐日《ちうにち》ヒツトラア・ユーゲントの代表《だいへう》である若いドイツ人と一緒《しよ》になり、かねて東京《とうきやう》で懇意《こんい》な遠藤が、通譯《つうやく》などしてやりつつ開拓地《かいたくち》に入ることになつた。

　ハルピンのホテルで會つた時《とき》のS君は輕快《けいくわい》な背廣《せびろ》であつたが、翌朝松花江《よくあさせうくわかう》を下る船《ふね》であつた時は、ヒツトラア・ユーゲントの制服《せいふく》に日本の海軍士官《かいぐんしくわん》のやうな短劍《たんけん》が似合つた。

　都會地《とくわいち》と北滿《ほくまん》の開拓地《かいたくち》と、それぞれの土地に適應《てきおう》させる服裝《ふくさう》の心づかひを、自分《じぶん》たちより若《わか》いとしか思へぬS君がするのに、草吉《さうきち》はあらためて、身《み》だしなみといふことが、日本《につぽん》の古來の良俗《りやうぞく》とされてゐるにもかゝはらず、ともすれば亂《みだ》れがちな、この頃の日本人《につぽんじん》にくらべて、このドイツ人のやり方を感心《かんしん》して眺《なが》めた。ことに、くたびれ汚《けが》れた背廣一着で通す自分《じぶん》たちは、さきの荷《に》やつかいといふ氣持《きもち》からでもあつたが、不要《ふえう》なものはホテルにあづけておくか、小包《こづつみ》で送ればそれですんだのだといふことに、かうした遠《とほ》い旅《たび》なれぬ身で初《はじ》めて氣づいたことであつた。

　その前、草吉たちは偶然新京《ぐうぜんしんきやう》のある喫茶店《きつさてん》で、一足前《あしさき》北滿《ほくまん》を旅して歸つた先輩《せんぱい》の作家《さくか》のKさんに會つた。そばに眼の大きい凄艶《せいえん》な色に濡《ぬ》れたはなやかな支那服《しなふく》をきた女が坐つてゐた。

「いゝ所で出會《であ》つた。この人は滿映《まんえい》のRさん、この諸君《しよくん》は——」

　Kさんは、その人の造語《ざうご》とぴつたりする微笑《びせう》をちらと浮べて、

「さうだなあ、日本《につぽん》の文壇の青年將校《せいねんしやうかう》――」

と紹介《せうかい》してくれた。しかしむしろその從軍服《じゆうぐんふく》が現地的《げんちてき》にぴつたり似合《にあ》つて、草吉たちより一時代先輩《じだいせんぱい》のKさんが外見的には、青年將校《せいねんしやうかう》といつた感《かん》じであつた。


今年、草吉《さうきち》はこんどはひとりで二度目《どめ》の滿洲《まんしう》の旅をすることになつた。この前《まへ》の旅の日にはまだ制定《せいてい》されてゐなかつた國民服《こくみんふく》を、この前の旅の經驗《けいけん》から新《あたら》しくこしらへることにした。今度《こんど》の旅では、建國當時《けんこくたうじ》のある史料調査《しれうてうさ》で、少し奧地《おくち》へも行《ゆ》かねばならなかつた。また役所關係《やくしよくわんけい》も色々訪《ほう》はねばならなかつた。さういふ時、協和服《けふわふく》と似たこの服《ふく》は行動《かうどう》にも便利《べんり》だしひとつの身だしなみにもなると思《おも》つた。

彼《かれ》はデパートの洋服部《やうふくぶ》に行つてみたが、既成品《きせいひん》ではどうも布地《ぬのち》が氣に入らなかつた。それで以前洋服《いぜんやうふく》をつくらせたことのある洋服屋《やうふくや》にたのみに行つた。それは東京《とうきやう》の新市域《しんしいき》の草吉の住所《じゆうしよ》に近い小さな洋服屋《やうふくや》である。

少年時代《せうねんじだい》、工場で脚《あし》を怪我したといふ關節《くわんせつ》のまがらぬ小柄の主人《しゆじん》であつた。話好《はなしず》きで、二時間も三時間も話《はな》しこまれるのには、參《まゐ》つたが仕事は入念《にふねん》にやつた。たゞそのさびれた町の近所《きんじよ》で、制定《せいてい》されて間もなく國民服《こくみんふく》をうまくこしらへてくれるかどうか疑問《ぎもん》であつたが、とにかくたのみに行《い》つてみた。

店は通りに面《めん》して、六疊《でう》ほどの狹《せま》さで、十七八の弟子《でし》がミシン臺《だい》によりかゝつてゐた。

「主人《しゆじん》は?」

「會社《くわいしや》へ行つてゐます」

「會社《くわいしや》?」

「ええ、共同《きようどう》で洋服の會社《くわいしや》を初めたのです」

「國民服《こくみんふく》をたのみたいのだが、作《つく》るかね」

「作《つく》ります。主人《しゆじん》の會社《くわいしや》で作つてゐます」

急《きふ》に會社などいふのでなんだか變《へん》な氣がしたが、翌朝寸《よくあさすん》法《ぽふ》をとりにくることをたのんで、草吉《さうきち》は歸つた。

翌朝《よくあさ》、その主人は新しい國民服《こくみんふく》をつけてあらはれた。いつもは洋服屋《やうふくや》のくせに、汚《きたな》い洋服《やうふく》をつけてゐた彼としては改まつて、珍《めづら》しいやうな印象《いんしやう》であつた。彼《かれ》は例によつて、

「失禮《しつれい》します」

と曲らぬ片脚《かたあし》を投げだしたまゝ、

「今度《こんど》、このやうな會社を初《はじ》めましてねえ、理事《りじ》になれ

といふので、引受《ひきう》けたところ忙しくて――」

と、示した名刺《めいし》には「合資會社《がふしくわいしや》西郊國民被服廠《さいかうこくみんひふくしやう》」と肩書が刷《す》つてあつた。

そして例《れい》によつて、長々と、今後の洋服店《やうふくてん》の行く道として、心《こゝろ》のあつた者と共同《きようどう》して、かうしたものを作《つく》つたといふのであつた。

草吉は、時代《じだい》の波《なみ》がなか／＼小路を通《とほ》つて流れつくことがおそさうに想像《さうざう》された、彼《かれ》の店の地域《ちゐき》を思つてゐたのに、相手《あひて》はさうでなかつたと改めて感《かん》じたのである。

「なにしろ會社《くわいしや》や工場《こうぢやう》をめあてに國民服の大量生産《たいりやうせいさん》で、私が理事《りじ》といふ責任者《せきにんしや》ですから、今《いま》までとはちがひます」

彼は寸法《すんぱふ》をとると、その後《あと》のおしやべりは割愛《かつあい》して歸つて行《い》つた。

草吉《さうきち》はその服《ふく》をつけ、いよ／＼出來《しゆつたい》することになつたがその外形《ぐわいけい》から自然心理《しぜんしんり》までいくらか新しく改《あらた》まつて支配されるやうな感《かん》じを受《う》けとつた。

神戸から大連航路《だいれんかうろ》の船に乘つたが、同室《どうしつ》の客はほかに五人あり、二人は協和服《けふわふく》で、三人が背廣《せびろ》であつた。背廣のうち二人も、滿洲《まんしう》に長く生活《せいくわつ》してゐる人であることがあとで分《わか》つた。

スチームが強《つよ》すぎるので、草吉は上衣《じやうい》をとり中衣《ちゆうい》だけになつた。すると、協和服《けふわふく》の男が珍《めづら》しさうに、ぢつとみてゐたが、

「あ、それが內地《ないち》の國民服《こくみんふく》ですか？」

と、上衣《じやうい》だけでは襟《えり》をたててゐたのでちよつと見《み》では協和服と思《おも》つてゐたらしく改《あらた》めて氣づいて言《い》ふのであつた。

「さうですよ。これがチョツキを兼《か》ねた、夏着《なつぎ》になるらしいのですが」

「なるほど、考《かんが》へましたね」

一緒《いつしよ》に船に乘《の》りこんだ時、ぢろ／＼相客《あひきやく》をうかゞつて、打ちとけぬ表情《へうじやう》をとつたり、氣輕《きがる》に、よろしくと挨拶《あいさつ》したり、六人は初對面《しよたいめん》のしつくりしない氣持《きもち》をもつて、しばらく航海《かうかい》する船《ふね》のなかにはこばれつゞけられてゐた。

上下《じやうげ》二段《だん》になつたベツドに、めい／＼ねころんで、上下《じやうげ》の者が「どちらまで？」「奉天《ほうてん》です」「今度《こんど》は凪《なぎ》らしいですな」「さうでせうか、私《わたし》はいつも往《ゆ》きは凪で、歸《かへ》りは暴れる日《ひ》にであふのですが――」といつたやうな、常《つね》に本題《ほんだい》に入る前の序論《じよろん》として、とりあげられる天氣《てんき》の問題《もんだい》が、す

んだところであつた。

そして、そのまゝ、商賣《しやうばい》の話か、戰爭《せんさう》の噂《うはさ》かおそらくさうした問題《もんだい》に入らうとする時《とき》、とつぜん草吉《さうきち》の服がみとめられたのであつた。

「どうも、變つた型《かた》の協和服《けふわふく》だと思《おも》つてゐましたが、それが國民服《こくみんふく》といふものですか。なんだかポケットが縱《たて》についてゐたやうでしたな」

「ポケットが縱《たて》とは？」

ほかのベッドからもむく〱頭《あたま》がもちあがるのであつた草吉は、せつかく話題《わだい》に上つた手前《てまへ》、ぬいでゐた上衣《じやうい》を着てみせないわけにはゆかなかつた。

「ポケットが縱《たて》では、品物《しなもの》がおちはしませんか？」

「いや、下《した》は袋《ふくろ》みたいに普通《ふつう》のポケットと同じですよ。袖《そで》や懷に品物《しなの》をいれるやうに、左右《さいう》の手で、そこへなにか入れる時《とき》は、かへつて入《い》れやすいやうです」

まだ着《き》はじめたばかりで、上中衣《じやうちゆうい》の左右上下《さいうじやうげ》、裏がはなどに、澤山《たくさん》のポケットがあるので、錢入《ぜにい》れや、切符《きぷ》をどれに入れたか、とまどふこともあつたが、さういふ風《ふう》に草吉《さうきち》は答《こた》へた。

「なるほど、上衣《じやうい》の腰《こし》のところ、バンドかと思《おも》つたら、縫《ぬ》ひつけたやうな形《かたち》のよさをねらつたのでせうな。いろいろ考《かんが》へてある」

「わしは、協和服《けふわふく》の方が、さつぱりして、いゝと思《おも》ひますなあ。これはすこし考《かんが》へすぎてあるやうな氣《き》がする」

別《べつ》のベッドの人《ひと》が言《い》ふのであつた。

「さうですねえ」

それに應《おう》じたのも、おなじ滿洲《まんしゆう》へ歸《かへ》る人であつた。兄弟國《きやうだいこく》でも、やはり自分《じぶん》の住む國《くに》の方《はう》のものをほめたいらしいやうにも思《おも》はれた。草吉は、自分《じぶん》がそれを着《き》てゐる手前《てまへ》もあつて、向ふのを無條件《むでうけん》でいゝと肯定《かうてい》したくなかつた。

「しかし、協和服《けふわふく》は、いゝかも知《し》れませんが、もし國民服《こくみんふく》が、すこし考《かんが》へすぎられてゐるとすればそれと同《おな》じ程度協和服は考《かんが》へが逆《ぎやく》に不足《ふそく》してゐるのではありませんか」

「といふと？」

相手《あひて》は、すこしむきな表情《へうじやう》で草吉《さうきち》をみつめた。

「それは、協和理念《けふわりねん》と、行動《かうどう》について第一に考《かんが》へられつゝ作《つく》られたので、日常生活的《にちじやうせいくわつてき》な面《めん》にちよつと、考へがたりない部分《ぶぶん》がありはしないかといへます。つまり、あなたは今この部屋《へや》のスチームの暑《あつ》さに、着《き》ておいでの協和服《けふわふく》のボタンを外《はづ》してゐられますねえ、それですよ。つまり現實《げんじつ》生活《せいくわつ》では寒《さむ》いといふことばかり考《かんが》へてゐたのでないかと思ふのです。滿洲《まんしゆう》の夏は内地《ないち》以上《いじやう》の暑さでせう。それを、つめた切りでは暑《あつ》すぎるでせう。でもボタンを外《はづ》してばかりゐるわけにも行《ゆ》きますまいからね。國民服はその點《てん》いゝですよ」

「いや、それは滿洲《まんしう》でも一寸問題《ちよつともんだい》になつてゐますよ」

「それにズボンの折りかへしのないのも、國民服《こくみんふく》の協和服にくらべて改良《かいりやう》された點と思ひますよ。幾《いく》センチあるかこれでも日本人《につぽんじん》が着た場合を豫想《よさう》すると、大した布地《ぬのぢ》の廣さになると思《おも》ひます。それだけ物資《ぶつし》の節約《せつやく》になりますからねえ。あの折返《をりかへ》しは埃《ほこり》がたまるだけで、別に實用的《じつようてき》にならない裝飾《さうしよく》みたいなものですからねえ」

「さういへばさうですな。日本《につぽん》のは中着《なかぎ》の襟《えり》や、帽子の恰好や、着物や烏帽子《えぼうし》の傳統《でんとう》を考へたのでせうな。ポケツトも懷《ふところ》か袖《そで》の形を考《かんが》へたのかも知れません。傳統《でんとう》のある國と、新《あらた》しく造らうといふ國《くに》との服の差《さ》でせう」

一人が妥協するやうに言つた。

「でも内地《ないち》を旅行《りよかう》してゐても、まだあまり行きわたつてゐないぢやありませんか」

まるで、草吉《さうきち》をせめるやうな調子《てうし》で言つた。

「さうですね。まだ背廣《せびろ》を持つてゐたり、禮服《れいふく》を持つてゐますからねえ」

「滿洲《まんしゆう》では背廣を持つてゐても着《き》ますよ。ひとつには、内地《ないち》よりもつと活動的《くわつどうてき》であり、また黃塵萬丈《くわうぢんばんぢやう》といふ季節に普通の背廣《せびろ》などではすぐ汚《よご》れが眼だつといふ現實問題《げんじつもんだい》からの理由《りいう》からでせうね」

「それに、號令《がうれい》をかけやすい國《くに》からだといふこともありませうな」

滿洲側《まんしゆうがは》はめい〳〵理由《りいう》を考へて意見《いけん》をだすのであつた。

「滿洲では協和服《けふわふく》を着てゐる者と背廣《せびろ》との比率《ひりつ》はどの位でせうか。半々位《はん〳〵くらゐ》でせうか」

それまで、默《だま》つて聞いてゐた、内地《ないち》からの初めての出張といふ男《をとこ》が言《い》つた。

「冗談《じやうだん》ぢやない。九十パーセント乃至《ないし》九十五パーセントが協和服《けふわふく》です」

「では内地《ないち》の背廣と國民服《こくみんふく》の比率《ひりつ》の反對《はんたい》とも言つてい

ですね」

「どうして、内地でそんなに普及《ふきふ》しないのでせう。勅令《ちよくれい》にまでなつたといふぢやありませんか」

草吉は、中衣《ちゆうい》の左の腰《こし》にちよつと裂《さ》け目のあるのを示《しめ》しながら、

「これは、一端國民《たんこくみん》すべてが立上る時の劍《けん》をつる武裝《ぶさう》まで考《かんが》へられてゐるさうですがねえ」

と、洋服屋《やうふくや》の話を思《おも》ひだしながら言つた。

「さういふ大きい目的《もくてき》も考《かんが》へられてゐるならもつと、強力に普及《ふきふ》させていゝわけですね。しかし、今までの背廣服《せびろふく》は、もちろん論外《ろんぐわい》として、洋服を新調《しんてう》する場合は、必ず國民服《こくみんぷく》にすべし位の命令《めいれい》はできぬものでせうか。中學校邊《ちゆうがくかうへん》で制服の改正《かいせい》をやる場合、新入生《しんにふせい》からかへてゆきますねえ、あのやうに、中等學校《ちゆうとうがくかう》なり、專門學校《せんもんがくかう》、大學などいよ〳〵でて、實社會《じつしやくわい》に入る者は、國民服《こくみんぷく》にすることといふ風にしたらどうです。それは、會社《くわいしや》や工場とも聯絡《れんらく》とつて新入社員《しんにふしやゐん》はさういふ服裝《ふくさう》でくるやうにするのですよ。その服《ふく》が能率的といふことは、その勤《つと》め先の利益《りえき》でもあり、國家的《こくかてき》にもそれだけいゝことぢやありませんか。もしさういふ自信《じしん》のないものなら國民服《こくみんぷく》といふことはやめたがいゝのです。――もひとつ考《かんが》へられるのは、世間に國民服《こくみんぷく》を着た者《もの》を、なんだかお調子者《てうしもの》のやうに見る變《へん》な空氣《くうき》があるのではないですか。さういふ空氣《くうき》があるとすれば、その空氣の抵抗《ていかう》にまけて、氣の弱《よわ》い人間《にんげん》は今まで通り背廣《せびろ》を作らうといつた風《ふう》になつてしまひますね」

「この頃新聞《ごろしんぶん》に、國民服《こくみんぷく》を着て惡《わる》いことをする人間のあることがのつてゐましたね」

内地《ないち》から出張《しゆつちやう》するといふ男《をとこ》が言つた。

「ええ、僕《ぼく》もあれを見た時、丁度《ちやうど》これを注文《ちゆうもん》してゐた時でしたから、實《じつ》にいやな氣《き》がしました。とにかく、國民《こくみん》の制服《せいふく》とならうといふ服《ふく》――それだけ一般の人は、ある信用《しんよう》感《かん》を抱《いだ》いてゐるわけです。それを利用《りよう》して惡《わる》いことをするといふ奴は言語道斷《ごんごだうだん》です。僕はさうした犯人《はんにん》は、二重の罰を與《あた》ふべきだと思ひますね。普通人《ふつうじん》は軍裝《ぐんさう》したら罪となりますね。軍裝《ぐんさう》には、それだけの嚴肅感《げんしゆくかん》があるのです。國民服《こくみんぷく》も、たゞ活動《くわつどう》とか簡便《かんべん》だとかいふ實用的以外《じつようてきいぐわい》に、國民としての自覺感《じかくかん》を持たせる精神的《せいしんてき》なものがあると思ひます。だから、それを利用《りよう》したものは、罪に處《しよ》するのです。もつ

と、それも、その普及《ふきふ》が、行きわたらず、役人《やくにん》の一部とか公共團體や、なにか眞面目《まじめ》な事業に關係《くわんけい》のある人の着る服だといつた觀念《くわんねん》のあつた折の出來《でき》ごとですが――しかしまだ、かうした觀念《くわんねん》は地方には殘《のこ》つてゐるかも知《し》れません」

「協和服《けふわふく》もさうですが、全國民《ぜんこくみん》が着た時は職業《しよくげふ》の標章がついてゐると便利《べんり》かも知《し》れませんね」

「自分の標章《へうしやう》を卑下《ひげ》する者《もの》もでてきはしませんか」

「いや、それほど皆《みな》が着るやうな日となつた時《とき》、それぞれの職域《しよくゐき》にほこりを持つ將來《しやうらい》でせう」

草吉の服裝《ふくさう》から、みなはやうやく打ちとけて、座談會《ざだんくわい》のやうに、めい〳〵論《ろん》じあつた。

そして大連《だいれん》につく頃は、以前《いぜん》からの友人のやうに、敬語《けいご》も略して、ざつくばらんに語《かた》りあつた。

新京《しんきやう》についた草吉《さうきち》は、一日、友人のつとめてゐる新聞社《しんぶんしや》に立ちよつた。友人《いうじん》はそこで文化部《ぶんくわぶ》の仕事を受け持つてゐたが、

「M女史《ぢよし》も呼《よ》んでこよう」

と言つてMさんを伴《ともな》つてきた。一昨年《さくねん》の旅で知《し》りあひになつた人だつた。五六年前まで、東京《とうきやう》にゐてやはり女流文《ぢよりうぶん》學者《がくしや》として世《よ》に知られてゐた。今はこの新聞《しんぶん》の婦人部長《ふじんぶちやう》でかたはら、新京《しんきやう》の婦人團體の指導者《しだうしや》でもあつた。この前の旅で、元氣《げんき》な議論《ぎろん》を聞かされた事もまだ記憶《きおく》にあざやかであつた。

「あら！」

Mさんはドアをあけるなり、びつくりしたやうに、草吉《さうきち》の姿《すがた》を見廻《みまは》した。

「あなたまで、さうした服《ふく》を着《き》るやうに内地《ないち》はなりましたか？」

おそらくMさんの頭《あたま》には、かの女のゐた時代《じだい》の文學者《ぶんがくしや》の世間《せけん》とことさらに反撥《はんぱつ》する氣持から、從《したが》つてその服裝へのあらはれ方《かた》といつた記憶《きおく》があつたのであらう。

一昨年の旅で、新京《しんきやう》にゐる文學者《ぶんがくしや》の集りに呼《よ》ばれたことがあつたが、こゝばかりは不思議《ふしぎ》な位、背廣《せびろ》やなかには和服さへ着た人が多く、内地《ないち》の變な傳習《でんしふ》の尾が、つきまとつてゐる感《かん》じがした。そこにひとつの古風《こふう》な自由《じいう》を示してゐるやうであつた。

Mさんは草吉《さうきち》の國民服姿から内地《ないち》の文學者の國民《こくみん》のなか

へのとけこみかたを考《かん》へてゐるらしかつた。それからおもむろに言《い》つた。

「あの、國民服《こくみんふく》には夏服《なつふく》になるものが、なかにあるんですつてね。見《み》せて下《くだ》さらない？あたし、お役所の服装關係《ふくさうくわんけい》の委員《ゐゐん》をおほせつかつてゐますのよ。協和服《けふわふく》の夏服が今研《いまけん》究《きう》されてゐるので、參考《さんかう》に見たいのよ」

革吉《さうきち》は、三月初め氣温《きおん》がまだ零下《れいか》に下る日折からストーブの火の消《き》えてゐた冷《つめ》たい應接間《おうせつま》で、なにかの役にたてばとMさんのため上衣《じやうい》をぬいで見せねばならなかつた。（了）

國民食榮養基準

衣服生活と並んで國民生活上の要素たる食生活に一定基準を與へんとする「國民食」運動は、食糧報國聯盟が主となつて推進し、各方面の權威者を集めた委員會で、既に國民食榮養基準を決定した。國民食が國民服と異なる點は　男、女性別、職業差等に依り、また生活地域に依り、食物の質、量に相違が認められる事である。

決定された榮養基準の實施に當つては　食糧報國聯盟を中心に　種々計畫されてゐるが、これを實行するのに、從來の如き自由主義體制に即應する單純なる榮養食普及の指導精神でなく、この場合重要なる事は、個人の榮養水準を高める事よりも、民族的榮養の確保がその目標となる可きであると見られ、或る場合には一部の飽食層に對しては、強い制限力が加はる可きであり、その反對に相當數に上るであらう餓ゆる層に對する榮養保障といふ如き、特別方策も考へられねばならぬ。この場合には賃銀ストップ令並公定價格制等を考慮すべきであるとされ、國民食の問題は、自然科學の領域から離れて人文科學の領域へ移さる可きであり國民服問題が現に直面しつゝある諸問題と共通點が大いにあるのである

國民食の普及徹底に當つて生ずる困難は、國民服が既に克服し、現に排除しつゝある諸困難に劣らざるものがあるが、高度國防國家建設の爲め、まづ、衣食の問題を處理す可きであらう。

食糧報國聯盟が決定した基本榮養要求量は乳兒、離乳期、發育期、成年期、老年期及び姙産婦、授乳時に大別され、職域、勞働量に依つて一層細別される。

標準一日の熱量は青年期で二千五百カロリー、蛋白質八〇グラムである。

食糧報國聯盟では、國民食榮養基準の詳細を記したパンフレットを發行　天下に呼びかけてゐるから、いやしくも、國民生活に關心を持つ者は一讀す可きであらう。

書名は「國民食榮養基準」定價十五錢、送料三錢、東京市麹町區丸の内三丁目大政翼贊會内食糧報國聯盟發行。

文化

映畫界の新體制

劇映畫關係の官民懇談會が、數次に亙る會合を經て、漸く今後の方針に到達したと聞いた。これによつて、各社の廢合も、避くべからざるものとして實現するであらうし、映畫界の新體制が、これより成らんとする情勢にあるものと思ふ。

そこで、今回のこの措置に對して慶賀すべきかといふに、一言評語を加ふることなくしては、それに應ずることが出來ぬのだ。實は映畫界に對して當局は、何故にもつと以前より臨戰體制を以て統制を加ふるに至らなかつたかを痛感するものである。

よく言ふことであるが、許可制によつて、映畫法適用を受くべき製作企業の整理を、もつと早くから斷行してゐたら、今頃になつて合同だの、事業放棄だのいふ混沌たる、そしてまただらしのない狀態に陥らしめなくて濟んだであらうにと思ふことである。

文化映畫や、教育映畫の所謂製作所なるものは、大ざつぱに見て二百に達するほどであるが、今時これを一社にするの、二社にするのと云つた所で、果して急速にその合同を期待し得るか。また、文化映畫に關する問題としてわれらの取上げたいことは、文化映畫の製作本數と且つ其一本當りの長さに關する制限に就いてゞある。

製作本數月額四本と爲し、一本當り九百呎制限と爲す當局案は、たとへ之を制度化した所で、それは生產原料の消費に對して貢獻したといふ以外、他に政策的效果を昻揚し得ない。殊に當局は、それを以て押通すといふことでは、文化映畫の最も重要なる國民指導手段といふ政策的適用價値を忘却してゐるのだ。

臨戰體制下の國民生活に對し、文化映畫や記錄映畫による輿論指導性と國家政策的教化性を認め、而してその及ぼす影響の大なるものあるに鑑み、その作用を國家として高度に發揮せしむべきではないか。然る場合に、劇映畫よりもむしろ此の方へ、一卷物四本であつても、時に應じて長尺を認むるといふが如く、社會教化性の大なるものなるを念頭において、固定制を排し融通性を與ふべきことと當然であらう。

簡素な生活

簡素な生活への規制には、方法論としていろんな行き方がある。それには、生活を嘗むもの自らの消費統制が最も效果あるのだ。

併し乍ら、それには多くの場合、生活標準の低下が伴ふものである。生活の低下は人生目的に背馳するとパッテンも云つたほどであつて、自分ではそれが出來ないといふのが人情である。

現下總力戰體制の下にあつては、そうした個人主義的人情生活の放恣は許されない。

そこで、簡素な生活へ誘導する規制方法として、日常生活に使用する品物に規格を與へることゝなつた。これによつて、戰時國民生活の單純化が實現出來るのである。それは、規格品外の製作が法度に

文化

なるといふことになれば、消費者は嫌でも應でも、規格品を購入して、それを使用せざるを得なくなる。そこに消費規制があり、簡素な生活への誘導となるわけである。この方針の實施は、商工省によつて行はれるものであつて、統制經濟政策として、これほど有效適切にして確實なるものが他にあるまい。思ふに九・一八停止令が出てから既に滿二ケ年になるが、現在までに公定價格の設けられたものは中央で十萬點、地方で約四十七萬點に上つてゐるが、更に公定價格の維持を强化し且つ生産原料の節約を圖るために今回の日常生活用品の單純化即ち製造品の規格を一定するに至り、この規格品の製造を禁止するに至つたのである。

家具、什器類、履物類、化粧品、文房具類、臺所用品、飲食用品等がそれである。

日常生活は、用品の規格單純化に依つて簡素となる。

代用コーヒー

生活の簡素化は、用品の規格單純化に依つて定つた。

國民服を着るものは、身を以て日常生活を簡素にしてゐるのである。日常用品のあらゆるものゝ代用化、それは簡素化である。國産品の愛用はこの秋より價値貴きはない。

紅茶も、既に國産品だ。

コーヒーも、代用だ。

「そこで代用コーヒーの話になるのだが、何か國産品でよいものがないか」

「國産品のコーヒーか」

「手製のコーヒーだよ」

「それは、無いことはないが、實は……」

都會生活者とは切つても切れない嗜好品として愛用されてゐるものは、今は凡て代用品となつてしまつたのであるが、そうなると自家生産の可能が秘傳ではなく、文化生活への常識となつた。

原料は甘藷とか、とうもろこしとか、臺灣野生豆の蕃仔《バンシー》豆、脫脂大豆、オクラの實、ビハの種、クルミの殼、百合根チコリー(苦ちさの根)などは愛用すべきものであらう。

それにしても、珈琲に何故に文化人が愛着を感ずるか。それによつて與へらるゝ昂奮である。その昂奮がテインに依る作用であるとせば、何も珈琲に求むるまでもなく、日本茶の精がそこにあるのだ。紅茶は日本茶の同身異粧だ遂に、日本的なるものへ來る。

或女將の死

岐阜で、或女將が死んだ。

而も、それは自殺である。

だが、それは死亡人口に一の數が增加したといふだけで死亡率計算において、それが〇・〇〇一に微弱な影響を與ふるか何うかといふに過ぎまい。たゞそれだけであるとすれば、それまでのはなしではある。しかし、それだけでは濟まされないものがあらう。それには、某縣の經濟部長が其座敷に過々居つたといふからではない。問題は、中年の女や男、而も地位あるものゝ愛慾についてゞある。三角若くは四角關係の存したことが一女性の自殺の眞因であつたとせば、われらはそこに家庭を有する中年男子の不謹愼さを痛感せざるを得ない。

國民服の着方と心構へ

齋藤佳三

　國民服の普及は國民精神の緊張と同時に急速度になつて行きつゝありますが、まだ、國民服の正しい着用法が分らない人が澤山あります。

　上衣の下に、ネクタイ、ワイシヤツ姿をしてゐる人も少なからず見受けられますが、その人達は、恐らく國民服が出來た精神を知らず、簡單に考へられてゐるのではありますまいか。

　國民服の着方といへば、何でもないようですが、國民服の構成上、着方も一通りではありません。それを理解すれば、國民服は決して固苦しい服裝でもなく、融通のつかぬ非合理的服裝でない事が、はつきりします。

　國民服の着方を研究し、これを着こなすやうになれば、單純な袋の如き「洋服」などが、及びつかない便利さがあり、これによつて、生活がどれほど愉しくなるか分りません。

　次に着方の研究と着用者の心構へを申上げませう。

日常の着方

　國民服令第二條「國民服ハ從來背廣服其他ノ平常服ヲ著用シタル場合ニ著用スルヲ例トス」

　本條令を見ればわかる樣に、國民服は國民が今迄普斷着として着てゐた服裝の代りに、之を必ず著ろと云ふのではなく、之れまで着てゐた背廣や羽織袴や着流し、其他專門作業服でなくても間に合ふ仕事のあらゆる場合の普斷着の時に、之を著て一向差支えないとしたばかりでなく、少しく積極的に云へば、寧ろ今後は「今までの普斷着を之にして行く樣に習慣づける」と云ふ主旨であると解釋すべきであります。詮り一般國民の普斷着は、將來之であるぞと示された處に、國民服の嚴然たる不動性があるのであります。從つてこれから普斷着を作る人は、此の服裝國策に添ふて、國民服を作るのが當然だと解釋すべきであります。

　國民服の着方は、寒暑に應じ、肌着及下着は在來の通り、シヤツの類凡て自由でありますが、之に「袴」を穿き袴を支へるためには、腰紐、ベルト、又は吊帶《サスペンダー》を用ゐ、次に附襟を付した「中衣」を着て、其上に「上衣」を著用するものであります。

　之が正常普斷着の着方でありますから、至極簡單でありまして、之を在來の洋服と比較しますれば、ワイシヤツ、カラー、ネクタイ、チヨツキを着ける必要がないので、着脱の上にも非常に時間の節約が出來るのであります。

中衣の着方

上衣甲號乙號とも開襟の場合は、中衣の甲號乙號何れを著用しても差支へなく、夏期の場合は、上衣を省き、中衣のまゝで外出するも一向差支へないのであります。從つて今迄よく街頭に見受けたワイシャツだけの姿や、開襟シャツ姿の無作法な風習は一掃されるのであります。處と場合によつては即ち、內地の暑い時期及臺灣、南洋の如き外地に於ては、此中衣を半袖となし、又は袴を半袴にしても差支へない事になつて居ります。

猶中衣のまゝで外出する場合、中衣の裾を袴の外に垂れるのが常規でありますが、作業其他必要とあれば、之を袴の中に入れても差支へなく、其場合などは中衣の帶をとり去る事も出來るのであります。過渡期の間、恁うした中衣の着方を背廣の下にワイシャツ、カラー、ネクタイ、チョツキ代りに着用して活動能率を高める事も推賞してゐるのであります。

又、夏期に限らず、上衣の襟を起こし、立折襟の姿である場合は、必ずしも此中衣を着用せず、上衣に直接添襟を附けて外出しても差支へない事になつてゐます。

猶甚だ不精な着方を示す樣でありますが、冬期など家庭にある場合、中衣の上に寛ぎのドテラや和服を重ねる時は、元々日本襟であるのですから、襟元の亂れる恐れもなく保溫も妙であります。

六種類の着用ができる

恁うした着方を數へると、國民服は甲號乙號とも、三部構成ではありましても甲號、乙號各々六種の着用法がある事になるのであります。

(一) 即ち正常普斷着として、開襟に中衣と袴の場合。

(二) 禮裝として中衣を着、襟を起こした場合（但し禮裝については次項に詳述）

(三) 中衣に袴で外出の出來る場合

(四) 中衣を省いて上衣の襟を起こした場合

(五) 中衣に背廣を着用して外出の場合

(六) 家庭で中衣の上に和服を重ねる場合

猶禮裝の場合を除き、日常社會活動時には國民服に用ゐる帽子、靴、外套手袋などは隨意でありますが、普斷に禮裝制式の帽子をかぶつても、外套を着ても差支へなく、又全然無帽でも、又品位を傷けない限りは素足に下駄をはいて勞働に從事し、又は田舍道を步いても一向差支へないのであります。

若し國民服を着て、其勤務先きや集團部署の標識を付する場合は、容易に取り脫しの出來るものならば、帽子に於ても、襟に於ても、又は腕章としても上衣、中衣、外套等何れに着けても差支へない事になつて居ります。

生活樣式の眞髓

次に、國民服を着る人の生活それ自體の態度に就いて簡單に述べて見たいと思ふのであります。民族の生活態度と云ふものは申すまでもなく精神生活と經濟生活との飽和度に比例して、實際生活と云ふ時空兩面に渉る動的造形體として現はれて來るのであります。

此動的造形體の事を「生活樣式」と云ふのでありまして、之は原始民族から今日に至るまで千態萬狀、千差萬別に現はれて來たのでありますが、其發達は、智能と資材と技術及感覺の如何によつて表現され、力あるものには整然と統一され、力なきものには雜然と放置されてゐるのであります。

服裝、住宅(室內)、食事、旅機等生活の機能を對照とし之を綜合的に造形化する事を一系樣式と云ふのであります。

民族が其生活樣式を一系化するには民族不動の精神と、民族特有の領域と、民族自作の資材とを合理的に造形化する統制がなければならないのであります。(但し造形化するには其造形々式の單位を、技術的に見出す事が根幹となり、無根幹の律動を主題として發展するものであります。)

元來國民生活の全部は、凡て民族又は國體の進む線に添ふて、各々が繁榮すべきものであります。

然して其民族の生活樣式は、無限に發展し得る、さうした主題を藏し得る造形々式の確立がなければならないのであります。

趣味の問題

國民服の形式は此意味に於て「衣」の部面から我國に於て一步前進したものであります、いつでも云つて居る樣に、衣服は自己の趣味によつてあり、又は自己に所有權があるから、絕體に自分のものだと考へる事の如何に淺薄な事であるか、それは丁度、空氣を忘れて自分獨りで生きてゐると考へる事の醜であり、我執であり、自分の物と知りつゝ髮の毛一本思ふまゝに動かす事の出來ぬ事を知らないものゝ、自惚れであります。又まともに自分の背中を見た事のないものゝ自己主張に過ぎないものであるからであります。

衣服は我國に於ては、我國民生活を離れては成立しない、又其社交性を離れては存在しないものであります。趣味を否定するわけではありませんが、趣味を主權の如く考へ、自己には絕體なものと思ふ事の如何に薄弱なものであるかを知らなければならないのであります。趣味は生物の素質によつて表はれるものでありますが、生活機能の強所、或は弱所から現はれるものであつて、「個」の存在性卽生命體それ自身と同視すべきものではないのであります。どこに生れたばかりの子が、趣味でお乳を呑んでゐる兒があつたか、又はドイツに未だビールの發明されない以前、誰が己れの趣味はビールであると云つた者があらうかといつた事と同じ事であります。趣味は僅かな經驗圈內での、遠心的又は求心的主張の存在に過ぎないものであります。

國體に立脚せよ

　次は趣味の問題でも、生活様式の問題でもないのでありますが、我が國には牢固として動かない國體があり、がつしりと踏む可き大道があるにも拘らず、昔から、國民でありながら「國民」を知らず、日本人でありながら「日本」を忘れた所業を行ひ、逆賊の極印を押されてゐる事が多々あるのであります。それは凡て自我を主とした人間主張を以て絶體的なものと思ひ過つた處に湧いた悲劇に過ぎません。即個人と國民、我執と大我を振り別ける微角の辻を迷ひ出た結果に過ぎないのであります。又は趣味や我や意地の、ほんの紙一重を棄て得なかつた末路に過ぎないものであります。平面的に考へれば、人類は悉く共顔、形の相違してゐる様に、生き方にも考へ方にも亦行ひ方にも千差萬別があり得るのであります。

　然しながら生活共同體、社會、民族國家には各々それ〴〵の生き方がありますが、我國體にある永劫不退轉の其大本の「理氣」をわきまへない者は、即自然主義者であり、自由主義者であり、利己主義者に過ぎないものであります。大自然にさへも自ら理法のあるものを、増して國家に於てをやであります。「理」は永劫不變の姿、「氣」「法」は之を其國土に正しく生かす術、即「文」、即創造力であるのであります。此正しい「理氣」を行ふ事、踏む事を「道」と云はずして何をか云はんやであります。浪曲にもあります様に「順逆道を過らば罪は萬死に價せん」と咏嘆、高らかに民族の耳朶を打つものは何も、道鏡や、清盛や、將門や尊氏等に聞かせやうとするものではないのでありまして、我國には我國の正しい大道が一貫して流れ渉つてゐるのであります。

　國民生活に於ても同然でありまして國民が今、目の前の不經濟、亂雜な生活様式をどうすればよいかを省察するには、此國民生活の大道を眞劍に考へて見ればわかるわけであります。世界の秩序が今や一新されんとし、敵性國は將に我國を奈落の底に打ち砕かんと企てゝゐる矢先きに、國民の覺悟は出來てゐるか、生活態度に隙きはないか。毅然として先づ其生活を整え、安心と落付きをもつた様式に身固をなす可きは當然な秋であります。

　國民服を一見して直ちに顔をしかめる者のある事を聞きましたが、狹隘な因襲と遠心的な趣味のみで傍若無人な振舞をなす事は愼まなければならない事どもであります。國民服を蔑視する原因には、今迄着慣れた洋服生地と、同格の生地が無いと云ふのが重なる理由の様であります。之れに就いては度々云はれる通り我國には羊毛資源がないからであります。從つて新規に造る他の洋服に於ても同様な運命であるのに、偶々國民服が出來た矢先き、何よりも先に羊毛である可き國民服の理想生地を有たない國情、此現狀を案ずべきが卽ち國民の眞情でなければならない筈であります。國防に完全な生地さへ用意されたなら、一着でも早く之を作つて國防に備へて置く事は、それ自體居ながらにして奉公活動に參加してゐる事ともなり、普斷は古洋服の襤褸でもかまはない、此一着を供へて「鉢ノ木」の日本精神に終始すべきではないでせうか。

從つて今國民服を着てゐる人を指し「時局便乘」などと下目に見る者のある事を聞きますが、そんな下心の人は此國民には一人も居やう筈がないと私は信ずるのであります。然し、其樣な色眼鏡で見る者があり、未だに「しづのをたまき繰り返へし昔を今になすよしもがな」と昔の夢を見て批評のための批評をするインテリよりも、逸早く國民服の本義に卽して便乘し、最早絕對に乘換へをしない覺悟の大衆の方が遙かに國民として立派なわけでは無いでせうか。

國民服への母性愛

新田義次

十月《ツキ》十日《カ》はおろか三年餘の永い胎動を經て誕生を見た國民服は、流石難產の甲斐あつて出生後しばらくして、勅令と言ふありがたいものを身に享けました。勅令制定以來一年、一體國民服の肥立ちは良かつたでせうか。日本人の國民的の大きな弱點の一つとして、新しい物に對する喰ひ付きが惡い、引込思案と申しますか、或は明治初期の拜歐思潮の殘滓とでも申しますか、國民服に對する一般の認識は遺憾ながら滿足な現狀ではありませぬ。

洋服の模倣と誹る聲、國粹主義を振翳す時局便乘だと一捻りして考へる者、國民服が生れた精神を理解しようとせず洋服と國民服の相違を單に襟の有無に歸さんとする淺薄な論者など、吾々の立場からは一々聞き捨てならぬところです。要するに國民各層の國民服に對する認識の不足と一部人士の喰はず嫌ひとが今日の狀態を招いてゐるのであります。このまゝでは生活環境に惠まれぬ榮養不良兒が長じて不健全、卑屈な不良青年となる恐れがあります。之を矯正して明朗濶達な人間に育てゝ行くには、何としても肉親の理解ある慈愛の眼《マナコ》で之を保護してやるより他に方法はないのであります。

國民服創定に携はつた人々は生みの母であり、之を正しく着用し國民精神を體得せねばならぬ一般國民は育ての親であります。此の親心に依つて國民服を哺育する事は國民としての新しい義務なのであります。

國民の一人一人が國民服に關する正しい認識と、進んで之に慣れ親しんで行かうとする熱意がなければ國民服の有つ崇高な精神を顯現し戰時下國民生活刷新に寄與せしめることが出來ないのみならず勅令の御精神にも悖る一大事ともなるのであります。此の點何と申しても未だしの感なきを得ません。

例へば洋服屋さんが顧客に註文を取りに歩いても先づ自家薬籠中の背廣服で御機嫌を取り結ぶと言つた態度、或は折角國民服は着用しても相變らずカラー、ネクタイの配色に神經を惱ますとか、業者の方でも國民服の精神を體得して居らず、着用する方でも漫然と好奇心から洋服並に考へて我慢して着て見ようと言ふ態度、之では國民服に依つて國民精神を涵養する主旨は全然沒却された事となります。

型なき處に精神は伴ふものではありませぬ。中衣の代りにワイシャツ、ネクタイを平氣で着用する、この方が舊い慣習から見れば、襟元が美しいかも知れません、しかしこれすら脱却し切れない人では、國民服の持つ崇高な精神は決して理解されないでありませう。之等の矛盾撞着を到る處街頭に、話題に屢見するのであります。

然し之を一概に過渡的の現象であるとして冷眼視する事はお互ひに生みの母、育ての親として斷じて忍び難い所であります。

本誌の有つ大きな推進力に依つて一般に呼び懸けられるのもその指導精神の一つの顯れでありませう。國民服といふ子供に全生命を打ち込んで慈しみ哺んで行く崇高な母性愛こそ、國民服に携はる協會始め當路の方にとつて最も必要な心構へでなくてはなりませぬ。協會が國民服普及の中樞勢力として、業界のみならず一般に對し積極性ある啓蒙的指導精神を鼓吹する事に依つて、嚴正なる規格品の流布と、正しい精神的の着用とは日を追つて必ず是正されるでせうが更に拔本塞源的手段として協會が自主的に國民服の資材生地等に就ても獨自の立場で研究し、或は優良な資材は其の生産を助成する等の方法を講じて、將來、協會の認定せざる織布は國民服の生地として適當ならずと言ふ處まで行けば現今憶面もなく行はれてゐる間に合せ的な、作業服にも見紛ふ粗惡品の横行も影を潛め、國民服の精神を冒瀆する事もなく、型は嚴、質は堅牢なるものとして、有事の際のお役に立つといふ國民服獨自の使命を完ふする事が容易に出來るのではないでせうか。權威者の方々の色々の御意見もありませうが要するに、國民服を生んだ責任を痛感して之を畸型兒榮養不良兒たらしめぬ樣にする眞摯な母性愛こそ最も肝要な心構へでなければなりませぬ。

× × ×

和裁の素人と玄人

―專門家のコツを紹介―

和裁の玄人は單物一枚に七・八時間あればよい。朝から計劃的に與へられゝば、男の仕立屋さんは黒紋付一重ね（上衣と白羽二重無垢二枚）と羽織一枚を朝八時から夕方の七時迄に縫ふのが普通だとされてゐます。素人の仕立は時間がかゝつた上に仕立上りが垢抜けてゐない。早く上手に仕上げるにはどんな點を學ぶべきか、三越裁縫部に勤務三十八年間といふ斯界の大家原田惠助氏に熟練者のコツを伺つてみませう。

準備

まづ基礎的な準備を充分によくしておくこと、これが素人の方には行屆かないところから、出來上つてから忽ち仕立ぐるいがきたり寸法が合はなかつたりする原因とも云へませう。

柄の配置

私共は一反の小紋なり友禪なりを與へられると、まづこれをどんな風に生かして見せるか、仕立ばかり入念にしても、大きな模樣が背中に二つも並んでしまつたり、ちつともないところが出來たりしては衣裳を臺なしにしてしまふといふものです。まづ直感ですね、それによつて柄ものは充分考慮した上適當に配置を考へておくのです。

地詰め

それからシミ、織ムラなどの地疵がないかをよく調べ、もしこれらがあれば、白の躾糸で耳はしに糸じるしをつけておきます。それから交織物、スフ、正絹の三通りをそれ〴〵の方法で地詰めをします。

いきなりハサミを持つて裁つてしまふことをせず、この地詰の點によほど注意をしないと仕立くづれがすることになるのです。

スフならば巾も詰ります丈は巾の倍もつまることを第一頭におきます。そして霧吹をする。水の量は、一反に對して一五〇グラムから二百グラムを裏側から平均して吹きながら、卷棒に卷いてゆく。

霧吹き後一・二時間放置すると水分が適度に吸收される。生乾きのとき八〇度位のアイロンをかけると、更に丈が詰つてきます。どうしてアイロンでつめた方がよいかといふと、水分を含むと糊づけが柔らかになつてゐて、生地を自由にさせるからです。唯水を吹かずに、もしアイロンをかけたとしても、糊が布目をおさへてゐるから自由に詰らない。そこで水を與へてそれだけで詰つたところへ、更にアイロンで布をおさへると元のまゝに糊がもどり布を硬目にいたします。

ス・フは反物で元來三丈二尺裁にしてあるものですが、問屋から小賣場に出すまでにすでに乾燥によつて、よほど寸がつまるさうです。かうしてアイロンを當てると一割の丈はつまります。しかし男物袖丈裁切一尺五寸、身丈三尺三寸ならば一反でさしつかへなく、女物はカギ衽にすると四尺の身丈仕立上りに出來ます。

交織ものゝ地詰め

交織ものは一反に對して水の量五〇グラム位を平均に吹く。片方から巻棒にまき乍ら、量が少いから早く吸收される。從つて時間も早目にして巻棒を手前に、布を上部にしてアイロンで布をおさへるやうにして巻いてゆく。アイロンは手前、左右に引く、向ふへ押すのは禁物で、麵棒でそばを打つとき向ふへ〳〵と押すとのびるやうに、交織ものも向ふへ押すと段々のびてゆきます。それから地の目が斜になつてゐるとき、水を吹き終つたときに地直しをしておきます。生地の曲つてゐる正反對のところを引けば眞直ぐに直ります。

見つもり、追裁ち

素人の方で縫はれた若い人の和服の後姿などをみて背筋がもう五寸左によつたらとか、袖口を附にすると模樣が生きるのにと殘念に思ふことが屢々です。

柄の配置で反物を臺なしにするといふことは前にも云ひましたが、仕立は第二の感じです。日本の着物は柄の配置が面倒で、大柄などむづかしく、天地もあり、草物、鳥類を倒さにすることのないやう見つもりが大切です。

しかしこの頃の新しい方法で追裁といふことをするので縞ものでも小紋にも應用しますから、追裁ちにさへしておけば眞違ひはありません。柄の配置もよし、地紋、地色の變りもないわけです。昔から長年依然として舊態の裁ち方をしてゐると、この頃の紋付とか地紋の多いものなどは大失敗をすることがあります。

追裁にすべき反物にはこれについてどれでも注意書が入つてゐますから、それに從つてやつて頂きたい。二十年も仕立をしてきた地方の仕立屋さんでも、この追裁を知らず、袖を折疊式の從來の通りにしたゝめ、紋の寸法が左袖と右袖と違ふやうなことがありました。これも時代の要求から生れたことで、紋付で例を擧げると、今まで袖山に當るところの左右に紋がついてゐたものが、兩方とも右側についてゐるやうになつてゐます。身頃の紋も從來とは正反對についてゐるが、これを裁つて上に並べて見ると、同じものが並ぶことになるわけで、模樣ものゝ配置なども具合よくゆくわけです。

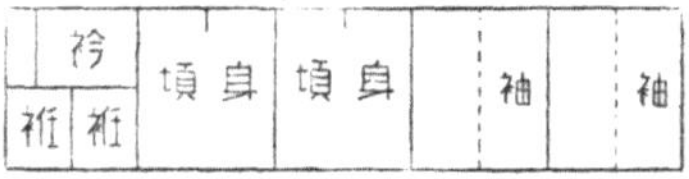

從來の裁ち方

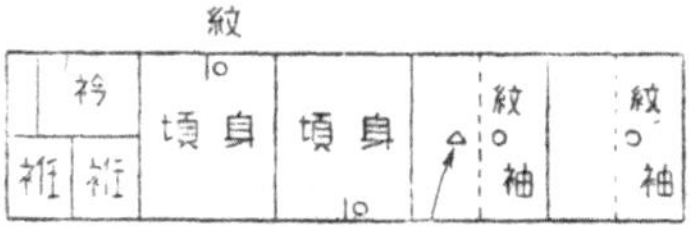

紋 今迄はこゝに附けた

ヘラ付

時々和裁の學校や女學校の裁縫の時間をのぞいてみると、學校の裁縫はどれもマチ〳〵で統一されておらず、非常に個人主義的です。祖母さんの時代の裁縫の仕方と少しも違はず進歩してゐません。殊に古くさいのは一々糸じるしなどをするところがあり、背縫をしておいてからヘラ付をする所もある。これだから手間どるのです。裏は胴はぎをしたり、背縫ひをしてからヘラ付をすればヘラ付そのものは眞違はないかも知れませんが、非常に非能率的です。それ故玄人で一時間のものが素人は半日以上もかゝるといふ風です。

縫ひ方

學校では針を何本打たせるか、ムカデの足のやうに數に制限なく針を打つ、その手間がかゝるのでこれも能率をそいでゐること甚しいわけです。私共は針は全部（縫針と待針）で四五本しか備へておきません。待針は兩身頃揃へて縫ふ場合、端を一・二寸縫ひ、總口五分のところに待針を打ち、衿肩のところと裾口の中間に一本打つ、これで充分です。

縫ふときは五寸の間隔をもつて、左手中指と拇指でぐつと持つたら絶對に布をはなさないこと、これがコツです。からして運進すれば縫づまり、いせり、などしないのです。素人は手をつひ移動させてしまふので仕立が奇麗に上りません。

針

針の長さは持つてみて親指と人差指とが揃ひ、これから一分か一分五厘長いのがよく、短いのは指が危險です。

しるし針は絹物には四ノ三がよくス・フ、木綿類は三ノ三、三ノ四、指の長い人は三ノ五がよろしい。大抵の人が縫針、くけ針、とぢ針といふ風に區別をしてゐるやうですが、縫ひ針はすべて同じものにすることです。長い針を使つたかと思ふと次は短いものを使ふので、慣れない針でやればうまくゆく道理がありません。木綿ものは三ノ四、絹物は四ノ三で、すべてこれで通してしまひます。手先がきまつてゐるので縫ひ易く、能率もよいわけで、結局同じ針でやりつけると、縫針がないから縫へないなどゝいふことがありません。專門家は決してこの二種類以外の針は用ひない、同じ針を使つてゐれば手かげんで間違ひをすることもなくなります。

糸

和裁を上手に仕立てるコツは生地に相應しい太さの糸を用ひること、糸には一等品と二等品とあり、素人と玄人の使ふ糸に違ひがある、これが玄人の秘訣の一つです。それから絹糸にも中細といつて求められれば針に通すにも早くて能率的であり、使ひよくて同じ目方であつても長いから經濟的でもあります。冬物、夏物に限らず、自分で糸を買ふときは中細ときめておくことです。仕立上りも、すくい目が目立たないし、太い糸で縫つて逆行するやうなことがありません。

仕立を垢抜けさせるコツ

(1) 素人はどこが下手かと

いふと何より糸こきが惡い。

(2) 絹ものゝ場合は無駄、ゴテをかけて肝腎なコテをかけない。折さへつければよいといふ點が玄人と非常な違ひです。

玄人は一寸位コテをかけ、文鎭を端にのせて伸びたりつまつたりしない程度にかけるから布がコテづまりすることがない。文鎭は重すぎても輕すぎてもよくありません。左の手で布をつめないやうにして、コテをかけるのです。折ゴテを開いて更に平ゴテをかけると、これが一番奇麗な仕上げを見せてくれます。

(3) 冬物の場合、表の縫目、裏の縫目を合せてとぢるとき、一分の深さでとぢるとすれば、いつも裏表を合せて同じ深さにとぢなければなりません。袷の出來上りが惡いのは、表寸法が同じでも、中とぢが不完全だからで、とぢ方がよろけてゐてはぶか／＼したりつゝたりするのです。

(4) 女物下身八ツの下を急に消すのはいけない。なだらかに傾斜させぬと吊易い。

(5) 吹綿を入れること。

袷物にはすべて吹綿を入れると、布のあたり方が軟かいので損み方が違ひます。お召、金紗などは、羽綿一枚を吹に入れるとよく、袷の場合は二枚分に使へます。素袷にしたのと裾の切れ方が違ひます。銘仙や紬に富士絹やメリンスなどの裾まはしをつけ、木綿わたを入れるので、一見して素人らしく見えるのです。眞綿を使ふと奇麗に出來上ります。無論袖口にも羽綿を使ひます。

コテ仕上げ

全體を縫ひ上げましたら、表から半紙或は日本手拭、ハンカチの類を當て、文鎭をおき、やゝのばしめの氣持で、縫目／＼に仕上ゴテをいたします。アイロンとか火のしは細部にまでとゞきませんが、コテならばどんな細かいところも行屆くので、表から一通りかけたら、裏側からもかけると仕上げがめだつてよくなります

何によらず素人と玄人との違ひがすぐわかるのは、地づめが充分に出來てゐないから、かぶつてきたり吊つたり着てゐるうちに縮んできたりして、すぐ仕立直しをしなければならなくなる、最初の不注意が非常な勞力と手數を無駄にさせ不經濟極まることにさせますから、よく／＼御注意下さい。

最小限度の衣類
——洋裝の場合について——

計劃を立てず、行當りばつたりに洋服を整へて、型が古くなりすぎたり、デザインが奇拔で他との調和が惡くて滅多に着られないなど、洋服の數ばかり持つて、着られるものがないとコボしてゐる人はゐませんか。

婦人の生活が凡ゆる角度から檢討されてゐるとき、私たちの生活全體が新しく組織されなければならないのは當然のことです。不必要のものを自分の身のまはりから減らして、持ものは必ず有効に使へるやう整理されねばなりませ

ん。

　數少くて有用に使ふための衣類の上手な調整法は、出來るだけ利用範圍の廣いものを揃へてもち、すべて他のものに連絡あるものにすることです。それ一つしか單獨に使へないものが多くなると、重なり重なつて洋服ダンスが滿員になり、それでも足りなくて洋簞笥にはみ出すやうになつてしまひます。

　もしこれが一枚で三つなり四つの役割をするものがあれば、それは三枚、四枚の衣類に數へられるわけです。どうしても機能的に利用できるものを作ることが大切です。從つていろ／＼の色とか形も奇抜な特殊なスタイルをのぞむことよりも、どれと合せても釣合ひがとれるものにすべきです。どれと組合せてもそれ／＼整つた服裝になるものでなくてはなりません。全體が大きなハーモニーをつくる衣服と服飾であることが先決問題です。

　更に數少い衣服で上手に着こなすには、今云つたやうにどれともよく調和したものでなくてはなりませんが、一枚の着物も出來るだけ長保ちさせ、いつもきちんと着ようとすれば、どうしても手入れをよくしなければなりません。持ものが皆よく調和して地質も形もよく考へられたものが、どんなに大切であるかといふことに思ひ至るでせう。

　數少い衣類でいろ／＼のスタイルを望むことも禁物です。色についても各種の色の姿をしようと望むことは困難です。同系統の色の姿はむしろ秀れた配色であり、數少い色で整つたものを持つてゐる方がどれだけ着こなしがうまいか誇りともすべきことなのです。

　最少限度の洋裝と云つても各人各樣境遇や職業などで全くちがつてゐますから一概にはきめられませんが、大體この秋から始めるとして前述のやうな心組で基本的な洋裝を最低枚數にして作つて行きませう。

　勿論洗濯に出したり、つくろつてゐる間はAで間に合せ、Bで間に合せるといふ風に融通が利くことが最低枚數の時ほど忘れてはならないことです。

　ある最少限度の服裝で實際に暮してゐる方の經驗を伺ふと、始めブラウスを家着と外出着に各二枚（四枚）スエーター外着一枚、家着二枚（合計三枚）ときめましたが、家着とか外出着といふ風に區別をなくして着てみると一層數少くてすむことを知りました。少なければ洗濯も氣輕に出來るといふこともわかり、洗濯をしたブラウスが三枚揃つて簞笥の中にあると、何て澤山だらうと思ひます。スエーターもブラウスももう一枚づゝ減らしても大丈夫だと思ひます。今まで必要ないものを持てあましてゐたのと比べると、まるで違つた世界に住んでゐるやうに豐かに暮せます、と云つてゐます。

　そして普段着以外の衣服を着る日は少く、一年を通してお正月三日とあと一週間位の間だけで、普段着以外の服裝がどんなに必要ないかといふこともわかりました、と云つてゐます。

　ある人の經驗では、二枚のスカートと三枚のブラウスを交互に着て、大體平均して着ればよいが、自分の着易いもの、好きなものを着るので一枚は何十回となく着たのに、一枚は二三回しか使はなかつたと云つてゐますが、これなどは着易い型にするとか、氣に入つた柄や色のものを始めに作ることを忘れてはならないと思ひます。調子はづれの華やかなブラウスであつたために、派手すぎて使はないでゐるといふものもあると思ひますが、結局からいふものは一枚の役割を果さないものとして早く除外し、適當なものに使つて、自分で一番よく似合ふ型、着易い型を同じもの二枚つくつておくとよいのです。

　最少の枚數で暮すにはワンピースよりもブラウスとスカート、それにスーツを持つてゐる方が應用範圍も廣く洗濯もスカートとブラウスに別れてゐるため便利であるといふことは已に誰でも經驗するところですが、ワンピースは應用範圍がせまく、働き着としては不適當でした。勿論變へ衿を三枚ほどつくり、いつもワンピースの變化を計るやうにはしてみましたが、家着としては好適でないことがわかりましたといふ經驗者もあります。

　以上の樣々の狀態における經驗談を參考として、ではこれからこの秋から最低限度の洋裝を考へてみませう。これが一年を通して何枚あれば暮らせるかといふ問題ともなることゝ思ひます。

　便利な點を考へればやはりブラウスとスカウートです。まづウールのスカートを一枚、それからボレロ・ジャケツトのアンサンブルなど最も使ひ道が廣いでせう。ボレロ式にしておくと胸のブラウスが澤山見えて變化のあるやうにブラウスですることが出來ます。

ブラウス三枚　スーツの下に配色のよい派手な色を選び、絹やレースのもので作つておくと外出用に使へます。木綿、麻ならばシャツブラウスにして平常用、スポーティ用にする。色は木綿ものは白、水色と白の細かい縞など長袖にしておくと便利です。絹ものはピンク、ベエジ、銀ネヅ、の中で他のスーツ、ボレロに配色のよいものを選びます。

普段着　スカート一枚、スエーター一枚、カーディガン一枚、うちにゐるときはスーツ以外のスカートを別に一枚もつてゐたい。スーツが鼠であれば、こゝでは紺のスカートか紺と白の格子のスカートでもよい。

　やゝ秋色を帶びてうすら寒い日は毛糸のカーディガンを着る、前が開いてゐて上衣の代りにも出來るし、冬ならばオーバーの下にも着られ、被るスエーターよりも使用範圍の廣いものです、それ故どれにも合ふ色を選ぶこと。カーディガンは編物ですからよそゆきにはならないが、溫かいし着て樂で融通がきゝますし損めばそこだけ編直せばよいから便利です　あまり派手な色にするとブラウスと似合はなくなりますから無難な色にすることです。

スエーター　上衣の下や外套の下に着るもの故、色は派手なものにして、ブラウスの役として服に變化をつけるものとして用ひませう。

外套　寒くなつてくると外套が主なる必要品となりま

す。外套を何枚ももつてゐる人は少く、大抵一枚か二枚ですませます。豪勢な重いものよりボックス式が活動的であり一番無難です。服裝をドレッシールするかスポーテイルするか外套の選び方一つで全體の服の感じが定るものですが、若さにより時代の傾向によりドレスと同じ長さのスポーテイなものを選ぶのがよいと思ひます。七分にすると外套一枚の時は下から出るドレスとの配色を心配しなければならないから長くする。色は黒、紺、鼠など、秋と冬と着るのであまり厚手の生地を選ばないこと。

スーツ（一着） 眞冬になればウールの厚手のもので作り、ブラウスは秋のアンサンブルと共通のものを使ふ。活動的で融通のきく外出着として是非スーツは一着ほしいものです。眞冬は外套の下にも着られるやうに、カラーはあまり大きくしないこと。ワンピースの上にも寒いときは羽織れるやうに平凡な背廣型にします。スカートも外套の下に着やすいやうにつぼめたものにします。左胸にはハンカチーフなどで變化をつけるためにポケットを一つつけておくのもよい。胸をあまりつめたスーツの形は、ブラウスの變化が利用できないから、二つ三つボタンにしてブラウスを少しのぞかせるやうにするとよい。

春になれば、秋のアンサンブルを着ます。コートは茶色にしておくと春に向かないから、一枚で通さうとするには茶を避けた方がよろしい。

春の始めにはスーツだけ、終りごろからアンサンブルのスカートの上にシャツブラウスを着る。そして眞夏になればシャツブラウスと揃ひの木綿のスカートを作つておいてツーピースにして着ます。從つてアンサンブル（ボレロ・スカート）は春秋二回使へ、しかもブラウスは夏のツーピースの一つとして大切な役割をもつてゐます。

ワンピース（夏冬各一枚）

夏は上から下まで開いてゐるボタン付の木綿のワンピースが便利をします。海へ行つたときなど着替もボタンをはづしたまゝで、氣輕に出來て便利ですから、夏のキモノとしてこの種のワンピースを一枚持ちませう。

冬は柔かい色のウール、共衿のほかに、白ピケでカラーを作つておけば氣分が變へられます。又ボタンを一つはづして、美しいスカーフをはさむことにすれば今一つ新しい感じのものに出來ます。形は單純なものを選びピケやレースのカラー、クリップなどをつけて外出用のワンピースに變化をつけ、その時々に應じた身なりにしなければなりません。

靴 黒と茶の低いもの（二足）、夏は白のサンダル（二足）

帽子・ベレー スポーツ用としてターバン、ス・フ毛糸で編んだネットのターバンは氣が利いてゐます。夏は白、冬は外套の色に合せて、黒か紺にかへます。またブラウスの色に合せれば派手な色でもよろしい。派手好きの人はターバンの色はブラウスに合せ、地味好きの人は外套とスーツの色に合はせるのがよいのです。

スカーフ 外套とスーツに配色のよい無地或は格子でも

よい。絹もの、ジョーゼットなども揃へておく。次に四季

外套	ボクワスコート	1
スーツ	グレイスーツ	1
ジヤケツト	半袖、長袖	2
ブラウス長袖	絹、木綿	2 2
スカート	普段用、外出用	2
アンサンブル	平常着	1
ワンピース	夏冬外出用	2
スエーター	カーデイガン スエーター	1 2
雨衣	レインコート	1
靴サンダル	黑　茶	2 2
帽子	ベレー・ターバン	2
ベルト	白　黑	2

以上はこれから調整する人への基本的なサンプルでありますが、今自分の持つてゐる洋服を整理し、簡易化さうとなさるならば、まづ持物の色や型、地質などを考へて、働き工合がよくその上見た目にもサツパリしたものを選んで數をきめます。

それからその着物を着た回數とか洗濯、手入れ（アイロ

一年を通して持つてゐたい衣服表を記しませう。

ン、ブラシカケ、エリのかけかへなど）修繕した回數などを書込みます。

かうして一冬を過して見ろと、自分の生活に一番適したものや、持つてゐる衣類の適當な數や着方が自然に示されてきます。

洋服の數も平常着は下着スリツプ二、シミードウエスト三、ブルマース三、上衣、ブラウス長袖二、短袖三、スカート二、夏スカート一、スエーター一、ハーフコート一、毛糸チヨツキ一、毛糸ブルマース二、スモツク二、合計點數は二十三枚です。その着方は夏冬兼用で、季節によつて重ねてゆき下着で調節します。

衣類の容器と場所
――タンスの効用――

その季節の衣類を入れる場所として押入れを改造した洋服ダンスや、行李をあてゝ桐のタンスは季節外のものゝ保存に使ふといふ人があります。出し入れに便利なタンスを保存用にするといふのは、おかしい話ですが、これも一理あるのです。

衣類は季節中のものだと、眼に觸れ易いので手入れも屆く。ところが藏ひ込んだ物はつひ次の季節が來るまで忘れがちなものです。從つて、着物の壽命を少しでも長くしようと考へれば、自然に安心な場所に藏ひたくなるわけです。

上手な保存法を一口にいへば、それは防濕、防蟲、防黴の三つで盡きます。その中でも特に注意したいのは濕氣を防ぐことです。眼には見えなくても、濕氣が、着物の容器の中に這入り込むと、その物に地質を弱らせたり、變色を來したり、黴が生えたりします。防蟲は誰でも氣をつけま

すが、防濕の方はなほざりになり易いのです。

昔から桐のタンスがタンスの中では一番よいとされてゐるのは、輕くて取扱ひが便利だとか、見ばがよいとか、狂ひが來ないとかいふことだけでなく、濕氣を防ぐ效力が、非常にすぐれてゐるからです。それは桐材そのものが濕氣を吸つて膨れる性質があるので、空氣中の濕度が高まるとすぐ、それを吸ひ込んで膨脹し、隙間がなくなつてしまひます。そればかりか、曳出しの中の濕氣も、まづ桐が吸ひとるので、中は殆んど濕ることがありません。よく乾燥した衣類を防蟲劑と一緒に藏つておけば、桐のタンスならば、大體安心してゐられるといふわけです。また曳出しの中は、行李などゝ違つて着物が黴になることも少く、曳出しが淺いほど、壓しもかゝらないので、小出しの便利よりも、保存上の効果の方がむしろ大きい位です。

箱を使ふ時の注意

箱も衣類の保存によく使はれます。紙製の洋服箱のやうな間に合せのものから、茶箱、トタン張りの箱、木箱など、生活を單純化しようと思へばタンスの數を殖やす代りに箱をうまく使ふことです。

たゞもと〳〵衣類保存用に作られてゐない箱は、防蟲、防濕に特に注意すればいゝのです。

洋服を入れて來た紙の古箱を利用する時は、一度反古でも貼つて、小さい隙間をすつかりふさいでしまふ方がよろしい。その上をもし布で貼れば、一寸趣味的なものにもなり、また箱自身丈夫にもなります。貼つたあとは日蔭の風通しのいゝところで、充分乾燥しなければなりません。

衣類を入れたあと、更に安全を期するならば、蓋の合せ目にもう一度目貼りをすることです。隙間があると、それだけ濕氣も入り易いし、入れた防蟲劑もどし〳〵發散して效力がうすくなります。内側をトタン張りにした木箱類はその點、好都合な容器です。

普通の木箱や、竹製の籠に紙を貼り蓋をつけたもの、或ひは革のトランクなども、時には保存容器に使はれることがあります。そんな場合は、一應濕氣除けのために、中の物を防水紙や澁紙で包み、また蟲除けのために、樟腦をアルコールで溶いたものを霧吹きで内側にふきかけるか、或ひは刷毛引きにしておくといゝのです。

完備した納戸があれば、衣類箱の置き場に不便はないのですが、さもない限り、多くは押入れが使はれます。押入れの中でも取出し易い上の方は、始終使ふ物が置かれ、不便な下段の奥の方に、季節外の衣裳箱は追ひやられてしまひがちです。

ところで押入れの下段は、果して衣類保存に適してゐるでせうか。

家屋の中で、一番濕氣の多いところは床下です。相當お天氣が續いても、床下の地は濕つてゐるものです。まして雨の多い年は年中乾くこともないでせう。

その濕つた土からは、間斷なく濕氣が上昇します。日本家屋の疊は、この濕氣を或程度まで吸ひ込み、室内が急に濕ることを防ぐはたらきがあります。ところが疊のない押入れの床は、吸ひ放題、濕氣を吸ひ、それを押入れの中に導くのです。ですから、タンスの上にのせておいた箱の中の衣類は平氣だつたのに、押入れの中に入れておいた方はすつかり黴になつた、といふやうな例が屢々起るのです。濕氣は低いところほどひどく影響を及ぼすので、下段の床に接して、紙箱などおくのは危險千萬です。

押入れを、濕氣から護るためには、乾燥したお天氣の日には必らず開放して、空氣を流通させることが　一番簡單ですが、もしできるならば、床の上にもう一つ臺をおくことです。臺と床との間に空氣の層が出來ると、濕氣の害はずつと少くなります。

そこで、床直接に置くものは、濕つてもかまはない陶器の火鉢などを置き、その上に臺をするなり棚を設けるなりして衣類の置き場にしたいものです。押入れに幾段もの棚を設けることは、空間を利用して、物の容積を増すことになり、それだけ家の整理にも役立ちますし、衣類に化學的な惡影響の及ぶのを避ける上でも、結構なことです。

靴下の上手な繕ひ方

ミシンで修繕

この頃の靴下のやうに品が弱くて、すぐに爪先や底に大穴のあいてしまふものには、とても手縫ひでは追つきません。思ひ切つてミシンで大修繕してしまふと、かなりひどい靴下もまた更生して當分丈夫に穿くことができます。

底の破れかゝつたものは甲の方だけのこして切取り、出來るだけ同色の古い木綿靴下の端し布を二重にして、切とつた破れた底の布を型紙代りにして當て、縫代五ミリをつけてたちます。裁つた二重の布を同色の糸でミシンで行き歸りして縫つておきます。

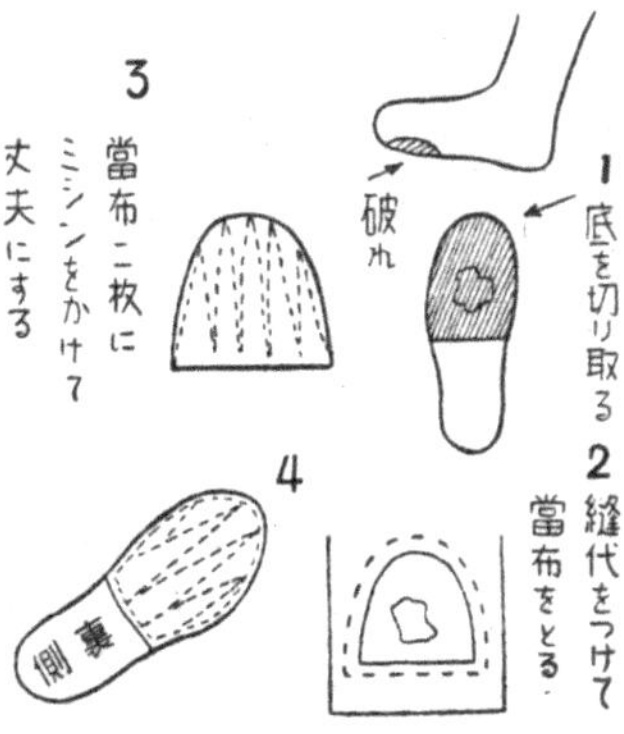

破れ
1 底を切り取る
2 縫代をつけて當布をとる
3 當布二枚にミシンをかけて丈夫にする
4
裏側

爪先の裏打が出來ましたら、次に裏返しで用意しておいた當て布をあて、中心を合せて二三ヶ所針をうち、ぐるつとつまむやうに布をのばし加減にしてミシンで縫ひつけます。次に表返して縫代を當布でない方へ返し、表からおさへミシンをぐるりとかけますが、これがむつかしいときは、手縫でとめても結構です。

堅牢な刺縫

擦切れたとき、踵や爪先が少し擦れてきましたら、孔のあかぬうちに刺縫ひにします。絹靴下などで體裁よく縫ふ場合は、同色の羽二重糸一本どりで、表からメリヤス目を一筋〳〵すくつて縦に細かく刺しておきます。同色の糸で縦に刺すと縫目が少しも目立ちません。これは行間をあけると傷みますから、べつたりと出來るだけ密にさしておくことが必要です。

平常用や子供のものは、縦刺しでなく、横に刺した方が刺し目は目立ちますがずつと丈夫です、縦横に刺しておけば一層丈夫です。

擦切れの程度のひどい靴下は裏に當布をあてゝ刺します。靴下は當布をつけると氣持の悪いものですから、それほど布の傷まぬうちに、當布なしにべつたり刺した方が穿き心地もよろしい。この刺縫も傷みましたら今度は二本どり糸で二回目の刺縫をします。かうして二三度縫ひたしてゐるうちに地質がいたみ孔があいてきましたら孔つくろひをします。

小孔は織繼

小孔に布を當てゝ繼ぐよりも靴下のメリヤス目通りに縦に細かく縫ひ孔の上はそのまゝ糸を渡します。かうしてメリヤス目を一筋〳〵拾つて縦にさしましたら今度は横にさします。渡しておいた縦糸を一本づゝ交互にすくひ、丁度布を織るやうにして刺します。この場合、必ず縦横とも孔の周圍五、六分（二糎）を刺しておくことが大切で、孔のすぐ際から糸を渡すと、ぢきにまた孔のまはりが切れます。かうして傷むごとに同じ方法で織繼をくりかへします。

孔の上に糸を渡すときは何か下に當てゝおかないと平に糸を渡しにくいので、電球を靴下の中に入れ、丸味にそつて刺すと樂にきれいに刺せます。

大孔の場合

孔があまり大きいと織繼では間に合ひませんから共布でつぎ當をします。ミシンを使はない場合は、なるべく同質の古靴下の丈夫な部分を孔よりも大きく切つて、織目をよく揃へて裏側から孔へあて周圍は細かくまつります。

次に表から横ざしにします。體裁をかまはない場所なら、糸二本どりでぐのめにさし、その他の個所は一本糸できれいに刺縫します。このとき孔のぐるりの縫代を折ると嵩張りますから、裁目のまゝまつります。(1)圖そして傷みの程度によつては(2)圖のやうに孔の周圍を當布と地布へかけて放射線に細かく刺します。

新しいものゝ手入れ

朝新しいものを履いても夕方には穴のあくのが普通のやうになつてしまつた靴下は、昔のやうに新しいからと安心してゐられません。轉ばぬ先の杖でまだ履かないうちから傷み易い個所を刺しておく用心深さが必要です。

靴下の新しいものを裏返して踵と底の境目を中心に上下三糎か四糎位メリヤス目を眞直に拾ひながら縦に細かくさします。行と行の間は〇・二糎位あけ行の變るごとに兩端へ糸を〇・四糎位ゆるめておきます。全部さし終りましたら兩端にゆるめておいた絲の輪を切つておきます。輪のまゝでおくと穿くときに指先がひつかゝり縫目がつれますから。

刺し絲は毛靴下の場合は同

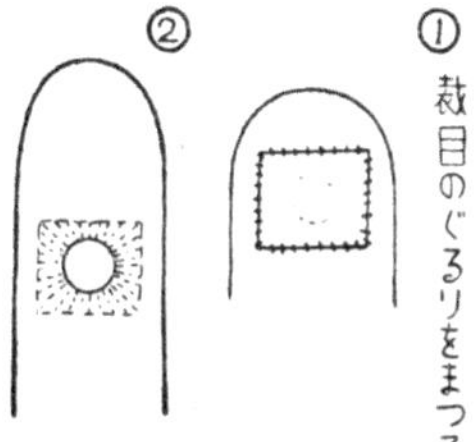
②傷みのひどいものは穴のまはりを放射線に刺す

色の中細毛絲か極細毛絲、又は似よりの古靴下の解き絲を使ひます。木綿、人絹、ス・フ類は八十番のカタン絲、絹ものは羽二重絲が適してゐます。

かうして新しいうちに刺しておくと、そのまゝ穿くよりも傷みがずつと違ひます。針目はよく揃へて刺し、毛の靴下の場合は毛の厚味をすくふ氣持で、表になるべく針目を出さぬやうにします。

底の手入れ

底がまだ傷まないうちに、毛の靴下ならばメリンスを木綿ならば綿布といふ風に、靴下の地質と似よりの布を靴下の底型に合せ一糎まはり大きく裁ちます。

それから靴下を裏返して裁つておいた當布を底に當て圖のやうにまづ縱横十文字に刺して布を落つかせます。つぎに當布の周圍を裁目のまゝぐるりとまつりつけ、更に切れやすい爪先とか踵とかを當布の上から細かく刺しておきます。

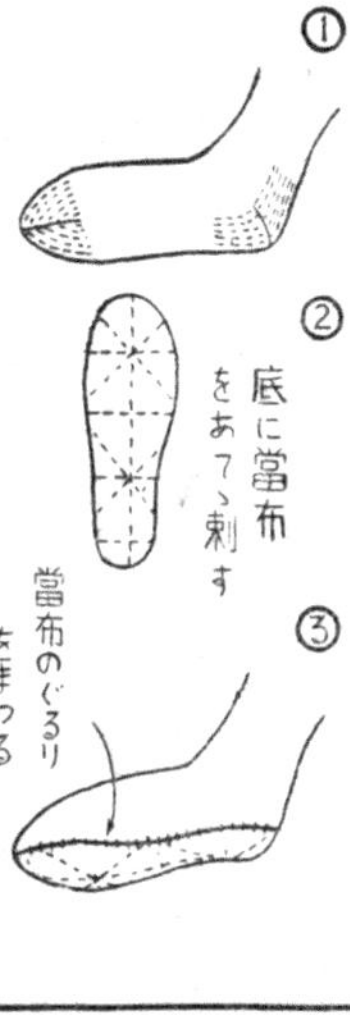
③當布のぐるりをまつる

婦人用絹靴下の場合

薄い絹靴下はすぐ編目がぬけて所謂傳染病になり見る見るうちに大事になつてしまひます一目抜けても直ちに手當が必要です。一筋でもぬけたら共色の羽二重絲か古靴下をほぐした絲で兩側の編目を引よせるやうな心持で一目〳〵かゞつてゆきます。急ぎの場合はほつれ目の最後の目だけを止めて應急手當をしておき後から時間をかけて完全にまつります。

爪先がよく破れると思つたら爪の切方に注意することです。いつも爪がのびてゐないか氣をつけておくと大分違ひます。もう幾度も繼いでどうにもならないときは、破れた所を切とつて別布を接いだ方が丈夫でもあり體裁もよい。

破れた爪先を筒のまゝ切はなし、その切はなした爪先の兩脇へ鋏を入れて一枚に開きこれを形紙として似よりの古靴下の丈夫なところをとつて縫代をつけて爪先を裁ちます そして切開いた兩脇を縫ひ合せてもとの爪先と同じ形にして細かく半返しにして長い方と接ぎ合せます。

爪先に次いで踵も一番破れ易いところです。爪先のつくろひと同じやうな方法で別布を用ひるとさつぱりしてはき心地もよろしい。

あまり接きばぎが多くなつた場合には、あつさり破れた踵を圖のやうに切はなし切取つた踵の角へ斜に切込みを入れます。これを一枚に開くと圖のやうになりますから、爪先のときと同じやうにこれを形紙として古靴下の丈夫なところで縫代を加へて繼ぎ布をとります。そしてこの切込みを縫ひ合せてもとの踵の形になほし切とつたあとへ接ぎ合はせます。

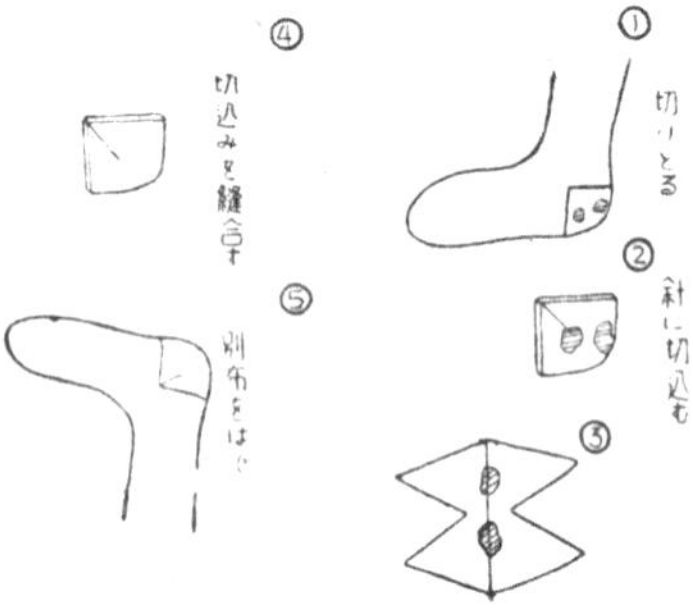

絹靴下のときは縫代は爪先の方へ返して縫込みの端をまつりつけておきます。木綿や毛のものは縫込みを割りそれぞれ千鳥がけにします。

次號豫告

婦人標準服試作品審査發表

婦人標準服試作品は別項所報の通り、厚生省の婦人標準服研究會委員に依つて審査決定されますが、本誌はこれが結果を逸早く、且つ詳細に掲載し、國民總意の現はれを天下に周知させる事になりました、いやしくも國民生活に關心を持つ者に取つて、貴重な資料たるばかりでなく、興味深い好讀物となるでありませう。

火野葦平氏の新作小說

本誌新年號より連載

前作「美しき地圖」以來、一般新聞雜誌に小說を發表してゐない作者が、構を新たにした傑作小說を、特に本誌の爲に執筆される事となりました。盛り上る國民の意力を表現し、明日の生活文化確立を示唆する力作であります。御期待を願ひます。

財團法人大日本國民服協會役員名簿

（昭和十六年九月現在）

相談役　厚生省生活局長　川村秀文
同　陸軍省經理局長　栗橋保正
同　陸軍被服本廠長　西原貢
同　陸軍製絨廠長　森武夫
同　商工省纖維局長　梶原茂嘉
同　農林省蠶糸局長　石井英之助
同　貿易局長官　石黑武重
同　大政翼贊會總務局長　熊谷憲一
同　日本蠶糸統制會社副社長　吉田清二
同　日本原麻株式會社々長　鹿野澄
同　產業組合中央金庫理事　井川忠雄
理事長　陸軍主計中將　石川半三郎
常務理事　陸軍主計大佐　石原通
理事　厚生省生活局生活課長　青木秀夫
同　陸軍省經理局衣糧課長　吉良五市
同　衆議院議員　龜井貫一郎
同　被服協會理事　三德德次郎
同　農林省蠶糸局絲政課長　山添利作
同　宮內事務官　中田虎一
同　厚生省囑託　齋藤佳三
同　熊本縣總務部長　武島一義
同　東京日日新聞地方部長　瀨口正央
監事　株式會社第三銀行常務監査役　富永靜雄

評議員　厚生事務官（生活局生活課）　植田俊雄
同　滿洲海拉爾安井部隊本部　高木六郎
同　南支派遣藤井部隊本部　下川又男
同　陸軍省經理局高級課員　森口德治
同　陸軍省經理局衣糧課員　有田實
同　陸軍被服本廠技師　小川安朗
同　陸軍技師　小泉竹像
同　日本化學機械製造工業組合專務理事　八木靜一郎
同　商工技師　岸武八
同　商工省纖維局絹毛課長　霜島潜
同　商工省物價局總務課長　吉田悌次郎
同　商工省總務局附　淵淵正利
同　商工省纖維局綿業課長　和田太郎
同　商工事務官　今井善衞
同　農林技師　田口敏夫
同　內務事務官　丹羽喬四郎
同　東京日日新聞社編輯副主幹　西野入愛一
同　大阪每日新聞社副主幹　世川憲次郎
參與　益田友之助
同　新田義次
同　全日本既成服工業組合聯合會理事長　中谷虎司
同　日本纖維雜品工業組合聯合會專務理事　小林源次

本協會設立趣意書（拔萃）

支那事變ヲ通ジテ、東亞建設ノ大業完遂ニ我總國力ヲ擧ゲテ邁進致スコトハ今ヤ日本ノ運命デアリマス。

玆ニ於テ羊毛ヲ使用スルコト多キ背廣系統ノ被服ハ、軍民共用ノ建前ヲ開キ、國民經濟ノ損失ヲ防グベシトノ要請ヲ生ミ、極メテ緊切ナルモノトナツタノデアリマス。（中略）國民ノ生活ニ即シ、國民ノ國防的厚生的被服ノ適正指導ト普遍化トヲ主トシ、興亞大業ノ完遂ニ資シ度イノデアリマス。之等ノ考ヘ方ヲ國民服普及ノ一本ノ建前ニ織リ込ミ度イノデアリマス。（昭和一五・八）

本協會の目的及事業（寄附行爲拔萃）

第二條　本會ハ政府ノ機關並關係團體ト相俟ツテ國防力ノ啓培ヲ期シ服裝文化ノ向上ヲ圖ルヲ以テ目的トス

第三條　前條ノ目的ヲ達スル爲左ノ事業ヲ行フ

一、國民服ノ普及奬勵
二、服裝服飾ノ調査研究
三、生地及製品ノ斡旋頒布
四、纖維資源ノ確保ニ關スル研究指導
五、新興纖維產業ノ指導助長
六、興亞服裝服飾ノ輸移出ニ關スル研究指導
七、製作ニ關スル施設ノ經營
八、技術工藝家養成施設ノ經營
九、圖書及雜誌ノ刊行
十、其ノ他必要ト認ムル事項

後　記

航空發動機、プロペラの廻轉にも限度があつて、或る一定廻轉數以上になると、かへつて推進力が減退したり、空氣をいたずらに掻き亂すだけであるといふ。

標準廻轉を長時間に永續させる事が何事にも大切だ。一時的にピツチを上げても、すぐクタクタになる樣では、それこそ、長期戰に耐へ得ないのだ。焦らず、一歩一歩、本誌を前進させたいと思ふ。

題名についてもいろいろ聞くがこれと定めた以上、これが一つの概念化するまで推して行くつもりである。こゝにも信念が伴なはなければならない。批判は聞くが信念は簡單に搖がぬものでありたい。

さて、本號では、絹の將來性を取り上げて見た、そこには根本的轉變が來つゝある樣である．絹を愛するが故に絹を憂ふる士も、國民のなかには多いと思ふ、それへの一解答である。グラフ・特輯記事相當見應へがすると自贊したいところである。

城戸幡太郎氏の生活道德の問題も、新らしい生活へ踏み出す者の心構へとして、熟讀されたい卓論である。

制服の持つ性格と生活に於ける重要性を說いた田中俊雄氏の「制服論」は異色ある論說であり、今和次郎氏の「農村服裝論」は權威あるものとして讀者の注目をひくであらう。

生活科學といふ問題が論ぜられてゐるが、これを自然科學の領域のみと考へるのは皮相の見解であらう、人文科學を包含した、全體觀念としての生活文化が打ち樹てらる可きである。淺薄なる機械化程度で、萬事終れりと考へるのはよろしくない、機械を生み若しくは機械が生れた根源にまで遡らなければならぬ。

國難であるとか、興亡の秋であるとか、激しい言葉が何の氣もなく云はれてゐるようではいけない、眞にこの事を思へば、國民たる者、そのまゝでは居られない筈である。

國民皆勞の叫びが高いが、まだまだ遊んでゐる人は多い特に大都市の有樣は多言を要しないであらう。

まだまだ、日本は餘裕があるから大丈夫と云ふ人があるが、そんな人に限つて、もし餘裕がなくなつても働らきはしない。國民皆勞は精神の持ち方を云ふのである。のらりくらりして生活を愉しむのを文化生活　この言葉の意味は廣いが）といつたりした時代があつたが、未だにそんな夢みたいな氣分でゐる人が、少なくないのは困つたものだ。

われわれがいふ生活文化とは、お國の爲めに汗して働らく人の生活を中心に、全體國防の見地から、人文並自然科學的檢討を加へ、以つて民族の發展を目指す事である。

議論になつてしまつたが、かゝる信念から、本誌の編輯に當りたいと思ふ。（眞）

「國民服」每月一回十五日發行 第一卷第二號

㊖定價一册四十錢（郵稅六錢）

「國民服」はなる可く豫約して下さい。御希望の方は書店へ御申込下さい。定期御購讀の方は左記の前金を添へて本協會へ御申込下さい。

半年分（六册）	金二圓四十錢（郵稅とも）
一年分（十二册）	金四圓八十錢（郵稅とも）

●御註文は總て前金で願ひます。

●御送金は振替が便利です。

廣告料は本協會編輯部廣告係へ御照會下さい。

昭和十六年十月二十日印刷納本
昭和十六年十一月十五日發行

發行人　石原通
編輯人　井澤眞太郎
印刷人　淺野剛
東京市芝區櫻川町一
印刷所　合資會社金羊社
東京市芝區西久保廣町十八
發行所　社團法人大日本國民服協會
電話芝(43)四五〇五番
振替口座東京一四四、六七五番
文協會員番號第二一六〇四三

配給元　東京市神田區淡路町二ノ九　日本出版配給株式會社

國民服制定一周年記念

國民服普及の会

主催　大日本國民服協會

十月廿一日より
十一月二日まで

會場　東京各百貨店

昭和十六年十一月二十日印刷納本
昭和十六年十一月十五日發行（毎月一回十五日發行）

定價金四十錢

『国民服』第一巻第三号　十二月号

昭和十六年十二月十五日発行　財団法人大日本国民服協会

昭和十六年十一月十五日第三種郵便物認可・昭和十六年十一月二十五日印刷納本・昭和十六年十二月十五日發行（毎月一回十五日發行）
生活文化綜合雜誌
國民服
特輯
公募婦人服の發表
大陸の生活様式
12
成田文庫

国民服
營業品目
國民服生地
背廣服地
婦人服生地
各種生地
メリヤス、沓下、毛布、
ハンカチーフ、國民帽、
儀禮章、萬年筆、
バンド、レンコート、
各種既製品
紳士、婦人服注文ニ應ズ
丸ビル角
ニッケ

國民服・十二月號目次

鮒

福田豊四郎

國民服制定一周年

官報

昭和十五年十一月二日 土曜日
第四千百四十八號

目次抄録

●勅令 國民服令

勅令

朕國民服令ヲ裁可シ玆ニ之ヲ公布セシム

御名 御璽

昭和十五年十一月一日

内閣總理大臣 公爵 近衛 文麿
厚生大臣 金光 庸夫
拓務大臣 秋田 清

勅令第七百二十五號

國民服令

第一條 大日本帝國男子ノ國民服(以下國民服ト稱ス)ノ制式ハ別表第一ニ依ル

第二條 國民服ハ從來背廣服其ノ他ノ平常服ヲ著用シタル場合ニ著用スルヲ例トス

第三條 國民服禮裝ハ國民服ヲ著用シ國民服儀禮章ヲ佩ブルモノトス

國民服儀禮章ノ制式ハ別表第二ニ依ル

第四條 國民服禮裝ハ從來燕尾服、フロックコート、モーニングコート其ノ他之ニ相當スル禮服ヲ著用シタル場合ニ著用スルヲ例トス

第五條 國民服禮裝ニハ佩用ニ關スル規程ニ從ヒ勳章、記章及褒章ヲ佩用スルコトヲ得

第六條 本令ノ制式ニ依ラザル服又ハ徽章若ハ飾章ハ其ノ名稱中ニ國民服又ハ國民服儀禮章ノ文字ヲ用フルコトヲ得ズ

附 則

本令ハ公布ノ日ヨリ之ヲ施行ス

(別表第一)

國民服制式表

甲號

上衣	地質		茶褐絨又ハ茶褐布
	製式	襟	立折襟式開襟(小開キ)トス
		前面	袵形ヲ附シ釦五個ヲ一行ニ附ス
		袖	筒袖型トシ腕閉及端袖ヲ附シ釦各一個ニテ開閉シ得ル如クス
		帶	帶形ヲ附ス
		裾	左右兩裾ヲ開ク
		物入	胸部物入ハ左右各一個トシ箱襞ニ沿ヒ縦襞ト為シ釦各一個ヲ附ス 腰部物入ハ左右各一個トシ袋型蓋附ト為シ蓋及釦各一個ヲ附ス但シ釦ハ附セザルコトヲ得
中衣	地質		適宜
	製式	襟	日本襟トス上襟及附襟ヲ用フルコトヲ得但シ禮裝ノ場合ニ於テハ附襟ヲ用フルモノトス
		前面	上衣ニ同ジ
		袖	上衣ニ同ジ附袖ヲ用フルコトヲ得
		帶	分離式トシ前面二個ノ釦ヲ以テ留ム
		裾	上衣ニ同ジ
		物入	上衣ニ同ジ但シ腰部物入ハ附セザルコトヲ得

明治二十五年三月三十一日 第三種郵便物認可

國民服制定一周年を記念し、大日本國民服協會では、日本百貨店組合の協力を得、去る十月廿一日から十一月二日まで、都下全百貨店を會場とし「國民服普及の會」を開催した。

　ネクタイをつけて儀禮章を佩用した誤つた着用法を矯正したり、第二國民に至るまで國民服精神を注入したり、多大の反響を呼んだ。

力ある示唆
應募婦人標準服

如水會館に於ける試作標準服應募品の審査會、嚴重な豫選をパスした優秀作品が更
にふるいにかけられる。委員は厚生、陸軍兩省の關係官を初め、教育家、美術家、服

審査會當日の列席委員、寫眞（上）右から高良富子氏、清水登美氏、岸本許子氏、
齋藤佳三氏、石原國民服協會常務理事、三德德次郎氏、西原被服本廠長、國民服協會
理事長石川中將、川村厚生省生活局長、陸軍省衣糧課長吉良大佐、市川房枝氏、江馬

專問家、風俗研究家、婦人評論家など多彩な顔が見られ、十數時間に及ぶ討議が續けられた。

氏、成田順氏、上田柳子氏、藤田トラ氏
寫眞右頁（下）左から吉岡彌生氏、前田若尾氏

洋装は和服の長所を採り、和服は洋装の特長を捕へる、かくて兩者は近接融合する運命にある、入選作品はそれをはつきり示してゐる。甲賞入選の和服型はその代表的な姿を見せる。

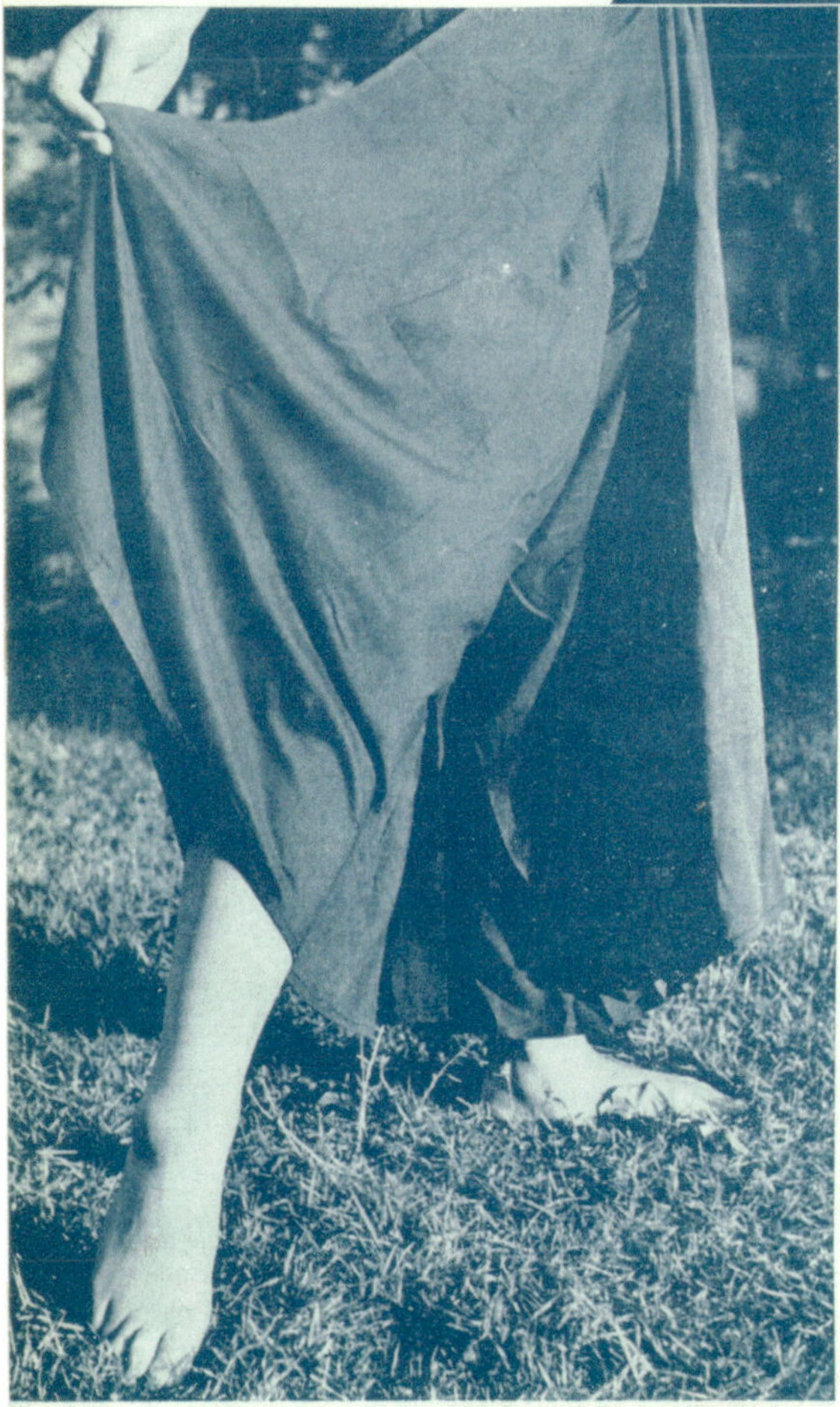

新しい下穿

日本的な性格を持つ新らしい下穿の發見は、審査員を驚喜せしめた。この貴いヒントを與へたのは、地方の篤學な研究者である。

公募作品（甲賞）の着方（上圖）　新しい下穿（下圖）

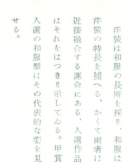

雪の前線

活躍するナチス從軍看護婦

獨逸赤十字看護婦の制服は、純白のリネンの帽子に美しさの止めをさす、それはたゞ、周圍にR・Kの文字（赤十字を表す）を刺繍したゞけの簡素なものであるが、しつかりした衣地の美しさは、たとへ様がない。襟にさゝれたブローチは白地に赤の十字がかゞやき、その上に獨逸國象徴のイーグルが、これは赤十字と獨逸國との密接な結合を示してゐる。平和の時と雖も用意備つてゐるトランクをさげて何時でも出動出來る様な準備が出來てゐる、そのトランクをさげて今將に前線に赴かんとしてゐる看護婦。

警報が來ると素速く車にのり指定され
た場所に赴くのである。

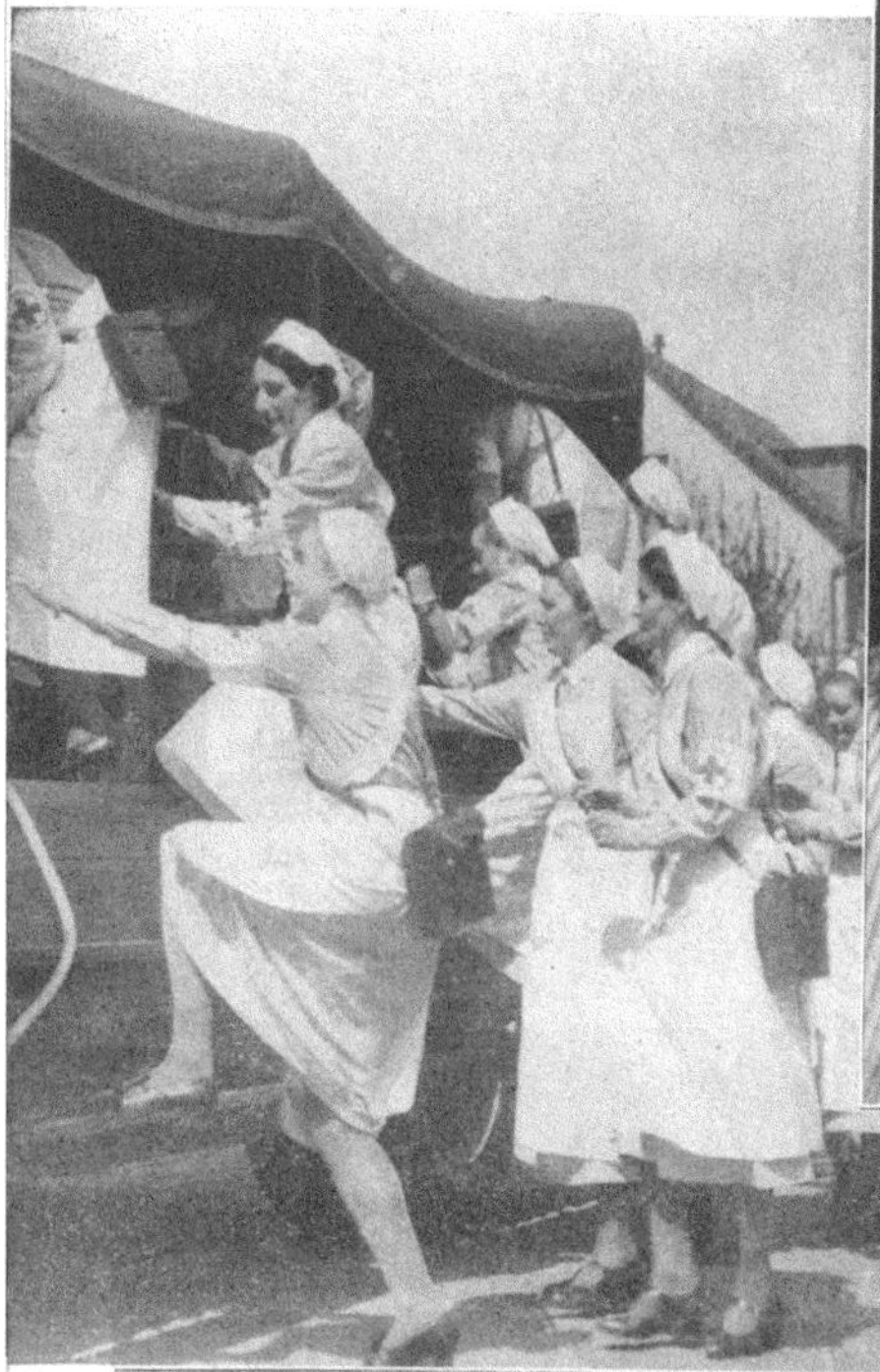

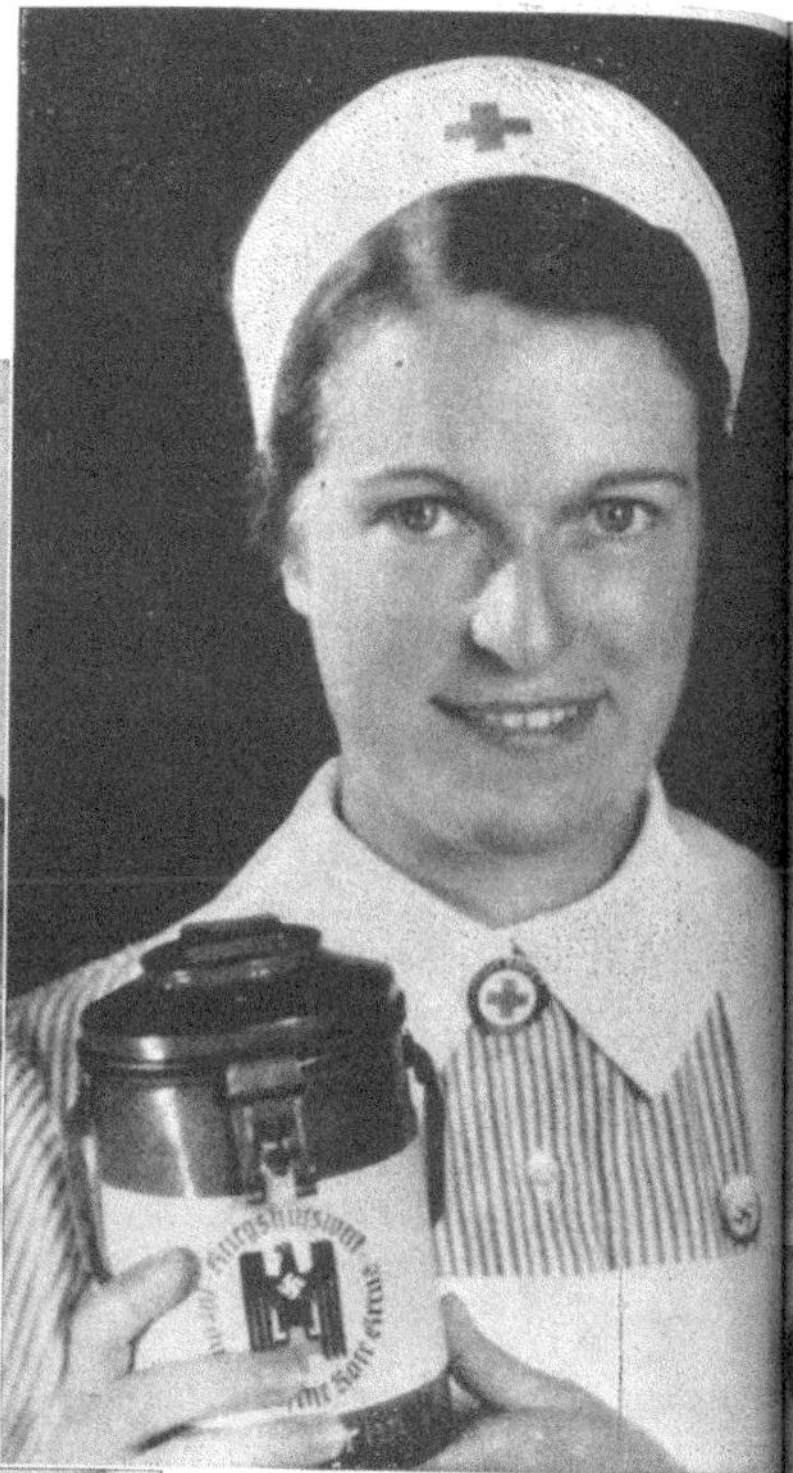

これは赤十字ナースの助手である。こ
助手は二〇時間の訓練をうけ試驗に合
した後，何時でも看護婦を助ける義務
あるのです。彼等の制服は赤十字看護
のそれに少し似てゐる。

助手と、看護婦と男の衛生兵とがこれにのりこみ、手當の後傷兵をはこぶので

助手と、看護婦と男の衛生兵とがこれにのりこみ、手當の後傷兵をはこぶのである。

移動病院車の中には、人々の他有らゆる必要な設備が爲されてゐる。醫者の必要な、化學研究室も設備されてゐて萬全を期してゐる。

醫療に必要な藥を備へてゐる。看護婦はこの部屋の責任をもち、だれでも自由にこゝに入つて藥などとり出さぬやら嚴重に責任者の責任の下に於いてする。

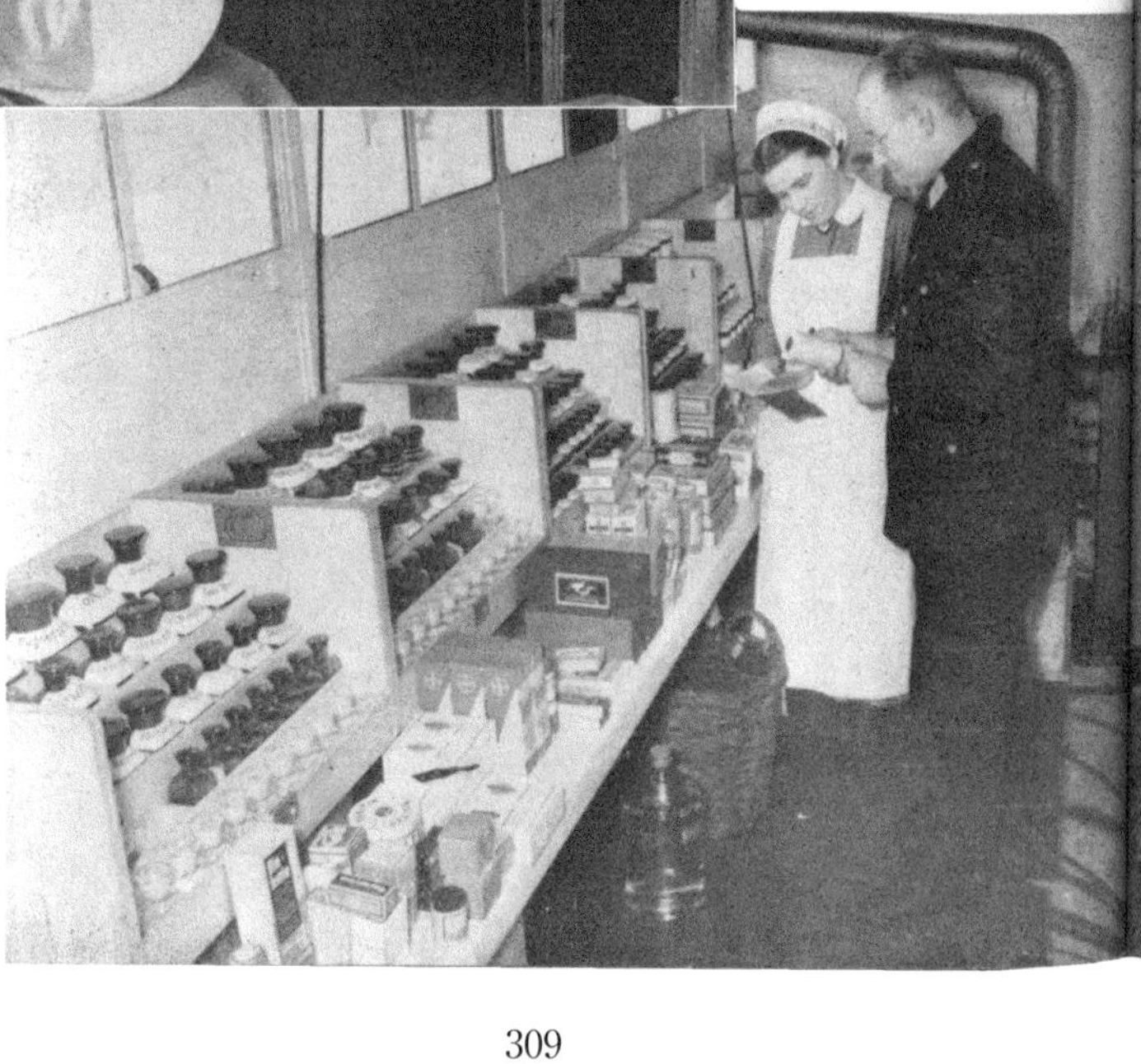

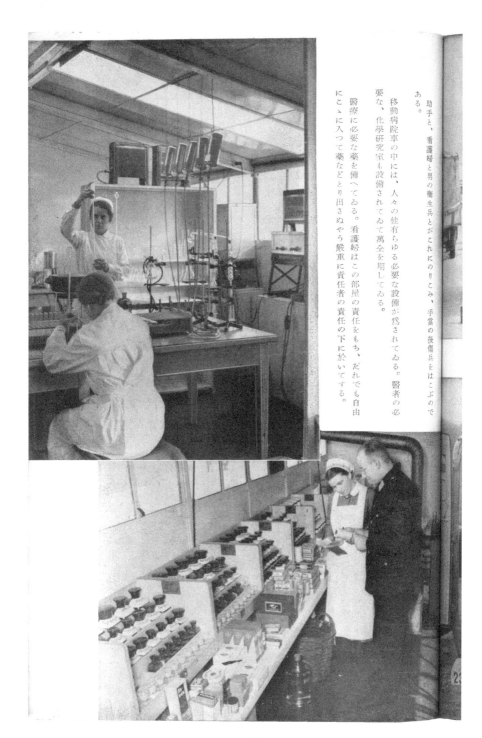

進め、そこで勇敢に働いてゐる、寒いので藁靴をつ

進め、そこで勇敢に働いてゐる、寒いので藁靴をつけてゐる颯爽たる勇姿。

此助手達は短期の講習であるから、二年に一度づゝ六週間の訓練をしなければならぬ。一切は兵士の如くきびしく訓練される。何故ならば鐵の如き强き意志を持たざれば、困難な戰時の仕事を完遂しえないのである。

助手の仕事は大變大きい。冬季救濟事業の金もあつめなければならない。此金は赤十字の爲に使はれる。この献金箱をもつ助手、この金は每月四萬圓も集まるのである。之は全く助手の努力によると思はれるものである。

共に救急に赴く移動病院車の光景、之は此の度の戰線にも赴き、フランス方面、ポーランド、今度はソ聯の戰線に出動し、傷兵を看護する、それは一刻を爭ふ出血其他に備へる爲め可及的迅速に行動する。

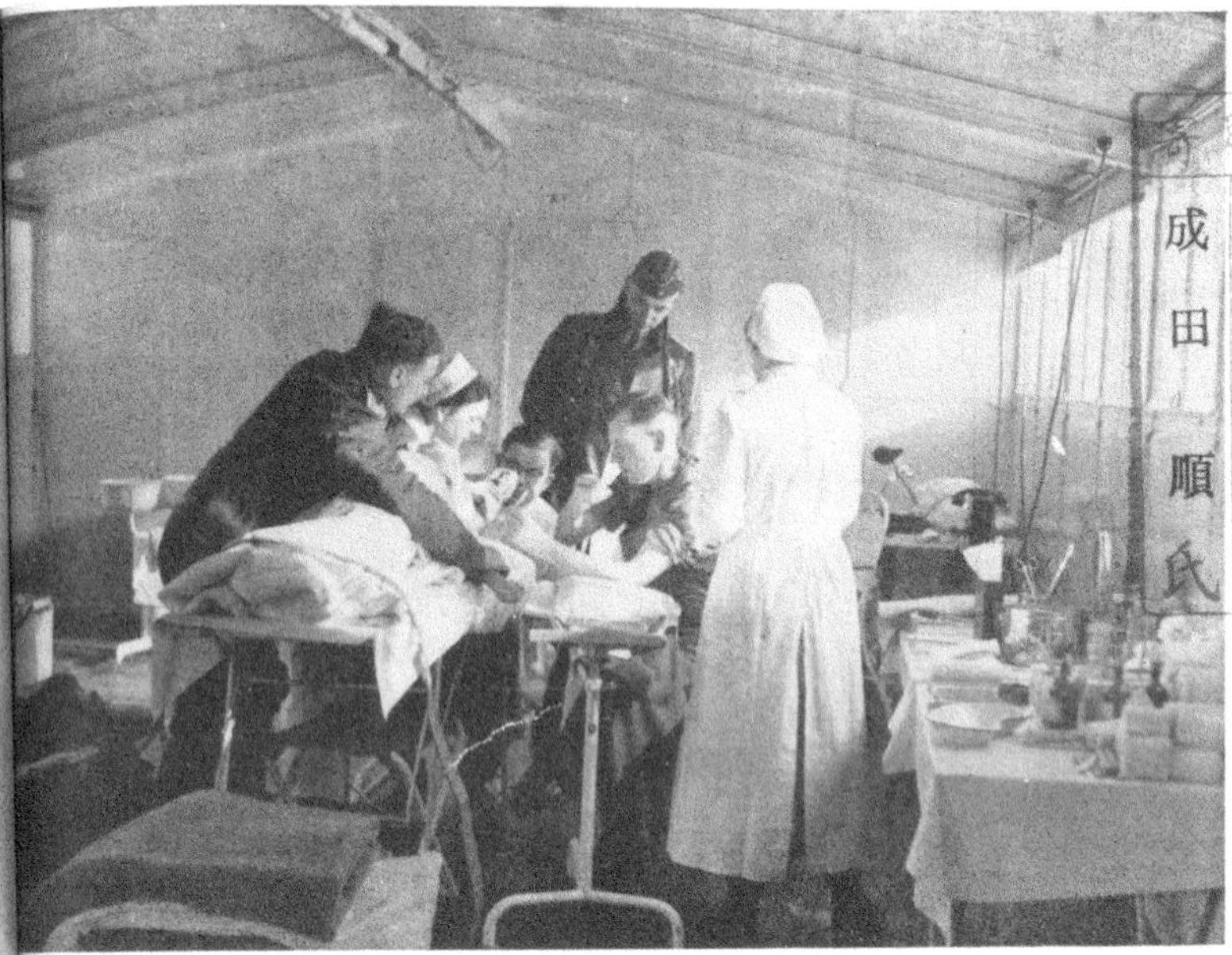

二人の病院車の中で働く看護婦は醫師のよき助手として手術にも立會ふ。多くの人をこの方法で助け、もし必要ならば、手術する、操作もする、そして百パーセントに病院車の本分をつくしてゐるのである。

この小さい病院にも檢微鏡の設備さへされてゐるのである。女醫が居て、疑はしきものは一々この鏡下にかけて檢出する。

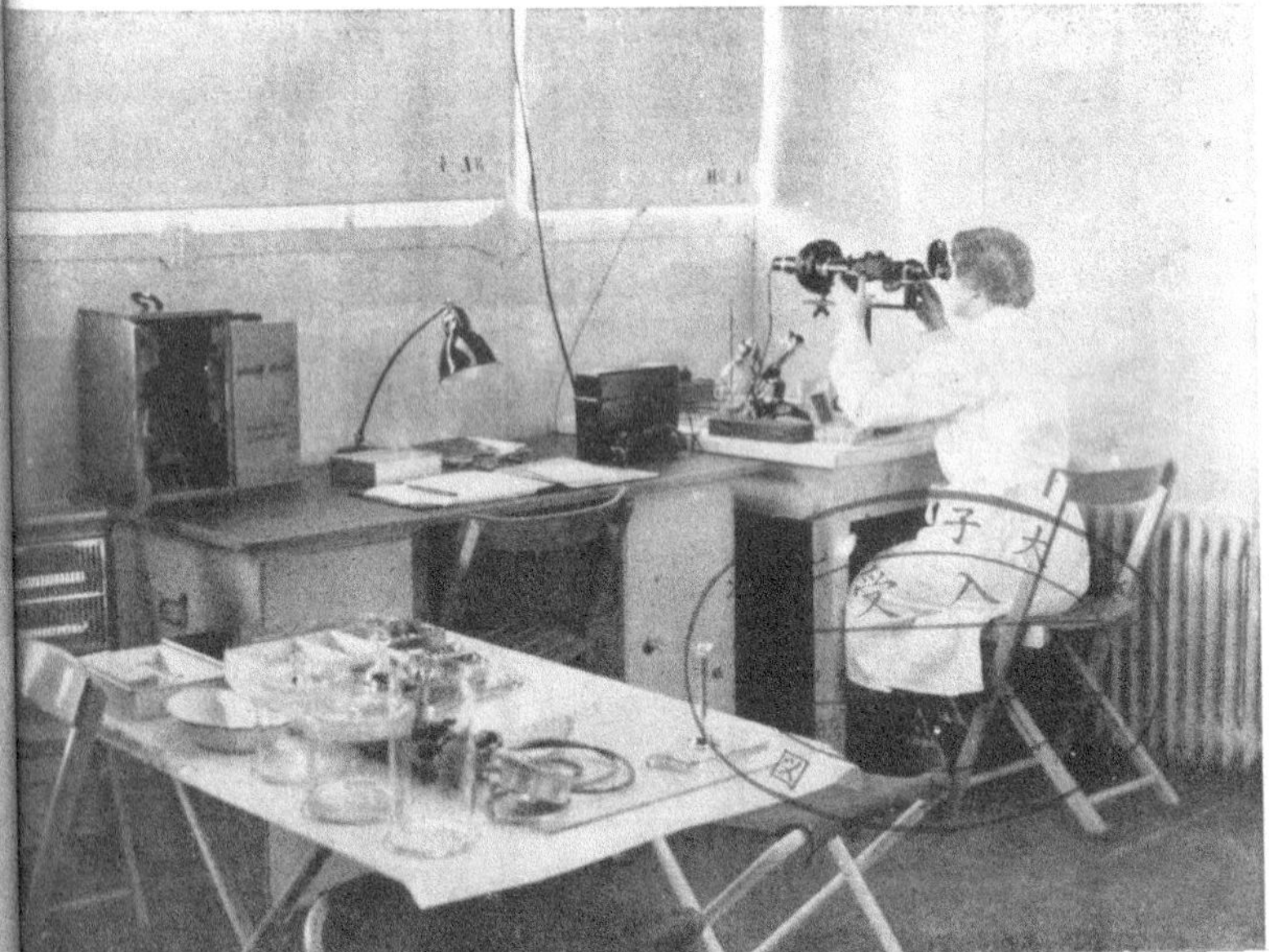

國民服

第一巻 第三號

巻頭言

國民士氣の昂揚は、今日の急務である。

敵前に於ける旺盛なる攻撃精神に等しき、猛烈なる生活士氣は、その一根底をなす。單なる生活用具、または物の置き場所一つでも、國民の士氣に關する時である。國民精神の昂揚を重要目的の一とする國民服は、勅令制定以來一周年を經た。

吾人に課せられた任務は萬難を排して遂行せん。

國民士氣の昂揚は、今日の急務である。

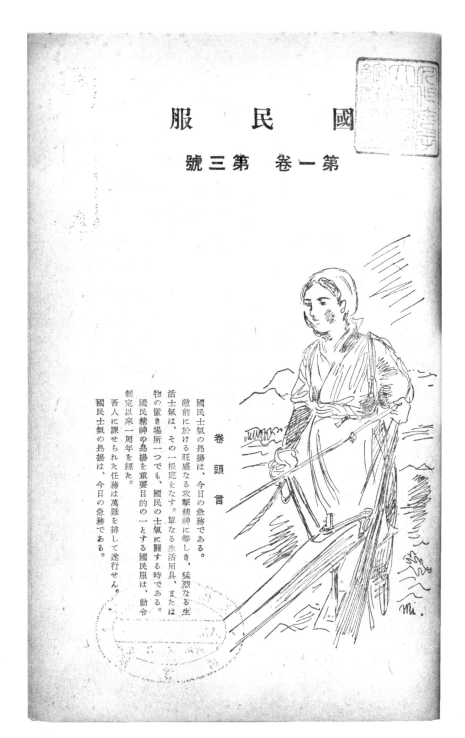

戰線と銃後

荻洲立兵

五年前大命を奉じ、兵團を指揮して出發する時、僕は、次のやうな三大統卒要綱を團隊長等に示した。

第一は軍紀嚴肅の徹底、第二は精神團結の鞏化、第三には殲滅戰と云ふ事である。

これは〇〇で集まつて來た人々は、殆んど全部が豫後備役將校、豫備役の下士官兵卒であつて、現役の人は非常に少なかつたので、先ず軍紀嚴肅なる部隊の建設が緊要であり、その次に「死なば諸共」の精神だが、この精神的團結を鞏固にしよう。そして三番目が、任務遂行である。各職場々々に於て受けたる任務遂行の爲には先づ其目的、任務を把握檢討し之が實行の爲組織編成任務分課等充分なる準備を整へる事が肝要である。とかく眼前の敵情、目前の成果等に眩惑せられ勝である。準備不周到で大戰果を擧げる事は出來ない。適材適所主義に徹し其の人々の爲し得る最大限を肯定して分課を定むる事も必要である。そうして愈々乗出したならば其の職責を積極的に最後までやり通すといふ意味に於て殲滅戰といふ言葉を使つた。而して僕はこの三大統卒要綱を、敎へて戰ひ、戰つて敎へるといふやうに、行住坐臥修養的にやつて行かうといふのである。

　話がわき道に入るが、この「敎へて戰ひ、戰つて敎へる」といふやり方は、敎育修練上極めて重要であり又妙味がある。最近一般に訓練方法としてかゝる傾向が見られるが、今日國防國家建設への國民訓練の上にかゝる法が強く採用されなければならぬと思ふのである。

　軍紀を嚴肅にするには禮法が正しく行はるる事が先決だと思ふ。禮儀が行はれなければ、軍紀の嚴肅は保てない。だから、軍紀の本《もと》たる上下の敬禮が正しく行はれなければならぬ。それには上官は部下に心から感謝して答禮をし、又部下は上官に向つて心から敬意を表するといふことでなければならぬ。敬禮は上官が受けるものなりとは僕は思はない。上官は部下の敬禮を心から感謝して受けるといふ風でなければならぬ。であるから、僕は戰場に於てたとひ兵隊が任務上向ふを向いて居つても、必ずその兵に敬意を表し、感謝して敬禮をした。その時假にその附近に歩哨に立つてゐた者から、あとで「部隊長がお前に敬禮をして行かれたぞ」といふやうなことを言傳に聞いて、兵隊は、非常な感激を覺えるのである。實際兵卒としてはこちらが見たいのだ。敬禮がしたいのだ。任務上敬禮を表現し得ぬのだ。心では敬禮してゐる。だから、僕はその兵に對して感謝して行く。唯その心持ばかりでなく、やはり表現して通過する。敬禮といふものは、先づ上に居る人が感激と感謝とを以て、正しく答禮をされることが肝要である。よく謝恩といふことが言はれるけれども、一般世相を見ると下の者に對する感謝が非常に足らぬと思ふ。若し上に立つ者が眞に下の者に對して感謝の氣持を持てば、自らその統卒下に心から加はつて來ると思ふ。

この心構へが國家の行政に携はる官吏、或は市町村行政を擔當される人達にとつて特に必要では無からうか。國民は、陛下の赤子なりとの一事を深く思うて之に對するならば、國民誰一人として感激せざる者はないと思ふのであつて、自分の町、自分の村に惡い者が居つて困るとか、社員が云々、青年がどうのと下の者に對する小言不平ばかりを口外する事はない筈である。若し上に立つ者がその部下に對して感謝と感激とを以て事に當られるならば、世の中にこれ程立派な、美しい樂しいことはなからうと思つてゐる。下の者が敬禮しないからといつて責める前に、反對に先づ自らを顧みた時には、果して他人を責めるだけの値打が自分にあるかどうか。寧ろ恥づべき事が多からうと思ふ。だから、人の上に立てば立つ程、自己を修養し、果して下の者に模範が示し得るだらうかと、日々自分の身の振舞を反省することが、非常に大切だと思ふのである。この様な心持で上の者が居れば自然に精神的團結が鞏化せられると思ふ。

僕等は武人であるから、所謂統師權の上に立つた立場に於て言つてゐるのであるが、陛下は文武の大權を統べさせ給ふのであるから、その文たる行政方面に關する仕事に携はつてゐる行政官、或は地方行政、自治體の上に者立つは、陛下の司《つかさ》として其職にあるとの信念と自信とを以て事に處さねばならないと思ふ。併しながら現實には總て責任回避が多いのではなからうか。これではならぬ。自分が責任を持つといふことは、誰に持つのでもない、陛下に對し奉つて持つことなのである。吾々は戰場に於て、陛下の赤子を預かつてゐるのであるから、一兵と雖も損害少く、然も戰果の大きいことを希ふ。だから、その責任を思ふ人程戰場に於ける勇者なりと戰陣訓に示されて居る。故に平時に於て如何に溫容な紳士であつても、肚に責任を感じてゐる人は、戰場に於けると同樣、眞の勇者であると僕は思ふ。

　僕は今の日本の政治のむづかしい點は又一方國民の心構へにもあると思ふ。或は民主であるとか、或は自由平等であるとか、乃至は個人の權利義務の主張といつた工合に言ひ慣らされて來たことが誤つてゐる。我が國體の本義、我が國民道德の上に立ち教育勅語の御訓を身を以て盡す覺悟が最も肝要であると思ふ。一旦緩急あれば所ではなく全く戰時下、而かも英米蘇等の强壓下に國是遂行を要する現下此非常時局突破の妙諦は何としても國民の本分を守り死を賭して盡さねばならぬ。

　政府の統制で何萬といふ品目の統制價格を決めて見たところで、國民に協力精神、奉公精神が無かつたならば決して總力を擧げる事は出來ない。だから官も民も共に愛と熱とを以てやつて行く事が大切である。戰時體制下であるから此の方針で行くのであると政府からはつきり決めて御示しになれば、國民は擧つて蹤いて行くと信ずる。所が政府がはつきりしてゐないと、政府はいつたいどうやるのだらう、どういふ法律を出すだらう、さうしたら俺達はどうなるんだらうかと取越苦勞ばかりして居る樣ではヨーロツパ式のものの考へ方で來てゐるものだから、いくら上の方で言つたところで、それだけでは下の者が蹤いて行かない。だから、早くそのやうな思想を打破して、日本の眞の姿、卽ち、陛下に歸一し奉る奉公心犧牲心が最も肝要であると思ふ。こゝに眞に國民の精神的團結が出來て總戰力を發揮する事が出來るのである。

さあそこで總戰力を發揮し得る團結が出來れば次は殲滅戰である。

殲滅戰とは各々の職場、任務を積極的に最後迄爲し遂げる事を示したのであるが、其任務を遂行するに方つては本念の任務と枝葉の任務、主目的と副目的と云ふ樣な事を考へる必要があると思ふ。そこで當協會の主任務、主目的等を考へて見たい。

先ず禮儀を正しくすると云ふ上から考へると、やはり服制がどうしても必要となつて來る。そしてそれは繁雜なものではいかぬから、國民服といふものの必要を感じて來るのである。僕は、戰時體制だから國民服を必要とするといふのではなく、寧ろ禮儀を重んずるが故に、玆に服裝が一定されて來なければならぬ、國民服といふものがなくてはならぬと感ずるものである。その國民服は、仕事がし易いとか、戰時態勢に於て働くに都合が良いとか、服地を節約するとか、安價に出來るとかといふやうなことは第二義的に考へて、何處までも民族的表徵である服裝であるべきだと思ふ。徒らにヨーロッパの服裝を眞似たやうなものであつてはいけない。勿論新知識を吸收するに吝かであつてはならず、大いに學ぶべきは學ばねばならぬが、併し飽くまでも日本の國體に徹した所の精神、或は道德の軌範といふか、さういふ傳統に燃えた日本古來の文明、文化を基礎とする研究、調査、制定であらねばならぬと思ふ。

服制に對して智識なき僕が細部に亙る事は避くべきではあるが、殲滅戰を說明する立場から申せば二つの希望がある。第一に服制決定に際して襟を付けるといふこと、第二に帶を締めるといふことであつて、形式的襟や帶では駄目だと思ふ。本當に帶を締めさせなければいかぬ。現在所謂國民服としてあるものは、形だけであつて、一種の欺瞞では無からうか。僕は三尺帶が締めたい。皇國未曾有の重大時局に臨んで、この帶を締め、褌を締めて、腹をギュッと締めて置くことが最も大切だと思ふ。この腹を締めることに依つて、吾々は責任感も勇氣も湧き出て來るのである。それを唯一つの形式でやつて行かうといふやり方は、やはり西洋式の考へ方で同意し難い。西鄕隆盛のあの三尺帶を見よ。西鄕隆盛の膽力はあの三尺帶から出てゐるのだ。そこに目覺めた時に、その形はたとひヨーロッパの型であつても、精神がそこに活きて來るのである。それを唯形式にばかりとらはれてゐると、魂のないものが出來上つてしまふことになる。それからこの襟であるが、これは日本古來の襟なのであるから、ネクタイは廢めて襟にしなくてはならぬ。今までは西洋のものを眞似たんだから致方が無いとしても、國民服を決める以上は男女共に襟で行かなければいかぬ。日本の服裝はボタン、ホックにあらずして、紐である。だから紐を使つて行かなければいかぬ。體裁がどうあらうと、外國人が嗤はうと構はない。しつかりと帶を締め襟を正すがよい。この帶は戰場に於て何になるかといふと、いざといふ時には、繃帶にもなり、物を擔ぐにも結ぶにも役立つのである。軍隊で卷脚絆を採用するのも、それが何かの時に他に應用出來るからだ。このやうに今度の服制が民族性と傳統を重んずる方向に向つて主客顚倒せざる樣蔭ながら念願してゐる一人である。

もう一つ大事なことは、現在國民服を着る者は、寧ろ實際に働いてゐる一般社會の人達に多いやうに思はれるが、これは國民服協會として一考を要すると思はれる。

一般の人達は寧ろ國民服を着てゐる人を冷眼視してゐる節も窺はれる。僕等日本人は家庭にあつては父親に重なればいゝ。そこに家庭の軌範があるのである。親父に着せずに置いて、子供にだけ着せようといふのでは無理である。これは國民服協會に於ても大いに反省し、國民服が國民のあらゆる層全般に亘つて行渡るやうに一段と努力致されたい。これは國民服協會の構成にも關することであらうが、併し兎に角根本觀念に於て既に勅令として發布せられてあるのであるから、臺閣に列する人々から先づ模範を示さるゝ様になりたいものである。こゝに協會組織等の上にも反省の餘地がある様に思はれる。

國民服は日本精神の精華を加味し、日本文化に立脚した服裝であらねばならぬのであるから、委員には歴史家も必要であるし、又美術家もゐなければならぬだらう。又女子の委員も多いやうだが、甚だ失禮な申分であるが女で口の利けるやうな上層の人達は、殆んど理性に勝つた、西洋の學問で成功したやうな人が多い様に思ふ。之等の選定、委囑に方つては特に注意が必要である。詰り、何々女史といふやうな人々は、西洋崇拜の人が多い。特に耶蘇教などに一歩でも踏み込んだ人を入れたら、眞の目的にそはぬ事になる。さういふことのないやうに、敬神崇祖の念に燃えた、眞の家庭の妻を委員に多く選ぶべきだと思ふ。

要するに僕は、上流社會の方々が着ねばならぬといふ思想に持つて行くやうな協會の組織、運動であらねばならぬことを希望する。これは協會として尙幾多の困難があると推察するが、それ等を克服して、本當の國民服の制定と普及に努力邁進せられん事を切望し、健鬪を祈る次第である。(文責在記者)

鎌倉時代服裝の考察

江馬務

前期の概觀

上代固有の服裝は韓土交通以來、韓土の服裝を攝取して韓風化され、推古天皇の朝、隋と交通が開かれてより、隋唐の文化に心醉した當時の上流社會は又隋唐の服裝をも盲目的に攝取して、奈良朝に至つては官服は殆んど全く唐風の亞流となつた。この顯著な外風輸入が平安朝に入つて大に時代精神に異變を來し、國民が擧つて從來の外風の追從に一の反省を促進されたのであつた。その結果、我國は古來わが國民の趣味に基づき生活に適應したる眞の國風を建設すべしといふ結論に至つた。これから我が國の服裝は一八〇度の轉換をした。從來の唐風を基礎として之を能く日本化し、かくして約百年の間に成立したものは藤原期の優美孱弱な風俗であつた。

元來藤原專權期は藤原氏一門が宮中府中に充滿して、すべての機能を操り、その服飾意匠に關するものも、概ね彼等の創意に成つたものである。彼等は莊園を全國に有し、官位は高く、家門は繁榮し、日夜詩歌管絃に耽り、風雅な遊樂に心を勞したため、趣味は向上し、彼等によりて生み出された服飾は、彼等の趣味を反映した優美豪華孱弱なものであつたのである。

しかしながら、この藤原氏の榮華に時めいてゐた間に他方に武士階級が蜂起してゐた。藤原氏の政治は紊亂し國司は遙任して地方の反亂を鎭定する力がなかつたため武士が之を鎭定した。こゝに武士は家の子郎黨を多數養つて、藤原氏の生活と異り、武道を以て世に立つた。この武士は遂に中原に出でゝ互に相爭ひ、遂に平氏は一時、藤原氏を壓して榮華を極めたが、生活さへ藤原氏に倣つたため、源氏のために亡ぼされた。この平氏を亡ぼして鎌倉に幕府を開き始めて武家政治を創立したのが源頼朝であつた。鎌倉時代は之より始まる。

士道と服裝

武士道は既に世に行はれてゐたが、之を徹底的に勵行したのは頼朝の力である。頼朝の武士道に對する綱領は、神佛を信仰し、五常五敎を守り、名譽を重んじ祖先崇拜門閥を尊び、文武の道を勵み、剛勇を尙び武藝を錬り、質素簡易實用を旨とするといふことである。この綱領の中服飾に關係あるのは、文武の道を勵み、質素簡易實用を旨とするといふことである。鎌倉武士は武骨一遍であつても差支はないやうに思はれるが、實は一面に文學の素養もあるのが喜ばれたので、奥州征伐の時に白川關で頼朝が梶原景季を招いて昔能因法師の歌のあとであるから何か一首出ないかといつたところ、梶原は

秋風に草木の露をはらはせて君が越ゆれば關守もなし

と詠じたので、感嘆し五百町歩の地を與へたといふ話が吾妻鑑に出てゐるが、武士はかく風流を解することこそ眞に花も實もある武士といはれたのである。又頼朝は筑後權守俊兼が美衣を着てゐるのを見て、その刀を抜き、自らその褄を切つて奢侈を戒めたことが、これも吾妻鑑に出てゐるその他松下禪尼の話も聞えてゐるが、靑砥藤綱が金滿家なるに係らず食事には乾物一種と飯に鹽ふりかけ食したのも有名である。

これらの武士が最も共鳴したのは禪宗で、禪が他力によらず自ら工夫鍛錬により佛祖の心印を把握し、坐禪により苦樂生死を解脱し虚無恬淡無我無慾の境涯に入り、精神は沈靜を保ちつゝ一朝事あれば大勇を發し、すべてが直截簡易を尙ぶのであるから、武士が共鳴したのも尤ものことでこの簡易、質素の半面、又これと反對に風雅を好んでゐる複雜な武士の性情は服飾の上に、幾多の好趣を齎らし來つたのである。

それで服飾の用ひらるゝ方面を私は五つに分つて見たい一は公家《くげ》即ち宮廷及び宮廷に奉仕する公卿の家族、二は武家即ち幕府やその御家人、三は民間、農商工、四は神社の社家、五は寺院即ち僧侶の五大中心である。さて第一の公家の方面の衣服は平安朝の延長であつて、御即位式にのみ

着用せらるゝ禮服、通常禮服たる束帶、客服たる衣冠、直衣、狩衣、水干など、女官には唐衣裳の俗にいふ十二單、褻《け》の裝束たる小袿《うちき》、その他が行はれてゐた。これらの服はすべて平安朝の特色を有してをり、之を一々こゝで説明することは、徒らに冗長を來し、指定せられてゐる頁數を超過する恐れがあるので、述べるのを略したいが、たゞこれらの服の鎌倉時代に入つてからの變化を述べて、この特趣な時代を明にし、本時代特有の衣服については特に詳述して見たいと思ふ。

小袖の發達

鎌倉時代は政權が武士に移り、宮中ではたゞ叙任の辭令を交附あらせらるゝに止まつて居り、從つて、朝儀も昔日の盛大はなく、別して承久の亂後は幕府の壓迫が加はつて御質素であらせられた。束帶の如きも下襲の裾を分離してその上を省き、今迄盛んに用ひられた半臂も省くことゝなりすべてが簡略となつた。又布袴小直衣といふ姿は行はれず、水干は一般民衆からは省用せられず、一般男子は筒袖の小袖に袴といふ略裝が多く行はれた。

婦人服も堂上家の婦人の十二單は枚數が漸く減ぜられ、昔の如く廿幾枚も重ねるといふことは、追々に止み、細長を着ることは廢れ、時には唐衣を略して裳をつけ、或は唐衣を着て裳を略するといふ簡單服も行はれ、甚だしきは唐衣、裳に袴なしの驚くべき服裝も起つた。玉葉禁秘抄には孀女の姿を唐衣と小袖のみと記されてゐるのは恰も今の和服の上から羽織を一枚引きかけた形で女裝としては實に簡略極まるものである。（以上風俗研究七〇拙稿鎌倉時代の女裝）

かく女裝が簡略されるに至つたのは、勿論當時の經濟上の關係もあるが、一面小袖の發達に因るものである。小袖といふのは今日の和服に當るものであつて、藤原時代は僅かに民間の表着として着せられたもので、その起原は奈良朝にある。先年正倉院で古い衣服御整理の時、圖らずも筒袖の少い袖丈の長い、上下一續きの布の衣服が發見せられたのが、今日の和服として殘存するものの最古のものであるが、これは決して唐代の模倣でなく、上代衣衣服から變化し來つた純國風のものであつて、日本固有型であつた。それ故、和服は純國産で二千大百年の昔から漸次變化して奈良朝に大成せされたものであると斷言することができるこの和服が平安朝には民間男女に用ひられたが、上流社會は男女とも袖丈長く唐袖衣服のみを重ねてゐたので、多は寒く、寒風が脇下へ入るので、袖口小さい衣服の必要が起り、こゝに民間では、和服の筒の袖袂だけを少し大きく丸くした衣服を肌に直接着た。それによつて、婦人も今迄は最も必要であつた袴を省くも裾から足が出るやうなこともなく従つて袴なしの姿が起つたので、これ生活合理化により、保温と同時に冗衣を省きて經濟を助ける一投二石の策であつたのである。和服着用まではいかに袴が重要な使命があつたが、即ち袴が恰も腰巻やズロースの用をなしてゐたものであることが、これで分る。

即ち鎌倉時代には公客服飾も風儀を考慮しつゝ簡易、實用を實行されたのである。

實用化された直垂

しかし鎌倉時代服飾の中心は何といつても武家民間の服飾に在る。何となれば、此の時代の武士風俗が服飾界では最も時代の性質を凝縮してゐるからである。

この時代の武士の服飾は直垂《ひたたれ》といふ服であり、鎧の下には鎧直垂を着した。この直垂は元來夜着に用ひられてゐたもの〻總稱であつたが、武士が鎧の下に着するには從來着てゐた水干が窮屈なので襟も圓くなつてゐない垂頸の直垂を鎧の下に着て袴も括袴を穿いたことが、後には鎧下でない時にも用ひられる常着の直垂となつたもので、直垂の特徴は上下ツーピースで上は頸が垂頸即ち今の和服形であり袖は唐袖で一幅半になつて居り、袂の角につゆといふ紐の垂れがついて居り、襟の合目の左右に紐がついてゐて之を結び合はすことゝし、袴は指貫の如くであるが、紐（腰という）は白色で、後ろには襞なく前に襞あり、裾は丈に合はして切袴となり、括紐はない。さて此の衣服の形狀につ

直垂（蒙古襲來繪詞）

いてよく考へねばならないことが多い。これは從來の水干狩衣に比し、裂地も節約され、仕立も樂であり、着心地も窮屈でなく、活動にも能率的で、殊に後ろで胸紐、つゆと括れば太刀打も自由に出來る。袴も指貫と異り筒も細く短いので股立とれば活動も出來る。その上に、上下共裂なので、同一地質を用ひることができるのである。又室町時代には縫目に紐を結んだ菊綴がついてゐる。

以上が直垂の形狀であるが、地は武士にふさはしい布を本體とし窣陀布あり、又絹、糊好、紗なども用ひられ、色目は白、浅黄、紺、褐等一色染めとし、木蘭など澁い色もある。時に染には摺といふ摺込、平文《へうもん》（絞りで段々染にする横縞）纐纈（鹿子）描繪があつた。又曳柿といつて柿の澁を引くこともある。これ强みを加へるためである。又時に金銀箔を文様形に散らす意匠もあつたが、多くは染めた上に、他の濃い色で、或は有職文様(左右相稱の規劃文様)を同じ距離に摺込んで反復することが多い。時には寫生的の立體文様もある。

以上の直垂の傾向を改めて約言すれば、1形式が單調になりしこと、2着用に便利になりしこと、3非常の活動に便利になりしこと、4經濟的なること、5色調單純になりしこと、6立體文様を増せしこと、7階級による區別はないこと、8裝飾なること、などを數へることが出來、實用と裝飾を兼ねたものであることで、これで前述の武士の本領たる文武二道をいそしむこと、質素を尙び簡易實用を重んじ、剛健武藝を勵むことなどの諸モットーが均しく織込められてゐることが分るのである。

簡素を尙んだ婦人

この直垂を着るは侍烏帽子を戴き、直垂の下には帷子(麻衣)大口袴(下袴)を着るを本式とするが、後世は帷子大口袴の代りに小袖一枚で代表せしめてゐるのである。この直垂は武士一般に着用したのが、後には一般民衆にも及び鎌倉時代の有力なる服となつたのであつた。

次に武家の婦人の服はこれも直垂に準じて知ることが出來るが、武士と雖も木石でない以上、況して婦人には前代藤原期に發達した衣服に準じたものを撰んだ。卽ち袿の全盛時代が來たのである。

袿といふのは垂頸の角袖廣袖一幅の丈長い衣で、裏がおめりといつて表の方へ襟、裾、袖口などで三分ばかり、出てゐるものである。これを着るには先づ下に小袖を幾枚か

袿の外出姿（奈世竹物語繪卷）

重ね着し細帶をして、更に袿を何枚か重ね、それで平常は過す。外出には、この袿を一枚にして裾高にからげて出る。尤も鎌倉時代の中期からは、袿の代り小袖と同形のものを、作り、之を着て外出することがあつたことは、法然上人繪傳に見えてゐる。これ卽ち打掛の起原と見る可きものである。中には袿を丈短く作り之を着て出る人もあつた。貴門の雇女などは、常も裳袴といつて鮮人のチマに見るやうな腰卷の長いものを、ぐる／＼と腰に卷くことがある。晴の場合には勿論緋袴を穿き、唐衣、裳をつけることもあつたのである。とも角女子の服裝も此の時代には小袖を本位とし、それに袿か、打掛を掛ける程度で極めて簡素であつた地質は綾、唐綾や絹などが主なもので、夏は紗などもある。民間には布もあつたと思ふ。色も隨意であり文樣も上流社會には織文樣があるが、他は摺込や絞り描繪の文樣で、文樣にも有職文樣もあり、中には自在畫風の寫生的のや縞もあつた。前代の藤原時代のやうに繡や玻瑤玉、金板を綴ぢつけたりすることは全然なく、すべて質素を本位としたものであつた。形も簡單で實用向ではあるが、男子のやうに活動を主としておらず、婦人には一種の優美さ孱弱さを保つてゐたところを看取せねばならぬ。

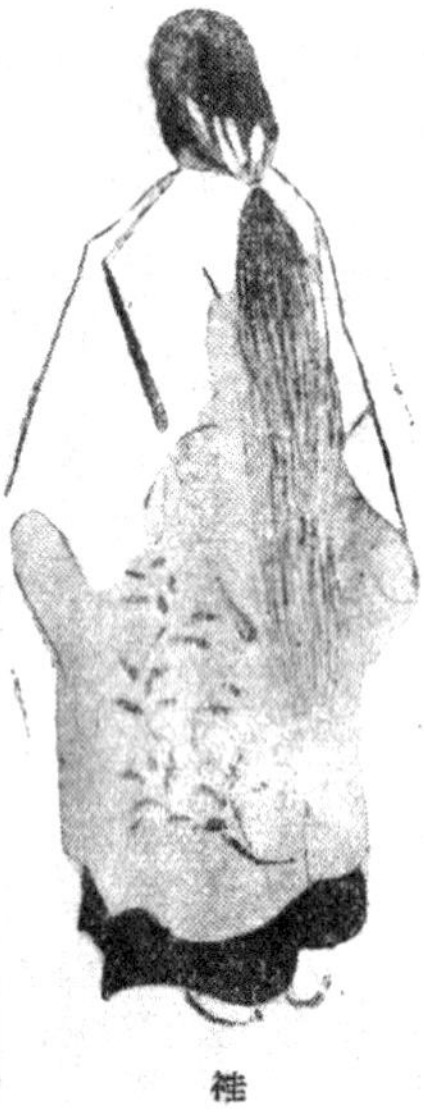

袿

今日の和服を主とする日本服は、大體起原をこの時代に發して居り、今日の服装はいはゞ武士階級の間に醸成せられたものであつて、七百數十年の間婦人には和服が愛用されてゐたことになる。たゞ今日の和服と違ひ、當代は袖口も小さく袂が圓く、對丈《つゐたけ》であり、帶は細帶で、民間は、このまゝで上に何も重ねないが、上中流は袿を重ねるか、打掛の小袖を重ねることが違つてゐる。帶幅は一寸位のくけ紐で、之を後ろ或は横に結んだのであつた。外出には、小袖の褄をとつて、歩行くので婦人は、どこまでも輕快に敏濶に行動をなし得なかつた。今日厚生省の婦人改良服研究會には私もその一員となつて臨席してゐるが、和服の改良は袖丈 袂形、帶、褄に集中してゐるのは、何といつても鎌倉時代の和服にまで遡つて更に褄に工夫を加へよと天から責められる感がする。而して外出には婦人は市女笠を冠ることがあり、神佛詣には赤紐の掛帶をかけ、旅には更に守袋をかけた。長旅にの伴の者に唐櫃や上差袋を持たせたのである。

華やかな出陣姿

以上鎌倉時代の武士の質素な半面を述べたが、次にはその反對に豪奢な半面を述べることゝする。

鎌倉武士は平素は極めて質素であつたが、戰場に出陣する時には、反對に又華美な姿をする。かの甲冑の豪華になつたのも鎌倉時代であつて、威毛の華美な實に驚く可きものがあつた。が、その鎧の下に着用する直垂は、又華美なものが多かつた。鎧直垂は普通の直垂と異り、袖口小さく袖括の紐あり、襟と胴との間、袖付、鰭袖と無袖の間背縫には菊綴と稱する房が二つ宛ついて居る。この地質は蜀錦

鎧直垂

吳綾、金紗、金襴、錦、唐織、曇子、長絹等の高等織物があり、色目には紅、紫、赤、紺、靑、萠黃等などあり、文樣には靑い橫筋、細筋、大引兩、二引兩の縞の外に、龍ノ丸、紅葉、千鳥、六曜、四菱、撫子、菊、龜甲、巴などがある。(以上吾妻鑑、增鏡、太平記、古今著聞集、建武年間記、蒙古襲來繪卷參考）これらの加工にも、纐纈、ヒヲ括滋目結、三日結、など絞り染が非常に多いが、これらの地質といひ、意匠といひ、色目といひ、皆すべて武士の綱領としては意外に思はるゝ華美なもののみであるが、これは武士が晴の最後を飾るための衣服と思へば、決して不思議ではないのである。

從つて晴の門出には婦人、娘なども亦平安朝の目のさめるやうな服を着たことも想像に難くない。

質素と華美の兩面

以上鎌倉時代の服裝特に武士の服裝について述べたがこれを要するに、武士には服裝に兩面があり、一は質素に、一は華美に、そして剛健率直、簡易實用といふことについては如何なる場合に於ても變化がない。これを住居に見るも、甲冑武器に徵するも、又典禮歲事、娯樂技藝に徵するも、均しく同性質の共通する趣致が見られるのである。この服裝の下に鎌倉武士は潔く蒙古十萬の軍を殲滅したのであつた。この武士の服裝はかうした大事件を征服したのみか。直垂からは大紋を生み、次に素襖を生み、素襖が更に一轉して肩衣（上下）となり、又十德となり、そして十德が羽織を生んだ。直垂は卽ち轉々として上下、羽織になつた。又袿は打掛となり、小袖は今の和服となつた。

この直垂の系統が數百年後の今日までその子孫たる羽織に殘り、小袖がこれも和服となつてゐるのは、直垂、和服のよさの大であつたことに想到せなければならない。卽ち倭民族は武道一遍の武士と雖も簡易實用的の花實相伴ふものを要求してゐたことである。

今月男子國民服が生れ、更にわれ〳〵も參加の光榮に浴してゐる婦人標準服が今將に生れんとしてゐる。又一般服飾もこゝに急旋回をなさんとしてゐる。この非常時にあたり御指示に基き鎌倉時代の非常時の服裝を一瞥した。之によりて何等かの暗示を得られたらば幸甚である。

（筆者は風俗硏究家）

經濟

町内會經濟部

自治振興中央會の委員會で政府に上申されたといふ消費者組織として町内會經濟部が設置されるよしである。これは東京の如き大都市内の各町内會員とその町内會を配給區域とする小賣商人の中から委員を選んで部會を組織し、部會が物資配給について連絡を圖りその委員たる魚屋や青物屋が町内會員たる消費家庭に生鮮食料品を配給する。現在行列をつゞつてもなか〳〵手に入らない野菜や魚を取あへず之で各家庭の一人殘らず行き渡らせやうとの仕組だとのことである。

このやうな組織で、現在東京あたりで不足してゐる魚や青物が消費家庭の手に行き渡らせることが出來るなら、これに越した結構なことはない。しかし、こんな案を考へるものの頭腦の程度を疑はざるを得ない。一體何故に現在東京の如き大都市に魚が不足してゐるかをもつと考へてからの後にした方が何うか。魚屋の店頭に主婦達が行列してもなか〳〵手に入らないほど魚が店頭に不足してゐるのだ。それが町内會經濟部を作つてみた所で、魚屋が手品師でない以上何うして各家庭の所要量に應ずるたけ魚の配給が出來るか。

末梢配給方面ばかり近視眼的に見たつて、問題は解決せんわい。骨折損のくたびれに終るだらう。それよりも最も效果ある抜本的方策を講じたら何うか。

それは何か。

鮮魚介配給統制規則を改廢せよ

現在東京の如き大都市を魚飢饉にさせたものは、農林省生鮮食料課で定めた鮮魚介配給統制規則に災されてゐる。これは昭和十六年四月一日に施行されたものであるが、これと同樣のものを法律にしやうとして前年の冬、當時鮮魚の所管は商工省市場課であつたが、その案を企畫院に持出した所、農林、厚生兩省の反對に會つて鮮魚介配給統制法案が破れたものだ。これは、中央卸賣市場一本建の配給機構にしやうとする法律案であつた。

當時農林、厚生兩省の反對意見では、中央卸賣市場以外にも地方の大小の生産者輩が魚や野菜をドシ〳〵送つて自由に賣つてゐる。その場外取引を中央市場一本建の配給に制限するとなると地方から入つて來る魚や野菜の供給量が激減する。さうなると中央市場のものが獨占的に有利な立場になるわけであるが、困るものは消費者だ。小賣の魚屋も入荷量が少くなつて困る。それは、築地の中央市場からも買へるし、場外取引である北千住の魚市場からも自由に買へるといふ數本建配給を此の法律によつて中央市場一本建配給になると魚の入荷量が激減し、魚や野菜の小賣商が困り、消費者が困る。さういふ理由でその法案に反對し、不成立にした。然るにだ。

それを今度再び省令で實施した。果せるかな此の飢饉だ。

中央市場擁護の爲に、多數國民を困らせるな。

特輯

大陸の生活様式

開拓民の生活と環境

丸山義二

一

昨年の十一月十二日の夕方、私はハルピンにゐる同郷の友田中君とともに、張維屯といふ滿人部落から、綏化の町へついた。その日の日記に、私はつぎのやうに書いてゐる。

「……驛に出た。例によつて、待合室は滿人ばかりである。私は、かれらの傍若無人にツバキをはくのに噎せねばならなかつた。高濱虚子は、長塚節の「土」に、〝この土と人と芋との差いくばく〟といふ句を書いた。日本の農民が〝芋〟なら、滿洲の農民は〝豚〟だといつたら叱られるだらうか。

〝この土と人と豚との差いくばく〟

しかし、私は、日本農民の健康な百姓魂はこの〝人と芋との差いくばく〟のうちにこそあるのだと、かたの信ずるものである。日本農民の眞の美しさといふものもまた、そのなかに輝かにみとめらるのだとも信じてゐる。とすれば、滿農の眞骨項は、〝人と豚との差いくばく〟のうちにこそ存するのであらうかと、私は、私の胸にうづきのぼつてくる、どうにもならない嘔吐感を反省しなければならなかつた。私は反省した。私は、にんにくを齧りながら、この、全身たちまち汗ばんでくるつよいにんにくの力を藉りることによつて、私の、この不慣れな匂ひと、いやな唖音とを征服したいと思つた。（そ

のとき、私はシューバのポケットに、にんにくをしのばせてゐたのである）
やうやく、午後六時一分（滿洲では十八時一分である）の汽車にのつた。綏化まで一時間。
綏化驛の前に自働電話がある。ガラス窓のこわれたスタンドであつた。田中君がすぐ、そこから興農合作社へ電話をかけた。私たちに、張維屯支所につとめてゐる島谷君が、所用のため、この綏化へきてゐるといふので、今、その島谷君のあとを追つてきたわけである。電話の結果、たしかに島谷君はきてゐるが、今は、城内のはうへ夕飯をくひに出かけてゐるといふことがわかつた。

　マーチョにのつて、興農合作社をたづねていつた。ひけたあとの合作社の事務所は、机ばかりがやけにならんでゐた。宿直の陳君といふ日本語のたくみな滿洲の青年が、親切に迎へてくれそして、城内のめし屋といふめし屋へ電話をかけてくれるのであつたが、どこにも、島谷君はきてゐないとのことであつた。（この陳君は、興農合作社の運動を滿農部落へ徹底させるために挺身してゐる、私たちの若き同胞をたすけ、實に得がたい助力者なのだと、あとできいた。日本語の報告文學《ルポルタージュ》を滿洲新聞へ寄稿したこともあるといふ）
　私たちは困つた。この事務所で待たせてもらふにしても、まづ、腹をつくつておかなければならない。私は、陳君に、この附近にめし屋はないかと、その在り場所をきき、田中君を誘つて事務所を辭した。しよつてゐたリユツクサツクは、そこに預かつてもらつた。
　外は、もうまつ暗であつた。北滿のふるい歴史のある町だが、その時の私たちには、はじめての町であるし、道路は泥濘だし、どこがどこやらさつぱりわからず、道路の、とある三角點で
「マーチョ……マーチョ！」
と、ただ闇くもに闇に向つて、おほ聲で呼びたてるほか、足がすくんで前へ出なかつた。ところが不思議なもので、二度三度とくりかへし呼んでゐるうち、もう凍りかけてゐる泥濘道を近づいてくるコツコツといふ滿馬の蹄の音がきこえ、小さなランプの灯が闇にゆれて、マーチョが現はれた。なんだ

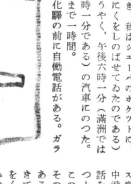

か、暗夜に佛といつた感じがした。

　田中君が、満語でペチャペチャやると、馬夫君は鞭子《ベンツ》をふり立てながら、

「チョ、イワイイワイ……」

といふ風な掛聲をかけるのであつた。満馬は、それで、左のはうへの道路を辿りつつ駈けだした。

　菊水といふカフェーの前で、マーチョは停つた。——折柄、闌秋の宵なのだと、ふつと私は、そんなことを考へてゐた。たとへ、ここは北満の城下町であらうとも、日本内地では、菊花のにほふ季節だし、それに、菊水とは縁起がいいと、私は、菊水の旗に千古の忠烈を謳はるる湊川神社がある故郷の縣のことを思つた。さうして、今、同郷の友とともに、やはり同郷の出である島谷君をたづねてゐる……。なにかしら因縁めいた思ひがした。

　私たちは、マーチョをおり、三十錢といふ乗車賃に五十錢をはづんだ。綏化の町にきて楠公を偲ぶ……そんな、幸福な氣持ちからであつた。

　ところが、その菊水カフェーのドアをおして、一歩、中へ入るなり、私たちは同時にあつと、驚かずにはゐられなかつた。ガランとした土間、三方の側がボックスになつてゐて、四人の客が一つづつのボックスに陣どつてゐた。いづれも同胞の青年たちであつた。かれらは、テーブルのうへにお銚子を亂雜にならべ、大聲で歌をうたひ一人あるひは二人づつの日本の女給を相手に酒るのんであるのであつた。

　瞬間、私は、どこか植民地的な空氣をかんじ、場末的なもの、世紀末的なものをかんじ、ああこれが菊水カフェーなのかと、うらぶれた思ひがした。

　親子丼ができるといふので、それを註文した。肌のあれた女が一人、私たちのボックスの受持ちとみえ、田中君の傍へ、腰のはうからすわつてきた。うすくアバタのある、平凡な顔の女であつた。九州天草の生れで、この菊水カフェーのマダムといふのが、カリフォルニヤあたりを三十年も放浪してきたといふしつかりもので、このカフェーの女給は、一人のこらず九州からきてゐるとのことであつた。さういへば、佳木斯の宿の女中さんも九州だといつたし、ハルピンのホテルの女中さんも熊本だといつたことを思ひあはせ、私は九州娘の海外進出を思はずにはゐられなかつた。

　だが、私の胸にきた、このカフェーの宵の口の荒涼たる感じは、どうであらう。私は、田中君にさへ口をきくのも憶劫になり、だまつて親子丼に箸をつけてゐた。——と、そこへ、満服をき、黒のソフトをかぶつた男が入つてきた。それが、島谷君であつた。

　私たちは、手をとりあひ、やあ、やあといつた。漂着した島のあばらやにすくひの友の顔を迎へたやうな、うれしさで、私の胸は一杯になつた。

　満服をきてゐる島谷君は、その恰好のとほり、興農合作運動に挺身してゐる獨身の青年である。共匪が勝つか、日本人が勝つか、いや、たとへ、いか

やうな奥地の一部落といへども、共匪をたたきふせつつ、溫い、この日本の手に、しつかと滿農を護つてやらなければならぬと、生命をかけ、情熱を傾到してゐるかれが、

「びつくりしてゐるやうですね、けれども、ここは內地ではないのですから……」

と、私の眼の色をよんだのか、こんなことをいひだした。

「そいや、ぼくたちの修養が足りないのかもしれませんよ。しかし、滿洲へきて二年や三年で、滿農とおなじ生活感情になれといつたつて、到底、ダメですよ。屯工作に出て、二十日間なり一ケ月間なり、ながいときには三ケ月ぶりで、この綏化の町へかへつてくるんですが、かへつてくると、この町でも北滿有數の大都會ですからね。日本の娘さんの顏もおかみたからうぢやありませんか。ここでも、いや、ここそが、ぼくたちにとつて「いこひの家」なんですからね」

私は、第一次開拓團の彌榮村をたづねたとき、そこの村公所の山崎助役に案內を乞ひ、つれだつて南山の頂にある東宮大佐の墓へ參拜をした。吹雪まじりの、みぞれのやうな冷めたい雨が降る午後であつた。參拜をすまし、「愛染無怨」と、その墓標にかいてある匪賊の墓に默禱したのち、

「しかし……時々、ふつと寂しくなりたまらないときがありますよ。滿人ばかりのなかにゐるためです。もつともつと內地からきてくれるといいんですがね」

さう、ぽつんといつた山崎助役の言葉を思ひ出し、島谷君がいつてゐるのもまた、おなじ意味なのだと思つた。

それから私は、島谷島に、わかい、きれいな花嫁さんをさがしてあげたいものだと、そのことを一生懸命に考へた！』

二

大陸の花嫁といふと、鐵驪訓練所の縫工部で、花嫁衣裳の晴れ衣を縫つてゐた五人の娘さんのことが思ひ出される。

私が、かの女たちと話をしたのは、十月二十七日の午後のことであつた。

『この鐵驪訓練所の近くに安拜といふ部落があり、そこに宮城縣の開拓團が入植してゐるのだ……』

と、私は、かいてゐる。

安拜開拓團は、他の開拓團に率先して、花嫁學校をひらいてゐるのだといふ。名稱は、滿洲開拓女塾。いいことだと思ふ。目下、二十二名の花嫁候補者がきてをり、來る十一月三日の明治節に、そのうちから五人の娘さんたちが共同結婚式をあげることにきまつたのだが、まだ、その花嫁學校ではミシンの備へつけがととのつてゐないためかうして、訓練所の縫工部へ、お裁縫にやつてきたわけですと、その五人のうちの一番縹緻のいい娘さんがいつた。

その時、私は、その訓練所の青木君

といふ若い中隊長に案内してもらひ、豐田三郎君とつれだつてゐた。

かの女たちへのいろいろの質問は、豐田君にまかし、私は、だまつてきいてゐた。豐田君は小說がうまいばかりでなく、繪もかくとみえ、話をしながら、畫帖をとりだし、かの女たちがいそいそとミシンをふんでゐる姿をスケツチしてゐた。

しまひに、青木中隊長が、

「ぢや一つ、その花嫁衣裳をきたところを拜見させてください」

わらひながらいふと、かの女たちもくすりと笑顔になつて、

「ハイ!」

と、活潑にこたへ、そのうちの一人が、縫ひあがつたばかりの晴れ衣を、そのときまてゐた防寒服のうへに、羽織るやうに、きてみせてくれるのであつた。

その花嫁衣裳といふのは、協和服とおなじ色合ひの布地でつくつた上衣とモンペとであつた。日本のきものをきて、そのうへに、これをつけるのだといふ。

「それでは、日本の婚禮にきる紋つきをもつてゐても、大陸ではきないわけですか」

青木中隊長が、質問する。

「さあ、紋服がある人は、きてもいいんぢやないでせうか」

かの女たちも、ハツキリとはきいてゐないらしい。

すると、一人がミシン臺にすわつたままでいつた。

「いいえ、みんな……これをきなくちやいけないんです。これが新しい大陸の晴れ衣なんですもの! 紋服のうへから羽織るわけですわ」

私は、なんといふ智慧のない晴れ衣だらうと、內心、滿洲開拓を指導してゐる人々の頭腦を疑はないではゐられなかつた。男子の協和服がみどり色だからといつて、なにも、女子の晴れ衣をまで同一色にかぎる手はないではないか。他の布地が、その程度の値段で入手できないからといふことが、もしその原因になつてゐるのなら、近い將來にかならず變更してもらひたいものである。すくなくとも變更しうるやうに今から努力すべきであると思つた。

それは、なぜか。

美しくないからである。殺風景だからである。滿洲大陸といふやうな日本農民にとつての處女地であればあるだけ、花嫁の衣裳だけでも、もつと美しく、もつとやさしく、花のごとくであつていいはずではないか! なにもことさら、そのために負擔をおほくしないでも、それは不可能ではない。頭腦の問題なのだ。花は、バラや、ボタンだけが美しいのでない。野の雜草のなかにだつて、あつと、眼をみはるやうた美しい花があるではないか。〝簡素な美しさ〟をいふ言葉を、日本人は、すでに十分わきまへてゐるではないか。私は、さう思つた』

このことは、一時、東京などでみう

けたところの、あの、國民服に對する無理解一方の考へ方とは、すくなくともちがつてゐるのだと、私はいひたい。私は、さまざまな洋服があり、騷然、雜然たる風景を呈してゐるより、國民の洋服がハツキリと一色の國民服に決つたはうが、さつぱりと氣持ちがよく、それこそ〃簡素な美しさ〃があると思ふ。現に私など、昨年の南洋旅行この方、オール・スフの國民服を愛用してゐるのだが、しかも、日本の女性には、この同色の晴れ衣をしひたくないと思ふのである。

　といつて、舊來のままの結婚衣裳が最上・最高のものだといふのではない。あんなにお人形のやうにきかざるのではなくて、まるで別の、そして、ずつと簡素な衣裳で、日本の花嫁の最高の美しさ、若さ、優雅さが發揮できると思ふ。それが、ふるい習慣や傳統のために、內地では、おいそれと改めがたいのだ。貧乏を質草においても、娘の一世一代の日を飾つてやりたいといふ、ふるい親心が竹の地下莖のやうに、根づよくはびこつてゐるからである。

　滿洲の開拓地では、今や、まるで新しい生活がはじまつてゐるのであり、まるで新しい歷史の第一頁が描かれつつあるのだから、指導の部署にゐる人々は、一つ、內地に向つての範を示めすためにも、頭腦をはたらかしてもらいたいものである。

三

　ハルピンから拉濱線にのつて三時間半、五常の次の次の驛に山河屯といふ、ちよつとした田舍町がある。この山河屯から二十キロの泥濘道をあるいて、私は、廣島縣の新庄からきてゐる芭蓮村開拓團をたづねた。

　十一月八日のことである。

　この開拓團は、新庄村民だけが六十七歲の老團長、武田收三氏を中心に、まるで一家族のやうに仲よくやつてゐる「分村」開拓團なのだが、昨年一月に入植し、建築などがやうやく竣工した五月二日、滿人の焚火から發火してまる裸になつてしまつた。

　ところが、その時、その再建に際し村の滿農諸君が心から日本の開拓民に同情をよせ、伸べ人數三百人からの勞力を奉仕してくれたといふ美談がある。

　その火災の日の話を、私は、次のやうに書きとめてゐる。

『A・角川指導員の話。

――わたしたちは、長崗《チャンガン》といふ滿人部落へ同居させてもらつてゐました。長崗は四十戶ばかりの小さい部落で、人口は、さあ、四百五十人ぐらゐのものでせう。そのうちの大きな家を一軒かりうけ、そこを團本部にし、共同宿舍は別に二軒の家をかりてゐました。團員は、第二先遣隊が入つたばかりでしたから四十人位でしたらうか。そのうち、八人のものが、家族招致に內地へかへつてゐました。

　さういふわけで、のつけから滿農部

落の胴まん中へ入植したのですから、仲よく――といふことには、非常に注意をはらつてゐましたし、なにしろ、武田團長が內地で小學校の校長を十何年もつとめ、女學校の先生もし、村長もながいことやつてゐたといふ、ことに、圓滿な人格者ですから、滿人諸君も、だんだんなじみ、まるで「村長さま」のやうに慕つてくれてゐました。

　火事は、部落の城壁外にある小高い丘に生えてゐる楡の木の下で、二人の滿人が馬糞を燒いてゐたのか、とび火したわけです。ちやうど四月三十日頃から、立つてゐられないほどの風が吹きつづけてをり、ご承知のやうに滿農の家の屋根は、羊草《ヤンソウ》でふいてあるものですから、あつといふ間に、城壁內のそつちこつちにも飛火してしまひました。

　わたしたちは、團本部の大切な書類と、銃とだけを、生命からがら持ち出したゞけで、持物といふ持物をすつかり灰燼にしてしまひました。

なにしろ、城國でかこまれてゐる部落ですから、逃げ口が西門と東門との二ケ所しかない。老爺が一人燒死したうへ、十二三人の負傷者を出し、それから滿馬が二頭、豚とか鷄とかは、城內いたるところで死んでをりました。わたしたちは犧牲者の靈をあつく弔ひはだかになつた滿人諸君と一緒に、火事のもうその夜から、再建に着手したのでした。

　すなはち、團員の一人を新京のその筋へ陳謝と陳情に旅立たしめ、他の一人を內地の故郷の――村へ出發させたのです。一つには、再建に必要な製材機を買ひ入れるため、また二つには味噌醬油の釀造用の器具（仕入桶や、その他ですね）をととのへるためでしたそれらの機械や器具は、滿洲では手に入りませんし、電報や手紙で內地と交涉してゐたんでは、とても間にあはぬと判斷したからです。

　B・中川指導員の話

――近くに、前車屯《ぜんしやとん》といふ鮮農部落があるんです。水田をつくつてゐる部落ですが、そこの區長に宗鎭元《ちんげん》といふ人がゐましてね、この宗さんがよく盡してくれましたよ。ことに種籾を心配してくれたのが心に滲みました。火事で無一物となり、穀物の種子類まで燒いてしまつたわたしたちが、とにかく適季に九シャン（一シャンは日本の約七反步）の水田に籾種をまくことができたのは、まつたく、宗さんのおかげでした。

　そのことを思ふと、まるはだかになつたのなどは、なあに……なんでもありませんよ。

　C・田中指導員の話

――八キロ離れてゐる朝陽川の開拓團、この開拓團は中部六縣から三百戸入植してゐるんですが、これがまつさきに見舞ひにきてくれました。それから吉林省の下金馬川《しもきんません》、ここは山口縣からきてゐる開拓團ですが、十二キロの道のりをトラックでかけつけてくれ、家族の女子供を山河屯の辦事處へはこんでくれました。辨事處へ収容しきれなくて、警察の宿舎をかりうけたりもしてくれました。三個頂《さんこちやう》の廣島村開拓團からも、見舞ひ品が山ととどきました。

かうして、隣りの三つの開拓團が遠路をいとはず駈けつけてくれたのは、まつたく嬉しかつたですね。荒涼たる焼跡に、大日章旗をたてた翌る朝の感激つたら、そりや何ともいへませんでした。團員も、それから滿人諸君も、一人のこらずがまつたく一つの氣持ちに融けあひ、お互ひに相擁して、おいおい泣きだしてしまひました……」

私たちは、滿洲には滿農諸君が一杯ゐるのだといふことを、つねに忘れずにゐたいと思ふ。かれらと仲よくやつていくといふことが、なほざりに附されてはならない。それをなほざりに附しつつ、日本の開拓團が幸福に發展していくはずがないからである。

ある時、ある場所で、私は、日本のさる大陸通といはれる人から、かういふ言葉をきいた。

「日本人は清潔をこのみ、川魚を……それも清冽な流れに棲む魚をこのむ民族である。ところが滿洲人は、豚を喰ふ民族だ。どろんこの土の中でそだつ豚をこのむ民族とうまく協調していけるわけがない」と。

はたして、そのやうなものであらうか。〝至誠にしてうごかざるものはいまだこれあらざるなり〟とは何國の何人の言葉であつたであらう？

私は、この芭蓮《はれん》村開拓團の實例を、川魚と豚とをおのづからなる握手にみちびいてゐるではないかと、提出したいのである。それには、あるひはながい時日が必要かもしれないが、至誠と至誠とのふれあふところ、かならず美しい人情の花がひらかずにはゐないことを、私は、信じてゐる。

さうして、それは、日本の開拓民諸君が、泥んこの豚をこのむ滿農諸君のひくい生活になづむといふことではけつしてない。

〝この土と人と芋との差いくばく〟

その生活から、

〝この土と人と豚との差いくばく〟

へ、一變しなければならぬとも、また、漸次に移行すべきだともいふのではない。私は、日本農民の芋のごとき健康さに、滿農の豚のごとき辛抱强さを加へたいとねがふのである。といふことは、日本の開拓民諸君が大陸の大然の條件をガッチリと身につけ、滿洲農法を完全にマスタアし、その基礎のうへに日本農法を新しくうち建てつつもし、かれら滿農諸君の生活が低くければ、その低い生活のなかから、親切にかれらの手をとり、かれらの生活を日本的水準にひきあげてやるべきだといふことである。

大陸における日本の開拓民諸君の一日一日は、さういふ使用をもおびての大切な一日一日だといふことを、私は痛切に考へる……。

（十六年十月）

滿洲國の文化施設

春山行夫

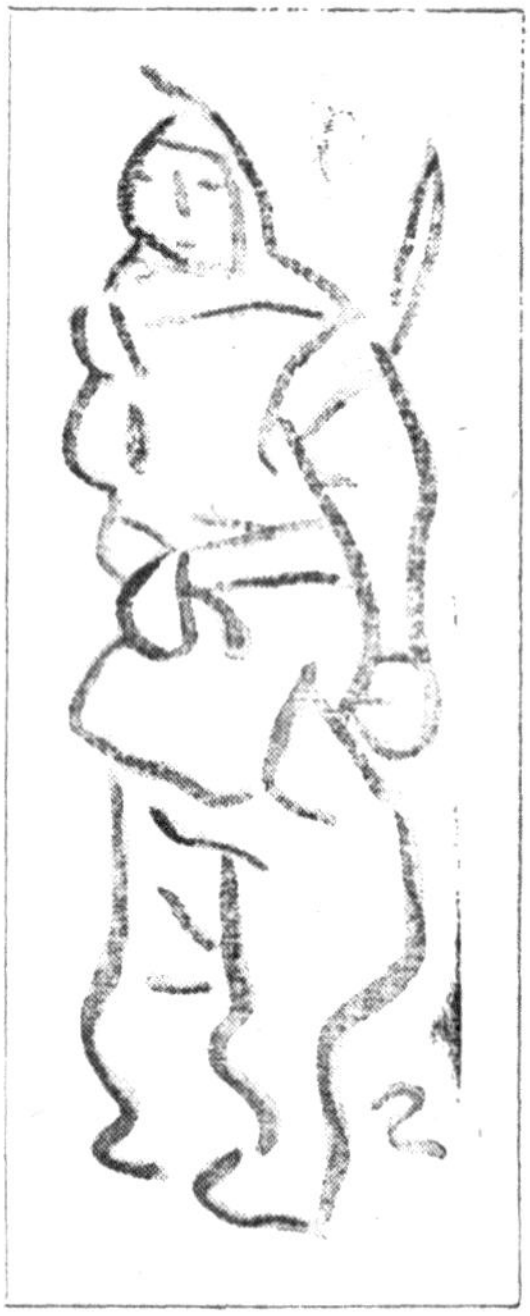

苦力　甲斐巳八郎

1

最近の傾向として、文化といふ言葉が非常に廣い範圍に用ひられて、文明といふ言葉がどこかへ姿をけしてしまつたやうである。明治の初年には文明開化といふ言葉が用ひられ、それがやがて文明と文化とに分れ、文明は物質的な進歩、文化は精神的な進歩といつた解釋の生れた時代もあつた。

どこの國でも、文明と文化とは一緒に進歩すべきもので、文明だけが發達して文化が遅れるとか、文化ばかり高くて文明が伴はないといつた國家は健全な國家とはいへない。アメリカの樣に文明ばかり發達して、その爲に文化が混亂させられるのも困りものであるが、支那のやうに古い時代の文化だけが殘つてゐて、新しい時代に適應する文明を持たない國も困りものである。

滿洲國へ旅行して第一に感じるのはこの意味の文明と文化とが、まるで存在しなかつた土地に新しい國家が成立したといふことである。また一つの國家が成立つには、まづ文明的基礎が出來上つて、それを背景にしなければ文化は成長して行かないといふことも實感として迫つてくる。

さうでなければ北支に見られるやうに、外國で出來た文化戰が、支那個有の文明や文化に構ひなく輸入されてゐるといつた狀態で、その著しい例は上海などに濃厚に見られる。否、ある意味で、それが日本を除く東洋の現實の姿だといつてもいい。

私はこのやうな狀態を説明するのに、高文化と低文化といふ言葉を使用した。歐米の東洋に於ける半植民地政策は、いはば低文化をそのまゝに放任して、支配者に必要な高文化だけを持ちこむといつた手段をとつてゐる。高文化による低文化の支配だといつてもいいが、具體的にいへば、土民の文化水準を積極的に引上げることをしないで、支配者自身に必要な高文化を持込むか、乃至は支配者の企業發展を保護する目的からその範圍での高文化が持込まれてゐるといつてもいい。その點で滿洲國が建國の基本として、文化の基礎的な面からの建設を企圖してゐることは、當然のことではあるが、注意されなければならない。

2

いま一つの問題は、文化といふ言葉の解釋であるが、近來文化といふ言葉だけが使用されて文明といふ言葉が姿を消したのは、この世界から文明といふ概念が失はれたためではなく、最近の我國ではドイツの「クルツール」の概念で、文化といふ言葉が用ひられてゐるためである。英米佛その他では、「文化」と「文明」とが別個の概念として用ひられてゐるが、ドイツの「クルツール」にはその兩者が含まれてゐる。ドイツ語には「文明」といふ言葉はない。

以上の二つの前置きによつて、私は滿洲國に於ける文化施設といふ概念を、主として滿洲國の「文明」と「文化」とを同時に培ひ、發展させる施設の部面から展望してみたい。

大陸科學院。 滿洲國の學術研究が、まづ國家づ明文的進歩の基礎となるべきものに向けられねばならないことは言を俟たない。大陸科學院はその意味で、從來滿洲に於いて施設された諸種の研究機關の集大成であると同時に、さらに今後の滿洲國明文の建設を促進する理想的組織を持つてゐる。一國の文化が國民生活の安定、卽ち衣食住の充實と、國防の强化を俟つてはじめて向上し、持續されることはいふまでもないが、それにはその國の有する科學的技術を極度に働かさねばならないし、その步調はつねにその國の最高企畫と一致し、國策の遂行を助けるものでなければならない。滿洲國の國立研究所としての大陸科學院は、そのやうな要求によつて生れ、その任務を着々と果してゐる。大陸科學院には、新京の本院の外、衞生技術廠、獸疫研究所馬疫研究處、地質調査所、並びに哈爾賓分院博物館が附屬してゐる。哈爾賓博物館はロシアから北鐵と一緒に接收したもので、動物、植物、地質などの自然科學的部面と考古學、土俗學等の研究機關として特色を持つてゐる。

大學。 大陸科學院は科學を主とした研究機關であるが、政治、經濟、思想などの敎育部面の最高學府としては建國大學があり、滿洲國靑年官吏層の敎育、養成機關として大同學院がある。兩者とも滿洲建國の原理、立國の大本を憲章し、國格を明徵にし、國家に須要なる學問の蘊奧を極め、國家の統治經營の洪範を闡明すべき使命を擔つて設立されたもので、さらに建國大學に附屬した建國大學研究院では、建國原理班、日本精神班、國土班、滿蒙文化班、厚生政治班、國民構成及び編成班、滿洲經濟實態班、公社企業班、計畫經濟班、共產主義批判班、東亞及び世界秩序班などの分班に分れて研究が進められてゐる。

建國大學が最高學府であると共に、その學生に日本內地人、半島人、臺灣人、滿洲人、蒙古人、白露人を網羅し將來滿洲國を背負つて立つべき若き生命を培つてゐることも特筆しなければならない。

この外、新京法政大學、新京醫科大學、哈爾賓醫科大學、奉天農業大學、哈爾賓工業大學などがあり、滿洲國成立以前から設立されてゐるものに奉天の滿洲醫科大學と旅順の工科大學がある。新國家創建早々にして最高の教育機關をこれほど多數に擁してゐることは、それだけでも滿洲國の文明文化の基礎が如何に根づよいものであるかを物語つてゐる。

滿鐵の文化施設。 滿鐵の文化施設は

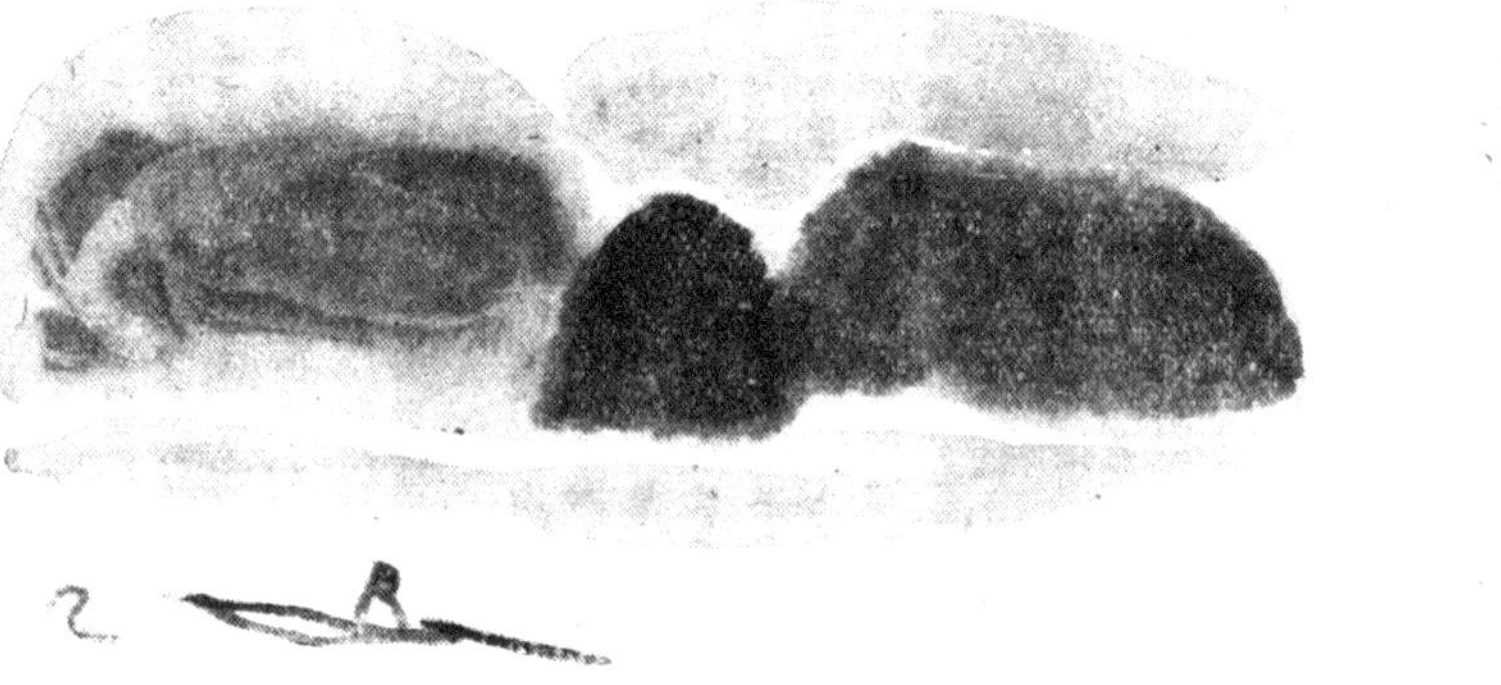

故後藤新平の抱負から生れ、それを繼承したもので、大連は中央試驗所を設けて衞生と產業の研究をはじめると共に、地質調查所、農事驗試場、獸疫研究所等を設け、同時に大連に圖書館を設立した。滿洲國成立後、地質調查所農事試驗場、獸疫研究所が滿洲國に移管され、滿洲國が北鐵から接收した哈爾賓圖書館が滿鐵に委託されてゐる。

圖書館。 大連の滿鐵圖書館は、ある意味で滿鐵が哈爾賓にある北鐵の中央圖書館と競爭的に內容を充實したもので、東亞關係の文獻に於いては、東京の東洋文庫を別にすれば、東洋に於ける代表的な圖書館といひ得べく、特に哈爾賓圖書館所藏の洋書七萬一千冊の中、滿蒙、シベリアを中心とする東洋諸國關係の文獻五千冊を含む「亞細亞文庫」を併有した今日に於いて一層その感が深い。

この外奉天に滿洲國立圖書館があるが、これは一種の學術參考圖書館で、滿蒙に關する歷史地理的貴重漢籍が主

として蒐められてゐる。ここに支那の貴重な圖書集成ともいふべき四庫全書（六一四函、七九九七卷、三六二二二一冊、二三一萬頁）が所藏されてゐることは周知のことであらう。

滿洲國では新たに新京に國立中央圖書館をつくる目的で書物を集めて準備してゐるが、まだ開館されてはゐないやうである。

博物館。大學、圖書館について博物館は、近代文化の三大支柱といはれる。滿洲國には哈爾賓に自然科學を中心とする大陸科學院分院の博物館があり、奉天にも美術品を中心とした國立博物館がある。しかし滿洲國では國都にふさはしい施設として新京に中央博物館を設けることになつてゐるが、これも中央圖書館と同樣準備時代で、現在假開館を行つてゐる。この外滿洲國立として新京に民俗博物館が十萬坪の敷地に建設されてゐること、旅順に老古學、民俗學、美術を中心とする博物館があることも附記しておく。

出版。滿洲國では未だ民間の出版事業が發達してゐないので、文化の基準となる出版物（文藝作品を除く）は主として文化團體又は國家の手によつて行はれてゐる。文化團體の第一に擧げられるものに、東方文化の振興・保存を目的とし、日滿學界の協力によつて成立した滿日文化協會がある。この協會は熱河の離宮並びにラマ廟の修復古蹟に於ける壁畫の調査、各種展覽會の開催などの仕事と同時に滿洲國の學術的文化を普及する廉價な『東方國民文庫』を刊行、內地の『岩波新書』といつたかたちで、その方面の權威者を動員してゐるが、同時に滿洲國民生部（敎育、社會、保健を司る省）が『滿洲古蹟古物調査報告』といつた天然紀念物、民俗等に關する出版物を刊行してゐること、國管の滿洲事情紹介所が主として產業、經濟の報告書を刊行してゐること、滿鐵の弘報課、旅客課、社員會が滿洲並びに東亞に關する一般の研究、讀物類を出版してゐること、大陸科學院と滿鐵調査部が專門の研究報告を出版してゐることなど、學術、調査、報告、研究部面に於ける出版物は相當に多い。唯文藝書類はどこの國でも民間の出版であり、出版資本主義がこれを取りあげねば發達しないが、そのことはその土地に讀者があるかどうかといふことにも關聯してゐる。この部面では滿洲日日新聞社がバイコフの邦譯を出版したり國通（滿洲國通信社）が『麥と兵隊』の滿語譯を出版したりしてゐる程度で甚だ振はない。いままでの大部分の文藝作品は自費出版であるが、最近若干のものが內地の出版社の手によつて出版されるやうになつたことは喜ばしい。

美術、文藝。美術部面では從來民生部主催滿洲美術展覽會が開催されてゐたが、近年滿洲國美術院が設立され、川端龍子氏がその總裁に就任した。

文藝部面では民間團體の滿洲文話會が總務廳（國務院所屬）弘報處に所屬した公認團體として活動してゐるが、これは文化施設を展望する課題からは別個に取扱はれねばならないであらう。

ラジオ、映畫、新聞。民衆娛樂、教化宣傳の機關として映畫とラジオが國營であり、報道部面では通信社と通信社を通じて各新聞社が政府の監督を受けてゐる。この三つは私のいふ低文化を高める基本の手段であり、特に滿洲國の如く、新國家としての國策を非常に廣い範圍に、且つ極めて低い部面にまで浸潤せしめねばならない場合には一層必要な手段であるといつていい。

開拓地文化。この外、最近問題として取りあげられてゐるものに開拓地の文化問題がある。これは文化といふよりも、むしろ娛樂とか教養とかいつた言葉で具體的に表現すべき問題であるやうに思はれる。この部面では、私は滿鐵が新しく北滿に設けた開拓科學研究所の仕事に期待を持つてゐる。この研究所では開拓地の農業勞働、營養、發育、寒地生理、住居、衣服等、衣食住の科學的研究による改善、改良を全面的になりあげようとしてゐる。文化といふ言葉ができるだけ廣い範圍の對象に關聯し、それらのすべてを包含しようとしてゐる以上、この言葉を使用する場合をできるだけ全面的な意味に解釋し、その個々の場合を指すときは具體的な對象を明瞭に擧げることが必要であらうと思ふ。その意味で開拓地の場合のみでなく、滿洲國全體として民衆の慰安、娛樂の問題は、一般的な文化問題からさらに具體的に、獨立した問題として考察されねばならないであらう。

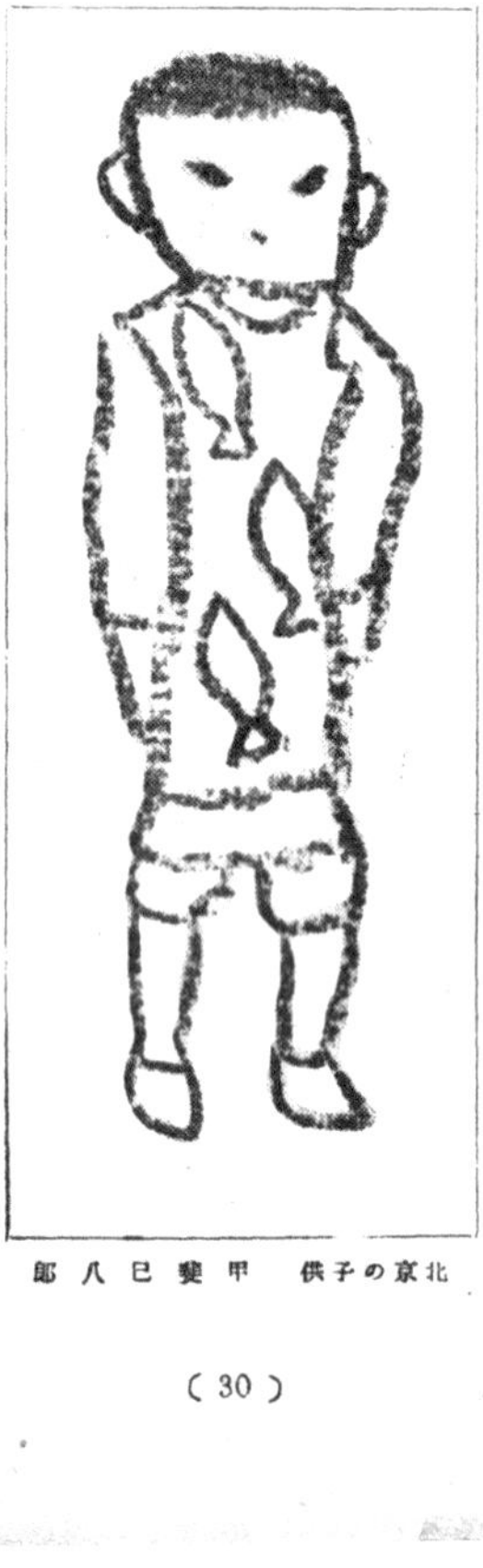

北京の子供　甲斐巳八郎

開拓地の文化生活

富澤有爲男

北方の自然的條件

私は一昨年から昨年へかけての半ケ

年の凍結期に、親しく北滿地方を廻つたが、そこに營まれる日本人の生活に對して、深い同情と敬意を持たせられた。だが又半面に容易ならぬ失望を感じた事も事實である。

　果して、此んな具合で日本人が北滿に子孫を殘し得るかどうかをさへ時には疑はずには居れない場合もあつた。ただ、我武者羅な勇氣だけでは解決しきれない深刻な自然の條件が、あの土地では一ぱい滿ちてゐるからである。そこですぐ私なぞの思つたことは、北海道や樺太の自然的條件の中に、今日まで日本人が經驗し練磨して來た事柄が、何故こうした場合に役立たないだらうかと言ふことであつた。

　然しその後北海道なぞの農法が滿洲開拓地に、非常な役割を務めたといふことを聞かせられて、北海道六十年の苦勞が、日本の大陸進出に根本的な基底を與へたことを非常に嬉しく思つた。

　しかし地質なり氣候から言つて北海道等よりもつと樺太の方が、そうした役割を務めなければならなかつたものと考へられるが、今度行つてきてみると、殘念乍ら樺太には別に寒帶獨特の日本人の生活が用意されてゐるとも思へなかつた。いつかは內地へ歸ることを念願としてゐる浮浪性を帶びた假住居の人達の態度としか思へないものばかり眼についた。

　四十年前樺太に來たロシア文豪のチエーホフあたりも、寒帶地に於ける日本人の生活に對しては高をくくつた觀察を下してゐる。彼に言はすれば、日本人は最初から樺太に定住する氣はないのだと言つてゐる。例へば食物も日本から持つて來るし、建築も日本風な家屋をそのままに用ひやうとするし、服裝すら樺太の自然的條件に適合しやう等とは最初から考へてゐないのだと看破してゐる。

　先づその土地に根を張らうと云ふやうな積極性のないのを笑ひ、日本人が求めるところのものは、唯自然の奪取だけである、と痛論してゐる。

　日本人は、日本の國土を離れても滅多に日本の生活樣式を思ひ切らうとしない頑固な國民である事は、我々も長い經驗に依つて知つて來てゐる。勿論そこにいい所もあるが、結局そこから敗北する位なら、よく一度考へ直す必要がある。

　本來なら北海道や樺太が何處よりも早くさうした犧牲と試練とに努力を拂はなければならなかつたものと思惟される。昔のやうに樺太を以つて日本の極北と看做した時代はいざ知らず、その背後にある廣大な北方地域に對して謂はば樺太の如きは一本の試驗管となるくらいの大きな見通しをつけてゐなければならなかつた、と思ふのである。例へば建築にも服裝にも或ひは衞生上にも特殊の研究が積まれてゐなければならなかつたと思ふ。

　ロシア人はその國土から云つて過去數百年に亘り、滿洲、沿海州、樺太等の極地に對しても充分適用する生活の文化をひとりでに築きあげて來たと看做さなければならないけれど、ただ傳統的な慣習ばかりでなく、努力から云つてもその點では相當大きな用意といふものがなされてゐたと思はれるのである。

非合理な建築

北滿地方の冬を旅行して一番考へさせられるのは先づ建築であるが、日本人の建築に比較すればどれ程ロシア人が賢明な方法で生活してゐるかに先づ一驚させられる。どの樣な百姓や木樵達にもちやんと北滿の冬を過ごす研究だけは、それ等の人々に學問ではなくとも一個の傳統としてこれが殘されてゐる。

日本人の建築は金ばかり使つても一向部屋が暖まつてもこず、無駄な燃料ばかり使つて煙はさかまいて部屋の中に滿ち、ペーチカは龜裂が這入つてガスが漏れる始末である。現在のロシア人は少くとも現在の日本人より教養は劣つてゐる。殊に滿洲に居る白系露人にはそのことがはつきり言ひ得られるのである。にも不拘教養の低いロシア人が一たび家を造ると薪は非常によく燃え、煙が部室にこもるやうなことも絕對に見られない。僅かな燃料でいつも部屋の中はぽかぽかと春のやうに暖かく、然も炊事につかつた熱料の餘りを床下に通し、壁にめぐらし、完全に部屋を暖めてから始めて屋外に放出する。だから日本人の家屋に比ぶれば二分の一、三分の一の燃料で彼等はずつと暮しいい冬を送ることになる。

然も驚くことには日本人の建築は如何なる場合にも專門家に委せられる。だがロシア人は百姓自身が家を造り、子供でも女でも家を造る手傳ひが出來るやうに訓練されてゐる。

日本では學校で非常に專門的な化學知識を學生に與へる敎授でさへ、一たび家庭に歸れば火はいたづらに燃やされるだけで、熱量は四邊に放散し、まるで野蕃人のやうな生活しか出來ないのである。ましてや自分の住んでる家を造つてみたり、細工して見たりする知識人など殆ど絕無だと言つていい。知識と言ふものはただその理窟を知つてゐるといふだけでは意味をなさない。それが自分達の實生活の上にどれ程役立てられるか、といふことに依つて始めて意味をなすものである。服裝でもそうであるし、食物でもさうである。勿論私達の日本でも、昔は非常に優れた生活上の文化が、謂はば一種の躾となつて傳統的に一般社會に守られたものである。それが人間の知慧であつたし、よしんば理窟は知らなくともすぐれた方法の恩惠だけには浴してゐたものである。現に田舍の百姓家に行けばさうした數々の生活上の知慧に出合ふことが多い。知識人を以つて任じ、近代人としての誇に生きてゐる都會生活者達が殘念乍らさうした生活上の知慧を全く缺かしてゐる場合が多い。

滿洲でもさうであつたし、樺太でもさうであつたが、開拓地の文化が如何したら良からうと言ふ相談を屢々うけた。內地でも田舍に行くと熱心なそうした質問をうける場合が多い。だが文化とは田舍に芝居を持つて行く事とは限らない。又山の中に圖書館を作ることとも思はれない。着物の襟をどう云ふ風につけるかとか、どのやうな衣服がより多く寒さを避け得るかとか、窓をどのやうに切り開き、井戸をどの位置に掘らなければならないか、とか云ふ問題が旣に文化なのである。若し生活から遊離した所に文化等があると思つたならば大變な間違ひである。現代人はともすると働くことや生活することを最初から苦痛だと定めかかつてしまふ癖を持つてゐる。さうして樂しむといふことは、働くことや生活することの外に求められるもののやうに考へ勝ちだ。例へば仕事を休んで映畫を見る、グランドに出てスポーツをするといふことだけを慰安のやうに思ふ。然し眞の意味の樂しみといふものは寧ろ働くことや生活そのものの中に求められてこそ本筋なのである。文化も又同樣である。働くことや生きることの中に密接な關係を持つてゐるところに我々は新しい文化を探し求めなければならないのである。勿論、實用であるといふことのみが眞の價値ではないけれども、實用以外の遠い所にのみ文化の幻影を求めるとすればこれは警戒しなければならぬ。

　私が滿洲に旅行してゐた折は寒い多の折であつたせいもあるが人間生活に於ける家屋の重大さ、又食物や服裝に關聯する問題で非常に考へさせられるところが多かつた。

　何しろ內地の多に備へた程度の服裝では、まるで服裝の中には入らないやうな猛烈な自然が北滿には私達を待ち受けてゐるのである。毛のシャツ二枚に二重の靴下をはき、ネルのワイシャツをつけて最も厚い多服と襟卷オーバアと重ねてみても一度、零下三十度位の外氣に立てば全くガーゼに過ぎない。まるで裸體でとび出したやうな心もとなさがひしひしと襲つて來るのである。

　ところがこうした場合凍傷を避けやうとすれば、シャツの間に新聞紙を入れたり靴の中に唐辛子を入れる方法がある。滿人達は羊の毛皮を裏返しにした外套を作り、同じく毛皮で出來た頭巾を被つてゐるが、その下に普通の滿人服を一着きてゐるだけである。つまり綿入れの木綿製支那服、これが不思議と寒氣を避けるのには具合良く出來てゐて、ズボンにはボタンがないため、いちいち小便等にそつくり尻をまくつてしまはなければならないやうな不便さがあるため、實に不便な着物を作つたものだと最初は輕蔑し乍ら、さてこれを體につけて見るとボタンのないせいか非常に腹のあたりが暖まつて來る。決して故なくして人は不便の中に生きてゐるものではないといふことをしみじみ考へさせられた。

又食物等でも單なる好き嫌ひの問題から言へば、滿人の食べるもの、殊にその最下層の勞働に從つてゐる苦力あたりの食べ物なぞ臭をかいだだけで忽ち頭痛する程のものだが、季候と風土とを考へ合せて作られてゐるといふことになれば、實に賢明で適切な榮養が考慮されてゐる。また食料の貯藏法にかけても彼等は彼等なりの立派な方法を持つてゐるのにそれを私達はただ不潔だと思ひ、愚劣だと高をくくつて彼等の生活から何一つ學ばうとは心がけないのである。

だがあのやうな酷烈な自然の中に長い間生活を餘儀なくされてゐれば、實際上の生活から、押されてやがてひとりでに考へ直させられるやうな結果に立至るのである。

滿洲では今日本人がさう言ふ點で最も多くの敎訓と知識を與へられてゐる時であらう。だから今日までの失敗を以つて開拓地の日本人の生活に失望するには當らない。少くとも永住の決心を以てあの地に生えついた人は、やがて日本人は日本人としての獨特な賢明さでこの北滿の大陸生活を征服するやうになるであらう。從つて私達が今このやうな開拓地に希望する天才は、むしろさうした直接な生活文化に恩惠を殘すところの人々でなければならないと痛感する。必要は必ず物を生むものである。貧困こそ眞の文化の母胎である。

北　京

請負師の惡德

私は滿洲旅行中、或る訓練所を訪れた。この訓練所の建築費は百萬圓もかかつたと言はれてゐる。非常に邊鄙な土地にあるために、豫想外に金も掛つたのだが、成る程見た眼には仲々堂々としてこれは大丈夫かと思はれた。然しその結果はどうかと云ふと、子供達は窓のガラス戸を破つて偉い騷ぎをやつてゐる。窓を破つては幾ら焚いても同じことだが、何故さうしなければならなかつたと云ふと、床下のオンドル、それから壁ペーチカの、煙のはけ口がまるで理法に合つてゐなかつたからだ。火を入れてみると子供達は窒息する騷ぎなので、窓を破るより仕方がなかつたのである。

なにしろ半ケ年が冬の北滿では、その間の燃料だけで二十萬圓も掛ると云ふのに、子供達は每晩寒くて寢られない。靑年訓練といふ意味から言へば、これも一種の訓練と見れば構はないやうなものだ、が建築そのものとしては全く途方もないことである。

　然かも解氷期が來れば、この建築はこはれて了ふだらうと云ふことが段々明瞭になつて來た。一體何のためにこのやうなことをするのか判らぬ。そこでこれを追求して訓練所の先生に聽いて見ると、素人の自分達には原因はよく判らぬが、建築中を見てゐるとなかなか渉どらない。……北滿では春から秋まで約五ケ月の短い期間が建築時期であるが、その貴重な時間を建築家も勞働者もぐずぐずと一向手をつけず、漸く始めた頃は既に秋も近く、それ迄假小屋に居た訓練所の方で、何とかして新建築の方に入れて呉れと賴むと、まだあそこに手を入れなければ、此處に手を入れなければ、と、一向に引越しをさせてくれそうもない。所が事情はもはやそんなことを言つてゐる時ではなく、多少强引でも這入らずにはゐられなくなつて來てゐた。

　從つて建築家に對しても、さう文句も言へないと云ふことで、考へ直してみると、請負師の方でぐづついたのは何かインチキなことをやつて、文句を云はせぬやうにして引渡す、後はお前達の責任だぞ、と逃げを張つたのではないかなぞといふ疑さへ出て來る、と言ふことであつた。

　とに角何處に行つても請負師は評判が惡い。滿洲では請負師が苦力を散々使つて一文も拂はなかつたとか、有金全部持つて內地へ逃げ出してしまつたとかの噂は方々で聞く。餘程惡辣な請負師がゐると見える。しかし訓練所あたりでは少くとも堂々たる世間にも充分名前の知れた請負師がやつてゐる。しかし、その有名な請負師でも結局造つた建築と云へば前述の如き言語同斷なものである。餘程そこには何か粗漏なものがあるに違ひなく、實に不屆だと私も思つてゐた。所が段々追求して行くと請負師必ずしも惡いとは言へない事實にぶつかつた。どうも原因は他にあるらしい。

　その後汽車中で私は或る有名な、日本建築界の若手で、大學教授もした事のある紳士に出逢つた。そこで私が之に就いて聽いて見ると、日本の建築と云ふもののやらせ方は實にひどい、と言ふ。

　例へばある地方に建築をやらせるとすれば、いきなり用意もない所へ請負師なり建築家を決死的に追ひ込む。そして何らの計畫も立てさせず、ただもう時期のみをあせり、どんな建築でもよいから早く造れと云ふ一方的な命令ばかりを降す。西洋ならばさしづめ建築家の住む倶樂部を作ることが先決問題で、その後に學校を造り、病院を造り、住宅を造るといふ順序を踏むがいきなり住宅を造らせ、一刻も早く人を入れようとし、建築家なぞは附近の滿人の家かバラックにでも假住居をさせ喰ふものも碌々ない仕末である。これでは本當の建築家の手腕を働かせるものではなく、第一、一寸手腕のあるやうなものは絶對に行きたがらぬし、結局都會では使ひものにならぬ様な者だけが、多少報酬の良いのを當にして出掛ける。又いい建築家を送らうと思つてもこれでは、行つてくれとは云ひ切れない。そんな所へ行かなくても何處にだつて幾らも條件のいい職場が轉つてゐるのだから……と云ふのであつた。

　如何にも聽いてみれば間違つた話ではなく、良心的であるとは言へぬが、まあ當り前の話である。だから先づ素質の悪い者が北滿の建築を引きうけてゐると見ていい。

　所でこの頃では、これではいかんと云ふことになつて來た。然し何と云つても見逃すことの出來ないのは、建築家は春に來て秋に歸り、夏に家を造る、つまり冬の間は氷結期で建築が出來ない爲に、其處に滯在することは無駄だから皆南方に歸つて、南滿なり内地で別な生活をして翌年の春に又やつて來る。從つて觸れて見なければならない肝腎な冬の期間を彼等は全く無經驗に過すため、自分の建築が冬になつてどの様な威力を發揮するかといふ最も重要なことを、全く氣付かないわけである。これでは到底眞物の北滿建築なんぞ出來る筈がない。

　然しこれもその職業から云へば一概に彼等の悪意とばかりは看做せない。何故かと云へば、冬迄居れば、云はば忙しい折から、餘計な時間をそこで暮して了ふ譯なのだから、誰にも彼にもさう云ふ事を嚴命したり追求したりすることは出來ないのである。

資材と勞働力の不足

　かうして段々探究して行くと、最後に、一番大きな問題として建築家も請負師も資材がないと云ふことを皆言ふ。煉瓦がない、材木がない、石炭がない、鐵材がない、と言ふのである。假りに北安なら北安で煉瓦を燒くとすれば一億個の豫定が、實際出來るものは四千萬個、三千萬個も行けば大した事で、全く豫定の半分も行かない狀態である。これ等の主なる原因は勞働力の不足と、燃料の不足であるが、では、その勞働者はどうかと言ふとこれは苦力だが、この苦力が實に又働かぬ。

　然し、その勞働者に云はせれば金も貰へなくて、どうして働けるかと云ふ有様である。では請負師が金を拂はないのかと言ふと、確かに渡したと云ひ一方では貰はぬと云ふのである。さうするとこれはまるでどつちを信じていいか判らなくなるが、請負師が拂ふ事は事實である。そこで問題は甚だ深刻になつてくるが、それと言ふのも、苦力が大體日本人直屬の勞働者ではなく、つまり日本人の請負師なり事業主と彼等の間に、俗に大把頭、小把頭といふ何人かの苦力頭が入つてゐるためである。

　非常に不便な土地に新しい大建築が起工される北滿の建築では、實際いい加減な金儲け位では、誰でも行きたがる者はない。冬は勿論のこと、夏でさへも悪疫や、寄生蟲が待ち構へ、虻の大群が攻めてくるなぞ、苦力達でも決して好んで這入りたがらない。そこで割増が五割、十割とつくが、それでも普通に一通り働けて樂に暮せる者は絶對に行かうとはしない。そんな具合で集つて來る連中は、よしんば金を拂ふ者も拂はれる者も唯者でないのばかりが顏をつき合はせる。怠けるだけ怠け、それで金の方はどうかと云ふと支拂ふことは支拂ふが、それは大把頭に行き、小把頭に行き、苦力に來る迄は色々の理由で消えてしまふ。そればかりか、阿片が入り込み、食料が這入つて來る、それらが前借の形になつて、それが重なり重なりする中に、事業が終つた時には相當嵩み、次に新しく職業を求めて行く迄に苦力達は何もない狀態になつて了ふのである。

　彼等の給料は、私の見た所でも三圓以上五圓迄來てゐる。全く大した値段であるが、しかし勞働者は足りぬ一方で自然と雇主間では引き拔きが行はれる。それでこれは今日では嚴格な規定が出來てるわけだが、苦力移動問題に就いては依然として大變な問題が起きてゐる。こんなわけで勞働力の衰退と云ふのも一方から云へば充分同情出來るやうな現狀である。そこで例へば建築についてもこの如く私は全部に涉つて追究してみたが、結局誰が惡いのか私にも判らなくなつた。

　又一方では斯う云ふことを言ふ請負師や建築家も居る。詰り、我々は訓練所やその他の建築事業を延ばしたと言ふが、四月、五月頃現地に這入つて充分待ち構へながら、肝腎の事業が六月に這入つても出來なかつたと云ふのは何か、それは一年の豫算と云ふものを立てて唯それぱかり死守する政府が惡いのだ。二年三年の豫算を出せば決してこんな事は起きない。今年度に這入つて豫算と照り合せて計畫を立てるのでは、それが可決されて命令や計畫が現地に渡つて來た時には、既に建築時期の貴重な半分が殆ど失はれてゐる。仕方がないので人數を増やして急ぎ、それでも追ひ付かぬから當然粗末になると云ふのだ。是も尤もだと思はれるし成る程それでは政府も一應の責任を持たねばならぬ。

　こんな具合で夫々と原因をしらべて押し進めて行くうちに結局何處にも特別の惡人は居ないと言ふことが判つた。だがこの惡意を持たない各階層が五つばかり集つて造り上げた建築といふものは、凡そ惡意を持たなくてはとても出來そうもないと云ふ恐ろしい結果の建築が出來る。

　惡人が實在して起る悲劇ならば簡單であるが、一人の惡人も居ずして、出來上つてくる缺陷と云ふものはこれは怖ろしい。だがさうした恐怖はこれはもはや現代に生きる者のあらゆる人士が避け得られない程の、現代の性格だとも言ひ得る。そしてこの覆ふことの出來ない現代の一つの事實は、日本內地にも同じ形態のものが現れてゐないとは言へないだらう。……と私は思ふのだ。

ロシア人は成る程極寒地の生活にあつては日本人なぞより、何百年何千年の先輩だから、今急に彼等の建築に負けるなと云ふ事は無理に違ひない。だが、それならそれで、何故ロシアの建築を研究しないのであらうか。例へばロシア建築を壞してみると、眞中に空洞があつて、草やおが屑などが入れてある。兩側に煉瓦や木材があつて、中まで機材が使つてあるわけではない。所が日本の相當權威ある建築家さへ、さう云ふ事は何にも知らず、只表面から見た壁の厚さに驚いて、あのやうな大きな壁は機材の無い今頃とても出來るものでないと言つてゐる。しかしなにしろ一方では生身の身體で北滿の冬に闘ふのだから、はいさうですかではすまされない。現實は刻々として自分の生活に食ひこんで來るのである。

然し、私も呆然とした。といふのは全く、數年前まで日本は北滿なぞに何一つ用意はなかつたと云ふ事が解つたからである。例へばあれだけの尨大な調査機關を持つて、何千萬圓もかけてゐる滿鐵會社へ行つたならば、當然北滿建築といふものについても、相當な見解が聞けると思つて、大連の會社へ行つたが、その莫大な調査資料を持つてゐる滿鐵でさへも、北滿の建築といふものに關しては殆んど未だ一卷の本も持ち合せてゐないのだ。私ももう、これでは仕方がないと思つた。早くて五六年、長ければ二十年くらゐは駄目だらうと諦める外はなかつた。

然しその中に不思議な日本人とたまたま黑河で出逢つて、私は、非常なる敎訓を得た。石川と云ふ、建國以來役人をしてゐた人で、これが今は請負師になつてゐる、實に偉い男だ。

本來は建築家であるが、このやうに機材がなくなつてはいくら骨折つても自分の本望を達することが出來ないので、內地へ歸らうとしたことがある。所がこの人は役人時代から苦力をしきりに可愛がつて、苦力が仕事がないと言へば仕事があるまで自分で世話をする。その中にいつの間にか隱然たる親分みたいになつてゐた。そんな事を何年かしてゐる中に離合集散があつて苦力の方でも最後まで附いて來たのが七人許りあるが、この子分達が石川に內地へ歸られては困る、いつそ自分で煉瓦を作つて見てはどうか、我々が作るから少し金を出してくれ、といふので煉瓦の窯を拵へた。ところが、これがとんでもない馬蹄型といふ、萬里長城時代と同じ煉瓦の窯を作つてしまひ、一週間もたたなくては煉瓦が出て來ない。そこで仕方なく本氣になつて考へたが、そこは元々建築家だから、すぐ見當がつきフランス窯が良いといふことになつて、七人の苦力共を把頭にして、自分も自轉車で走り廻つてやつた。彼も奮闘したが働かぬと言はれる苦力共が、この時だけは實に良く働き、僅かな期間に五百萬個の豫定が七百萬個も出來た。非常に成績があがつたために把頭は勿論、一般苦力共にも分配を良くしてやつた。

所が苦力達はここで仕事に離れては殘念だと言ふので、石川に向つてどうかこの冬も何かやつてくれと云ふ。それではと、伐木をやることにし、馬方を集めさせ山に入つた。實に一種の天才なのである。例へば炭がないと言へば炭窯を造る。それもいきなり山の横腹にいくつも穴をあけ、結構いい成績をあげる。彼にとつて世間の方法なぞどうでもよく、自分は自分の考案でやるのである。

セメントがないと言ふのは一般の悲鳴だが、彼に云はせれば、石灰山なぞ北滿に腐る程あり、石炭なぞ用ひなくてもこいつをセメントにする位の事は、何でもないと云ふのだ　これがこの男の偉い所で、彼は常に獨りでどんな人跡未踏の土地でも平氣で踏破してくる。何處に何がありいかなるものがあるかといふこともちやんと知つてゐる。とに角生命がけでなくては這入れない所を彼はドシドシ歩いてくる。石灰山はどこ、それを燒く石炭はどこに露頭があるか、と云ふ風な事をさへすべて知つてゐる。

だがこれは金や慾で絶對に出來ない。つまり彼の探究癖だとか、それに彼の藝術的欲求とでも云ふものが彼を馳り立てるのだ。

私は段々話をしてる中に、建築についての彼の深い知識を聞かせられた。私は素人だし今迄のことから割出して聽いても專門的なことは判らぬと思つたが、一度この石川氏が話して呉れるのを聞くと實に能く判る。本物といふ者は、相手が豫備知識を持つてるかどうかではなく、一言にして氷解する如き實に簡略で的確な表現をする。だから、全く面白いくらゐよく判るのである。

石川氏が密林に苦力達を見に行かねばならない時、それに從つて私も興安嶺へ行くことになつた。私が苦力と一緒に暮したといふのはこの間の出來事である。

とにかく、滿洲には日本人も多く居るが、かうした最後の山小屋にまで入つて來る者は絶對に居ない。どんな小役人でも商人でも一番町に近い山小屋で別れる。何故かと言へば大體人間の這入る所ではなく、馬橇に乘つて一時間も經たぬまに體中こちこちになり、顔もバリバリになつて了ふ。無論凍傷位は覺悟して行かねばならない。馬なぞは體中に三貫目も氷をくつつけ、傷だらけになつてゐる。苦力は馬を使ふことにかけてはうまいのだが、しかしそれでも方法に困じたものは雪の中に捨てて置くより仕方がないのである。

　所が石川氏はかう云ふ所へ這入つて來て實に苦力をいたわり、馬をかばふ。全く彼の姿は愛情そのもので、倒れてゐる馬を綱で木の下に吊りあげ、しきりに羊草を喰はせる。元來馬のことなぞ餘り知らぬ筈の人だが、愛情といふものは恐しいもので、彼は馬に對して非常に的確な處置をしてゐる。彼が見てやれば苦力が見捨てた馬も生きかへることさへあるのだ。そして彼が苦力に對する情愛といふものも沁々と私に判つて來るのであつた。彼は苦力と同じ生活同じ食物を喰べて彼等を見張つて行くのだ。それでは石川が苦力達から絶對に信用されて居るかと言ふと、決してそうではない。成る程澤山金をくれた、拂ひも惡くない、だがそれは先月迄のことで、今月はどうだか判るもんか、と云ふ風な底徹的な疑惑を先天的に彼等苦力は持つてゐる。これを征服するには石川氏でさへ十年を要するだらうと云つてゐる。が少くとも此の男の手に使はれれば外に使はれる勞働とは全然違つてくることは明かな事實である。

　是が一建築家として假に役人でゐれば、省の建築課長位になつて、出入を自動車でする身分である。藏前の建築科を途中で止め、例の帝國ホテルを作つたライトと親しくする機會が出來てアメリカへ連れて行かれた。だから建築に對しては相當モダンな知識を持つて居る立派な技師で、殊に壁裝飾では日本で何人と言ふ程の腕を持つてゐる人である。

　これがふとしたことから滿洲に來て役人になつたのだが、彼さへその氣なら何時東京へ歸つても、立派な建築家として十分立つて行ける專門家なのである。それが今、煉瓦屋になり材木屋になり、山に入つて獸醫の眞似までしなければならないといふのは、彼こそ最も良心ある建築家だからである。

　然し彼がその良心を持つてゐるといふことに依つて、遂に密林の苦力や馬に迄身を落さなければならなくなつたといふ點に、そこに彼の妙味があると共に、私達は現代の最も大きな謎を見なければならない。

　彼は自分の仕事を掘つて行つて遂にそこに迄辿りついた。而も今後もより以上に頑張らなかつたならば、彼の念願とする仕事は一歩も伸びないのである。しかし私は、彼が北滿に居る事は優に一師團を持つたことに値するとさへ思ふのである。私は初めて日本人に頭が下つた。

　以上が私の北滿で見た最大の收獲であつたし、事實此の人に從つて、彼が果してどれ位の苦しみの中にいかなる實踐をしてゐるかを最も執拗に眺める事が私の文學者としての任務でもあつた。私が無謀と思はれる興安嶺入りを敢てしたのは、このやうな事情からなのである。

　我々は我々の生活文化の根底をこのあたりに置かない限り、眞の覺醒を得ないのではないかと思ふ。

政治

日米關係
率直に所信表明

日米關係に就き、我が駐米大使館では率直に所信を表明したことを外電が報道した。曰く、米もし平和を欲せば經濟戰爭を中止せよ。米にして日本に對し輸出禁止を行ふ限り、日本は石油等必需物資獲得のために自存上の措置を取らざるを得ない情勢に立ち至つたと。

近衛内閣仆れ、東條内閣現はる。けだし、日米問題解快の爲なり。

媚態外交は　賣笑婦女の姿態のみにあらず。去年までの對英佛蘭西外交の事。

勇往邁進、自主獨往、國民は東條内閣を信じて可なり。遮莫　大西鄕地下より曰く、おいどんは安眠出來んわい。

對日態度決せず

米は、對日態度なほ決せずといふ。米の首腦、足並そろはざる故なりといふ。米の朝野の議論區々に岐れて決せずといふよし。そこに一部の日米平和論主張者彼我にあり。

荏苒日を延すこと、それアメリカか。わが國にも昔、此種の名外交家筒井順慶ありき。

われらは只事變を直視す。敵蔣を援助するものは、敵か味方か。

言ふを止めよ。論議のときに非ず。

東條總裁訓示あり
翼贊意義發揚

大政翼贊會總裁として、東條總裁言々火を吐く訓示をした。曰く、總裁の重責に任じ、恐懼感激、粉骨碎身、職責の完遂に邁進せんとす。各位の熱誠なる輔佐支援を切望して已まず、今や皇國は必勝不敗の信念を堅持して、直面せる未曾有の國難を突破し、皇國使命の達成に勇往邁進すべき重大なる時期に立至つた。

國民亦此の赤誠に感奮、以て大政を翼贊せんとす。全國民有能の男子、國民服で身を固め、颯爽として職域に赴く。國策協力、至誠神に通ぜん。日本はこれ神州と稱する所以。

難産の婦人團體

一千六百萬家庭婦人が待望せる大日本婦人會は、旣にその結成準備委員會でその骨組みについて審議終り、組織内容は政府に回付され、委員會は十月早々發會式を擧げ得ると聲明した。

然るに未だその創立會の開かるゝを聞かず。統合態勢を以て解散氣構へにハリ切つてゐる婦人團體の地方支部員等拍子拔けの姿、支部員曰く、なぜ遲れてゐるのか全くわけがわからぬので御座いますのなら、それはもう直ぐわけがないのでありますが、官廳の方からの御指圖に從ふといふことでありますから首を長くしてお待ち申してゐるのでありますが、のんべんぐらりんとしてゐる設立の趣旨もまことに困つたものでありますけれども、時は今非常時とやらハイ。

婦人團體の動員は急務だぞ。

生活時評

先頃仙臺で開かれた東北地方文化協議會に於て、厚生問題に關する第二委員會は次のやうなことを決議した。

○農村衞生讀本を編纂してこれを普及させ、農民の保健衞生、生活文化の向上を企圖すること

○無醫村には保健婦の養成、保健施設等を醫師會と連絡の上實施すること

大原八郎氏（福島）を委員長とする十四委員によつて決議されたこれらの事項は、すでに實行に移されてゐると傳へられる。

福島縣文化協會の會長が同縣の醫師會會長であるせゐもあつて、同縣下の文化團體に續々と醫師の參加を見、これらの人が厚生運動に乘り出したといふことは、甲府およびその附近の開業醫者有志によつて結成された山梨南詢醫團の巡回無料醫事相談の事業と共に十分に刮目されなければならぬ。またこれらの動きは、今後の文化運動なるものに大きな示唆を與へるものと考へられる。

○

一般に地方の兒童の健康狀態は都會のそれに比して、遙かに良好であるかの如き印象を與へる。然しながら、事實に於ては、必ずしもさうではない。食物は十分に嚙まなければならない、食事の前には必ず手を洗ふこと、睡眠は十分にとるべきである、ハンカチ又は手拭は常に所持すること、齒を磨くことを忘れないやうに、等々いくつもの注意事項を掲げても、ただそれだけでは何にもならないのである。そこで兒童と共に、あらゆる地方人に徹底的に衞生知識に眼ざめさせる方策を樹てなければならぬ。衣食住、わけても飲食の規律を新しく遵守せしめる方策は、醫師と敎師の協力に俟たねばならぬ。かやうな意味からいつても、東北地方文化協議會が農村衞生讀本を編纂するといふ計畫にわれわれは絕大なる贊意を表するものであり、更に衞生思想の普及に醫師の率先躬行を見ることに大なる期待をかけるものである。

○

粗衣粗食に甘んずるといふことは、生活の退步であつてはならない。昨日まで一日五十錢の物を食べてゐたが、今日からは二十五錢で濟ませるといふことが、生活內容の半減になつてはならない。時勢が時勢である

から我慢をするといふやうなことではなく、時勢に目ざめて新しき建設に進まなければならぬといふ氣魄に一歩前進すべきである。肉がない。魚がうまく出廻らない、食料品が不足してゐるといふことによつて、生活の秩序が亂れたり、清潔でなくなつたりすることは文化國民の恥辱である。文化はつねに秩序を要求する。

○

日本出版文化協會の企劃屆には、著（編）者の國籍を書入れる欄があるが、或る書店の話ではこれが實に區々たるものがあるといふ。屆をする人は殆ど全部日本人なのだから何か國籍といふのは特別のことであらうと考へて、「信濃國」だの「薩摩國」だのと書込んで來る人は先づ論外として、國籍を書いて來るのに「日本」から初まつて「大日本」「日本帝國」「大日本帝國」などと、なかなか一定してゐないといふ。さういはれて見ればまさしく「日本出版文化協會」を初めとして、大日本體育協會、日本體育會、日本山岳會、大日本相撲協會、等々、「日本」「大日本」を冠した團體の名は何十、何百と枚擧に遑がないほどである。しかも統一された國名がない。さきの翼賛會の中央協力會議では、假名を假名といふのは可笑しいといふやうな論議があつたが、この方がよつぽど可笑しいのである。われわれが學校で用ひる世界地圖といふものは、日本はいかに小さいかといふことが示されてゐるだけである。獨逸あたりの世界地圖といへば、先づ自國が三分の一か二分の一かを占めてゐるのである。かういふところから、我が國の大學の文科に自國の文學より外國文學を學ぶ者の方が遙かに多いといふやうな奇妙な風潮を馴致して來たものと考へられる。然しながら、今こそかかる風潮を清算すべきであり、それには先づ協力會議あたりで地圖の改訂とか、國號の統一とか、手つとり早いことから改革する端緒が作られなければならぬ。

○

嘗ては利潤の追求が最高の目的と考へられた時代もあつた。しかも恐るべき傳統は今もなほ跡を絶たず、どこかに間隙を見つけてはそこに食ひ入らうとするやうな不埒な企てが跋扈する。實績主義によつて得られる牛乳や乳製品が犬猫に飲まされたり、生魚不足の聲の聞える一方、粕塗り加工の魚が高値で賣買されたりするのは、過去の遺物なのだ。不合理な實績制度を棄てて、比例配給制度にすべしといつても、問題は制度よりも寧ろ精神なのである。

特輯 公募婦人標

婦人標準服創定へ協力する全國民の熱意は、大日本國民服協會並に被服協會主催の「試作標準服」公募の上にたぎり立つた。

單に婦人といはず、男子もこの擧國的服装刷新に協力し、應募作品は兩協會の事務所に山をなした。

嚴選された入選作品は、これがそのまゝ婦人標準服となるのではないが、多くの示唆を投げるものである。これを參考とし、なほ多方面から國民の總意を聽いて、厚生省婦人標準服研究會の委員は、現に晝夜を分たず研究、試作に當つてゐる。

婦人服装に巨歩を印する「婦人標準服」の創定も近くにあるのである。

公募試作標準服はその前提である。

こゝには、國民各層が婦人服に對して考へてゐる事が、その儘現はれてゐる。和、洋の二大潮流が殆んど同じ比重を持つて、作品數に出てゐる事や、試作要項に對する解釋に就いて、極端に非時代的のものがなかつた事など、服装を通じての時局感もうかゞはれる。

かゝる意味から、現代日本婦人服装の一つの結論的集成と見る事も出來、貴重な素材を提供したといへよう。

こゝには無軌道な〝デザインの遊戯〟もなく、偏狭な改善案もない。

古き衣を脱いで、新たなる奉公活動へ向はんとする、婦人の意氣を感ずるのである。

準服の發表

習慣がつくつた「美」の觀念

吉岡彌生

婦人の着物《きもの》を何とかせねばならない、このまゝでは、徒《いたづ》らに活動を妨《さまた》げられ、體位《たいゐ》も低下《ていか》するばかりだ、と、私が眞劍《しんけん》に考へはじめたのは二十數年前です。同じ考《かんがへ》を持つ方々もボツ／＼あつて、色んな改良案《かいれうあん》に智慧《ちゑ》を絞《しぼ》つたものです。生活改善中央會《せいかつかいぜんちうわうくわい》で、委員《いゐん》を擧げて、婦人服改良《ふじんふくかいれう》に乗り出したこともありました。なるほど改良案《かいれうあん》はいろ／＼出る。名案《めいあん》、迷案《めいあん》とり混《ま》ぜて、色々な方《かた》が色々な形《かたち》を持つて來て下《くだ》さつたものです。大體衞生《だいたいえいせい》、經濟《けいざい》、活動《かつどう》の三方面から改良が施《ほどこ》されてゐて、雜誌《ざつし》、新聞《しんぶん》にも度々發表《はつぴよう》されたが、さて、實際の普及《ふきふ》といふことになると、これほどむづかしいものはない。普及はおろか、中《なか》には考案者自身《かうあんしやじしん》すら着て歩く勇氣《ゆうき》が出ないといふ始末《しまつ》で、全部が立消《たちき》えになつたものです。

併《しか》しむづかしいから放つておけ、といつて居られる時代《じだい》ではなくなつた。すぐに普及《ふきふ》するかしないかは別として、とにかく、改良《かいれう》して行くべき一つの目標《もくへう》を、はつきり示《しめ》さねばならぬ時節《じせつ》が來たのです。

先頃、大日本國民服協會《だいにつぽんこくみんふくけふくわい》と被服協會《ひふくけふくわい》とが、婦人標準服試作品《ふじんへうじゆんふくしさくひん》を廣く募集《ぼしふ》し、その審査《しんさ》に、私も加《くは》はつたのですが、さて最後《さいご》に選ばれたもの、それに對《たい》して、正直《しやうじき》にいへば、私はあまり「美《び》」を感じません。それは絶對的《ぜつたいてき》に美《うつく》しくないといふのではなく、我々が、あまり長い間、長《なが》い袖《そで》、パッパッと開《ひら》く裾《すそ》、巾《はゞ》の廣い帶《おび》などに親《した》しみ、眼を慣《な》らされてゐるために、今までの和服《わふく》の美的要素を構成してゐるこれらのものを、すつかりとり去《さ》つた形《かたち》に、何となく、すぐになじめないからだと思ひます。全《まつた》く習慣《しふくわん》といふものは恐《おそ》ろしい力《ちから》を持つてゐるものです。

誰でも過去《くわこ》の美に執着《しふちやく》する氣持《きもち》があるからには、今度《こんど》も、また變つた形を示してみたところで、實際《じつさい》に行はれないのではないか、と心配《しんぱい》する向《むき》もありませう。しかし、今度こそは、否《いや》でも應《おう》でも、改良《かいれう》へ向つて一歩でも二歩でも踏《ふ》み出さねばならない。その目標《もくへう》が、今度厚生省《こうせいしやう》できめられることになつてゐる婦人標準服《ふじんへうじゆんふく》です。

この最後の決定《けつてい》を急《いそ》ぐために、度々委員會《いいんくわい》が開かれてゐますが、要《えう》するに、男子《だんし》の國民服《こくみんふく》のやうに、一つの形《かたち》、一つの色に統《とう》一するといふのでなく、相當《さうたう》の幅《はば》を持たせた案《あん》がきまるのです。つまり袖丈《そでたけ》は一尺以内、上下二部式になつてゐて、裾《すそ》は開かぬやう、輪《わ》に縫《ぬ》ひつける。下着はもゝ引型《ひきがた》のもの着用《ちやくよう》、といつた標《へう》準《じゆん》が示《しめ》され、あとは各自《かくじ》に工夫《くふう》の餘地を殘《のこ》すといふわけです。

最初《さいしよ》のうち一足飛《そくと》びに、その形に入つて行けない人は、少《すこ》しでも標準《へうじゆん》に近《ちか》づくやうに、袖丈《そでたけ》をつめるとか、帶《おび》を輕《かる》くするとかいつたやうな點《てん》から實行《じつこう》に取りかゝるのもいゝでせう。どうせ最後《さいご》には巾のずつと狹《せま》い帶《おび》にならねばならないのですが、それまでの道程《どうてい》として、長《なが》い帶を一切廢止《はいし》することも一つの方法《はうはふ》でせう。五尺帶も、その道程《どうてい》としての價値《かち》があるわけです。最近《さいきん》は、婚禮衣裳《こんれいいしやう》も五尺帶一本で間《ま》に合ふ工夫《くふう》ができたので、ふだん洋服《やうふく》の花嫁《はなよめ》が、俄かに丸帶《まるおび》で締めあげられて、精神的緊張《せいしんてききんちやう》も加はり、腦貧血《のうひんけつ》を起《おこ》す、といつたやうな悲喜劇《ひきげき》も少くならうといふものです。

つまり、徐々《じよじよ》に眼を慣《な》らし、一歩一歩理想《りさう》に近づくといふ道も殘《のこ》されるのですから、たとひ定められた標《へう》準型《じゆんがた》が、今すぐ美《うつく》しく思へないからといつて悲觀《ひくわん》するには當りません。

×

婦人標準服《ふじんへうじゆんふく》は、これから大いに婦人も働《はたら》かねばならないのだから、活《かつ》動《どう》し易《やす》い形であらねばならぬことは勿論《もちろん》です。また同時に布地《きれ》が經濟的《けいざいてき》であり、衛生上《えいせいじやう》の不備のないものでなければならない。その上に美《うつく》しくあれば申分《もうしぶん》ないのですが、これは前に述《の》べたやうに、定《さだ》められる形が必らずしも美的《びてき》なものであるとは保證《ほしやう》できない。時の力を俟《ま》つて解決《かいけつ》する外はないのです。

そこで、最初《さいしよ》の三つの條件《じやうけん》のうちに入るべきもので、特《とく》に私が提案《ていあん》して力說《りきせつ》してゐるのは、第一に、洋服《やうふく》系統《けいとう》の服の袖口《そでぐち》です。夏は半袖《はんそで》でもいゝが、冬はやはり手首《てくび》までの袖でなければ寒《さむ》い。その長い、ぴつたり腕《うで》についた袖が、簡單《かんたん》にまくりあげられるといふことが、勞働《らうどう》のために何より必要《ひつえう》だと思ふのです。私は午前中の診察《しんさつ》の時は、數十年このかた必ず洋服《やうふく》を着てゐます。そして何十回となく手を洗《あら》ふ。こんな仕事《しごと》でなくても、洗濯《せんたく》だの、炊事《すいじ》だの、掃除だの、或ひは手の汚《よご》れる事務《じむ》だのと女の仕事《しごと》は、どうも腕《うで》をまくりあげなければならぬ場合《ばあい》が多いやうです。それにはスナップなどで袖口《そでぐち》をとめて、いざといへば上《うへ》に上げられることが一つの要件《えうけん》となるのではないでせうか。

第二に、和服系《わふくけい》のものは勿論《もちろん》、洋服系統《けいとう》の活動服《かつどうふく》にも、すべて八ツ口をあけて欲《ほ》しいと思《おも》ひます。これは衛生上《えいせいぢやう》から、必要だと確信《かくしん》するのです。日本の風土《ふうど》、氣候《きこう》には、腋《わき》の下をぴつたりふさいだきものは適《てき》しません。適當《てきたう》に空氣の流通口《りうつうぐち》を作ることが健康上《けんかうじやう》からも、ひいては活動《かつどう》をたすける上にも是非必要《ひつえう》です。いふまでもなく、下着《したぎ》から上着《うはぎ》まで、すべてを通《つう》じての話です。

第三に下着……特《とく》に肌《はだ》につくものですが、これは衛生上《えいせい》、且つ經濟上《けいざい》やはり木綿《もめん》にまさるものはない。殊に木綿のメリヤスで、私が長年提唱《ちやうねんていしやう》してゐた一種のコンビネーションの如きものは、婦人《ふじん》の健康上《けんかう》、最も適《てき》してゐるものと思ひます。洋服《やうふく》には半袖付き、膝頭《ひざがしら》までの長さのコンビネーション、和服用《わふくよう》も、同じ形で、たゞ足首《あしくび》までの長さになつてゐます。今では綿メリヤスの肌着《はだぎ》などは絶對《ぜつたい》に、といつてよい位、得られないのですが、もし事情《じじやう》が許せば、肌に着くものに限り木綿《もめん》を配給《はいきふ》する、婦人標準服《ふじんへうじゆんふく》の肌着として、規格《きかく》を定め、一般《ぱん》に普及《ふきふ》させるといふやうにしていたゞきたいと思ひ、厚生省《こうせいしやう》及び商工省の理解《りかい》と援助《えんじよ》を希《ねが》つてゐる次第です。まだ肌着《はだぎ》の段《だん》まで行かない、といはれゝばそれまでゞすが、婦人が氣持《きもち》よく活動《くわつどう》するには、また冬の保溫《ほをん》を完全《くわんぜん》にして、婦人本來《ほんらい》の義務を完《まつた》うさせるには、どうしても理想的《りさうてき》な下着を與《あた》へなければならないと思ふからです。

服飾の本道生活の本道

山室善子

婦人の服裝問題《ふくさうもんだい》が、國家的俎上《そじやう》にのせられてゐる。この際に願《ねが》ふのはこれに對する各方面の研究《けんきう》や、考案《かうあん》や、獻策《けんさく》の結末《けつまつ》が、相集つて婦人服《ふく》飾にその本道を示《しめ》すところとなるやうに、といふことである。

東北《とうほく》あたりの士族《しぞく》の家で、自家用又副業としての機織《はたお》りが盛に行はれた時代がある。その頃の機《はた》は、一筬《をさ》毎に大きく足を蹴出《けだ》さなければならない構造《こうぞう》のものだつた。和服の型も現在のものになつた時分で、寒《さむ》い冬の日夜の仕事《しごと》に、どんなにか不便《ふべん》だつたらうと思《おも》ひ遣《や》られる。それでも娘たちは、農家《のうか》の人の多く用《もち》ひるモンペを顧《かへり》みやうとはしなかつた。士族である誇《ほこ》り……長着物《ながぎもの》を着《き》る身分であること、つまり働きは生活《せいくわつ》の必要ではなく、遊びであり、餘技《よぎ》であるとの無言《むごん》の誇示《こじ》が、そこにあつたと察せられる。そしてその氣分《きぶん》は、やがて農家《のうか》の人々へも、長着物への憧《あこが》れとして泌み込んで行くものであつた、とはある民俗學《みんぞくがく》の研究家《けんきうか》が、話して下さつた事柄《ことがら》である。さうしてその方は、それと同じ心持《こゝろもち》が、今日の「働かねばならない時代《じだい》」にあつても、なほ人々の心から、容易《ようい》に消え去らないものであることを暗示《あんじ》してをられた。この間近畿地方《きんきちはう》へ旅行した時には、ある女學校《ぢよがくかう》の校長先生から、こんな話を伺《うかゞ》つた。

「かういふ時局《じきよく》なのですから、學校を出て家庭《かてい》に在るいはゆる花嫁修業《はなよめしゆげふ》中の娘さんたちに『ぜひ時折《ときをり》學校へ來て、互《たが》ひの修養《しうやう》の機となし、或は時局の認識《にんしき》を深め、又は技術を習得《しふとく》する時とするやうに、學校側《がくかうがは》でも出來るだけ骨《ほね》を折《を》るから』といふやうな話をするつもりで、まづ同窓會幹《どうさうくわいかん》事會《じくわい》を招集《せうしふ》しました。ところが實は私は中學から女學校へ新任《しんにん》した匆々《さう〳〵》だつたので、まづ驚かされた。といふのは、誰が誰か見違《みちが》へるばかりに着飾《きかざ》つて集まつて來たのです。そして話の方はといへば、みんな顏《かほ》を見合せて默《だま》つてをり、殆ど進行《しんかう》しなかつた。後から、缺席《けつせき》した幹事の様子を二、三尋《たづ》ねてみると、これは又、「『着物《きもの》が間に合はなかつたので』といふ御挨拶《ごあいさつ》ではありませんか……」

きもののことは決してきものだけと切離《きりはな》されるべきではなく、生活に對する考へ方、その生き方に源《みなもと》を發してゐるのだから、この先生《せんせい》のお話についても、その源を思《おも》ひ、又敎育について省《かへり》みるべきものがある。

しかし、

「集《あつ》まるために着るのか、着飾《きかざ》ざるために集まるのか」

「働《はたら》くために着るのか、着るために働くのか」

と問はねばならないやうな場面《はめん》が世上《せじやう》に尠《すくな》からず、それがお互ひの要らざる負擔《ふたん》となり、心配《しんぱい》となつてゐる事實《じじつ》を見聞きするにつけ、國を擧げて生活《せいくわつ》の目標《もくへう》を一つにし、萬難を排《はい》してそのために精進《せうじん》しようといふ今日こそ、生活《せいくわつ》の一部であるきものについても、正しい考と技術《ぎじゆつ》とを打建《うちた》てるに好き機であると思はれる。

服飾《ふくしよく》に對していま注がれてゐる人々の關心が、標準服《へうじゆんふく》の發表で終熄《しふえん》せず、むしろ服裝《ふくさう》の本道、生活の本道を、どこまでも探《たづ》ね、それを實踐《じつせん》しようといふ力強い足音《あしおと》にまで化《かは》ることを、私は心から願《ねが》つてゐる。

應募試作品審査に就いて

厚生省生活課長　青木秀夫

去る七月十日厚生省《こうせいしやう》の婦人標準服《ふじんへうじゆんふく》研究會で決定《けつてい》された試作要項《しさくえうこう》に基き

廣く國民の協力《けふりよく》を求める意味《いみ》から、また、趣旨《しゆし》の普及と衆智《しゆうち》を蒐《あつ》むるため、懸賞募集《けんしやうぼしう》を發表した。

締切《しめきり》までに主催《しゆさい》の兩協會が受付け數は、豫想以上《よそういじやう》に上り、總數六百四十八點に達《たつ》した。

その内譯《うちわけ》は現物作品《げんぶつさくひん》四百六點、圖案に依るもの二百三十六點、雛形《ひながた》及人形《にんぎやう》に依るもの六點であつた。之を和服《わふく》、洋服《やうふく》の系統《けいとう》で類別すると、和服型三百三十五點、洋服型《やうふくがた》三百十三點で、兩者を比《ひ》較《かく》すると、和服型の方が稍《やゝ》多くなつてゐる。

また、應募者を地域別《ちいきべつ》に見ると、東京が大體過半《だいたいくわはん》を占め、大阪、京都等主要都市《しゆえふとし》を初め、内地各府縣は固《もと》より、朝鮮、臺灣《たいわん》、樺太《からふと》、南洋の外地、滿洲國《まんしうこく》、支那、蒙疆《もうきやう》等の大陸、或は遠く北米《ほくべい》に在住する同胞《どうほう》まで、非常な反響《はんきやう》がもたらされ、國民の關心が如何に高《たか》まつてゐるかゞ分つた。

作品《さくひん》に就いては、洋服《やうふく》型の方は、洋裁専門家《せんもんか》と思はれる向、及學校、教育關係者の作品《さくひん》が多く、生徒の共同考案《かうあん》と見られるものも、少なからずあつた。和服型《わふくがた》では、地方からの出品が比《ひ》較的《かくてき》多く、家庭《かてい》婦人が大多數を占めてゐると思はれた。

之等作品の審査《しんさ》の準備《じゆんび》として、まづ審査の公正《こうせい》を期する爲、募應者《おうほしや》の氏名を作品から取離《とりはな》し、すべて受付番號《ばんがう》によつて取扱ふ事とした。

次に、下審査《したしんさ》の爲小委員を委囑《いしよく》し出品作品《しゆつぴんさくひん》全部を一つ一つ檢討《けんとう》した。

委員の顏觸《かほぶれ》は左の通りで、私も末席を汚《けが》した次第《しだい》である。

小審査委員（五十音順）

和服系委員

日本女子大助教授	上田柳子
大妻高女校長	大妻コタカ
和洋女子専門講師	藤田トラ
洗足高女校長	前田若尾

洋服系委員

日本女子大講師	岩本許子
洋裁家	清水登美
洋裁家	田中千代
文部督學官	成田順子

綜合委員

厚生省生活課長	青木秀夫
大日本國民服協會常務理事	石原通
陸軍省衣糧課長	吉良五市
商工技師	岸武八
大日本國民服協會理事	齋藤佳三
大日本國民服協會理事	中田虎一

被服協會理事　三德德次郎
元特許局技師　八木靜一郎

右の小審査委員《せうしんさゐいん》は去る十月十三日から四日間に亙《わた》り、駿河臺《するがだい》佐藤生活館《さとうせいくわつくわん》に於て、熱心《ねつしん》なる審査《しんさ》に當り、第一次に百卅點を殘《のこ》し、第二次に七十三點を採り、第三次に四十五點を嚴選《げんせん》し、こゝに下審査《したしんさ》を終つた。

本審査會《ほんしんさくわい》は十月廿一日午前十時如水會館で開《ひら》かれ、審査員として委囑《いしよく》せられた厚生省婦人標準服研究會《こうせいしやうふじんへうじゆん、く》委員一同出席《しゆつせき》の上、開會せられた。

審査《しんさ》の結果《けつか》を綜合《そうがふ》するに、大體に於て試作要項《えふこう》に準據《じゆんきよ》してゐる事は申すまでもない所であるが、中には要《えふ》項《こう》の趣旨《しゆし》を穿《は》き違《ちが》へてゐると認められるもの、例之《たとへば》、特に制限物資《せいげんぶつし》である國防色《こくばうしよく》の生地を使用《しよう》せるもの、或は非常の場合の考慮《かうりよ》にのみ捉《とら》はれて之に主眼《しゆがん》を置く防護服《ばうごふく》の如きものなどあつたのであるが、和服《わふく》、洋服《やうふく》型共に一般的傾向としては、平常着を中心に兩者《りやうしや》が非常《ひじやう》に接近して來て居り、中には一元化《げんくわ》されたと見らるるものもあるのである。

和服に於ては、其の構成《こうせい》が一部乃至二部式と爲され、就中《なかんづく》二部式の、(洋服《やうふく》に於けるツーピースの如きもの)が最も多く、裾衣《すそい》は輪のスカート、或は折合《をりあは》せ式と爲せるものが多く、帯に對する考案《かうあん》は甚だ尠《すくな》かつたのである。また、これまで難點《なんてん》とされてゐた裾の解決《かいけつ》には、下穿《したは》きの新らしい考案《かうあん》が爲されて居る等《など》得る所が多く、總《そう》じて活動的であり、而《しか》も、古着の更生等《こうせいなど》考案が拂《はら》はれてゐるものが多かつた。

洋服系に於ては、日本的意識《につぽんてきいしき》が多分に表現《へうげん》されつゝあることが見られるのであつて、兩者共大體試作要項《しさくえふこう》に示唆《しさ》された方向《はふこう》に向ひつゝあり、戰時下《せんじか》生活に相應《ふさは》しく、簡素《かんそ》を旨として居るのである。

國民の聲に應へて

財團法人大日本國民服協會理事長　陸軍主計中將　石川半三郎

さきに厚生省當局《こうせいしやうたうきよく》が、婦人標準服創定《さうてい》に着手されました時に、財團法人大日本國民服協會並被服協會《ひふくけふくわい》に於ては、全力を擧げて之に協力《けふりよく》する事となり、先づ、輿論《よろん》の歸趨《きすう》を知る爲に、廣く試作品募集《しさくひんぼしふ》を行ひました處、内外地は勿論《もちろん》、海外《かいぐわい》よりも總數六百四十八點の應募《おうぼ》がありました。

申すまでもなく、時局《じきよく》は今や皇國の興亡《こうぼう》を賭する重大時期に際會《さいくわい》し、國民生活全般に高度《こうど》の刷新《さつしん》を要請《えふせい》せられて居ります。

殊に婦人服裝部面《ふくさうぶめん》に關しては、從來の如き狀態《じやうたい》を一刻も放任して置く可きでありません。

この事は既《すで》に一般婦人自らが痛感《つうかん》して居る事でありまして、今回《こんくわい》の應《おう》募作品《ぼさくひん》に就いても、婦人服裝改革《かいかく》の機運《きうん》が熟《じゆく》してゐる事が明らかであります。

吾々はこの全國民《ぜんこくみん》から盛り上がる熱意《ねつい》を受け、理想的《りさうてき》な婦人標準服《へうじゆんふく》の創定《さうてい》へ向つて前進し、衣服部面《いふくぶめん》より高度國防國家建設《けんせつ》を翼贊《よくさん》しなければなりません。

風俗《ふうぞく》の一新は特に婦人服裝《ふじんふくさう》に於て困難《こんなん》なる事でありますが、形の拔巧に囚《とら》はれた過去の服裝は最早《もはや》存在の理由《りゆう》がありません。

國防《こくはう》無くして文化《ぶんくわ》無し。來る可き婦人服裝も現下《げんか》わが國が直面《ちよくめん》する重大時局に當り、婦人の擔當《たんとう》すべき奉公活動を可能《かのう》ならしめ、且つ、日本精神の高度《こうど》發揚《はつやう》を所期するものでなければなりません。

（審査會當日の挨拶より）

婦人標準服試作懸賞募集作品入選決定

厚生省に於ける婦人標準服の研究に協力すべく、かねて財團法人大日本國民服協會及被服協會に於て懸賞募集中であつた婦人標準服試作品の應募は去る九月廿日締切られたのであるが、内地の各方面は固より、朝鮮、臺灣、樺太、或は滿洲、支那、蒙疆等の大陸、或は遠く北米在住の同胞からも、非常な反響がもたらされ總數六百四十八點の多きに達した。

兩協會に於ては去る十月十三日より四日間に亘つて下審査を行ひ、十月廿一日午前九時半より神田一ツ橋如水會館に於て審査會を開き、卅餘名の審査員集合、石井漠氏門下の石井カンナ等生徒二十餘名の奉仕を得て着付等を行ひ、公正なる審査の結果、別記の通り入賞者甲賞五名乙賞十名、佳作三十名が決定された。

入選作品は厚生省の婦人標準服研究會に參考資料として提出されるが、今回の當選作品は相當考案研究されたものであるが、尚研究の餘地があると思はれるので、研究會に於ては、之等を參考として更に工夫を重ねて、理想に近いものを制定したいと考へてゐる。

因に今回の應募作品で特に注目された點は、試作の要項に示されたことも考へられるが、平常着を中心として、一般に和服、洋服が近接して來て居り、一元化されたものもある。

和服系に於ては、洋服のツーピースの如く二部構成のものが多く見られ、又帶の使用が尠ない。

洋服系に於ては日本的意識が強く表現されつゝある傾向が見られ、而も兩者戰時下の生活に相應しく、簡素を旨とし、活動的であり、又、古着の更生に主眼が置かれてゐることなどが見られる。尚、之まで問題とされた和服に於ける裾の解決に於て、下穿の新案が爲されてゐること等は收穫とされてゐる。

審査會出席者

主催 財團法人 大日本國民服協會
被服協會
昭和十六年十月廿一日
於 如水會館

（五十音順敬稱略）

厚生省生活課長 青木秀夫
大日本國民服協會理事長 石川半三郎
大日本青少團副團長 井上秀
日本女子大講師 岩本許子
市川房枝
日本女子大助教授 上田柳子
風俗研究家 江馬務
陸軍技師 小川安明
大妻高女校長 大妻コタカ
厚生省生活局長 川村秀夫
陸軍省衣糧課長 吉良五市
木内キヤウ
商工技師 岸武八
中央協力會議員 高良富子
大日本國民服協會理事 齋藤佳三
洋裁家 淸水登美
文部督學官 成田順
和洋女子專門教授 藤田トラ
洗足高女校長 前田若尾
被服協會理事 三德德次郎
元特許局技師 八木靜一郎
吉岡彌生

應募作品入選者

入選者

甲賞　五名

東京市小石川區目白 日本女子大學櫻楓會（田中）
福岡市藥院大通二ノ五八 市山ハル
神戸市灘區福住通三ノ七一 平田喜一
大阪市 西華高等女學校第三班
東京市代々木山谷 文化服裝學院第一組

乙賞　十名

東京市神田一ツ橋 共立高等女學校
東京市麴町區富士見町 和洋女子專門學校和服部
臺北市福住町一八 吉見裁縫學園第一部
桐生市新宿通一 蛭間由紀子
大阪市 西華高等女學校第一班

東京市四谷區新宿一ノ四五　南　正一
東京市代々木山谷　文化服裝學院第五組
同　文化服裝學院第七組
札幌市大通西二一ノ一　鄭　美志
東京市澁谷區千駄ヶ谷三ノ五三三　星田鶴子

佳作　三十名

東京市澁谷區常盤町一　常盤松高等女學校　宮城こと子
東京市　坂上德太郎
東京市向島區寺島町五ノ三二　東京和服裁縫教師會　興津豪洋
朝鮮京畿道平澤邑一六五　目良　操
仙臺市本荒町二四朴澤松操女學校第一組
同　朴澤松操女學校第二組
桐生市本町通三ノ九六　川俣裁縫所
廣島市立町二一　白砂進弘
東京市中野區上野原一二〇伊藤文子
岡山縣勝田郡豐國村　濱田さつよ
栃木縣那須郡大田原町榮町二三二九　村上初枝
仙臺市本荒町二四朴澤松操女學校第四組
東京市澁谷區青山　實踐女子專門學校
東京市代々木山谷　文化服裝學院第二組
同　文化服裝學院第三組
同　文化服裝學院第四組
東京市淀橋區新大久保　村山輝子
大阪市東區內本町日本國民被服株式會社
東京市麴町區富士見町　和洋女子專門學校洋服部
東京市西巣鴨　行美會　原のり子
横須賀市中里町二〇一　黑相美惠子
岡山市野田屋町一〇　吉橋廣子
東京市四谷區簞笥町六〇前田方　米澤ヒデ
靜岡市吳服町二ノ一七　井田歌子
大阪市住吉區明治通一ノ七九　佐野とく
大阪市心齋橋　大丸婦人洋服部
臺北市福住町一八　吉見裁縫學園第三部
仙臺市本荒町二四朴澤松操女學校第三組
東京市江戸川區小岩町四ノ一八三三　岸田香舞子
東京市西巣鴨　行美會　北畠文子

○

婦人標準服試作要項

婦人標準服は先づ婦人服裝の基準たる日常着を主眼とし、左記に依り考案するものとす。

（一）日常の生活活動に一層便利であると共に非常の際の活動をも考慮すること
（二）女性の保健に適合し、體位の向上を期し得ること
（三）資材の經濟を圖り、在來所持品の活用をもなし得ること
（四）質實簡素にして優美性を失はず被服文化の向上に資すること
（五）住居との適應を考慮すること
（六）氣候風土（大陸生活をも含む）に對する適應を考慮すること
（七）家庭にて容易に仕立て得るを原則とし、手入保存に便なること
（八）資材は制限物資を避くること
（九）地合、色合、柄は適宜なるも簡素を本旨とすること

書斎

○

良書は何度くりかへして讀んでもよいのであり、若い時代には若き日の感激をもつて讀むことが出來、また老年に及んでは、樣々な經驗を嘗めて來た人の感情をもつて讀むことが出來るやうなものでなければならぬ。かやうな見地からすれば、永遠に伴侶とするに足りるやうな書物は、さうざらにある譯ではない。しかし、かやうな絶對的な價値批判といふものは、論理ではなく、或る程度、時間の作用といふものに支配される。このたび日本出版文化協會によつて二十何册かの書物が推薦されたが、この推薦に關して岸田國士氏は推薦卽普及といふことを重要視し、更に文學書の推薦については、如何なる精神的糧が現在最も必要とされるか、そして文學書は成るべく消化し易いといふことが推薦の一條件でなければならぬと語られたが、これはまことに當をえた見解であると思はれる。

○

日本出版文化協會による圖書推薦は重要なる事業でなければならぬ。しかし、更に一層この事業に意義あらしめるためには、協會に、より高度の權威をもたしめねばならぬ。われわれはやはり、岸田氏の說かれるやうに「それぞれの部門にその部門における最高の知能を集めた專門の推薦機關を完備することが理想であらう」と思ふ。

○

過去の殘滓はなかなかに淸算されず、出版業者の間には如何にして時局に便乘すべきかに腐心してゐる徒輩が少くない。例へば兒童文化の向上が叫ばれて玩具屋が兼業にやつてゐたやうな赤本商賣が自滅したのは喜ぶべき現象であるが、今日、書店の店頭には科學書と共に、いかがはしい兒童書類の氾濫を見るのである。いかがはしいといふのは表面的體裁を整へながら、十分の良心の浸透してゐないものをいふのである。

○

嘗て、赤本屋といふものはからであつたといはれる。先づ著者に原稿を依賴する。著者は非常に安い、お話にならないやうな稿料のために、そそくさと原稿を書く。原稿と引換に稿料を受取る。その際出版業者は「金何圓也、但し何々の著作權讓渡料也。著作權が出版者に歸屬せる上は、書名著者名等に如何なる變更ありとも筆者は絶對に異議を申すまじき事」との誓約書に署名捺印せしめることを忘れない。このやうにして、如何なる書物が作られたか。更に書物は極めて低廉なる率をもつて小賣店に渡る。小賣店は一層利益の多い方を無智な人々に薦める。これが十年二十年の因襲であつたとすれば、一擧に淸算されたかどうかは疑はしいのである。著者の待遇にいかがはしい點がある限り、良書の出現は先づ望めない。この例は極めて一部分の昔の赤本屋の例であるが、讀書人は今は書物の成立についても無知であつてはならない。良識のもとに不合理は生れない。

女は常に美しくあれ

伊東深水

女性はまづ美しくなければならない。

女性が美しくあるためには、なによりも身につける服裝が美觀を伴なはなければならない。從來のきものの非活動的な點はもちろん改めなければならないが、モンペが保溫の上で理想的で敏活な動作が可能だといつても、あれを都會で見て美しいと感ずる者は恐らくあるまい。モンペはそれを生んだ土地の自然を背景としてはじめて美しいので、これは言はばローカルな美しさである。

だから、モンペが地方でいかに美しく感じられまた機能的にみえても、それをそのまゝ都會に持ち込むことはまちがつてゐる。都會は都會の環境によく合つたものを創案するほかはないのである。

作業服の決定もさういふ點で大いに考へなければならないので、見るからに生新な、いかにも働けさうな形は、やはり美觀とむすびついてゐる。ただ單に便利だとか濕度に堪へるとかいふ條件だけを、いかに完全に備へてゐても、環境に合はず肝腎の美しさがなければ、働かずにはゐられないといふやうな氣持は少しも誘發されない。

服裝は感情を支配するといふことはよく言はれるが、不精者の私などもこの頃はガソリンが無いため步く機會が多くなつて洋服生活をはじめたが、洋服はきものにくらべて步く苦痛を柔らげることは事實である。そのやうに働く苦痛が柔げられ、理想としては働くことが逆に樂しくなるやうな、有閑的な女性がそれを着ると湧然と働きたい衝動にかられるやうな服裝が創案されて欲しいと思ふ。

婦人標準服に對する希望としては、改良とか改造とかいふ、いはば古い家の根つぎをするやうな考へを捨てて、全く新しい創案から出發して貰ひたいと思ふ。和服のいゝところ各國の服裝の長所は、その中に採り入れるといふ建前でゆき度い。袂やおたいこ帶への愛着から、それを中心にして寄せ集める折衷主義に對しては私は大いに反對だ。袂や帶には全然拘泥しないで、現代の生活にもつとも適合したものを大膽率直に創案する勇氣があつていゝのではなからうか。

すべての流行は常にその當初はげしい揶揄と罵倒を經てきてゐるので、それが時とともに人々の眼に慣れるといふことを考へれば、中途半端の折衷や妥協はむしろ禁物であらう。

ただ、いかに創案であつてもその形に「美」が閑却されたものは、服裝として決して長い生命を保ち得ない。女性の生活は常に美觀を中心としてゐて、どう見えても便利で健康的ならそれで滿足だといふ無關心な女性はゐない。こんなものでは人前に出られないといつて恥づかしがるのは、女性が男性より「美」を求める氣持が強いからである。

私は自分の立場から、婦人標準服がなにより女性を美しくあらしめるものであつて貰ひ度いと思ふ。

婦人標準服に望む

色彩について

三岸節子

私は畫家であるから私の望む第一條件として、見た目に快よい美觀を與へるといふことを忘れないで頂きたい。美觀といふのは誇大に装飾したのや、華美なるもの丶謂ではなく、畢竟簡素の美といひ、機能的に單純化されたものといひ、美の究極であるといふことである。

着物と洋服の和洋折衷であつたり、又着物の部分的な改竄であつたり、洋服に和臭をほどこしたもの等ではなく、着物に殊更據る必要もない。洋服に拘泥する必要もない。新らしい意圖の下に新らしい使命をもつて新らしい時代を迎へる婦人服裝美を建設する所の創作を望むのである。

色彩はどんな色になるか判らぬが、男子國民服が日本人の皮膚の色を一番引立てない同系統の中間色であるといふことに留意されて、愼重に色彩を考へて頂きたい。

新婦人服へ希む

阿部靜枝

新婦人服は新時代らしさをもつて欲しいと思ひます。女性が内容として所有するものが乏しかつた頃はこれを補ふやうに外廓を飾り立てねばなりませんでしたが、今日は職能を持ち知性を高めてあり向上しつつあるのですから、媚態ならざるもの、即ち人間女性美の滲むやうなのを求めます。

なよなよと寄りかかつて頼るのに適した柔かなだらりとした布の、餘分な袖をひらひらさせたり裾をちらちらさせたのから、雄々しい活動的なものへ、りりしい獨立的な感じへと、虚飾を去つて清楚美を出して欲しいのです。

こんな概念的感じを並べるよりも、着て見てのことです。定められたものは着た上で生活感情を檢討して見ますから、一度の決定を最後の規範とせず改良意見を容れるとよいでせう。

新婦人服について

石井小浪

平和な時代には婦人服の傾向が歐米の流行を追ふ傾向が强かつたのでありますが、現在では歐米の流行など考へてゐられなくなりました。日本の婦人も手近にある布地で自分のからだに似合ふ服を考案し、しかも運動にも勞働にも適するものを創り出さねばならなくなりました。日本の婦人は歐米流行の追從的觀念をすてゝ、日本人の生活に最も適する型を選び、布地も帽子も装身具も靴もそれに調和するものを各自選んで教養の奥行を示すべき絶好の時代だと信じます。それには政府や翼賛會もデパートや婦人服店に任せてをかないで服装美術の専門家の意見と實際上の便宜とを考慮して指導されなければなりません。婦人の服装も國家の指導方針に從つて改善して行くべきだと信じてをります。

不斷着即外出着

藤蔭靜枝

時代の精神に基いて創造される新婦人服は、その造られる根本の精神が、着る人々の身心にぴつたりとつく新服をお造り下さい。先づ何よりも在來持來りの衣類生地に無駄の出ない樣生かして新樣式化され度い事と、第二は仕立が簡單で附屬品が尠くて色調が明快で帶を締めない場合は(締める樣式ならば巾三四寸の物)腰邊に間の拔けた空虚を感じさせない工夫と步行の度び裾をぱく〳〵と風に煽られ下着の見えるのは醜態、是は絶體改正の事、第三は今日の時代時間の切詰と物資經濟掩護の意味で不斷着は即外出着を兼ねる事にすると、此服装には無論立體的造型美を考慮に入れられて造れるのは當然で多少の禮容を加へて動作の敏捷步行の迅速と途中降雨に會つても慌てたりしよげたりする事なく何時も落付いて堂々と目的の任務を果し得られる處の賢實にして便利輕快、快的美を備へた新婦人服の出現を切に希望して居ます。

應募作品に就いて

齋藤佳三

「婦人國民服《ふじんこくみんふく》」などとは絶體《ぜつたい》に云へない様に畏《かしこ》くも勅令《ちよくれい》が規則してあるのに、厚生省が「婦人標準服《ふじんへうじゆんふく》」の要項を發表《はつぴやう》すると、民間《みんかん》では男子國民服が制定《せいてい》されてゐるのだから、「婦人標準服」などと云つても、それは「婦人國民服《ふじんこくみんふく》」の事だらう、否應《やが》て「國民服《こくみんふく》」となるのだらうと早呑込《はやのみこ》みをして「婦人標準服《ふじんへうじゆんふく》」すなはち「大《だい》日本帝國女子《にっぽんていこくぢよし》の國民服」と思ひ込んで新聞雜誌《しんぶんざつし》を讀んだり、さう思つたりする事は大きな過《あやま》ちである。勅令第七百二十五號國民服《こくみんふく》付第六條に、「本付ノ制式ニ依ラザル服（八字省略）ハ其名稱中ニ國民服（八字省略）ノ文字ヲ用フルコトヲ得ズ」

それであるから「婦人標準服《ふじんへうじゆんふく》」はあくまでも「婦人標準服《ふじんへうじゆんふく》」でなければならない。

厚生省が「婦人標準服研究會《ふじんへうじゆんふくけんきうくわい》」を置いて、其檢討《けんたう》の結果《けつか》、今日より將來に涉《わた》る日本女性の着用《ちやくよう》すべき理想の服裝《ふくさう》、然もたゞ婦人の日常着に對する條件《じやうけん》や要項《えうこう》を發表したに過ぎないのに、日本女性《ぢよせい》の保持《ほじ》すべき色々の服種を包含《ほうがん》して不動の女服《ぢよふく》となる可きものを、左樣《さやう》に早呑み込みをされては困る譯《わけ》ではあるまいか。

石原常務理事　三德德次郎氏　岸武八氏

然《しか》し「婦人標準服」の懸賞募集《けんしやうぼしふ》が發表されると、日本内地《につぽんないち》は云ふに及ばず滿支《まんし》蒙疆《もうきやう》及び在米邦人《ざいべいほうじん》からの應募等、總數六百四十八點と云ふ多數《たすう》に達したので、如何《いか》に日本女性が服裝問題に關心《くわんしん》をもつてゐるかゞ窺《うかゞ》はれたのである。凡《およ》て熱意《ねつい》を込められた作品に對する審査《しんさ》は、又近頃に見ない嚴肅《げんしゆく》を極《きわ》めたものであつた。

以下、私は私の忌憚《きたん》のない感想《かんさう》の告白《こくはく》を恕《ゆる》して貰ひたいのである。云ふ處は凡て私の責任《せきにん》にして、一切他の關與者《くわんよしや》並に他の審査員諸賢《しよけん》に迷惑《めいわく》の及ぶ可きものではない。

募集の主催者《しゆさいしや》は先づ事務上の深慮《しんりよ》から、我々には絶體極秘《ぜつたいごくひ》に豫選《よせん》、鑑査に這入《はい》る前、作品並に説明書《せつめいしよ》に添付された出品者の氏名《しめい》及住所《じゆうしよ》は一切抹殺《まつさつ》、排除《はいじよ》されて其跡には一々受付番號のみが添付《てんぷ》された作品《さくひん》が我々の前に展示《てんじ》されたものである。

そこで我々は審査《しんさ》の順序《じゆんじよ》として、先づ和服《わふく》型によるものと洋服《やうふく》型によるものとの分類《ぶんるい》をして貰ひ、其區分標準《へうじゆん》を、

和服型と看做されるものは、

一、襟《えり》が着《き》物襟《ものえり》となつてゐるもの

二、袖附《そでつ》けが和服の如く直線縫《ちよくせんぬ》ひとなつてゐるもの。袖の形が元《げん》祿《ろく》風《ふう》、船底風《ふなぞこふう》、薙刀風《なぎなたふう》、半天袖《はんてんそで》もじり袖、喇叭袖《らつぱそで》、しやもじ型やそれらの變型《へんけい》を認めらるゝもの。

三、和服から離《はな》し切《き》れぬ帶の形式《けいしき》をとつて添《そ》へてあるもの。

四、和服に袴《はかま》をつけた形式と看做《みな》

齋藤佳三氏　　清水登美氏　　成田順氏

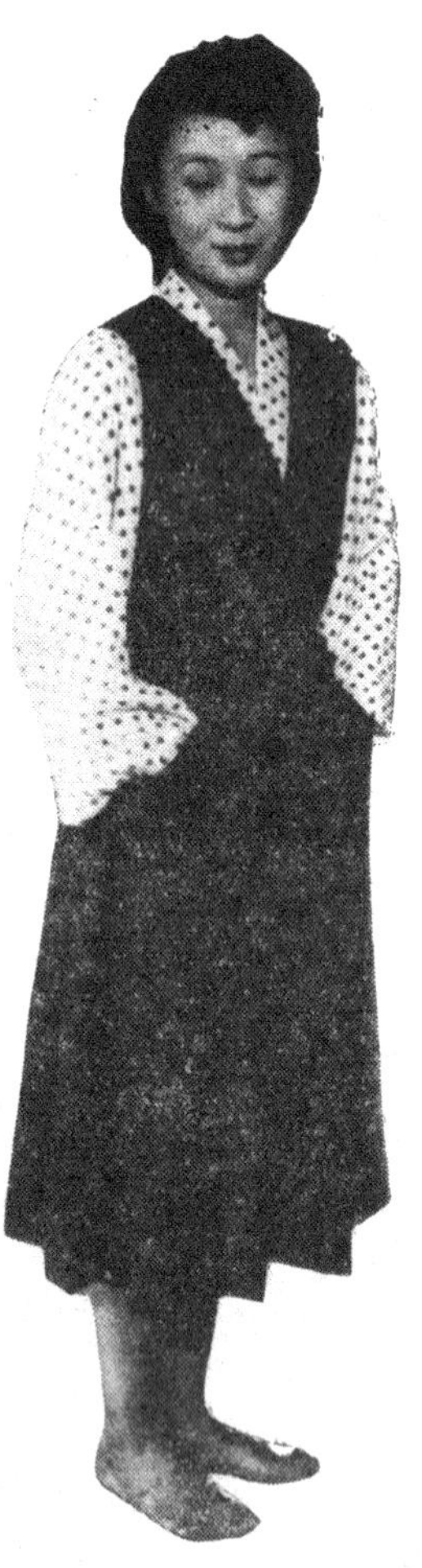

乙賞入選作品

さる可きもの。
五、和服に吊《つ》りスカート又はジャンパー風《ふう》の袴《はかま》をつけたもの等。
洋服型《やうふくがた》と看做《みな》されるものは、
一、衿が譬《たと》へ右前《みぎまへ》となつて居やうとも、背廣襟風《せびろえりふう》、劍先《けんさき》のあるもの。
二、袖《そで》ぐりのあるもの。
三、肩下りに切替《きりか》へのあるもの及ヨークをつけたもの。
四、スーツ風《ふう》のもの。
五、裾《すそ》のスカート式のもの、及帯ベルト風のもの、等。

處が應募《おうぼ》要項《えうこう》にある樣に「和洋一元は望《のぞ》ましきも」とある關係と「洋服型にありても單《たん》なる模倣《もはう》に非ざるものにして、日本婦人《につぽんふじん》にふさはしきもの」とある關係《くわんけい》からか、此點を忠實《ちうじつ》に考へたものは、自然、民族《みんぞく》の本質《ほんしつ》にふれて來るわけで、洋服を基本として出發《しゆつぱつ》したものにも相當《さうたう》日本風のものがあり、又和服を基本《きほん》として出發したものにも相當《さうたう》洋服の長所《ちやうしよ》を入れたものがあつたので、自然《しぜん》和洋一元的な傾向《けいかう》を現《あら》はしたものが現はれたのである。然しながら分類《ぶんるい》としては其時特徴《とくちやう》の顯著《けんちよ》な方をとつて其何れかに屬《ぞく》せしめたのである。

何故《なぜ》ならば、和服《わふく》の方面から出發して洋服型へ向《むか》つたものと思はるゝものでも、洋裁《やうさい》の特徴《とくちやう》として、自由な裁断《さいだん》、切り替へ、用布、配布《はいふ》の技術が日本的に消化《せうくわ》されてゐなかつたり、又洋服の方面《はうめん》から出發して和服型へ向つたものと思はるゝものでも發想《はつさう》の根元が一歩も洋裁基準《きじゆん》から離《り》脱《だつ》してゐなかつたため、造形の歸趣《きすう》がたゞ徒《いたづ》らに目前流行《りうこう》の洋服形に落ちつかせ様《やう》としてゐたがため、一つとして醇化《じゆんくわ》の和洋一元化へ前進《ぜんしん》したものと思はしきものが無かつたためである。

募集要項《ぼしふえふこう》には「實物でなくとも圖面でもよい」となつてゐたので、圖《づ》案やスケツチ、裁断圖《さいだんづ》や型紙《かたがみ》、又はそれ〲の細かい説明書《せつめいしよ》及構成理論《かうせいりろん》なども相當《さうたう》多數提出《ていしゆつ》されたので、之に對しても愼重審議《しんちやうしんぎ》が重ねられ、相當激論《げきろん》に渉《わた》つたものもあつたが、遺憾ながら此種のものは一點も入選《にふせん》には至《いた》らなかつたのである。

更に少しく細部《さいぶ》の感想《かんさう》を申せば、募集要項《ぼしふえふこう》の

第一「日常《にちじやう》の生活活動に一層便利《べんり》であると同時に、非常時《ひじやうじ》の活動をも考慮《かうりよ》する事」と云ふ點につき、前者《ぜんしや》の項目《こうもく》に對しては和洋《わやう》兩型ともに眞《しん》劍《けん》な考慮の拂《はら》はれたものが多數だつたが、後者《こうしや》の項目《こうもく》に對する考へ方として、一着で兼用《けんよう》せしめるか、補足《ほそく》着《き》とするか、日常生活の本質《ほんしつ》はどうか、非常時活動《くわつどう》の本質《ほんしつ》はどうかの明《めい》快《くわい》な判断《はんだん》を決定して之に徹底《てつてい》した發表は甚《はなは》だ少ない様に考へられたのである。つまり非常《ひじやう》の際の活動と云ふ事には、天變地異《てんぺんちゐ》例へば地震《ちしん》や火事や水害《すいがい》其他の災害《さいがい》に遭遇《さうぐう》して不始末な形相を呈せぬ處置《しよち》と、豫報《よはう》があつて防空活動《ばうくうくわつどう》に應ずる身構《みがま》へとは自ら異《こと》なる有効《いうかう》な準備がなければならない。例へば空襲《くうしふ》に對しては多く防水《ばうすい》防火又は防毒《ばうどく》を考慮《かうりよ》されたる用布、用具がなければならぬものと、之を普《ふ》断《だん》其恐《おそ》れのない時でも四六時中身につけてゐなければならぬわけでは無いからである。又其様なものを現《げん》在《ざい》超非常時《てうひじやうじ》とされてゐる今日に於ても誰も着装《ちやくさう》してゐない此現實《げんじつ》、此實《じつ》相《さう》を人間生活として打診《だしん》し、配慮《はいりよ》すべきだからである。油断《ゆだん》ではない、善處《ぜんしよ》すべき準備《じゆんび》を正しくする事である。

第二「保健《ほけん》と體位《たいい》向上《かうじやう》」關係に對しては悉《ことごと》く相當な表現《ひやうげん》を盡くしてゐ

た。

第三「資材《しざい》の經濟」と「在來《ざいらい》所持品の活用《くわつよう》」に就いて、前者《ぜんしや》に對しては充分考慮《じふぶんかうりよ》されたものが多かつたが後者に對する表現《ひやうげん》には、甚だ遺憾《ゐかん》な申し樣なれども幼稚《ようち》なものが多かつたのである。

第四「質實簡素《しつじつかんそ》であつて優美性《いうびせい》を失はず、被服文化《ひふくぶんくわ》の向上に資すること」之も前項《ぜんこう》に對しては尤もと思はれるものがあつたが、「優美《いうび》であつて被服文化《ひふくぶんくわ》の向上」の意に向つては

佳作

大體應募者《おうぼしや》は女性であつて然も「美《び》」に對して頗《すこぶ》る敏感《びんかん》であり、殊に制定さる可き婦人服《ふじんふく》も豫想《よさう》して第一に不安を感じ恐れるのは優美性《いうびせい》の欠如《けつじよ》されるものとなりはしまいかと心配《しんぱい》してゐる樣であるにも拘《かゝ》はらず、應募《おうぼ》された作品は、成程「質實簡素《しつじつかんそ》」ではあらうが、それは決して下手物や野暮《やぼ》と云ふ事ではないが、眞に「質《しつ》實《じつ》」であり、「簡素《かんそ》」であると云ふ事は、經濟生活の實體《じつたい》と機能本位《きのうほんい》の構成《こうせい》に到達《たうたつ》する事であつて、此妙域《めういき》に達したものには、自ら瀟洒《せうしや》にして奥ゆかしく、淡白《たんぱく》にして深みのある日本的美《うつく》しさが現はる可き筈であるのに、そう云ふものゝ少なかつたのには失望《しつぼう》せざるを得なかつたのである。さうかと云つて感覺的《かんかくてき》に秀《すぐ》れたものも稀《まれ》であつた。從つて「被服《ひふく》文化《ぶんくわ》の向上に資する」ものなどは皆《かい》無とは云はないが至つて僅少《きんせう》であつた。

第五「住居《すまゐ》との適應《てきおう》」之に就いては、我國《わがくに》大多數の住宅が疊敷《たゝみじき》であり之と密接《みつせつ》な關係を保つて來たのが卽ち和服であるから、和服型《わふくがた》から出たものは絶體《ぜつたい》に之を忘れてはゐなかつたが、洋服型から出たものは、此日常生活の實相《じつさう》に深く喰ひ込んで行つたものが少なかつた。生活樣式《せいくわつやうしき》の異

る我が國民の衣服《いふく》に、衣服と云へば洋服が世界《せかい》衣服文化《ふくぶんくわ》の代表であるかの如く考へ其西洋根性《せいやうこんじやう》で、嵌《はま》らうとして臨《のぞ》んだ處に板に付かない一樣の失敗《しつぱい》がある樣に思はれたのである。詰り洋服の美點《びてん》は構成術《こうせいじゆつ》の自在な處にある其技術を消化《せうくわ》する點に突進《とつしん》しないで、たゞ現在流行の外面的シルエットに囚はれてゐるものが多かつたのである。眞似《まね》なら相當な事をやり得るが、眞似ではなく本家本元《ほんけほんもと》の此日本がもつ獨特な生活樣式へ調和《てうわ》する大切な主題《しゆだい》を見出す事が弱かつた樣に思はれる。日本婦人は決して西洋婦人の代用品《だいようひん》ではない事に反省《はんせい》が少ない樣に思はれたのである。

第六、第七、第八、第九、第十の要項《えうこう》に對しても一々照合《せうがふ》し熟慮したのであるが、此處には省略《せうりやく》する事とす。

應募《おうぼ》作品《さくひん》全體を通じて現はれた主張や主義《しゆぎ》や作意《さくい》を大別すれば、

一、現狀維持的《げんじやうゐぢ》なもの
二、往古復興的《わうこふくこう》なもの
三、歐米依存的《おうべいいぞん》なもの
四、進取折衷的《しんしゆせつちゆう》なもの
五、國防制服的《こくばうせいふく》なもの

などに分けられる樣であつたが、其まゝ直に之を一般婦人に推奨《すいしやう》したいものゝ無かつたのは遺憾《ゐかん》であつた。

◎

應募品總數六百四十八點が悉く一定の條件を原として考案された譯であるが、其形式に於て一つとして全く同一なものは無かつたのである。無論之はあたり前な事ではあるが、然しながら之等を通覽し概括的に見る時は、此六百有十種の各々が極めて少數の「基本形」に隷屬するものであつたのである。「基本形」の其基本は何處から生れたのかと云へば即ち標準服の要項が指してゐる造形的條件である。然も其條件が十ケ條に渉つてゐるから此十ケ條を一丸としたものを主題（テーマ）として造形化するのであるが、凡そ造形化は立派な創作の世界の事であるから、如何に極限された主題であつても無限に出來る。増して單なる平面上の表現ではなく立體的な表現であり然も靜的な立體ではなく動的な立體であるのだから、狙はんとする主眼は愈々擴大し得る事となる。増して十ケ條の條件を包める其一つ〳〵の分量に加減をなし而して更に一部式、二部式、三部とに分ちて之を數學上の「組合せ」（コンビネーション）となす時は凡そ算定の出來ない色々のものが出來るわけである。

然しながら衣服に常識あり、生活的規制があつて、標準服の主眼を骨組として

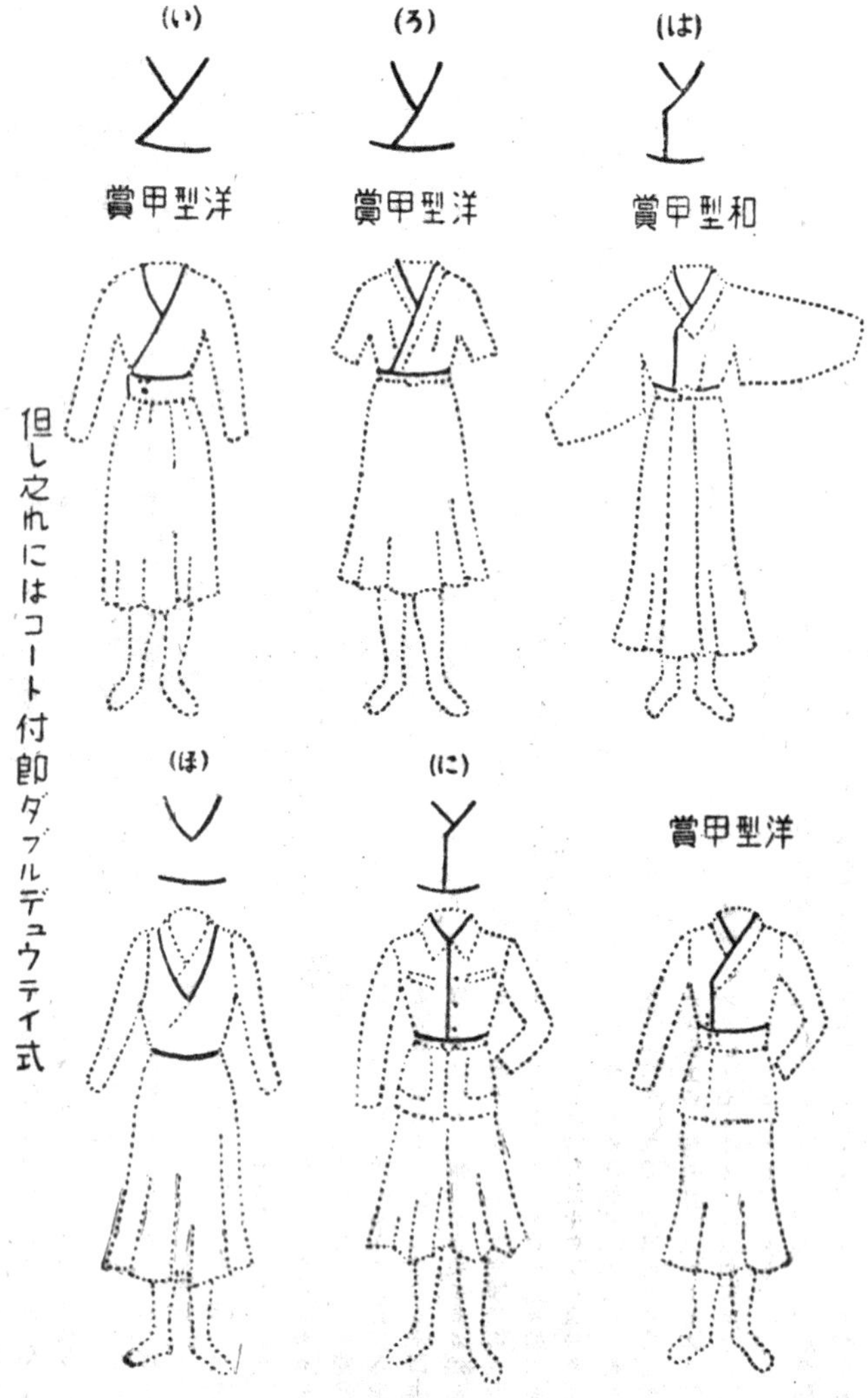

圖 A

揃えて行けば、大體五種類に分け得られる樣であつた。

主眼點の第一は、右前に合はせる事の日本的性格の條件であつて此條件から流れ出す線の傾斜（角度）及接續を正面下胴線上丈けで區別をすれば第一圖、い、ろ、は、に、ほ の通りである。

又下胴線下の構成を揚ぐれば、和服型に區分されたものにあつては大體第二圖の如き種類となり、洋服型に屬するものにありては、大體第三圖（6）（7）（8）（9）（10）の如き種類となる。而して以上の外に殘された構成上の部分で重要な處は袖であるが　此袖とても限られた寸法內で形造るのであるから、微細な點の相違を勘定に入れずに見ると、大方の形は左に示すが如き代表的な形式に包含されるものであつた。（第四圖へ、と、ち、り、ぬ參照）

然しながら此處に最も注視しなければならないのは、和洋兩方面に現はれた袖附けの線が、直線式と曲線式とが自由に使はれてゐた事であつた。それと著尺ものや帶地を最少限度に使用する關係から下胴以下を日本の袴風にし、更にパンツスカート風にし、又はスカート風にしながら之を一部とせるもの或は二部として和式の帶を用ゐず、ベルト式に躍進したものがあつた。例へば第二圖の（1）（5）の如き。

以上の部分を今、假に和服型で甲賞に入賞したものと、洋服型で甲賞に入賞したものとを現はして見れば、以上の如くA圖（い）（ろ）（は）の基礎線に合致する。然し甲賞は五點であるのに此處には四點しか示してゐないのは、他の一點は下着關係品の優秀なもの故に入賞してゐるのであるから此處には省き度い。

そこで第一圖（に）（ほ）の基礎線に屬するものはどの樣な形式であつたかと云へば、卽ち、に に屬するものは多く國防作業服又は團體服に重點を置いたものゝ樣で此點に狙ひをつけた作品は、大體中央釦の構成が多かつたわけである。かうしたシンメトリツクな構成は輕裝、若向き又は制服として最も恰好であるけれども、日本住宅、家庭を主とする通常着（日常着）には相應しからぬものと認められた。

此の外乙賞十點、佳作三十點、其外の應募作品中から今記憶に殘つてゐるものを、それこれとなく描き連ねて見れば、C圖の如きものであるが、何れをとりても第一圖の襟の基礎線に符合して來る。然も（ほ）の形式は釣スカート、卽ち學生用所謂ジャンパー式のものであつて應募品中には極めて僅少のものであつた。それ故民意に於て最も希望されるものは、い、ろ、は、の三種であると云ふ事が出來やう。

此三種の基礎線に向つて六百四十八點の作品が殺到したわけであり、應募者は作品の上で、審査員は理念と感覺の觀照の裡に鎬を削り合つた譯であるが、大多數同じ焦點を射ながら何が故に優劣の等級が付いて來たか。今は主要線三線を問題にしたのであるが、作品全體關係の構成には、前にも述べた樣に募集要項の動かすべからざる憲法がある。然しながら

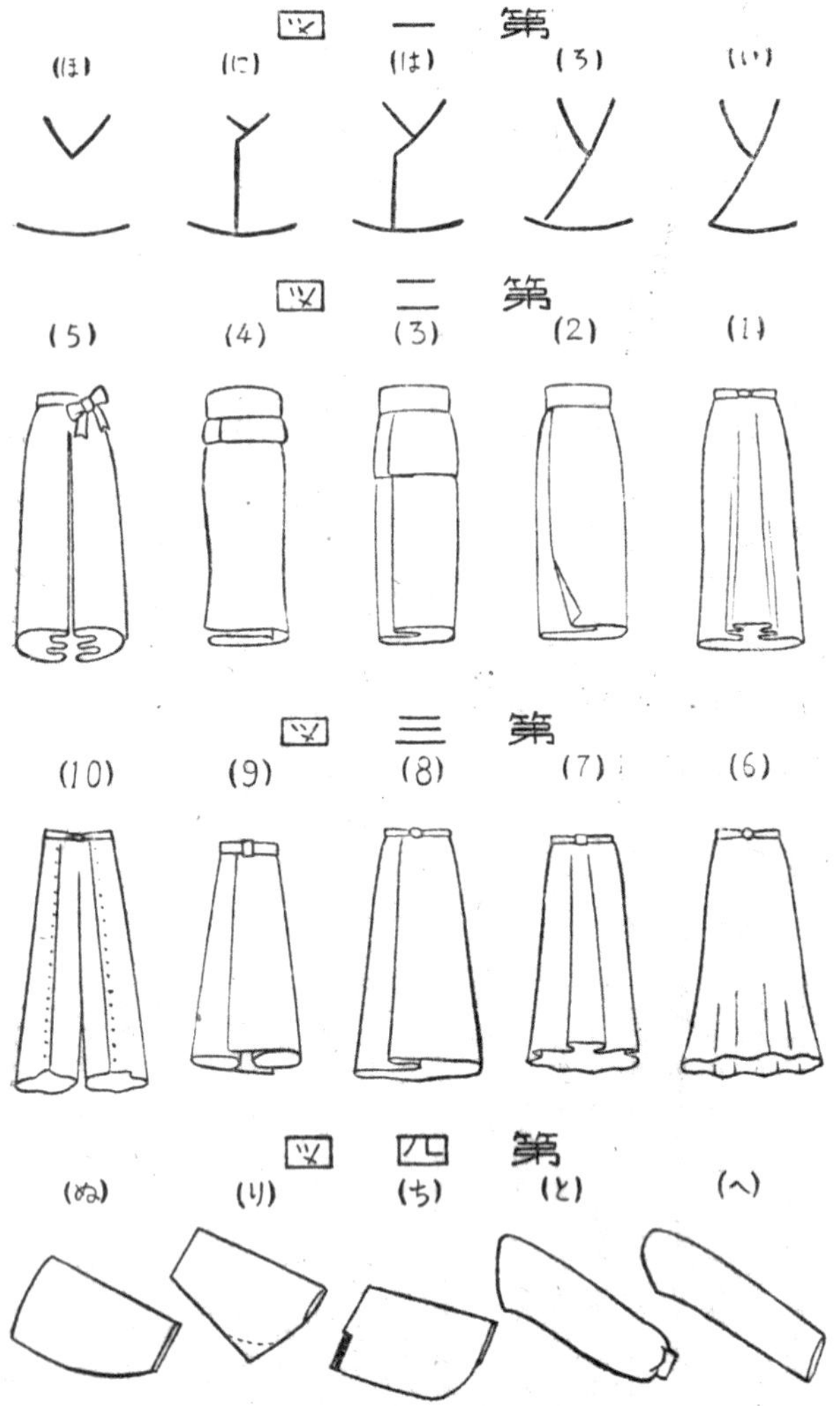

圖 B

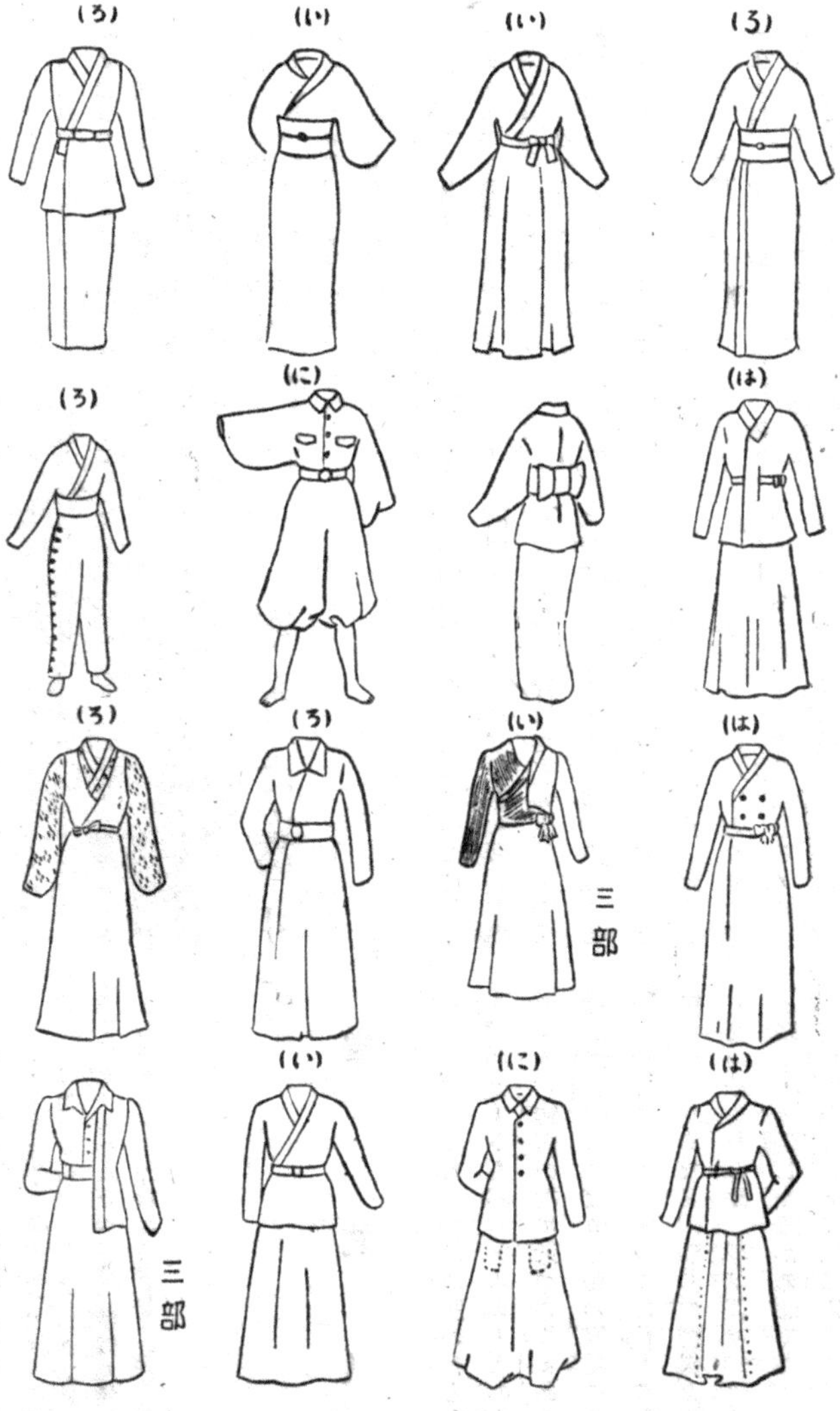

圖　C

其憲法十ケ條を入れて働かす作品には自ら其十ケ條を包含しながらも一々分量の相違が無ければならない。其相違を最も適量に配合したものが即ち「有効」と云ふ「力」として現はれて來たのである。其れは恰も同じ症狀ではあつても其人の體質や習慣や原因や年齢などによつて藥品の分量を調合する名醫の處方の様なものである。目的は國民生活の不健康を癒す意味に於て、然も現在の症狀に照らして最も効き目のある順序を踏んで行かなければならないのである。適藥であるからと云つて直ちに投藥してはならない場合もある。又毒藥であるからと云つても分量によつては妙藥である場合がある。さうした意味に於て選ばれた作品、それは現狀より理想の强健へ導く適劑として摘出されたものと考へてもよいのである。

何故かなれば、一國の國民が否一人の日本人が、一つの生活をするのに、和服型もよからう、洋服型もよからう筈はないからである。一つの國民が嚮へ腰をかけて働くから、坐つて仕事をするからと云つて、両方の出來る様に生れ付いてゐる一つの自然ではないか。其自然に適合する様に考へられない様な「服裝」などは、人間の恥辱でなければならない。活動の様式は二重でも三重でも五重でもよろしいが、生活は一つでなければならない。二重生活を持てあまして改善する服裝が、醉興にも玆に再た新らしい二重生活を奨勵する様になつては、遺憾の極みとなる事を知らなければならない。

審査に當りて

岸武八

今回の婦人標準服の審査《しんさ》に當りての所感《しよかん》を述ぶるに、洋裁《やうさい》和裁《わさい》共に其の考へ方が一致して來たことである。即ち和裁《わさい》にあつては、上はスカート式となり、今迄《いままで》前の風によりはだかりしものは之により全く除去《ぢよきよ》され、帯は半幅《はんはゞ》で六尺以下となり、袖は船底型《ふなぞこがた》、衿も餘程改良《かいれう》さるゝに至つたので、一見洋裝《やうさう》に近づきし感あり。又洋裝型も、衿《えり》は和服の衿となり、スカートもパンツスカートのもの多く、和服《わふく》の裾に近づきつゝあり袖は洋裝《やうさう》のものより和服の筒袖《つゝそで》に近づきつゝありて、バンドの代りに細《ほそ》紐《ひも》を用ひたるなど、和洋の特徴を採りて一致したるは、平素《へいそ》吾々が望める理想を實現《じつげん》したるかの感あり。

また審査《しんさ》に當りて感じたることは

仕立上りが、織物《おりもの》の組織《そしき》、色合等服地の優良《ゆうれう》なるもの程良く見えることで、應募者《おうぼしや》中優秀なる生地を用ひた方が、點を得易《えやす》く思はる。從つて、吾等の外出《ぐわいしゆつ》にも、生地の優良なる服を着用《ちやくよう》する方が、誰が見ても良く見えるのである。

また、服を着て出る人物が、體格《たいかく》の良い程良く見える。即ち、審査《しんさ》する服と着る人物との釣合《つりあひ》のとれた丁度合ふものは良いことになつてゐる。

佳作

今回の審査に當り、一つ一つを見るときは特徴《とくちやう》があるが、一つの服としては滿點《まんてん》なりと稱するものは無く、從つて、今後《こんご》各應募者《かくおうぼしや》の特徴を採りて仕立てたるものが、優秀《ゆうしう》なる標準服となるものと思ふ。

生地の使用量《しようれう》は少くなることゝ、保溫衞生《ほをんえいせい》に良きものとなること、並に日本婦人の活動的《くわつどうてき》なること等、改善されたる點《てん》多きを見る。殊に一枚の生地に足の入るだけの布地《ぬの》を縫ひ付けて立派《りつぱ》なスカートが出來て居るには驚《おどろ》かされた。此の外にも、實用新案《しんあん》となるものとか、特許《とくきよ》を得れば得られさうなものも出て居つたが、然し中には餘りに考へ過ぎて、却《かへ》つて不結果《ふけつくわ》となりしものも枚擧《まいきよ》に遑《いとま》のない程見られた。

私は、なるべく仕立の容易《ようい》にして各家庭《かくかてい》で縫へるものにして、立派《りつぱ》なもので日本の婦人服として各國《かくこく》に優《すぐ》れたものを採用《さいよう》したのである。

また常に心掛《こゝろが》けたのは、服地の使用量の少なきもの、即《すなは》ち無駄に多くの生地を使用《しよう》したものは落したのである。

以上《いじやう》の如くして、五百點以上の内より嚴選《げんせん》して賞を定めたのであつて、それには審査の最後迄出品人名を不明にして、審査の公平《こうへい》を期したのである。尙出品者中全國《ぜんこく》より應募《おうぼ》され、然も洋裝店の如き當業者《たうげふしや》のものもあり、洋裁學校《やうさいがくかう》生の如き學生もあり、和服の仕立屋《したてや》から、和服の學校等、各方面の應募者《おうぼしや》が多く、如何に婦人が服裝《ふくさう》について熱心《ねつしん》に研究して居るかを知るを得た。

尙願《たうねが》はくは、更に一段と我が婦人服の改善努力《かいぜんどりよく》せられん事を望むものである。

（筆者は商工技師、大日本國民服協會評議員）

審査に關する感想

八木靜一郎

婦人標準服の制定《せいてい》は男子國民服の場合と異なり相當困難《こんなん》な問題である事に豫期せられた。

婦人標準服《ふじんへうじゆんふく》の制定に先立ちて廣く一般から多くの考案《かうあん》を募集し衆智《しうち》を集めて、其の向ふべき傾向《けいこう》を知り其の形式《けいしき》を制定せる上の重要《ぢゆうえう》參考とすべきは當然《たうぜん》の事と思ふ。一方又現時の如き緊迫《きぱく》せる時代に當り從來《じふらい》の複雜なる婦人服裝を整備《せいび》し、資材《しざい》裁縫等に關しても能率《のうりつ》を擧げ、且つ又非常の際の活動に對しても如何に處理《しより》すべきかと云ふ樣な點に關して、どの程度に考慮《かうりよ》すべきかと云ふ樣な點に就いても重要性《ぢゆうえうせい》がある。

今回の應募作品を通覽《つうらん》して感じた事は對照《たいせう》が婦人服であり、且つ又應募者が婦人を主とした關係上、微細《びさい》な注意が衣《い》服《ふく》の隅《すみ》に迄及んで居た點である。例へば非常の際を考慮《かうりよ》して足に纒《まと》ふ布をポケットの中に收藏《しうざう》して置くとか、頭巾《づきん》式の用布を附屬《ふぞく》せしめて置くとか、袖先《そでさき》に紐《ひも》を備へて括《くく》る事ができる樣にして置くとか云ふ風に細工せられた如きである。而して和《わ》服系服裝《ふくけいふくさう》に於て上下一聯にしたもの、上下二部式に分離《ぶんり》したものとかと云ふ風に大體大別《たいべつ》せられるが此の上下二部式に分離する形式《けいしき》のものが相當多かつた。此の考案《かうあん》は相當古くからあるが仲々普及《ふきふ》するに至らないのは從來《じふらい》の用布の取り方とか、裁縫《さいはう》の手段が長い間に確定《かくてい》して居て之を打破するのに困難《こんなん》であつたからである、と推定《すいてい》せられる。此の事が時代の動きと共に實現《じつげん》する機運《きうん》が向いて來たのでは無いかと思ふ。

其れから最も困難《こんなん》と思はれるのは從來《にふらい》の婦人帶を如何にすべきかと云ふ點である。之が解決《かいけつ》は相當の難問《なんもん》題である。實用的價値《じつようてきかち》と同時に装飾的價値を多分に有する婦人帶《ふじんおび》を俄かに改《あらた》むる事は可成の難問題《なんもんだい》である。然し應募《おうぼ》作品《さくひん》には此の帶は極めて簡《かん》易《い》なものに置き換へられて、結《むす》び方も簡單《かんたん》なものが多かつた。其他袖も簡素《かんそ》な物で袖に就いても色々複雜《ふくざつ》な考案《かうあん》を加へたものがあつたが、餘り複雜なものは實用上不適當《ふてきたう》ではないかと思はれる。考案としては面白《おもしろ》いが婦人平生着《へいぜいぎ》として其の適用《てきよう》は可成の煩《わづらは》しさを伴ふ。此の點は獨り袖ばかりで無く他の點に就いても同樣《どうやう》な事が云はれると思ふ。裾《すそ》の問題も和服の場合屢々問題になるが、之も大體開放《かいはう》式を改めて圓形のものとし襞《ひだ》に依つて平面的《へいめんてき》の單調さを破ると云ふ樣なものが多かつた。大體《だいたい》に於て和服系のものは簡素《かんそ》なものになり、其の用途《ようと》が平生着であるだけ此の簡素の中に如何にして、婦人にふさはしき優美《ゆび》さを表現《ひやうげん》せんとするかと云ふ點に努力苦心《どりよくくしん》が拂はれて居る樣に見受けられた。美は到《いた》る所に隱《かく》れて居て、之が表現を俟《ま》つて居る。之が表現は婦人服《ふじんふく》の場合最も關心を持たれる點であると思ふ。

佳作

洋服系のものに就いては其の傳統《でんとう》が和服よりも新しい關係上《くわんけいじやう》、今迄のものは海外《かいぐわい》の服裝が日本婦人に似合ふ似合はざるに拘らず、其の儘採用《さいよう》せられて居た傾向《けいこう》が多分にあつた。之が日本婦人服《ふじんふく》に採り入れられてぴつたりと合致《がつち》した服装として無理のない形式《けいしき》のものとならねばならぬ。此の點に就いても、今回應募《おうぼ》作品の中には相當《さうたう》日本婦人に合致すべく努力《どりよく》したものが認められるのは心強い。更に進んで此の傾向《けいかう》は和服洋服一元化にまで進展《しんてん》して行くのではないか。

和服系洋服系と通《つう》じて感じた事は

應募作品のどれもが此の婦人標準《へうじゆん》服の製作《せいさく》に關して努力を傾注《けいちう》し、何とかして簡素《かんそ》な婦人平生着の中に實用《じつよう》性を活かし出來るだけ優美《ゆうび》さを盛らうと云ふ點に苦心《くしん》が拂はれて居るかに見受けられた。而して此の事は日本の婦人服に就いて時代《じだい》の動きと共に數段の前進《ぜんしん》だと思はれる。

（筆者は元特許局技師 大日本國民服協會評議員）

和服の行く道

――審査所感

藤田トラ

此度の婦人《ふじん》標準服《へうじゆんふく》試作《しさく》募集《ぼしふ》は、厚生省に於ける婦人標準服研究會《けんきうくわい》に協力すると云ふ意味で行はれた物で、廣く總意《さうい》を聞くと云ふことにもなるものと思ひまして、其應募《おうぼ》作品《さくひん》に對しては非常な期待《きたい》を持つて居りました。それだけに、これの審査《しんさ》に當りましては、眞劍《しんけん》な氣持で愼重《しんちやう》な審議を行つたのでございます。作者《さくしや》の意のあるところは、些少《させう》な場所でも見のがさない様にと、つとめました。

此多くの作品は、相當廣い範圍《はんゐ》から應募《おうぼ》されましたもので、中には七十八歳になりますが、こんなものでも何かお國の爲《ため》になりましたらと思つて出品《しゆつぴん》しますと、皆様《みなさま》の心を打たれるものも見えました。

しかし、これ等全體《ぜんたい》を通じましてあまり傑出《けつしゆつ》したものが見られませんのは、多少淋《さび》しい氣がしました。

尤も、今度の募集には相當に限定《げんてい》された要項《えうかう》がありますので、自由奔《じゆうほん》放《ぱう》な、思ひ切つたものを作製《せいさく》するとは出來なかつた事と思ひます。

また一面から云へば、それ故《ゆゑ》、不必要《ひつえう》な審査の無駄もなかつたと云へます。

さて、これ等作品の中、優秀作《ゆうしふ》として入選《にふせん》したものゝうち、和服系の二、三について申し上げたいと思ひます。

甲賞《こしやう》に入選しました一つは次の様なものであります。

これは一部《ぶ》式《しき》に仕立てられてありますが、帯下《おびした》で上部と下部が縫ひ合はされて居ります。

上衣の袖附は筒袖式船底形《つゝそでしきふなぞこがた》で、袖附も和服式《わふくしき》となり、八つ口も開いてゐます。衿は前布に共衿《ともえり》位の衿布《えりぬの》を附して作つてあります。

前両脇《まへれうわき》に二ケ所、後両脇に二ケ所襞《ひだ》をつまんで　肩下りをつくり、帯下で下衣《したい》と縫ひ合せてあります。下衣は前中央に箱襞《はこひだ》をとり、其両側に今一つ襞《ひだ》をとつてあります。そして襞の上部《じやうぶ》二十糎位は縫ひおさへてあります。後は中央に脊《せ》縫《ぬ》ひがあつて、脇《わき》縫ひも四糎位裾《すそ》で開きます。そして前は、中央箱襞《ちうおうはこひだ》の中を圖の様にあけて、裾《すそ》から四十糎位を縫ひ合せて輪式《わしき》にしてあります。

前を合せた時、胸元《むなもと》に共布《ともぬの》で小さくトンボ止めを作《つく》つて胸を開かない工夫をしてあります。帯《おび》は単衣帯《ひとへおび》の様な縞《しま》になつたものをたゝみつけてバンド式に作り、前中央《まへちうおう》にパツクルを附けて合せてあ

後　　前

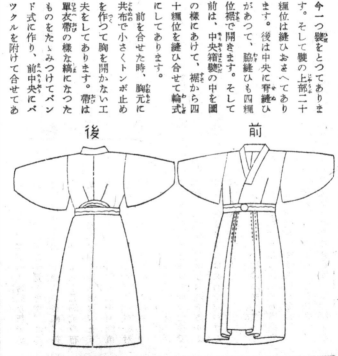

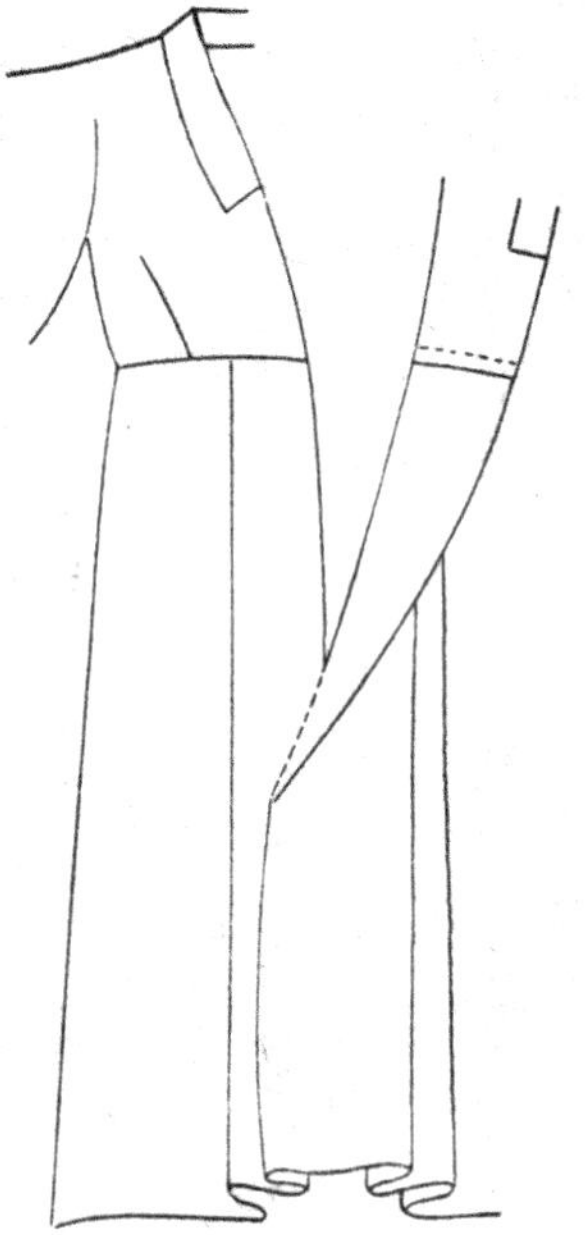

りますが、後は圖の樣《やう》に四段ばかりの山を作《つく》つて折りたゝんでありま す。

以上の樣な仕立《したて》でありますが、要するに大體《だいたい》は和服式を取り入れてあります樣ですが、縫ひ方の樣式《やうしき》などは、多分《たぶん》に洋服式のところがありますので、折衷式《せつちうしき》とも云へませうし、一元化《げんくわ》されたものとも云へませう。

特に帶や下着（長襦袢《ながじゆばん》に相當するものです）等の色の取り合せが高尙ですから、この作品を一層引立たせて居る樣です。

窮極《きうきよく》は一元化されて行くべき日本婦人服の方向《はうこう》に一道を與へたものと云へませう。

甲賞《かうしやう》の今一つは二部式になつたもので、構成《こうせい》は特に變つたものではありませんが、其下着に特種《とくしゆ》な新味があり、着想《ちやくさう》の好さが見えます。これは圖の樣に廣幅《ひろはゞ》八十糎位の布に、共布で巾三十五糎、丈五十五糎位の布を當て、左右兩側《れうがは》を縫ひ附け、上下を明けてあるもの二枚を二十七糎位重ね合せて、上部に半幅《はんはゞ》位の布を附けて作つた下穿《したばき》であります。

圖中、イ、ロ、ハのところに左右《さいう》の足を入れて穿《は》き、前で合せて後で紐《ひも》を結ぶだけの簡單《かんたん》なものでありま す。もとより下には共布《ともぬの》で前がけのパンツを穿きます。

この考案は、いはゆる股引型《もゝひきがた》の下穿を一歩抜け出した新しい考案《かうあん》で和服の特長たる優美《ゆうび》感覺《かんかく》を生かし、簡單《かんたん》實用的な下穿《したばき》の生命を失はず、審査員一同の絶讚《ぜつさん》を博したものであります。

　これを基礎《きそ》として、種々研究して見ましたら、下穿《したばき》ばかりでなく應用範圍《はんゐ》の廣いものと思はれ、大いに參考になります。

　次に乙賞入選の中では男袴式《をとこはかましき》を採用して、裾の問題を解決《かいけつ》すると共に帶を取り、且つ非常用着《ひじやうようぎ》にもなる考案が注目《ちうもく》されました。

　袴はまち入りの男袴を利用《りよう》したもので、前襞《まへひだ》に和服の線を持たせ、中は兩足《れうあし》に分れてゐます。非常の場合には、裾《すそ》に通つてゐる紐《ひも》を締めるともんぺ型になります。尙《なほ》、これには共布の脚絆《きやはん》が附屬してゐました。

　着用《ちやくよう》方法としては、普通の二部式で袴を上にするのですが、上衣《じやうい》を上に出して着る事も出來ます。この場合は半巾帶《はんはゞおび》を締めて和服のように着るのです。もちろん、二部式で、帶の下五十センチ位しか餘裕《よゆう》はありませんが、強いて和服在來《ざいらい》の型が好きな方はこのようにする事も出來るので、この考案《かうあん》は注目《ちうもく》されました。

　其の他和服系入選作《わふくけいにふせんさく》の殆んど全部が二部式、裾《すそ》を輪にしたものであり、帶は〃結び方〃が壓倒的《あつたうてき》に多かつたのです。

　このうち袴式《はかましき》はなかなか見逃《みのが》す事の出來ない數となつてゐました。

　結局、和服の長所《ちやうしよ》を捨て難《がた》い人でも、裾《すそ》と下着の點

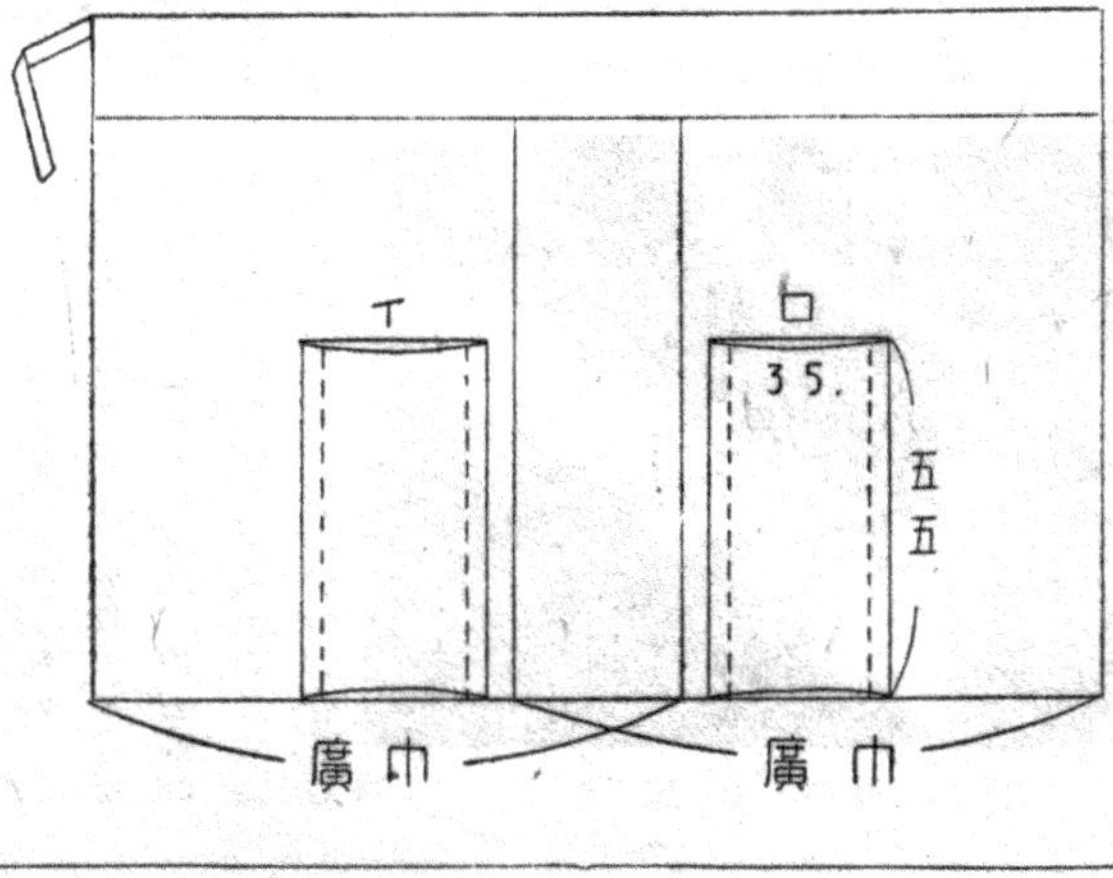

では、今度の應募《おうぼ》作品《さくひん》を見ても分る通り、スカート式に近《ちか》い輪にしたりパンツ式の下穿《したはき》をはかせたりしてゐます。

そして、總體《さうたい》の構成は、上衣、下衣の二部、これに下穿を加へた三部式が主流《しゆりゆう》となつてゐます。これは、來る可き標準服への大きな示唆《じさ》となりませう。

入選作品で特筆《とくしつ》すべきは、前述《ぜんじゆつ》の下の着想《ちやくさう》で、これは今回の應募作品の重大な收獲《しうかく》でありませう。

和装に生かされた洋裁

――試作品を審査して

清水登美

婦人標準服試作品《へうじゆんふくしさくひん》を審査して感じたことは國民的熱情《ねつじやう》が衣を中心に集《しふ》注《ちう》されたことであつた。内地はもとより、南米《なんべい》、支那、朝鮮等から應募された數百點が、審査員達を壓倒《あつたう》するやうに掛け渡されてゐた。しかもそれらは應募者名《おうぼしやめい》を取り去つて番號を附し公平無私《こうへいむし》を期してゐるので、これだけの準備《じゆんび》に既に容易ならぬ熱意と精力《せいりよく》が拂はれてゐたのである。

和洋長所の一元化へ

五日間の審査を終つて感じたことは衣服《いふく》が一元化に近づきつつあるのであつた。和装樣《わさうやう》のと洋装樣《やうさうやう》のと二種に大別《たいべつ》されるが、和装樣のには洋裁の長所《ちやうしよ》が採り入れられ、洋装樣のには和装《わさう》の長所が採り入れられてゐる。この結果機能《きのう》と優美性《いうびせい》が合致し

應募の製圖

て、活動的でありながら日本女性美《にっぽんぢよせいび》を十分に保有《ほいう》してゐるのである。

裾の解決

常に颯爽《さつさう》と歩き、事ある場合には男子に協力《けふりよく》しての活動に堪へるやう求められてゐる今日《こんにち》、和服の第一の缺點《けつてん》とされるのは裾である。風には飛びめくれるし、急げば心許《こゝろもと》ない開き方をする。洋裝と較《くら》べると歩行《ほかう》の上で十米に二歩の差が出來る統計《とうけい》が現れてゐる。家の内に淑《しと》やかにゐて男性にひたすら服從《ふくじゆう》した時代の名殘りである。上古《じやうこ》の婦人服はこの裾ではなかつた。

これを改良《かいりやう》してデバイデット・スカートが利用《りよう》されたものが多かつた。一寸見たところは和服式《わふくしき》の合せ方になつてゐるが、襞《ひだ》によつて股《また》の縫目や無恰好《ぶかつかう》さは包まれてゐる。着よく歩きよいためにダーツが採り入れられてゐる。入選作《にふせんさく》の一つは數條《すうでう》の襞が表に現れて、袴式《はかましき》のスカートをなしてゐる。また當選《たうせん》の下着の一つは、脚にあたる所に當布《あてぬの》をして穿く形になり、前は腰布樣《こしぬのやう》の合せ方になる簡單《かんたん》なものであつた。

應募作品の整理

昭憲皇太后樣《せうけんくわうたいこうさま》が旣に衣は裳《も》を用ひて完全であると思召書《おぼしめししよ》に仰せられたのを畏《かしこ》くも思ひ合せられる。裾にこの改良《かいりやう》をするためには、上衣と裳を離《はな》してツーピースにした方が便利《べんり》なのである。少くとも胴《どう》に切り替へやはぎ目が必要になる。當選作《たうせんさく》の一つははぎ目がとり入れられ、和服裁《わふくだ》ちよりは洋服裁《やうふくだ》ちに近い。その他大方のものもツーピース、或は上衣《じやうい》と裳とニツカーのスリーピースになつてゐる。

裁ち方が和服の拘束《こうそく》を離れただけではなく縫方《ぬひかた》も自由である。和服裁縫の一厘も違《ちが》つてはならない左右均當《きんとう》を一步脫して、體についた作り方になつてゐる。おはし折りなしのこと、裳が四布使ひの衽《おくみ》なしな事、衽の縫目《ぬひめ》にかへてつまみを用ひてゐること、肩や腰に適宜《てきぎ》にダーツを採り入れてあること等洋裁《やうさい》と相通じてゐる。これらによつて裾は活動《くわつどう》に便に保温《ほをん》に適し、なほ裾が足首まで達する優美《ゆうび》さを失はず、中年から老年への婦人に着心地《きごこち》よさを感じさせるであらう。

袖の時代性

袖は募集《ぼしふ》の初めに規格《きかく》を示されたのであつたが、現狀維持《げんじやうゐぢ》的傾向《てきけいこう》の應募作品はそれに從《したが》ひ、一歩出ようとしたものは筒袖、船底型《ふなぞこがた》になつてゐた。優美を超えてむしろ媚態《びたい》の强調であつた袖も、國防國家建設態勢《けんせつたいせい》に隨つて時代性《じだいせい》を生かしぐつと短かくなつたのである。そのまゝ洋裁《やうさい》の方に應用《おうよう》の出來る着物スリーブの感があり、ここにも一元化《げんくわ》への近づきをはつきり見得る。洋裁《やうさい》に於ての袖は曲線《きよくせん》裁ちと縫ひ方のため面倒《めんだう》な點がありだが、標準服《へうじゆんふく》に採用された袖は簡易輕便《かんいけいべん》な直線裁ちと縫ひ方に近い。大方のが八つ口が空いてゐる特色をもち、これは腕の上下屈伸《くつしん》を自由にし働き易く、夏は温度《をんど》發散《はつさん》ともなる點は洋裁《やうさい》が學ぶべきところである。袂の尖の圓みのため特殊《とくしゆ》な器具を用意し修得《しゆとく》に時間を要し、背を屈して體位《たいい》を低下させた時代はすぎた。手數の無駄《むだ》廢止《はいし》と共に用布の節約は袂《たもと》に於て第一番である。

衿の新意義

和服の美は前は衿元《えりもと》に、後は帶にあつたと云へよう。衿の傳統《でんたう》美はその儘殘されてゐるが、それは形式《けいしき》的な殘され方ではなく實質《じつしつ》的である。即ち廣《ひ》襟《えり》はなく細衿であつて、洋風《やうふう》をとり入れた掛衿《かけえり》のもの、へちま風のものと洋裁風が採用《さいよう》されてゐるのもある。無衿式《むえりしき》であり、へちま式の替襟《かへえり》のついたもの等はカラーへの近づきである。衿《えり》は下着《したぎ》との重なりによつて叙情《じよじやう》づけられるので、下着が問題になる。當選作《たうせんさく》の一つは、衿に

審査状況

於てばかりでなく全體的《ぜんたいてき》に上着と下着の調和《てうわ》が非常によく出來てゐた。一筋の半襟に刺繍《ししゆう》して豪華《ごうくわ》を競ひ數圓を投じた拔衣紋《ぬきえもん》は廣衿清算《ひろえりせいさん》に依つて影を消すであらう。裄に別布《べつぬの》を用ひて無益《むえき》な縫込みを作らず、胸はぴつたりしたダーツになつてゐるので引き緊つた感じで胸《むね》が張られ、胸の想《おも》ひも明《あか》るくなりさうである。

加へて、淡白《たんぱく》な衿が上着を生かし胴もとを明るくし顔を生々《いく〳〵》と知性《ちせい》に輝かしてゐる。そして上着《うはぎ》を脱げばそのまゝ夏の外出着《ぐわいしゆつぎ》になる上品さを具《そな》へ、長襦袢《ながゆばん》とは自ら異つてゐる。長襦袢の豪華《ごうくわ》さ、それ以上の刺戟的《しげきてき》華美さは享保時代の贅澤禁止令《ぜいたくきんしれい》を破つた祇園《ぎをん》の藝者らが尾を引いてゐるのを思へば、下着の改革《かいかく》の必要《ひつえう》は精神作興《さくこう》と關聯して焦眉《せうび》の問題となつてゐるのである。

帶の實用化

和服の問題《もんだい》は大きく帶に懸つてゐた。長い固《かた》い板《いた》のやうな布で胸を壓迫し背に重壓《ちゆうあつ》をわざわざ負ふのは何の爲であるか、あのお太鼓《たいこ》がなくなればそれだけ空間《くうかん》が出來てひろびろした感じになるだらうとさへ云はれてゐる。既に名古屋帶《なごやおび》、なに波帶や五尺帶が舊來《きうらい》の帶に代つて、帶に短かし襷に長しとの融通性《ゆうづうせい》なさを緩和《くわんわ》してゐたが、此の度は大改革《だいかいかく》が加へられたのである。當選作《たうせんさく》のは、帶といふよりベルトに近い一筋の布紐《ぬのひも》である。帶に特別《とくべつ》の金が要るどころではなく、共布《ともぬの》でも別布でも有り合せで間にあふ。示された規格《きかく》に隨つた現狀維持的《げんじやうゐぢてき》のもあつたが大體は、一廻し結び切りの短《みぢ》かい狹《せま》いものである。物資《ぶつし》の上から云へば帶芯《おびしん》の手に入り難くなつた當然の推移《すゐい》であるが時代の上から云へば女性《ぢよせい》の向上と活動を示してゐる。

ベルトよりやや巾廣《はゞひろ》いものが從來の帶に代《かは》り締め方が下部の方になつ

審査狀況

審査狀況

てゐる。從來若い人程帶《ほどおび》を上に締める癖があり、乳房の邊を束縛《そくばく》したり頸《くび》の邊《あたり》にお太鼓を背負つたりした。なるべく丈《せい》を高く見せようとしたためもあらう。然し今日はかなり丈は高くなつて洋裝に見劣《みおと》りはしない。そこから洋裝《やうさう》のベルトとコルセットが巾のある帶《おび》に採り入れられて、腰の線の單調さを變化《へんくわ》づけ、下に締めることから丹田《たんでん》に力の入る日本精神《せいしん》のおちつきやしつかりした氣分《きぶん》を持つて腹を据《す》える作用をする。保溫《ほをん》の一部をも果《はた》し得る。

後結《むす》びの場合《はあひ》、一體に結び方に、工夫《くふう》が足りなかつた。洋裁《やうさい》のベルトはバツクルに才智《さいち》を見せたものであつたが、その工夫を、帶《おび》の場合は結び方にこらしたいと思ふ。實用《じつよう》と共に贅《ぜい》を盡《つく》さずに裝飾になる藝術性《げいじゆつせい》が欲しいのである。美容家の職域《しよくいき》はこの方面《はうめん》に來るべきと思ふ。

處理上の便

裾《すそ》、袖《そで》、衿《えり》、と縫ひ方に手のかかつたところが簡易《かんい》にされた上になほ處理上《しよりじやう》にも數段便になつてゐるのは裏なしの點である。これもワンピースやウール地服《ちふく》の影響《えいきやう》と見ることが出來る。和服の縫ひ返しは一々洗《あら》ひ張りを必要とする。しかも近來《きんらい》のやうに纖維質《せんゐしつ》の異るものを用ひねばならぬ場合は、裏があるための處理《しより》上の困難は倍加《ばいか》される。例へば雨に遇つて裾《すそ》が濡れた時、表が銘仙《めいせん》で裾廻しが人絹《じんけん》交織とすれば、裏が縮《ちゞ》み、表がだぶだぶとなつて、一回の雨で縫ひ直《なほ》さねばならぬのである。直線縫でアイロンがかけ易《やす》く、帶は狹く袖は短く裾もワンピース樣のはつい丈なために全體《ぜんたい》として處理《しより》が樂になり、家庭婦人《かていふじん》の手がそれだけ衣から省《はぶ》け生活向上や公益《こうえき》の方に餘力を生じるわけになる。

下着

上着が裏なしになれば勢《いきほ》ひ下着の研究《けんきう》が必要になる。ニツカーや文化《ぶんくわ》モンペは裳《すそ》の一重下に着られて現代《げんだい》下着の特長《とくちやう》を果してゐる。空襲時《くうしふじ》と勞働《らうどう》の時には裳を去つて、この下のズボンが役目《やくめ》を果《はた》すのである。保溫と活動のためにこの種の様式《やうしき》を用ひたものが應募《おうぼ》作品《さくひん》の大半を占めてゐたが、これは洋裁利用《りよう》以上衣服の復《ふく》古的傾向《こてきけいこう》を見得る。

古代日本服はこの様式《やうしき》であり、神功皇后《じんぐうこうごう》の三韓征伐《せいばつ》の御時の御裝ひもさうである。

普通の和服を裝うてゐて當今《たうこん》は下着は洋裝《やうさう》の折と同じようにシミーズやスリツプを用ひてゐる。相當の田舍に行つても下まで割り開ける下着《したぎ》は見當らず、所謂《いはゆる》輪になつてゐる都腰卷《こしまき》が普及《ふきふ》してゐる。夏のレーススカートは名からして洋裝《やうさう》を採り入れてゐるやうなものである。

毛糸製品《けいとせいひん》が得がたくなつたので、眞綿を用ひたものや、文化脚袢《ぶんくわきやはん》ともいふべきレゲンスを應用したものがちらほら見えたのは、下着の今後《こんご》の方向への示唆《しさ》と思はれる。

審査狀況

着付の簡易化

洋裝《やうさう》と和裝の場合、着付《きつけ》に於て各々長短があつたが、簡易《かんい》で時間がかからない點、着崩《きくづ》れしない點では洋裝に一目おかねばならぬ。しかし着用の際に頭からかぶるシヤツやブラウスやワンピースの類は中年以上《ちうねんいじやう》の婦人に親《した》しめぬものであつた。洋裝常用者も風邪《かぜ》の折には和服を着るのを例としてゐた。

この間隙《かんげき》が今回の試作品で埋め合せられたといひ得る。帶の狹《せま》さ短かさ、下着の實用化《じつようくわ》、着物の體型《たいけい》についた仕立方の結果、着用に簡易《かんい》で技巧が不要《ふえう》になつた。今更に帶を結ぶのにどれだけの道具を要したか、どれだけの苦心《くしん》を要したか、ここに無駄にされた女の時間と能力《のうりよく》が回顧されて空恐《そらおそろ》しい程である。帶の重さを支へるためと帶の大きさを不自然《ふしぜん》でなくするためにお端折《はしをり》が必要だつたのである。つけ紐式《ひもしき》結び切りつけ帶型の輕便簡易《けいべんかんい》さであれば、お端折がなくとも着崩《くづ》れの心配は無い。

和裝洋裝の一元的接近《せつきん》は、兩方ともかぶらずに着る事、必要《ひつえう》なところは裾の部のやうに輪になり、その他は自由に開くことである。無衿式《むえりしき》で暑い時には開いて風を入れ得るのは平常着《へいぜいぎ》に是非必要なことである。濕氣のある日本の夏に適《てき》したデザインである。母性愛豐かで母乳で哺育《ほいく》する日本の母の精神を顧慮《こりよ》したデザインとも云ふことが出來る。洋裁を攝取《せつしゆ》しながら、和裁の長所を高度に生かしてゐるので、洋裝と對比《たいひ》して見て明かに分る點である。

今後の服飾文化

右の諸點から類推《るいすい》すると今後の織物に革命《かくめい》が來らされよう。まづ和服着尺の一反賣りから入用《にふよう》なだけの尺賣りになる事である。三分の二反あれば足りるものもあるし、強いて新しい一反を求めてスリーピースを作る必要《ひつえう》はなく、ニツカーは古物で間に合せ上着《うはぎ》だけを新しくする人もあらう。このため一巻《ま》きの反物から洋裝地を買ふ時のやうに尺賣りを求めた方が便《べん》になる。

すると洋裝地と和服地を區別《くべつ》して作る必要《ひつえう》はなくなるのである。大巾反物《たんもの》になれば縫込が少なくてすむだけなほ結構《けつこう》である。既にこの傾向は色彩《しきさい》や柄に現れてゐる。

華美《くわび》よりは華醜《くわしう》と云はれた七七禁令發令當時の原色的《げんしよく》とり合せや一幅いつぱいに花鳥《くわてう》を染め拔き、或は金銀漆系《うるしけい》を用ひた邪道ぶりは奇麗《きれい》に清算されてゐる。新しく現れたものは明るい色彩《しきさい》の小模様《もやう》である。紫、淡紫、ブルー、ネビーブルー、グレー等が、無地《むぢ》のまゝ或は小模様ので使用されてゐるので、母が着て古びたならば娘の洋服《やうふく》に仕立て替へて若返らせ得る應用更生《おうようかうせい》が利くのである。

しかも無地や小模様の淡彩明雅《たんさいめいが》なものが、衿もとで半襟《はんえり》と調和し、帶と調和《てうわ》してアンサンブルの優雅《ゆが》な配調となり、美のポイントをあやまたず把握《はあく》してゐる感がある。平常着として求められたものであるが、このまゝ禮服《れいふく》にしても敬虔神聖《けいけんしんせい》の念に通じると思はれるものもあつた。

曾て着飾《きかざ》つた原色大柄が清算《せいさん》されて、洋服地に近い淡彩明雅《たんさいめいが》の小模様に近づいた美の推移進歩《すいいしんぽ》は女性の社會性獲得《かくとく》と國家が共榮圏《きやうえいけん》を包容して發展《はつてん》したのに基くと考へられる。

日本の四季は花鳥紅葉《こうえう》風月に絢爛《けんらん》と美しい。婦人の衣裳《いしやう》がひたすらそれを眞似て華美《くわび》であつては自然への追随《ついずい》であつて、自然を攝取《せつしゆ》したことにはならない。緑の中に紅の一點が美しく目に立つやうに、紅あやな自然の中には白《しろ》が却つて美しく清《きよ》らかなのである。周圍を背景《はいけい》として生かして婦人の服裝が淡彩《たんさい》になつたのは一進歩である。また共榮圏では和服その儘を用ひ難いのが普通《ふつう》である。氣候風土の關係から各地各樣の風俗《ふうぞく》をなすのであるが、小巾反物の着尺原色調大柄模樣では、共榮圏《きやうえいけん》へ輸出が困難なのである。洋裁《やうさい》をとり入れ洋裝調と接近したことで、被服《ひふく》に染料と人手の節約《せつやく》が出來、共榮圏にまでそのまゝ輸出《ゆしゆつ》を考へ得ることは何よりの福利得《ふくりとく》であつたと思ふ。

體位精神と被服

形が整つて精神《せいしん》が確立《かくりつ》すると云ひ精神が成つて形が自ら從ふといふがこの二つは不離《ふり》の表裏となることは明かである。

今まで體位《たいい》を犯《おか》してゐた和服の缺點は、洋裁の長所を消化《せうくわ》して取り除かれた。濶歩《くわつぽ》するに足る裾、激しい活動にも堪へる袖や裾や全體の氣崩《くづ》れなさ、徒らな媚態《びたい》を矯める衿もとや帯等、ここから新女性美《しんぢよせいび》が生れるであらう。洋服のやうに露出しない脚部《きやくぶ》、子を抱くために開ける愛の胸、常々は虔《つゝま》しく閉ぢて、美しい情緒を半襟《はんえり》に象徴《せうちやう》する衿もと等、日本の女性精神はここに生きてゐて次代へも傳統《でんとう》するであらう。

今日の標準服は、體の線《せん》を浮き出させる傾向にある。美しくあらうためには、まづ立派な姿態《したい》を作らねばならぬのである。

今回の當選作中からは胸のすくやうな魅力《みりよく》を感じ得ないかも知れないが、ここを基點《きてん》として新しき服飾文化を進めたいと願ふのである。

入選者は語る

入選者　楓櫻會

　婦人服懸賞募集要項を拜見致しました時、今日の婦人服の缺陷や特質を本當によく整理して文字でハツキリ示されたやうに感じました。

　私達が今日出來上つてゐる着物をそれなりに見て居た時、又着て居た時は、それはたゞ眺めてゐたのであり、又スツとたゞ手を通し締めくくつてゐたに過ぎませんでしたが、扨て、私達は如何して斯ういふものを着てゐるかといふことを反省しはじめて見た途端、私の頭の中になんとなく不安なものが動いて來ました。

　女が着物のことを考へる。輕い樂しい遊戯的氣分が多分で、買へなくとも見るだけでも見に行きたがることに何の不思議さをも感じなかつた着物！　その着物に就いての今度の募集要項の一つ一つは、傳統的に慣れ切つた今日の無意識の着物をサツと脫ぎ捨てさせてしまつて、そこに取り殘された魂は眞劍に何物かを求めて居ました。

　遊戯や道樂ではない！

　必要なのです。

　今といふこの時に備へて、完璧な衣服が必要なのです。現に戰ひ拔くべき國民の生活に直接の交渉を持つ着物！

　此の嚴肅な認識の表現であるべき着物。

　固より私如きものがいくら考へて見たところで、優れたものを形づくれようとは思はれませんでしたが、斯くも着物といふものゝ意義や、銃後の裝備が婦人服にまで連り行くものかと悟らされましたのを奇縁として、私も日頃から考へて居りました節々を良し惡しに拘らず秘かに纏めて見ようかと思ひました。

×

　先づ、その順序といたしまして、平面的に見て、一枚の着物（即ちワンピース式の物）が實際に便利か、それとも上下の別れた二枚の物（即ちツーピース風の物）がよいのか、又は、モンペ兼用を如何するかなど、何れが一番よくこの條件に當て嵌るかいろ〳〵考へて見ました。

　次に、立體的に見て、下着の土臺から保健關係を整へるとすれば、春夏秋冬を如何するか、又は寒い所、暑い所の人々には如何調節して行くかを考へて見ました。

　結局これは兩面とも缺くことの出來ないものと思ひましたが、應募作品は色々のものを取り揃へて出しますことは困難と思ひましたので、ワンピースにすればこれを分離するとツーピースにもなり、又スリーピースにもなると思ひまして、ワンピースで作ることに致しました。

×

ワンピースは、着附や他の物と拘束なしにゆるやかに着られるばかりでなく、又改まつた心持を單純にして整然と表はし得る特徴を有つものと考へました。

×

又、保健や衞生の點に就いても、基礎的下着の組立てを色々に考へて見ましたが、應募品はその内の表着の直ぐ下に用ひて露骨な基礎の型を蓋ふスリップ風長襦袢と、風紀の關係と作業の時に適した長下穿きと、又、これと對にした半袖下着を夏期及び作業の場合の爲にと取り合せて置きました。

×

工夫の一步

一般の婦人が着易いやうに、又出來るだけ見た眼に見慣れた調子を盛りたいと思ひました。然し、工作に於ては今日既に一般化されてゐる程度の和洋裁の技術の良さは採つて、これを簡便な一元化した技術として了ふことにあると思ひました。つまり、此處に身體あり、布あり、今日の裁縫の技術ありで、何物をも固持せず、片寄らず、本當に樂な氣持で、眼を瞑つて見て心眼に浮ぶものを摑んで見る。かうして見た時、人間は正直なものと見えて無い袖は振れません。固持すべき何物も持たない貧しい頭腦の私には、洋裁も和裁も何の區別がない。自分の有りつたけの力を同時に働かせて思ひもよらない型、技工を網膜の上にでつち上げる。それで實際も出來ると信じる。出來なければ何年經つても氣持が惡い、氣持が惡いので忘れられない、忘れられないから又考へる、といふ譯で、今度の應募作品の表着衿部の構成に至る線の工夫も丸三年の氣分の鬱陶しさを經てゐたものでした。

工作される時、誰も經驗されることゝ思ひますが、如何に着想はよくても、直ぐ目立つやうな珍奇の突角を持つ工作の間は、まだそれを練つて行くべき距離のあるもので、實行性は伴つて來てゐないもの。それから微に細に一部々々檢討し、練磨し、又自分が全くそれから離れて全體を客觀して見た時、自分ながら噴飯に價するやうな自己陶醉の缺陷を見出します。斯うして反省の回を重ねるに從つて、その工作ぶりの角度が表面に目立たなくなつて來て、安心の出來る落着いた樂なもの、即ち安定感を得て來るやうに思はれます。と同時に、たゞ見た目には、珍奇な、魂を奪ふやうな輕業も無い、至つてあたりまへの感を與へる目立たないものになつてゐます。

私は、服裝考案は、着想——作品といふだけのものではなくて、工作——實用即生活——そして効果が附隨してゐるものでなければならないものと思つて居ます。

×

資材に就いて

此際、持合せ品を簞笥の中の死藏品といふ——立派な反物も仕立てれば、何となくもて餘したといふ響を持つ古着といふ格に低下する——かういふ考へ方は致したくないと考へました。

家庭の鐵や銅も勇ましく應召出來ます今日、押入れの中の品も、各家庭に貯藏された一國の資材と考へて見ました時、餘りに澤山の物をお預りして居るといふ豐富感と　粗末にしては申譯ないといふ責任感とに充されました。この多くの資材も今こそ最も有効に、最も立派に、私達の智惠を働かせて効果的に使用すべき時を與へられたのでありますから、このやうな無益な考へ方から早く脱け出して資材豐富觀念に惠まれたいものだと思ひました。

斯うして惠まれた豐富な資材は粗末にしないやうに、どんな小さな布切も適所に使つて榮えた物にする。どんな千切れた綿もほかして防寒の役にたゝせる。毛の一本も國防第一線に大切な物。實際、私達は押入れの貯藏物の中から私達が使つてもよいものを見わけて、それを生かして使ふ工夫、使へる用途を講じる。それを講じ得る方向に向つて今日の服裝も考案されなければならないと思ひました。

かういふ考から、先を視つめて全體の見當をつけてから表着の型、寸法、工作は割出すべきであると、先づ下に着る必需の物の見當からつけて、だん／＼表着の型の考案に至つたのでありました。

×

工作に就いて

出來るだけ無駄を省きたいと思ひました。わざ／＼裁つて縫ふ必要もない個所、卽ち無駄を見つけやうとしました。後日仕立直しの時、前後左右取り替の便宜の爲には成るべく裁ち目を入れないで濟ます工夫はないかと又出來るだけ無駄を見つけやうとしました。

從つて用布には衿肩以外は裁目を入れず並巾を一杯にそのまゝ使ふ工夫をいたしました。

例へば、袖巾は布巾一杯にし、ゆきの寸法に餘る後布は脊で縫ひ込み、前方ではそれをそのまゝ前合せに利用。下胴圍で餘る布巾は下に着る下着類のゆとりの寸法を見た殘りの寸法を摘まんで、着物を着た時背中に入れる皺のやうに（但し向き方は反對）上部斜に消えるやうに放しますと、切り替をせずして洋裁原型の襟に適當の肩下りが出來、從つて前身の布はそのまゝ斜に延びて擴がりながら衿先の線となつて、裳裾の前合せの線に自由自在の寸法に於て連り、このまゝ掛け衿だけの衿をつければ、衿元が强く胴に向つて自然に輕く拔けて行く氣持のよい日本衿の線を構成します。

それ故、從來の衿の用布は必要なく、又胴までつけたものよりキリヽとした感じの物となります。又前身布のゆとりは下胴圍のところで後身の襟に摘まんで上部斜に放せば胸部の格恰がとれ、斯うして並巾は少しも裁たれずに精一ぱいの活躍をいたします。

又裳裾の方に於ても、並巾を少しも裁ち落さず、たゞ僅かの縫代の工合と、わづかの動かし方と摘み方、疊み方で洋裁スカートと和裁着物との間をゆく腰の線の構成が出來ました。

かうして洋裁法の肩下り、胸圍、下胴圍、腰圍等の調子も布巾を一切裁ち落さないで日本裁縫風に摘まみ、疊み、合せてゐるうちにそこに新しく見つけた布の動かし方を利用して私の幼稚な和裁法も洋裁法もまことに自然に、樂に、たゞ一筋の技工となつて、一つの型を構成させるのに役立つたのでありました。

×

扨て、格別專門の才も無い者には一元の術、二元の術の區別もございません。たゞ有りつたけのものを働かせて御奉公したい氣持、たゞ一途を覗つめて雜記させて頂きました。（田中）

入選者　大阪市立西華高等女學校

專攻科三學年　第三班
松岡・三浦　村尾
村上・山本

時局は益々複雜多端にして國民の絶大なる覺悟と積極的なる活動とを要求して居ります。今こそ神代此の方皇統連綿と續き來つた我が歷史の上に愈光輝を放つべき絶好の試練が來ました。女子た於きましても實に大なるものがその雙肩に繫つて居る現代です。家庭生活の改善はもとより、產業戰線に立たねばならない事も約束されてゐる私達なのです。此處に愈ゝ自覺を新たにして一路邁進其の使命を全うし、以て皇國民の一員として大政翼賛の實を擧げねばならぬと思ふのであります。

就いては先づ此の時代の活動に相應しい身仕度を整へてかゝらねばならぬ事を考へるのでありますが、從來の女子の服裝は全くそれに價しません。時代に卽したる服裝の出現こそと要望して居りました時に、被服協會並びに大日本國民服協會との御企畫で婦人標準服試作品の募集をされました。日頃社會的に生きた勉强を特に力を入れて指導されて居る私達は、雀躍してそれに參加し、研究させて頂く事にしました。貧弱乍らも其の方面の知識を集めて此處に試作品の完成を計りました。此の試作品をなすに當つて第一に頭に浮んだものは我が太古よりの衣服の變遷狀態でありました。原始時代を回顧しますに、彼等は實に低級な生活を營み、食を求める以外には何等活動を要しませんでした。勿論未文化で外觀と言ふ點に於てをやで腰に木の葉を絡つただけで事足りたのです。次には少しく進歩して始めて被服となつて來ました。時代の降るに從つて其の被服も漸く變遷展開して來ましたけれどもそれも全く遲步的な進み方で非活動型に終始して居りました。女性の優美な服裝に關しては勿論、男子のものに於きましても同樣で有りました。それにも拘らず、決して不平不足の無かつたのに就いて、私達は何を考へさせられるでせうか。それは其の時代に於ては決してそれを超越した活動を必要としなかつたからです。卽ち服裝と活動との一致があるからです。一層進んで中世の武家政治時代に入りますと漸く現代の和服型となつて來ました。之は前も打合せ式となり袖も活動的で大分文化が發達して來、人々の生活が複雜多端になり來つた所以を象徴してゐます。卽ち活動の部面を增して來る事に依つて活動型の衣服の現れを見たのであります。實に衣服と時代とは不離の關係に有る事の感を深うします。進んで現代に至りまして洋服を見る迄になりましたのは、維新以來鎖國より目覺めた我が國が、外國との接觸が急に頻繁になつた事に由來するのでありまして內に外に總てが活動的なる時、何うして優美をのみ旨として居られませうか。

殊に最近の如く人的資源を喧しく唱へられるやうになり、隣組員の活動の主體としての主婦の力が要求せられ、職業戰士として男子と同等の女性の勤勞が要望せられる時に當つては、服裝の改善も此の點に重きを置かねばならないと思ふのであります。

次に思想の統一！　これこそ此の時局を克服する國民にとつて最も大切な事柄、一億一心確呼たる精神の團結こそ國家が要求して居ます。これを促すに手近な所から服裝の統一の如きも大なる力を有するのであります。先に男子の國民服が制定されたのも此の故だと思はれます。それが今又婦人標準服の制定にまで及んで來たのは此の點に於て益々喜ばしい事なのであります。

唯婦人の衣服に於ては、男子の國民服の如く一色に塗り潰して了ふ事は、我々女性なるが故に一沫の佗しさを感じさせられるのであります。古より種々變化多き自然美の國土に生を享け、其の環境に惠まれて育つて來た我々は、視覺的に殊に發達し、衣服に於ても審美的たらざるを得ないのでありまして、個々別々の希望に依り選擇された所の色彩、模様、布地に依り各人の個性を現はす事も希望されますが、但し時代はそれを許しません。國策は物資の上に種々なる統制を加へました。殊に其の布地の如き自由經濟時代の如く恣なる選擇を許さぬ事と成りました。私達は此處に國策に順應して統一あるものゝ使用の中に或點個性を活かせて行き度いと思ふのであります。此點婦人標準服の制定が一種に限らずして、數種採用される事が誠に望ましい事で有ります。

次に我々の標準服は東亞の盟主たる日本婦人の服裝として充分權威あるものたらしめたいと思ひます。進んで東亞婦人服にまであらしめ度いもので有ります。制定の曉には東亞女性が擧つてこれを着用する。これが私達の望であります。斯くして東亞共榮圏の確立に何等かの貢獻もあらばやと竊に考へて居るのであります。

此處に於て先づ私達は、在來の和服の改善より研究を始めました。先づ和服の缺點を除く點に於て活動的にする事、衞生的にする事、時代意識を表現する事等に着眼し、然も在來和服の長所を活かして、より合理的、且國民的な衣服に改善しようと努力しました。第一に考を纒めて出來上つたのは上衣と下衣に分れた和服と洋服の中間のものでありました。然しそれに就いて反省する時國民標準服として一般の人が着用するかどうかに就て懸念の點が無いでもありませんでした。それ以來あれでも無い之でも無いと、常に研究に研究を重ねて漸く私達の標準服として意圖する物に作り上げたので有ります。資材の點に於て自由經濟より統制經濟に移つた今日、自由に材料を選擇購入する事は不可能な又許されない事で有りますので、在來の和服より更生、又今後國內で生産される絹織物を用ひる事に努めました。

その着眼點及び特徴としまして、

上　衣

1、和服の襟元の美を採入れて洋服

型としました。

2、和服からの改造が出來ます。

3、地厚の物で作れば男子國民服と同樣式となつて、四季を問はず着用出來ます。

4、ベルトを作つて腰部に締まりを附けました。

5、上衣の丈を長くして腰部に柔かみを出しました。

6、袖山を縫ひ潰して軍國調を表はすと共に婦人の優しさを表はしました。

7、ポケットをベルトの下に附けて目立たなくしました。

下衣

1、和服の丈と略々同**寸になるやうにしました。**

2、**布の縞柄を活かしました。**

これは洋服を着馴れた婦人に對しては勿論、從來の和服に親しんで來た人に對しても比較的移行が容易である事と信じてゐます。用ひました材料も和服生地の高雅なる色彩柄を活かして、日本婦人の美的要求を滿足せん事に努めました。幾度か作り替へ、改善に改善を重ねて、又幾度か折膝しつゝも、先生の御熱心なる

試作品の出來上り圖

鞭撻御指導に勵まされて、我等女性の衣服を私達の手で作り上げんものと、熱と意氣に燃えて締切間際に完成し應募致しました。

吉報を得まして努力の報ひられた事を喜ぶと共に、今後益々衣生活に對しての臣道實踐の充實強化を圖り、東亞の盟主として躍進日本の小さな力ともならん事を切に希望し、努力してゐる次第で有ります。此の上は一日も早く委員の方々の御力に依りまして、標準服が制定せられん事を喜んで待つて居ります。

最後に一言附記させて戴き度い事は示された標準服を誰もが是非着るやうにしたい事で有ります。此の點に於て男子國民服の場合を考へて見ますに、私達關西では實に喜ばしい結果を擧げて居ります。婦人標準服に於ても制定を見ました曉には、直ちに着用の實を擧げ、此の難局打破を衣服より突破して行く自信の有るを信じて疑はないので有ります。

標準服の逼迫の聲は此皇國未曾有の戰時下の大勢より發した聲であつて、此の戰が益緊迫するにつれて、此の着用問題

は自ずと解決されてしまふものであると信じますが、此の點を強調して結びます。

入選者　平田喜一

衣服の使命はこゝにとりたてゝいふまでもなく　頗る大きい。見様によつては、衣は人格を支配し、人格は衣を創造するといつてもよいのではなからうか。

今回の婦人標準服制定に對して、そんな意味から、我々職業家も、一體となつて協力すべきではないかと思ふ。

從來、數多くの顧客に接してゐるうちに、今までの衣服の缺點に就て考へさせられることも多かつた。その改良案に頭を捻つたことも屢々ある。應募するにあたつて考慮した條件は、長年のからいふ經驗に基くものである。御參考までに、それを列擧して見よう。

姙娠の用意　在來の洋服の缺點を、中胴及腰廻の所で細い太いの自由に出來直し得る樣にスカート及上衣に餘裕の出來る樣に裁斷法の改良を加へた。

授乳の用意　和服洋服何れも旅行や人込場の不便と、不體裁解消して乳明けを作つた。

着崩れ防止　生活樣式の關係と裝美上箱襞折襞を廢し六枚式を選擇した。

調和　和服柄と洋服柄に似合ひ　他所行にも、宅着にも禮服にも應用出來る調和を圖つた。

財布の保護　旅行や買物行に置忘れ盜難防止にポケットが必要である。

嗜好　國粹趣味を加味して、肌衣襟を替カラーに利用、上衣の襟汚の防止と、錯誤線利用に依り、背を高く見せ優美感を强調した。

仕立+法　大衆的を中心とした。

實用　型を家庭着及他所行兩用に實用的にした。

經濟　夏服用布量は凡二尺巾にて七尺五寸で充分である。冬服で同巾物にて九尺も有れば充分である

衞生清凉保溫　夏は袖を短かく、冬は袖と着丈を長くして着る事に依り解消する。

×

特別に苦心した點は嗜好の條件であつた。私として此の際無駄な製作は好まなかつた。まづ日本獨特の特長を發見する事につとめて、肌衣襦袢襟を替カラー代用にして、汗及襟垢防止となし、日本婦人の背の低い弱點を助ける錯誤線を利用、在來の美點を保持した。

作品のヒントとしては、私の娘が其頃病院通ひをして居つて或日お父さん、醫者に診察して戴く時には、洋裝は實に不便で困るから、改良を加へたらと敎へられオーバ式なれば無難だが、試作服には禮服にも應用したい條件を付けて見たから、不向だと思ひ　苦心してスカートの上部を八吋位切開き、上胴の襟先と縫ひ合せ、小さい釦二個で着脱に冠らずに濟む事にしたので、スナップ不用となつた。

入選者　市山ハル

もう二昔も前の暑中休暇前、神田の繁華街は、化粧道路工事の爲、其處も此處

も人夫、土、砂、セメント、煉瓦、木煉瓦等々、學校の往來は喧噪と步行困難が目と耳についてゐました。休暇明けの九月一日すつかり廣々と明るく出來上つた道路を何か別世界でも步く樣な思ひで午前中步き、變にボヤケて赤い太陽をいぶかしく眺めつゝ下宿へ歸つて來ました。それは大正十二年の關東大震災でございました。

當日一目見た彼の明朗道路が瞬間に燒け覆へされたみじめさ、何處迄行つても焦土又焦土、かゝる一大非常時に何と適はしからぬ日本婦人の服裝である事よ、イキリ立つた男子の眼には只の通常着でさへ、長着のまゝではナグリつけたと聞きます。頭には手拭を、裾はし折りはいゝとして、御袖はブラ〳〵といつた姿が、焦土東京の市中を通行する珍風景でございました。

又震災中種々あはれな出來事を見聞致します時、婦人服裝の改善の急を痛感し、其後直に洋裁界に轉更致した次第でございます。

洋裁界へ入れば、又裁斷に對する疑問や不滿に、研究を重ね、「型紙無し即斷法」を創案致しました。

餘りに前おきが長過ぎましたが、扨て東洋の中心を承る日本の服裝は、私が今更申上げます迄も無く、獨特の型と錆を持つて居ります。

所謂波及圈內の最も近い朝鮮沖繩（今は日本ですが）の服裝は、日本服に近く支那は東西の中庸と申しても七三位の型。波及の末消にはやつぱり其服裝の末消が窺はれて居ります。

こうした服裝問題からいつても東洋は一丸である事が當然だと存じます。

ところで其中心たる日本の服裝が、外國の模倣では國辱だといふ懸念から、從來の和服の型をこはさない樣募集要項に基づいて考へて見ました。和服型は昭和十年發表のものと一元化式のもの、へも同樣貞操帶を附けて何處にても非常の場合は卽座に活動出來る樣にと致しました。洋服型の考案は若い方へ御願ひして私は老人を目標に考へて見ました。五十以上の人が着物スリープならおかしくはございませんが、洋服型を着てゐるのは丁度皺の多い御婆さんが、白粉ぬつてゐる樣な不自然さがあつてをかしなものですから、モダンお婆さんの爲に一元化といふ事に致しました（若い人でも着られます）この型なら、洋裁の智識が無くとも、裁ち縫ひが簡單でございますから國民服として十二分に普及が出來る事と存じます。

次に下着、襦袢は、どちらも共通に今迄のものでかまひませんから　モモ引式裾よけなるものを考へて見ました。九州の暖かい所では着物の下にズボンを穿くといふ事は、一寸見ません（特別の場合病人か老人はタマにつけますが）

下着等に裁斷の六ケ敷い物では、國民服の名に適はしくありませんし、ズボンを下に穿いた着物姿は餘り美的じやありませんし、かといつて和服の第一觀點の保溫と風紀の點からいへばズボン下を穿く事が一番だし、あれこれと考へて出來ましたものが、私のモモ引式裾よけでございます。案外の收穫でございました。自分ながら吹き出してしまひました。でも着て御覽なさいまし。どんなに跳ても自由で、御腹と腰が二重で、足は、すつかり包みますし、用便でも脱ぐ必要はなし、以上で保溫と風紀は滿點として、更に効能書を致しますと、第一裁縫が如何なる無智な人でも出來、洗濯も保存も簡單で、おまけに夏のスカート代用として、又ハイキング用には左右の足頸を細紐で結んで、即席モンペと致し大調法でございます。

最後にズロースでございますが、之も從來のものより、用布も少く制限物資たるゴムの必要も無く、又從來のズロースの如く、用便等にも着物の着くづれ等無く、腰部の大きなスタイルの惡い人はピツチリ合つたこのズロースでございますと、幾分スタイルも引上げるといふものでございます。今一つ大きな働をして呉れます事は月經帶の代用として調法でございます。只一つの心配は洋裁へ無智な人へは裁方が六ケ敷いかと存じますが、ズボンやモンペ等から申せばこれ位何でも有りません。その內折を見て簡單な裁ち方でも發表致しませう。

このズロースについて特に厚生省の方へ御願ひ申したいのは、この用布は少しでございますから、純綿を特配して頂きたく存じます。

夏は兎に角、少し涼風が立ちそむる頃からは、どうもスフや人絹では、私の方が承知致しません。大事な問題でございます第二國民の溫床どうぞ守つてやつて下さいまし。

最後に再び申します。東亞の盟主たる日本の服裝が外國の模倣では國辱と存じます。

昔に歸れ!! と叫ばれてゐる非常の今日、東洋人は東洋人らしく、漆黑な黑髮顏面等々起伏にとぼしき人種でございますから、その服裝にしましても、ゆとりある大だかなるものの方がよくうつるといふよりも本體と存じます。近代女性のスタイル(洋裝)がすつかり洗煉されて參りましたのは、電髮と起伏の陰翳をつけた化粧法、動作、洋裁の技術的進步とが相よつての結果でございますが、一步退いて電髮をのべ(小前髮を取つて襟元に少し波うたせたのはいゝものです)上品な化粧法の出現と、この度入選のそれ等の型によつて眞の日本人的な洗練された婦人服と、婦人が出來上らん事を期待する次第でございます。

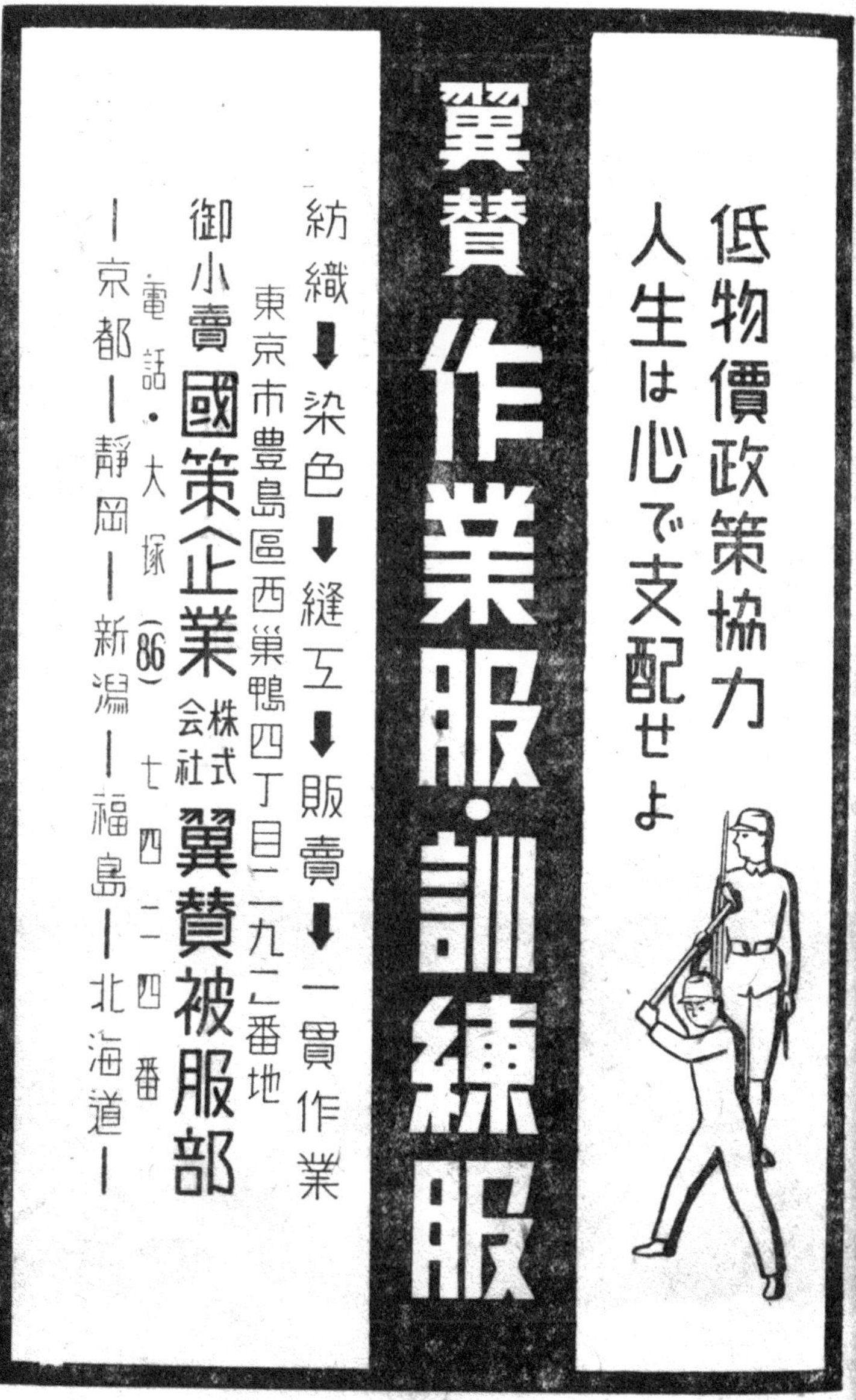
低物價政策協力
人生は心で支配せよ
翼賛
作業服・訓練服
紡織➡染色➡縫工➡販賣➡一貫作業
東京市豊島區西巣鴨四丁目二九二番地
御小賣
國策企業
株式会社
翼賛被服部
電話・大塚(86)七四二四番
―京都―靜岡―新潟―福島―北海道―

人間

山本和夫

花咲爺はゐないか。
枯木に花は咲かせられぬか。」

人間の理想は
神さまと住んでをり
人間の野望は
神さまの意志をはるかに飛び越える。
――それを思へば
人間といふものはケツタイなものともいへるが

だが、ようく、考へても見ろ！
人間の心のこの豊かさはどうだ。
神さまさへ、羨むだらう。

外米だが
厨房には釜が湯氣を噴き出してゐる。
豚のはらわただが
今晩はスキ燒だ。
鐵瓶が口笛を吹いてゐる。

そんなに消氣《しょげ》給ふな。
人間の心は、豊かであるべきだ。
日本の傳説にも、
花咲爺といふロマンチストがゐるではないか。

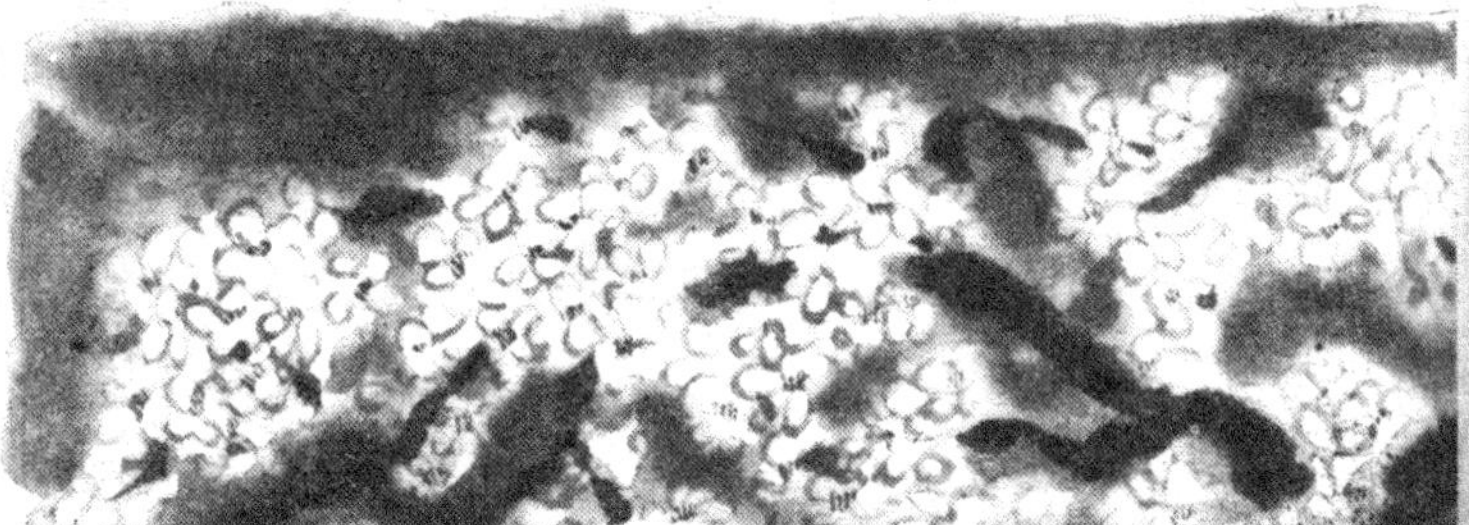

科學

保健教育の必要

保健教育の必要さが、このごろ識者によつて提唱されてゐる。現在國民保健でどんなことが問題となつてゐるかといへば、それは、結核の豫防であり、國民優性乃至人口對策としての性病の問題であり、乳幼兒の死亡減少の對策についてである。しかし、之等の諸問題を解決するには、國民が保健に關する知識を豐富に持ち、理解力に富めることが前提である。それが、ごく常識的な一般的な保健問題ですら國民の間に少しも徹底してゐないやうな事であつたら、たとへ百の對策を樹ててても、その効果は問題にならない。電車の中を道路と間違つて唾や痰をはいたり、子供や或は親の病氣を醫藥によらないで信仰や禁厭で治さうとするやうな人達に、國民保健の解釋を迫つても無意味である。保健教育の必要さがこゝにある。問題はどこでどう教育するかであるが、現在一般國民の保健に對する知識の僅少が、その過去に於ける學校教育の缺陷にあることを考へて、保健問題を學校教育中に取り入れて行ふのが一番適切であり、絶對必要なことである。そのためには中等學校、青年學校には正科としての保健科を存置する。國民學校では綴方に讀方に理科に日常生活における保健問題をなるべく多く取上げて知識の吸收に努めさせる。一方、家庭人に對しては常會、部落會等を利用して必ず毎月一回以上は保健に關する講演を開かせるやうにするとよい。そこで教へる保健知識はごく初步のものであつても、國民全體の上から見るときは非帶に大きな影響となつて現はれて來るであらう。この問題は生活の科學化のうちで最も重要なものである。

學者の挺身

生活の科學化を目指してここ幾つかの指導團體が結成されてゐる。ところが一般にはこの科學化といふことが完全に理解されてゐないやうである。しかしこれには自ら研究室にとぢこもつて、大衆と接觸するのを學者のほこりを疵つけるかのやうな態度で來た學者に大きな責任がある。これは國民全體の生活の科學化に支障を與へたばかりでなく、學生生徒の科學する心の育成にも大きな障害となつて來てゐる。それは別の問題として、生活の科學化は遠い彼岸のものではなく極く手近の問題で、そこには科學化を必要とする澤山のものが轉つてゐるのだ。鷄卵の半熟は一つの實例としてあげられる。即ち溫度と時間を計測して置けば百回やつても一千回やつても同じ程度の熟度の半熟卵が出來上るわけである。しかしこの生活の科學化は國民保健の場合と同じやうに教育が必要である。科學する心を持たせ、眼をあけてやらなくてはならない。そこに指導の必要性があり、學者の挺身が必要となつて來るのだ。この點昔とちがつて學者自身その必要を感じて大衆教育を志向して來てゐるものがぼつ／＼出て來たことはよろこばしい。

創作

兵隊の繪本

玉井政雄

1 汪少年の微笑

甘《あま》いものは氷砂糖《こほりざたう》一きれだつてなくしてゐた時、敵《てき》の捕虜からドロップの饗應《きやうおう》にあづからうとは夢《ゆめ》にも思つてゐなかつたので、私はむしろ驚《おどろ》いて、まじまじとドロップを差《さ》し出した若《わか》い捕虜《ほりよ》の顔をみつめた。

汪《ワン》少年（捕虜の名）は弱々《よわ〳〵》しく、だが媚《こ》びるのではなく、につと微笑んだ。もともと女《をんな》のやうな顔立《かほだ》ちをした美《び》少年《せうねん》なので、その善意《ぜんい》にあふれた眼差《まなざし》を見ると、どうしてこんな子供《こども》が戰爭するために兵隊になつたのかとむしろ不思議《ふしぎ》である。

五月の終りであつた。灼《や》けるやうな烈々《れつ〳〵》の太陽が野山《のやま》にみなぎつて、空《そら》は青《あを》く深く澄んでゐた。奔流《ほんりう》のやうな追撃を續《つゞ》けて、部隊はここまで行軍《かうぐん》し、今や丘の上で小休止《せうきうし》をしてゐるところなのだ。汪《ワン》少年は昨日捕虜《ほりよ》になつたばかりである。

「ア、リガトウ」

私は通《つう》ぜぬと知りながら日本語《につぽんご》で答へ二片《へん》のドロップを受取《うけと》ると口の中にほうりこんだ。甘《あま》さのためばかりでなく私は仄《ほの》かに暖いものを感《かん》じてゐた。汪《ワン》少年はまた微笑《ほゝゑ》み、こんどは提《さ》げてゐた袋の中から乾麵麭《かんぺん》を摑み出して差出《さしだ》すのである。私のために何《なに》かしなければならないやうな必死《ひつし》の表情《へうじやう》が、却つて痛々《いた〳〵》しく胸をうち、私は敵兵《てきへい》の運命について、しみじみと考《かんが》へてやらないわけには行《ゆ》かないのだ。

私《わたし》はもうすつかり忘《わす》れてゐたが、汪少年《ワンせうねん》が私に善意を示《しめ》すのには、一つのとるにも足《た》らないやうな理由《りいう》があるのである。

汪少年《ワンせうねん》が捕まつた夜、私は歩哨《ほせう》に立つた。部隊は河原《かはら》に宿營し、疲れ切つた兵隊《へいたい》たちは泥のごとく、犬《いぬ》のごとく、冷《つめ》たい河原で露營《ろえい》の夢を結んだ。捕虜《ほりよ》の監視は歩哨の任務《にんむ》である。すでに死を覺悟《かくご》してゐたらしい汪少年《ワンせうねん》は弱々しい艶《つや》のない顔《かほ》をして焚火の傍にうづくまつてゐた。だが捕《つか》まつたために何か安心《あんしん》したゆとりのやうなものが見《み》られるのが不思議《ふしぎ》であつた。うとうとと何度《なんど》もまどろみかけては、ぱつちりと美《うつく》しい眼を見《み》ひらいて、周圍《しうゐ》をきよろきよろと眺《なが》めた。寒くて眠《ねむ》れないのだ。

支那《しな》の兵隊は一體に輕裝《けいさう》で、膝《ひざ》までしかないパンツのやうな軍服を着け、素足《すあし》にゲートルを卷いてゐる。汪少年《ワンせうねん》も例外《れいぐわい》でなく、もう痩せ果てた長い脛《すね》に、汚《よご》れたゲートルを卷きつけてゐた。寒《さむ》いのが當然である。私は手眞似《てまね》で私の外《ぐわい》套《たう》を着ろ、といつた。彼《かれ》は手を振《ふ》つて拒《こば》んだ。私は二枚の外被を貸し與《あた》へた。日本の兵隊に寒《さむ》い思ひをさせまいとして遠慮《ゑんりよ》するこの少年の善意《ぜんい》が、彼が捕虜であるために一層《そう》しみじみと感《かん》ぜられ、私は妙に倒錯《たうさく》した氣分の中に在《あ》つたのである。外被《ぐわいひ》を着た汪少年《ワンせうねん》は焚火の傍で、やがて眠《ねむ》りに落《お》ちた。初めは女兵《ニユイピン》ではないかと怪《あや》しんだくらゐの、細い形のよい、その寢顔《ねがほ》を見ながら歩哨《ほせう》に立つてゐると、いまさらの如く支那の悲劇が、泣《な》きたいほどに惜しく感《かん》じられて來《き》た。

翌日も火の如き進撃《しんげき》が續けられた。汪少年《ワンせうねん》はいたはられた。彼《かれ》は湖北省《こほくしやう》の生れで、無理矢理《むりやり》に兵隊に徴集《ちようしふ》されたのださうである。年は十八才。ドロップや乾麵麭《かんパン》を與へる將《しやう》校《かう》もあつて、激《はげ》しい進撃戰《しんげきせん》で、甘いものはもとより煙草ですら全《まつた》く切《き》らせてゐた兵隊たちよりも、はるかに優秀《いうしう》なもてなし振《ぶ》りであつた。

さればこそ外被の愛情《あいじやう》がこの進軍《しんぐん》の丘でドロップの愛情《あいじやう》となつて、私《わたし》の手許《てもと》にかへつて來たのであつた。

私《わたし》は汪少年《ワンせうねん》を理解した。

2　活動寫眞

——今日《けふ》は活動寫眞《しやしん》があるから、みんな早《はや》く夕飯を食《く》つて入浴《にふよく》して準備。一時間後に呼集《こしふ》する。外套携行《ぐわいたうけいかう》。遲い奴《やつ》は連れて行《ゆ》かんぞ。分《わか》れ。

週番《しうばん》下士官は、映畫《えいぐわ》とは言はなかつた、シネマとも言《い》はなかつた。昔《むかし》懷《なつか》しい活動寫眞といふ言葉《ことば》を無意識《むいしき》に使つたのであるが、その言葉の畢《をは》るか畢《をは》らぬかに、兵隊達は、わつと喊聲《かんせい》をあげ、

——活動《くわつどう》があるぞ、活動《くわつどう》が。

——急《いそ》げ、急《いそ》げ。

まるで頑是ない童《わらは》べの如く、各班《かくはん》目掛けて駈足《かけあし》で飛《と》んで歸《かへ》つた。そして此の日は、大根《だいこん》や四川漬で飾られた食卓《しよくたく》でも、ドラム罐《かん》の浴場《よくぢやう》でも、活動寫眞が兵隊《へいたい》の話題を攫《さら》つて仕舞《しま》つた。

武漢地區なら兎《と》に角《かく》、私達のやうに前線《ぜんせん》から前線を歩《ある》き血戰《たゝか》ひ、不自由な土地ばかりを廻《まは》つて來た兵隊《へいたい》にとつて、これは大《おほ》きな福音《ふくいん》でなければならぬ。

晴《は》れ晴《ば》れとした顔で出發《しゆつぱつ》。

私達の部隊《ぶたい》だけでなく、幾つもの部隊《ぶたい》が、賑《にぎ》やかな靴音《くつおと》をさせて集《あつ》つて來《く》る。

學校《がくかう》の跡らしい運動場の中央《ちゆうあう》に、映寫幕《えいしやまく》が立てられてあつた。勿論《もちろん》野天《のてん》である。もう既に、ぎつしり兵隊《へいたい》がつめかけて居て、場所の無《な》くなつた私達《わたしたち》は、スクリーンの裏側《うらがは》に坐《すわ》らねばならなかつた。

——おい、裏《うら》かい。

——仕様《しやう》ねえなあ。

何《なん》とか言ひ乍《なが》ら、夫れでも始《はじ》まるのを賑《にぎ》やかに待つ。

後から後からと、潮《うしほ》の如く、未だ兵隊が入場《にふぢやう》して來《く》る。映寫幕《えいしやまく》を中心に、廣場一杯《ぱい》に、ぎつしり文字通り立錐《りつすゐ》の餘《よ》地《ち》なしといふ所《ところ》である。

此處《こゝ》は最前線の街《まち》である。河一つ距《へだ》てた對岸には、うぢやうぢやと敵《てき》が居て、夜毎不粹《ぶすゐ》な砲彈や銃彈のお見舞《みまひ》を受けないことはない。活動《くわつどう》寫眞と戰爭《せんさう》と——夫れは奇妙な對《たい》照《せう》であつた。

陽は全く落《お》ちた。活動《くわつどう》寫眞はやがて初《はじ》まつた。映寫機《えいしやき》から一道の光明が、スクリーンまで擴《ひろ》がる。兵隊《へいたい》達が狂氣《きやうき》したやうに、拍手《はくしゆ》する。

ごぼごぼごぼごぼ——と水の中《なか》で、ものを言《い》つて居《ゐ》るやうな奇怪《きくわい》な音がし初《はじ》めて、スクリーンに何か映《うつ》つた。トーキーであるが、よく聞《き》きとれず、それにフイルムも傷《いた》んで居《ゐ》るのか、ちらちらとする。

だが兵隊《へいたい》は大喜びで、簡單《かんたん》な筋《すぢ》の音樂映畫だつたが、

女優《ちよいう》が現れて來ると、感動《かんどう》したやうなざわめきを起《おこ》し、大寫しにでもなると、此《こ》の波濤は益々高《たか》くなる。日本のそんな女性《ちよせい》なぞ見度《みた》くも見れない前線の兵隊達《へいたいたち》ばかりである。

新婚の夫婦が、食膳《しよくぜん》をかこみ、懐しいお櫃《はち》から飯《めし》をよそつて食《た》べるところがある。暖《あたゝ》かさうな珈琲《コーヒー》を啜《す》つてゐる畫《ぐわ》面《めん》があると、

——美味《おい》しさうだなあ。

——畜生《ちくしやう》。

と、こんな時に決《き》まつて現《あらは》れる笑はせ手が呟《つぶや》くので、附《ふ》近《きん》の兵隊達はどつと海濤《つなみ》のやうに笑《わら》ふ。然も、私達は裏側に坐つて居《ゐ》るので、俳優の動作《どうさ》は凡て反對で、左手《ひだりて》で箸《はし》を握《にぎ》つて居たり、ヴアイオリンを彈《ひ》いたりしてゐる。女優の獨唱にしても、裝置《さうち》が不完全《ふくわんぜん》なのかフイルムが傷《いた》んで居るのか、ぼろんぼろんぼうぼう——と世《よ》にも奇怪《きくわい》な怖《おそ》ろしい聲《こゑ》を出《だ》し、クローズアップされた美しいテナーの顔が眞劍《しんけん》であればあるだけ、それは滑稽《こつけい》にも、時として悲壯《ひさう》にも見え、げらげらと兵隊達《へいたいたち》は笑ふのである。立派《りつぱ》に慰問映畫の役目《やくめ》を果《はた》して居るのである。

だが黑と白の縞だけのスクリーンが、日本《につぽん》の風景《ふうけい》となり人間《にんげん》の形となつて、畫面《ぐわめん》を動いて居るのは、映畫《えいぐわ》といふものから長《なが》く絶縁《ぜつえん》されて居た私達の眼《まなこ》には、まるで初めて映《えい》畫《ぐわ》を見せられた蠻族《ばんぞく》のやうに、非常に不思議な氣《き》がした。

一寸《ちよつと》した人生問題も織《お》り込《こ》まれ、戀愛《れんあい》もある。

だがそれらが、白々《しらじら》しく馬鹿《ばか》げて見えるのはどうした理《わ》由《け》であらう。あんな詰らんことに、あんな深刻《しんこく》な表情《へうじやう》をして見得を切《き》つて居《ゐ》るのは可笑《おか》しいなぞと思ふのは、戰場《せんぢやう》から戰場《せんぢやう》を歩いて居るうちに、私達《わたしだち》の心からは、潤《うるほ》ひある情感といふものが消《き》え失《う》せて仕舞《しま》つたからであらうか。そんなことはない。私達《わたしたち》の人間性は、むしろ高揚《かうやう》された筈《はず》である。私は何度《なんど》も首を傾《かたむ》け乍《なが》ら、畫面に見入つた。

應召《おうせう》の場面がある。一人の男が悲壯《ひさう》な顔で出征《しゆつせい》の挨拶をすると、見送《みおく》りの代表が進《すゝ》み出て、しつかりお國の爲《ため》に働《はたら》いて下《くだ》さい、若し君が護國《ごこく》の華と散《ち》つたならば、骨は我々が拾つて遣《や》る、といつたやうなことを言《い》ふ。

非常《ひじやう》に氣障な妙な挨拶《あいさつ》であるが、此の時觀客《くわんきやく》である兵隊達は、一齊《せい》にしんと靜まつた。靜《しつ》まつた氣配を感《かん》じた。ざわめきは退潮して、一瞬沈默《しゆんちんもく》が支配した。內地で映畫《えいぐわ》を見《み》て居るのとは違《ちが》ふ。今此の映畫《えいぐわ》を樂しんで居る兵隊達《へいたいたち》は

明日にでも殪れるかも知れぬ兵隊達《へいたいたち》ばかりである。自分《じぶん》の運命《うんめい》と環境が胸を衝《つ》くからである。私も唇《くちびる》を噛《か》んで、川向ふの敵《てき》に對《たい》する仄々たる敵愾心《てきがいしん》が湧き上るのを感《かん》じた。

それから思ふことには、慰問《ゐもん》の爲に映畫《えいぐわ》を見せて貰《もら》つてこの批判《ひはん》をしたり、理屈を付けたりしては相濟まぬと、外《ほか》の兵隊《へいたい》の如く、からからと笑《わら》はうと思《おも》つた。

スクリーンでは、ラヴシーンが演《えん》じられて居《ゐ》た。

3　捨　吉　譚

——ハイツテヨクアリマスカ。

扉《とびら》の外で聲《こゑ》がした。書類に眼を通《とほ》して居た若い須田副官《すだふくくわん》は、それが何時もの兵隊《へいたい》の野太《のぶと》い聲ではなく、きんきんと疳高《かんだか》いのに氣付《きつ》かず、

——おう、はいれ。

と、眼も上げずに答《こた》へた。

扉《とびら》が開いた。だが何時まで經《た》つても机《つくゑ》の前に立つ人翳《ひとかげ》が無いので、副官《ふくくわん》は初めて書類《しよるゐ》から眼を離した。すると大きな事務机《じむづくゑ》の向ふに、首丈出した小さな顔《かほ》が、凝《じつ》と副官の顔《かほ》を瞶《みつ》めて居《ゐ》た。

——なあんだ、ステ吉《きち》か。

小さな闖入者《ちんにふしや》はそれに答《こた》へず、

——ゴシンコクシマス。

と、嚴《おごそ》かな精《せい》一杯《ぱい》の聲で言ひ、兵隊のやるやうな擧手《きよしゆ》の禮《れい》をしたので、副官はこみ上《あ》げて來《く》る笑を慌《あわ》てて噛《か》み殺し、居《ゐ》ずまいを直《なほ》した。

——ステキナ　グンプクツクツテモラツテ　アリガトゴザイマシタ
少年《せうねん》は視線《しせん》を釘付《くぎづ》けにした儘《まゝ》言ひ放《はな》つた。

——さうか、出來《でき》たか。

副官《ふくくわん》は初めて微笑み、手招《てまね》きした。机の蔭《かげ》から、新《あたら》しい軍服と、帶劍《たいけん》をつけた小さな體が颯爽《さつさう》と現れて來た。

——よう、いいぢやないか。

可愛《かあい》くて堪らないやうに軍服《ぐんぷく》を撫《た》ぜ廻して居た副官《ふくくわん》は、襟章《えりしやう》を見ると忽《たちま》ち笑ひ出《だ》して仕舞つた。

——兵長《へいちやう》の襟章つけとるぢやないか。

——ヘイチヨウ。

と、少年《せうねん》は復誦《ふくしよう》した。

軍服《ぐんぷく》の左胸の片には、「佐本《さほん》　大陸捨吉《たいりくすてきち》」と書かれてあ

つた。

——大陸《たいりく》の捨吉《すてきち》か。

副官は口の中で呟《つぶや》き、何《なに》かしみじみとしたものが、胸《むね》の中《なか》にこみ上《あ》げて來《き》た。

捨吉は孤兒《みなしご》である。外に立派《りつぱ》な名を持《も》つて居るに違《ちが》ひないのだが、誰かゞ大陸《たいりく》の捨吉《すてきち》と呼びならはし、何時《いつ》しかそれが少年《せうねん》の固有《こいう》名詞となつた。ステ吉《きち》と呼べば、ハイ、と答《こた》へるし、意味も知《し》らずに自分《じぶん》でもタイリクステキチと稱《しよう》して居《ゐ》る。名《な》が體《たい》を現すものとすれば、彼《かれ》の此の名前ほど此の子供《こども》の運命を物語《ものがた》つて居るものはあるまい。

捨吉は孤兒《みなしご》である。棄《す》てられた子である。戰爭《せんさう》が彼《かれ》を全く天涯《てんがい》の孤兒にした。此の街に入城《にふじやう》した部隊が、占領直後《ちよくご》の整理に忙《いそが》しかつた頃、部隊宿舎裏《ぶたいしゆくしやうら》の半壞した大木に凭《よ》つて泣號《きふがう》して居る十歳《さい》ばかりの子供があつた。海松《みる》のやうな衣服《いふく》を纒《まと》ひ、跣足《はだし》で、生地も判《わか》らぬ位、顔《かほ》も手も汚れ腐《くさ》れ、それは人間といふより一個の襤褸《ぼろ》であつた。これが捨吉《すてきち》であつた。

兵隊達《へいたいたち》は此の少年を拾《ひろ》つた。その日から捨吉はもう皇軍《くわうぐん》の一員であつた。兵隊達《へいたいたち》に犒《ねぎら》はれ、なかんずく「捨吉の父」と綽名《あだな》された三田上等兵の肉親《にくしん》も及ばぬやうな「世話《せわ》と教育」によつて、捨吉《すてきち》はその健康と明朗《めいらう》さを回復《くわいふく》した。マラリヤで高熱《かうねつ》を發した時《とき》なぞ、三田上等兵は幾晩も附《つ》き切《き》りで看護《かんご》に當つた。洗面器《せんめんき》でしめしたタオルを、心配げに捨吉の小さな頭にあてがふ三田上等兵《たじやうとうへい》と孤兒との繪《ゑ》は、此《こ》の上《うへ》もなく尊《たふと》く美《うつく》しかつたに違ひない。

誰《たれ》もが此の孤兒を愛《あい》した。慰問袋《ゐもんぶくろ》の中に送られて來《く》る紙《かみ》風船《ふうせん》、お菓子《くわし》、雜誌、ありとあらゆるものが、捨吉《すてきち》の小さな寢臺を飾つた。怜悧《れいり》な子供《こども》で、何時《いつ》しか日本語を習ひ覺《おぼ》えた。亂暴《らんぼう》な兵隊の言葉《ことば》も聞き覺《おぼ》えて、

——アマリ　チヤンチユウ　ノムナヨ　フテエマチガヒ

なぞと言《い》つたりするのである。

日本語《につぽんご》の歌なぞも覺えが早《はや》く、演藝會《えんげいくわい》でもあると、その小さな姿を壇上《だんじやう》に現し、

——タイリクノステキチ　ウタヒマス。

と、「愛馬進軍歌《あいばしんぐんか》」でも「愛國行進曲《あいこくかうしんきよく》」でも、「滿洲娘《まんしゆうむすめ》」でも、流暢《りうちやう》に歌つてのけ、兵隊達の喝采《かつさい》を浴《あ》びる。すると得意《とくい》になつた歌ひ手《て》は、聲の嗄れさうになるまで、次から次へと覺《おぼ》えてゐる日本歌を歌《うた》ひ續《つゞ》けるのであつた。

三田上等兵《たじやうとうへい》が炊事班に移《うつ》つてからは、捨吉はその「父親《フーチン》」と起居《ききよ》を共にし、

——カキユウヒン　トリニコイ。

とか、

——テガミ　トリニコイ。

とか各班《かくはん》を觸《ふ》れ歩いて、立派《りつぱ》に一役果《やくは》たすのである。

三田上等兵が毎夜《まいよ》日本語と禮儀《れいぎ》を敎へるので、生徒《せいと》の進歩《しんぽ》は早《はや》く、部隊長に停止《ていし》敬禮する位《くらゐ》のことは見事やつてのけるので、忽《たちま》ち兵隊仲間の人氣者《にんきもの》になり、將校の間《あひだ》でも一つのトピツクたる事《こと》を失《うしな》はず、何時しか部隊長《ぶたいちやう》のペツトにまでなつた。だが捨吉が天眞爛漫《てんしんらんまん》、無邪氣であればあるだけ兵隊達《へいたいたち》の胸には、いぢらしい憐れみと悲《かな》しみのやうなものがにじんで來《く》る。孤子《みなしご》捨吉の運命を語ることは、支那《しな》の歷史《れきし》的《てき》な悲劇《ひげき》と運命を解明《かいめい》することに外《ほか》ならないからだ。

須田副官は、裁縫師《さいほうし》であつたといふ高松上等兵に命《めい》じ、布地《ぬのぢ》の餘《あま》りから小さな軍服を拵《こしら》へさせた。それは樂しい仕事だつたので、裁縫師《さいほうし》は、毎日良民區に出掛《でか》け、熱心《ねつしん》に、軍靴《ぐんくわ》でミシンを踏んだ。軍服は完成《くわんせい》した。第一裝とも言ふべき衣裳《いしやう》に包まれた捨吉《すてきち》は、まるで天下を取つたやうな氣《き》分《ぶん》の中で、こうしてお禮の申告《しんこく》に來たところである。

——立派《りつぱ》だ、いいなあ。

須田副官《すだふくくわん》の一通りの檢分《けんぶん》が畢《をは》ると、捨吉はきちんと擧手《きよしゆ》の敬禮《けいれい》をした。

——タイリクノステキチ　カヘリマス。

可愛《かあい》い聲で言《い》ひ放ち、それから胸《むね》を張つて、意氣揚々《いきやう〱》と出て行つた。若い副官《ふくくわん》は、微笑《びせう》した。そして夥《おびたゞ》しい書類に再《ふたゝ》び眼を通《とほ》し初めた。

4　月明夜襲

——目標《あくへう》、敵の散兵《さんぺい》、三百、射《う》て！

大《おほ》きな號令である。牧上等兵は俄破《がは》と身を起《おこ》した。あちらでも、こちらでも、兵隊達《へいたいたち》が鎌首を擡《もた》げた。

——何《なん》だ。

——敵襲《てきしふ》か。

中《なか》にはもう土間に下りて、卷脚絆《まききやはん》を卷きかけた兵隊《へいたい》もあつた。

屋外は皎々《かう〱》たる十三夜の明月《めいげつ》で、白晝《はくちう》のやうに冴え渡《わた》つて居《ゐ》たが、舍内は眞暗《まつくら》であつた。それでも頻繁《ひんぱん》に敵襲のあ

る地方《ちはう》なので、兵器も装具《さうぐ》も、眼を瞑《つむ》つて居ても握《にぎ》れるやうな所に置《お》いてある。三日前にも今夜と同《おな》じ位の時刻に敵《てき》襲《しふ》が有つた。

——非常呼集《ひじやうこしふ》が有つたか。

牧上等兵はその儘《まゝ》の姿勢《しせい》で耳を傾けた。周邊《しうへん》があまり靜《しづ》か過《す》ぎたからである。

——違《ちが》ふだらう。

——違《ちが》ふよ。

寢入《い》りばなを起された兵隊達《へいたいたち》は、夢の續きを見《み》てゐるやうな朦朧《もうろう》たる腹立たしさで、ざわめき出《だ》した。

——また三上《かみ》の奴《やつ》ぢやないか。

牧上等兵《まきじやうとうへい》は何か思ひ當つたやうに言《い》つて、三上上等兵《かみじやうとうへい》の寢床の方を窺《うかゞ》ふやうにした。微《かす》かな鼾聲《いびきごゑ》が、馬鹿にするやうに聞《きこ》えて來た。どの兵隊《へいたい》も飛起きて身構へて居《ゐ》るのに、たつた一人氣持《きもち》よささうに眠つて居《ゐ》る兵隊《へいたい》が居るのだ。それが三上上等兵《かみじやうとうへい》であつた。

——三上《かみ》の寢言《ねごと》か。

牧上等兵は、忌々しさうに呟《つぶや》いた。

——人騒《ひとさわ》がせな奴《やつ》だ、しやうもない。

三上上等兵《かみじやうとうへい》の寢言は、既に定評《ていひやう》がある。今迄も快《こゝ》ろよい眠《ねむ》りを何回醒《さ》まされたか知《し》れないのである。判つて見《み》ればわざわざ起して文句《もんく》を言《い》ふほどのことはないので、ぶつぶつ呟《つぶや》き乍ら兵隊達は、夜氣に冷えた軀《からだ》を身顫《みぶる》ひさせ、また毛布を引被《ひつかぶ》つた。微《かす》かな話聲《はなしごゑ》がして居たが、夫れもやがて靜《しづ》かになつた頃《ころ》、

——大丈夫《だいぢやうぶ》か、大丈夫か、どつちん飯《めし》が出來《でき》るぞ。

三上上等兵の寢言《ねごと》がまた初《はじ》まつて、牧上等兵はまた眼《め》を醒《さ》まされた。

——五月蠅《うるさ》い奴ぢやな、おい藤田、禁忌《まじなひ》をして遣《や》れ。

——よをし。

と答《こた》へて、寢言の主《ぬし》の傍《かたはら》に寢て居た藤田上等兵は、暗《くら》い中《なか》を手探《てさぐ》りで、三上上等兵の鼻《はな》をつまんだ。

——お殿樣《とのさま》のお通《とほ》り、お殿樣《とのさま》のお通《とほ》り。

警蹕《けいひつ》を掛けるやうに二度ばかり繰り返した。兵隊達《へいたいたち》が毛《まう》布《ふ》の中で、くすくすと笑《わら》ふ。

兵隊達《へいたいたち》はこれをお禁忌《まじなひ》と稱して居る。迫撃砲《はくげきはう》の如きものすさまじい鼾《いびき》でも、此の手を用《もち》ふれば、忽《たちま》ち靜かになること不思議《ふしぎ》である。

三上上等兵《みかみじやうとうへい》の鼾聲《いびき》は鎭靜《ちんせい》した。

兵隊達はやつと安心《あんしん》して、深い眠《ねむ》りに落《お》ちた。

――敵襲《てきしふ》、敵襲《てきしふ》。

牧上等兵は、はつと眼を醒《さ》ました。先刻《せんこく》のことがあるので、半信半疑《はんしんはんぎ》である。

――敵襲《てきしふ》、敵襲《てきしふ》。

低《ひく》いが力の有る聲《こゑ》で、誰《たれ》かゞ兵隊達を起《おこ》して居る。衞兵《ゑいへい》だ。各班を起《おこ》して廻つて居るらしく、何か遽《あはたゞ》しい靴音《くつおと》が、土間《どま》にひゞく。

――ぱん、ぱん、ぱぱん……

銃聲《じゆうせい》がする。夢《ゆめ》ではない。

兵隊達は、飛起《とびお》き、武裝《ぶさう》し初めた。誰《たれ》も一口も利《き》かない。卷脚絆《まききやはん》を卷き、帶劍《たいけん》を緊め、鐵兜《てつかぶと》を負ひ、銃架から小銃《せうじう》を執《と》る。

――だだだだだツ。

輕機《けいき》の音《おと》もし初《はじ》めた。

長い經驗で準備は誰《たれ》よりも早い牧上等兵《まきじやうとうへい》は、手早く武裝《ぶさう》を整《とゝの》へると、警急集合場《けいきふしふがふば》である廣場に駈《か》け付けた。亂れた軍靴《ぐんくわ》の音《おと》が續《つゞ》いた。

牧上等兵が廣場に駈付《かけつ》けた時、其處《そこ》にはもう一人の兵隊《へいたい》が、銃を握《にぎ》つて立つて居た。月《つき》を背にして居《ゐ》るその影は、

――牧《まき》か。

と、低《ひく》く呼《よ》び掛《か》けた。

――うん。

――敵《てき》は三百位だ、輕機《けいき》を二挺《ちやう》持《も》つとる。

先着者《せんちやくしや》は靜かな聲《こゑ》で、數へるやうに言ふ。それが三上上等兵《みかみじやうとうへい》なのである。牧上等兵《まきじやうとうへい》は、いきなり圓匙で腦天《なうてん》を毆られたやうな氣《き》がした。

――ぱん、ひゆうん。

鳴笛《めいてき》のやうな尾《を》を曳いて、流彈《りうだん》が頭上を通《とほ》つた。

――早《はや》いなあ。

思《おも》はず感歎《かんたん》したやうな聲《こゑ》が出た。

――うん。

銃聲《じゆうせい》は頻《しき》りである。

三上上等兵は、次第《しだい》に集つて來《く》る兵隊達を頼《たの》もし氣に眺《なが》め、事《こと》もなげに答《こた》へると、初《はじ》めてのやうに明月を仰ぎ、明るい顏《かほ》で笑《わら》つた。

5　寫眞機

「牝鶏《めんどり》ノ晨《あした》」といふ言葉《ことは》が示す通《とほ》り、支那に於《お》ける女性《ぢよせい》の權力《けんりよく》にはまことに侮り難いものがある。「傾國《けいこく》」、「傾城《けいじやう》」なぞといふ怖《おそ》ろしい言葉《ことは》は、總べて支那《しな》から傳到して來たもので、我が國の婦德《ふとく》は、おろそかにそれを許容《きよよう》しはしなかつた筈《はず》である。現代抗日支那政權《しなせいけん》の運命は、總べて、宋《そう》家《け》三姉妹《しまい》の閨閥《けいばつ》によつて左右されて居ると傳《つた》へられる。孔孟の國《くに》の子女が、その幼時《えうじ》から教誨《けうくわい》される「女子經」の如《ごと》きは、文字通《もじどほ》り論語讀みの論語識《ろんごし》らずに畢《をは》つて仕舞ふのであらうか。

閑話休題《それはさておき》、山坡の街《まち》では今日も夫婦喧嘩《けんくわ》が始《はじ》まつた。それが起らねば一日の日課が終《をは》りを告《つ》げないと約束《やくそく》されてでも居《ゐ》るやうに、一日《にち》に一度以上は、必ず街《まち》の何處かで、姦《かしま》しい罵《のゝし》り聲《ごゑ》のしないことはないのである。區長《くちやう》の張光鎭氏にしても、副區長の李長書《りちやうしよ》氏にしても、公務ならぬ此《こ》の市《し》井事《せいじ》を如何に取裁《とりさば》くかが、大きな頭痛《づつう》の種《たね》であつた。下手をすると、家内の事件《じけん》が、街《まち》の一大事件に發展する懼《おそ》れが多分《たぶん》にあるからである。

今日の震源地《しんげんち》は、上街頭の李作林《りさくりん》の家である。原因《げんいん》は何時も取るに足《た》りぬことで、女房の面子《めんつ》を立《た》ててやるといふことだけが、不動《ふどう》の結論《けつろん》である。悠長《いうちやう》な街民は、時間潰《じかんつぶ》しの觀物を樂しむやうに、眞黑《まつくろ》な人墻《ひとがき》を作り、誰《たれ》も止めやうとはしない。

李作林は溫順な男《をとこ》であるが、堪《た》えかねたと見え、今日《けふ》は女房《にようばう》の頭を一つ毆《なぐ》つたさうである。女房《にようばう》の李姜氏は半狂亂《はんきやうらん》になつて、矢庭《やには》に薪で夫《をつと》の頭《あたま》を毆り付けた。皮膚《ひふ》が破れ、血《ち》がだらだらと流《なが》れた。李作林は血塗《ちまみ》れになり女房の髮《かみ》を摑み、二人は猛獸《まうじう》の如く格鬪《かくとう》した。力持ちの女房は、亭主を竈《かまど》の傍に突《つ》き飛《と》ばした。

この時、やつと止め手が這入《はい》つた。警察の警士《けいし》彭和林で、彼《かれ》は潮時《しほどき》を見計つて居たのだ。女《をんな》の方も止め手が現《あらは》れた。隣家の女房《にようばう》彭雲氏で、彼女《かのぢよ》は口汚く罵《のゝし》りつゞける李姜氏を抱き止めて宥《なだ》めた。すると二、三人止め手が殖《ふ》え、各々當事者達を鎭《しづ》めに掛《かゝ》つた。抱《だ》き止められ乍ら、敵意を持つ不幸《ふかう》な亭主と女房は、機關銃《くわんじゆう》のやうに惡罵《あくば》を投げ合つた。觀衆《くわんしゆう》はげらげらと笑《わら》つた。

李姜氏は一層かつとなり、誰《たれ》も哀《あは》れな自分に同情《どうじやう》しないと、抱《だ》き手をふり切《き》り道路上《だうろじやう》に出ると、兩手で髮《かみ》を掻き挘《むし》り、ぼろぼろ涙《なみだ》を流し乍ら、じだんだ踏《ふ》んで、亭主《ていしゆ》の横暴を觀衆《くわんしゆう》に訴へた。これが、女房《にようばう》が何時も勝を占める夫婦《ふうふ》喧嘩の最後の手段《しゆだん》で、こゝまで來ると、亭主《ていしゆ》の方は居たたまらなくなつて、こそこそ逃《に》げ隱《かく》れるか、簡單に狡猾《かうくわつ》に、謝《あやま》つて仕無《しよ》より術《すべ》が無いのである。

再び彭雲氏は、大仰な身振《みぶ》りで宣傳《せんでん》する李姜氏を宥《なだ》め、家《いへ》の中《なか》に連れ込《こ》まうとした。だが怖ろしい女房《にようばう》は圖に乘つて、喚《わめ》き續《つゞ》けた。手が付《つ》けられぬとはこんな狀態を言《い》ふのであらう。

宣撫班《せんぶはん》の緒方上等兵が、偶〻《たまたま》そこを通り掛《かゝ》つた時には、戰況はこんな風《ふう》であつた。そつと群衆《ぐんしゆう》に隱れて成行を見守《みまも》つて居《ゐ》た小膽な副區長《ふくくちやう》の李長書氏は、救ひの神《かみ》を見付けたやうに、早速《さつそく》緒方上等兵を捕《とら》へ、ぷつぷつと唾《つば》きを飛《と》ばせ乍《なが》ら、仲裁方を賴《たの》み込《こ》むのであつた。

緒方上等兵《をがたじやうとうへい》は笑を嚙み殺《ころ》して聞《き》いて居たが、暫《しばら》くすると、

——よし。

と、大きく頷《うなづ》き、人墻《ひとがき》を分けて、修羅場《しゆらば》に姿を現《あらは》した。

——緒方先生《をがたせんせい》。

——緒方先生《をがたせんせい》。

——先生《せんせい》來了。

群衆《ぐんしゆう》は波のやうにざわめき、新《あら》たな登場者《とうぢやうしや》が、事件《じけん》を如《ど》何《う》裁《さば》くかと、興味《きようみ》を深め乍ら固唾を吞《の》んで見守つた。

泣き叫《さけ》ぶ女房は、軍服姿《ぐんぷくすがた》の緒方上等兵の姿を見《み》ても、ちつとも怯《ひる》むことなく、叫號を續《つゞ》けた。

——宣撫班《せんぶはん》的緒方先生《をがたせんせい》來了。

彭雲氏が囃《はや》いたが無駄《むだ》であつた。

緒方上等兵《をがたじやうとうへい》は、凝《じつ》と李姜氏の狂態を瞶《みつ》めて居《ゐ》た。それから肩に掛けて居た寫眞器《しやしんき》を靜かに下《おろ》し、靜かにそれを眼《め》の高《たか》さにあげ、李姜氏を狙《ねら》つてピントを合《あは》せ初《はじ》めた。

——照片《せうへん》。

——照片《せうへん》。

民衆《みんしゆう》はどつと笑つた。波《なみ》のやうに搖《ゆ》れて笑《わら》つた。緒方上等兵は、正《まさ》にシャツターを切《き》らうとした。

李姜氏は、ぎよつとしたやうに罵《のゝ》りを止め、恰《あたか》も怖《おそ》ろしい武器《ぶき》を避《さ》けるやうに、片手《かたて》を顏の前で振《ふ》り、二三歩退《さが》つた。自分の喚《わ》き騷《さわ》ぐ醜惡な顏を、鏡《かゞみ》に映《うつ》された人間のやうに。

人々《ひとびと》はまたどつと笑《わら》つた。

犠牲者は、歪《ゆが》んだ顔をして、この近代的《きんだいてき》な機械を睨《にら》んだ。流石《さすが》傲岸《がうがん》な彼女も、自分の半狂亂《はんきやうらん》な姿を永久に殘して貰《もら》ふほど、厚顔《あつかま》しくはなかつた。

また一歩退いた。追《おひ》つめるやうに、緒方《をがた》上等兵は一歩進《すゝ》んだ。

突然《とつぜん》李姜氏は飛鳥《ひてう》の如く身を翻《ひるが》へし、自分の家《いへ》の前《まへ》まで逃れ、そこで振返《ふりかへ》つてまた寫眞機を睨《にら》んだ。今にも泣《な》きさうな顔《かほ》であつた。それから閾《しきゐ》を跳り越えて、屋内《をくない》に姿を消《け》した。吻《ほつ》と安堵《あんど》したやうに、彭雲氏がその後《あと》を追《お》つた。

群衆《ぐんしゆう》は、どつと、鯨波《とき》の如く笑《わら》つた。

緒方上等兵《じやうとうへい》は、ゆつくりカメラを下《お》ろし、初《はじ》めて可笑《をか》しさうに、あはははははは……と、腹《はら》を揺《ゆす》つて笑《わら》つたのである。

日本の外

★戰費一日一億圓

英蘭銀行總裁モンターギユ・ノーマンはラジオ放送をして、英國の戰費は一日當一千三百萬ポンドであると語つた（十月十日現在）。

租稅並びに一般收入はそのうち僅かに五百萬ポンドで、他は公債其の他に依るものである。その結果は惡性インフレに陷る恐れ濃厚であると、ノーマンは國民の消費抑制への協力を强調してゐる。

★メキシコへ米の人絹

ニューヨークの信ず可き筋からの情報は、米、墨間に新協定が結ばれ、米國はメキシコへ、向ふ三ケ月分の人絹糸を供給する事を約束した。

★家長選擧制

佛西國境、ピレネー山中にある世界最小、最古の共和國アンドラでは、最近、普通選擧制を廢止し、家長選擧制を採用した。理由は普通選擧は家族制度を破壞すると云ふので、今回の改正は、佛國ペタン首席、スペインフランコ將軍の代表が立合ひの下に決定され、同時に同國在住の第三國人の立退が要求された。

★家政婦難

英國の上、中流家庭になくてはならぬ家政婦が、いづれも看護婦の免狀を持つてゐる爲に、どしどし召集され、奥さん連中は、結婚以來初めて子供の世話を燒かざるを得なくなつた。

なかには、これまで馬鹿にしてゐた公立託兒所へあづける有閑夫人もあり、新聞には、家政婦を求む、當方家族二人、女中四人あり。などゝいつた廣告が多く、家政婦はこの廣告のような、樂な家庭を選り好みして、奥さん連を困らせてゐる。

★流線型の大本營

廣大なるソ聯領内の占領地帶の涯から涯を馳けめぐる獨機甲軍團を統卒する總統大本營の所在は、電擊戰にふさはしい速度と能率に惠まれてゐる。それは六輛編成の流線型特別列車で、あらゆる近代科學の粹が凝らされ、昨日は黑海を臨む南部戰線にあるかと思へば、今日はバルチック沿岸をレニングラードの第一線近くへ走つて行く。

ヒツトラー總統並びに幕僚はこの中に起居して作戰を練り、ディートリッヒ新聞長官に率ひられた記者達まで、有力な宣傳戰の兵士として乘り込んでゐる。

長い深綠色の客車が六輛ドイツ國有鐵道の標識をつけてゐる。前後は裝甲車が護衞し、あらゆる設備のうち、特に注目すべきは、通信機關で、有線、無線電話の機能はドイツ科學の最高峰を行くものがあり、どんな寒村に止まつた時にも、ベルリン其他と連絡するのに六秒以上はかゝらないといはれる。

ヒツトラー總統は寢室、浴室付の車輛に起居し、重要會議はすべて、車内の會議室で行はれる。最後部車輛にはギヤレーヂがあつて、乘用、貨物自動車が格納してある。

これまでも、列車を司令部としたものは珍らしくなかつたが、多くは、移動する間汽車に乗つたといふ程度で、司令部としての機能を高度に發揮した例はあまりなかつた。

その點、「總統大本營」はこの種移動司令部に近代科學の武裝を施した、劃期的のものであらう。

★桐油の話

桐油は支那の特產物で、重要輸出品である。その特性は乾燥が早い事と、强度の耐水性で、用途は非常に廣い。特に軍需資材として、アメリカなどでは、なくてはならぬものである。

アメリカでは、銃砲並彈丸の塗裝、天幕、車輛履、自動車のブレーキ・ライニング、電氣用品の絶緣用、インキ、石鹼、レインコートの防水劑などに使用してゐたが、事變以來、對米輸出が減少し、今では軍需用にも事缺くに至つたので、非常にあはてゝゐる。

事變前一ポンド僅か九セントだつたのが、今では三十二セントに暴騰してゐる。しかも、荷物は絶えざる援蔣にも拘はらず、減少するばかりで昨年三千三百八十五萬ポンドあつたのが、今年は僅か八百五十六萬ポンドになつてしまつたので、米國農務省では、最近、いよいよ、桐油の國內生產を試みる事になり、南部六洲に種子を蒔き、試作する一方、代用品の製產に輪車をかける事となつた。

前者はミシシッピイ、アラバマ、ジョージア、ルイジアナ、テキサス及びフロリダ洲の西北部等の亞熱帶地域に亘つたが、第一の試作は失敗に終つた。辛うじてフロリダ洲立農事試驗場が栽培に成功した。これを最初とし、最近ではどうやらものになり、ミシシッピイ洲パール河流域、其他南部諸州に稍本格的な農園が出來てゐるが、全米の需要を滿たすには至つてゐない。

代用品の方は、高度耐水性塗料の研究に全力を注いでゐる。最近、これも桐油に劣らない製品が出來て、全米のペンキ業者の八十五パーセントが、使用してゐるが、軍用として何の程度に使用出來るか疑問である。

★靴下修繕成金

對日資金凍結の双刃の刀で傷ついた米國の新風景　。かけがえのない貴重な日本產生糸の靴下を、これまで、履き捨てゝゐたヤンキーガールは、最後まで修繕しようと決心した。

そこで絹靴下修繕器械と稱する物が續出、小は家庭用の簡單なものから、大はデパート等の營業用機械に至るまで、數百種、その何れもが、大した賣行で、絹靴下修繕機成金が澤山現はれてゐる。

★南阿軍備に狂奔

孤城落日の英本國危し　吾等もぢつとして居れぬ。と、南阿聯邦も戰時體制をいよいよ强固にしてゐる。既に、御多分に漏れず、物價は急騰し、物資缺乏はひどくなつてゐる。

これまで大量に輸入されてゐた安價優良な日本品がぱつたり止まり、代つて米國品が幅を利かしてゐる。ケープ港には軍需品を滿載した船が群集してゐる。アフリカ土民兵はシンガポール方面へ輸送されて、街に姿を沒し、本國兵が新らしく部署についてゐる。

南阿政界の一部には、アフリカはアフリカ自身で守れ、本國の助けは要らぬと、過去三十年來主張する者もあるが、アフリカ土民兵を英領各地へ多數送り出す事には、皆反對であるらしい。

國防

空襲警報が發令されたら

各自沈着に、手早く、次の處置を採る。

1、一切の火元を始末し、ガスは元栓を閉める。

2、あらゆる容器に水を滿しておく。

3、莚、叺、ゴザ類、火叩きに水を充分浸しておく。

4、ホースがあれば水道栓に取つける。

5、隣家に接した雨戸や硝子戸は延燒防止のため閉める

6、家中のフスマや障子を外し邪魔にならぬ樣にする。

7、防空活動の出來ない者は豫め打合せた通りにする。

8、家財道具は絶對に戸外に持出さぬこと。

9、作業服に着かへる。

と「時局防空必携」に例示す。

沈着、冷靜、武士の母曰く、如何なる場合でも取亂すな未練な振舞ひすな。

忠義とは死ぬことなり。

武士道精神貫し。

敵機粉砕の體當り

とノモンハン事件の空の豪傑松村部隊長語る。敵機の重圍に陷り、彈藥つき、群がる敵機に體當りを喰はせ、敵機を粉碎擊墜す。

川中島の戰勇し。

而も之は勇しきこと、世界に絶す。

米、商船武裝案可決す

かくて米國は參戰へと進む。支那の基地を米使用を要求。米艦隊一部星港へ入らんとすの報道あり。世は忙し。

報道戦線の華

高田特派員、戰場で散る
秋吹く風に花は散り
凱歌の蔭に蟲は鳴く
湖南の空に殉國の
血潮を染めたペン一つ
忠魂死なずなほ生きて
報道陣の華となる
今こそ頌へこの武勳
壯烈高田特派員
壯烈高田特派員(島田氏作)

佛蘭西人口激減す

ヴイシー政府は、十月十二日、一九四一年四月一日現在の佛蘭西全人口を三千九百三十萬二千五百十一人と發表せり。

一九三六年八月八日調査では、佛全人口三千九百九十九萬一千四百二十九人、五年間に六十八萬八千九百十八人の減少、サウビーに依れば、佛蘭西は今後四十年經たぬうちに二千九百萬人以下とならん。

或はまた推計して曰く、五十年後には佛蘭西人口は五、六百萬人に減少せんと。

白粉と口紅と、而して享樂を追ふもの、少國民を產むことを欲せざる女の國は、かくの如く人口減退す。

人口の增減は、以て國家を興亡せしむ。昔は此國の宰相コルベール出て、王國の偉大は大人口に依りて決すと宣言す。而して强烈なる政策を强化し、王國爲に興る。

現代の佛蘭西人は、コルベールを忘却せり。政爭と美女とスパイ、墮胎、紅燈下、美酒薫る。動員令發して兵員少きを悟る。マジノ破れ、共和佛國亡ぶ。

衣服更生運動の想ひ出

山野千枝子

眞似事だつた洋裝

十數年間、和服生地の洋裝化を叫び、其の實行方法として箪笥の中に死藏された着物を更生させる運動に熱中してきた經路を申上げ、何かの御參考に供し度いと存じます。

申す迄もなく總て服裝は着る人の體格と生活を土臺とし、其上にその國柄と風土、人情、習慣等を度外しては全然生命のないものと思ひます。

從來洋裝といへば生地は舶來、スタイルはフアツシヨンブツクからといつた風のものが、最も高級として幅をきかせて居たものでございましたが、何故か私には、ぴつたり來ぬものがあり色々考へてみると、それは單なる外人の模倣に過ぎず少しもオリヂナルといふものをもたぬ、いはば眞の正しい服裝といふ點からみると全く外道に走つて居つたといふことが出來ると思ひます。

今から十八年前十ケ年の亞米利加生活を經て、母國に歸りましてそれ迄氣がつかなかつた日本織物の世界的に最も優れてゐる事を知らされた私は、先づその素晴らしさに目を見張りました。そして當時、持ち歸つた米國仕立の服裝の儘で暮すことの何となく周圍とぴつたり來ぬものを發見して、日本の織物でドレスを作る事を考へついたのが、そもそもの初りでした。

然し洋裝といへば廣巾で裁斷するのが原則みたいに思ひ込んで居るので、中々普通の仕立屋さんはいゝ顏をしてくれませぬ、「まあ今に見てゐらつしやい、吃度日本の着尺で洋裝を作る時代が來るに違ひないから、そうしたら貴方なんかその大先輩になれるんぢやありませんか」などと、おだてたり、すかしたりしては激勵し乍ら種々研究致しておりましたが、先づ問題になりましたのは、生地、圖案、色彩の點に於て有合せのものから、手當り次第に手をつけるわけにゆかず、出來る丈け洋裝に相應しいものを選び出すのに苦心致しました。

女と着物と生活と

華美な洋裝から急轉廻して澁い大島の和服に興味を持ち出した私の箪笥には、同じ様な柄行きの―中年向きの大島ですので―着物が何枚も出來てしまひ「勿體ないナ？」と思ふと同時に「あゝ左樣だ!! 大島こそ絶好の洋裝生地である」と氣がついたのでした。

色合といひ手ざはりといひ、小幅で柄ゆきの裁斷しても繼目のわからぬ點等、理想的のものとおもひ、取敢へず訪問着用のスーツを作つてみましたところ、大島獨特の氣品と澁さが加はつて普通の洋裝では想像も及ばぬレフアインされた物が出來上りました。

此處で私は考へたのです、女と着物とは離す可からざる關係をもつてゐて、氣に入つた着物であるとどうしてもそればかり着て、すりきれる迄も離したくない執着を持つ、と云つてそれならそれ一枚でよいかといふと、どう致しまして決して着物一枚つきりで濟される女の人なんて恐らく世の中には居ないだらうと斷言してもよい位大多數は着物の數を持ちたがるのが女の特性である以上、これはどうしてもこの心理をもつとも有意義に、しかも無駄なく生かす爲にも、箪笥に死藏されてゐる着物を取り出し新しい感覺を盛り込んだ洋裝に直して新生命を打込む……といふと馬鹿に素晴しいですが和洋兩樣の生活をほしいままに出來得る近代人の特權として、服裝の上にもそうした工夫による豐富な暮し方はとても意義があると思つたのです。

大妻女史に敎へられる

それに、多年直線的裁ち方でいつでも縫ひ合せる事の出來る和服裁ちならば、どんな上等の生地にも平氣で鋏を入れられる婦人達が、如何に氣に入つた反物があつたからとて、そう大膽にズバ〳〵と曲線裁ちの洋裁材料にはなれぬであらう事をもやはり女の一人である私にはわかるので、それには何としてもこうした、つまり着古したもの、あきたもの、着物として失敗したもの等々箪笥に死藏してゐるものの中から取り出して、それぞれに相應しい更生服を作り出す事は、社會的に見ても、國家的に見ても有意義だと思つたのです。

丁度その時國產品愛用協會といふものが生れ、或る日その座談會に招ばれましたので、例の大島のスーツを着て出席致しましたところ偶然にも隣りにおられた大妻コタカ女史から意外のお言葉を戴き、私として生涯忘れる事の出來ない深い感銘を與へられたのでございます。「私は山野さんてとてもハイカラで手のつけられない人だとばかり思つてましたが、今晚のこの大島の洋服ですつかり見直しましたョ」物の數は仰言いませんでしたが如何にも親しみ深く肩を叩いて仰せられた時には全く敎へられました。服裝が如何にその人の人格を表徵するものであるかといふ事を。

更にもう一つ私が日本の高級織物を以て洋裝化せんとした意圖には別の理由がありました。幼い時に貿易商の家に育ち紐育でも其の方の店を持つておりました私にとつては、何でも日本の品物を賣つて弗を取る。所謂今の言葉で云ふと外貨獲得を以つて職域報國といふ心持ちが自然の中に培はれておりましたので、従來輸出向きといへば極めて安物のシルクしか出てない折柄、今後は此の他國に比類のない日本獨得の豪華な絹織物を、輸出さすべきであり、それには何といつても先づ内地で充分洋裝生地としてこなしてからにしなくてはならない。そうしてこれを企業地の人々に理解させた上で婦人服向きに染織さすべきであると、誰に頼まれた譯でもなく、專門の仕事でもないのに、妙に夢中になつて、此の運動に沒頭しはじめたのです、それには幸、當時私の發行してゐるウキンビユーテイ（もとの美容、髮型）の特輯記事として毎號これを以つて研究、發表、世に問ふことに致しました。

理論より先づ實踐

最初、とりあげたのはセルでした。セルは、着る季節が一番短期間であるのに、春と秋と年二回づつ新柄が出るため、段々とセルの需要がへつてきて、產地其他が行きづまつて來たといふことを耳にし、これは面白い、先づ手始めにそのセルから實行して見ませうと計畫いたしました。セルは廣巾でこれを洋裝にすれば、眞夏以外殆んど一年間着用出來る事、婦人服には勿論子供服、仕事服に濕度の高い我が國には好適の品と思つたのです。幸ひこうした運動には非常に理解のある丸江商店から洋犬セル十反の寄贈をうけましたので、杉野芳子、鹽澤沙阿、淺岡仲子、マスケート氏等に依囑しこれを高田せい子、天草みどり、松島詩子さん達に着て頂き、尾西組合の幹部連をはじめ、問屋デパートの方々をお招きして發表致しましたところ、これがあの着尺ですかと、驚異の目をみはられたものでした。併し事變に入りましてから洋毛使用は遠慮しなくてはなりませんので、次には大衆的で美しく、丈夫な點でも一番の銘仙に目をつけました。

大島ではとても一般的でなし、つくり度い方は各自にまかせる事にして……。

時恰も、ハワイから洋裁組合の二世連が三十名も來朝致しましたので、銘仙の海外輸出をねらふと同時に、船來ならでは氣のすまぬ一部のモダン令孃達の目を覺すに絶好のチヤンスとおもひ、此の人々に銘仙のドレス布地を贈る運動をおこし、それによつて彼の地の婦人服を作りその寫眞を逆輸入して外人でさへ日本の銘仙を着てゐるといふ事を知らさせやうと思ひ、先づ其のための大座談會を開催しました。（昭和十三年五月日本橋白木屋で）此の時、ハワイの洋裁家の他に吾が洋裁家聯盟（今の服飾家聯盟）よりも十八の洋裁學校長が參加し、銘仙一反母子ドレスのスローガンをかかげて、大々的の座談會、發表會でございました。

銅像になりそこねた私

ちよつと、此處で一筆入れさせて頂きますが、最初この銘仙の寄贈方を各產地にたのみに參りました時、やはり廣巾でなくては出來ぬといふ觀念にとらはれてゐる產地の人々は私を、單に「物好きな！」位にしかあしらつてくれず、萬一銘仙の洋服がそんなに流行して來たら、伊勢崎に胸像を建てますヨ、足利からは、足臺を寄附しませう、と迄いはれたのが、驚くなかれたつた三年前の事なんです。

私はどうしても前述の理想を實現するためには、實行にしくはなしとおもひ、一晩考へた末に、フト頭に浮んだのは「銘仙一反母子ドレス」のスローガンです。それ迄は、「これ着物から直したんです」と云つて私の更生服を見せますと、皆、異句同音に「ヘエ？　一反で洋服が出來ますかネ」とくるんです。そこで、どれ丈の用尺が必要かといふ事を知らせると同時に、尺賣り出來ぬ反物から、何枚とれるかといふ事を知らせる必要があると思ひ、大人物をたつぷりとれば、子供物は簡單に、その反對に子供が、大きければ大人物は、簡單な型を選べば完全に銘仙一反母子ドレスは成立する譯なので、このスローガンをたてました次第です。（中央蠶糸會ではこれに贊同してこのスローガンをポスターにして一萬枚も各地にまいてくれました）

大座談會の席上、産地の人々をアツと云はせたのは、立派な銘仙ドレスを着た十八組の母子人形がズラリと現はれた事。續いて製作者各自が與へられた材料の銘仙について、それらの産地別に（足利、八王子、伊勢崎、秩父等々）出來上つた人形のドレス試作に當つての感想、希望を述べ、將來洋裝地としての銘仙進出のために大いに氣を吐いて貰ひました。

實を結んだ母子ドレス

此の間私は各産地に出張して圖案展覽會や講演會等に出席し、一日も早く銘仙の廣巾（小巾でも充分出來るが無駄が出るので、理想としては、やはり廣巾に越した事はない）が出て、メーター賣りの出來るよう努力致しましたが、例の座談會後産地でも大變理解がついて來て次のシーズンには立派な洋裝向きデザインや廣巾銘仙が店頭に出るやうになつたのは本當に嬉しうございました。

畏れ多くも、秩父宮、高松宮、竹田宮、李王家の御四宮家に對し奉り、銘仙の洋裝化を、一層効果あらしめるため、足利、伊勢崎、秩父八王子の四大産地とはかり、特選銘仙の獻上方を申出でました處、御嘉納あらせられましたことも、この切で御座いました。

更生服の記事を書く樣命令されましたのに、どうも脱線してしまつて申譯ありませんでした。しかし更生服の更生服らしいのはやはり魅力はありません。やつぱりどことなしにすつきりとあくぬけがしてなくては、誰も喜んで着ません　その意味で私共トツプを切る者達はフト見てい丶なとおもはせる樣な美觀の件はぬ作品は、迫力が少いので、とかく新しい織物を作つて運動しておりますが、實際の目的は皆樣にこれでヒントを得て頂いて、各自宅にある死藏品を活用して頂くのが目的なのですから何卒お間違ひ下さいませぬ樣に願ひます。

とやかく致しております中或る日、東日學藝部の井澤眞太郎氏の御來訪を受け「山野さん、いよいよあなたの夢を實現する時がきましたヨ」といつて「此の度、社の主催で全國から、更生服を懸賞募集することになつた」との仰せ、いよ〳〵來るところへ來たと思つたら胸が一杯になつてしまひした。嬉しくつて、嬉しくつて……。でもその時はまだ一般的にそれに應じて果して何枚送つて來るだらうかといふ懸念の聲が社內でさへあつた位だそうですから、全く一般的ではなかつたのですが……蓋を開けて見ると、審査に立たれた久米正雄氏、吉屋信子女史その他の權威者方でさへ中々甲、乙がつけられぬ位、素晴らしい試作品が二百點も集つたのは實に意外でありました。

生き返つたおばあさん

農村の家庭から、長男が着て、次男が着

て三男が着てボロ〳〵になつたのをよいところだけ取つて作つたといふ紺がすりのワンピース、おばあさんの黄八の着物のお古で、おぢいさんの下着を作り、それのお古をバイヤスに使つた小粋なドレスがあつたり、今は昔の流行兒、すきやや縦絽のドレスコート等、今としては珍らしくもないがその時には皆、吃驚する樣な素晴らしい作品づくめで日本の婦人の頭は使ふほどよくなるのだナと思つた程でした。やがてそれらの入選作品が、日劇スターの着用に依つて、東日紙上に連載されるや、銀座街は何時の間にか、更生服大威張りの時代を現出するに至りました、といつても決して過言ではないと思ひます。論より證據今から四年前の銀座でそんな人を發見した方がありますか、もしあつたとしたら、極く少數(否、數へる程もないでせう)か、さもなくば、大きなハゲかかつた鞄にダブ〳〵の靴をはいた樣な、お年寄りの人か、或はミツションスクールの外人老教師位でせう。それが、俄然、十三年の秋頃から此の方は、颯爽としたスマートな令孃達から職業婦人の方々迄、母君の召され給ふたに違ひない小柄の銘仙やお召し等を實によく身についた服裝に更生化さし、「廢物利用なんて胃潰よ」といつた樣な顔をして歩いて行くのを見ると、身の中がゾク〳〵する程嬉しくなつて、私はじーつと後姿を拜んでしまふ事がありますくらひでした。全く隔世の感とは此の事をいふのでせう。

繼子から嫡子へ

以上、つまらぬ事を長々書きましたが、要するに、これからはもう大手を振つて、更生服を着られる時が來たので、後は品物の値打ちより、其の考案、否着想の巧拙の如何によつて、競争される事になるんぢやないでせうか、こうなるとまだ品物の價値より、腦力の價値が問題になるので、持てるもの、持たざるものゝ區別なく、よい生活が出來る譯ではないでせうか。

茲までは大體洋裝を主體として申して參りましたが、いよ〳〵婦人標準服が決定されると、當分の中は、恐らく和服調の洋裝と洋裝調の和服が擡頭する事とおもひますが、そうなつて來ると、いよ〳〵自由奔倣な、和、洋兩用に捉はれぬ更生服の活躍時代となり何も新しい生地でなくとも、再製品から、藝術的な服裝が生れ出るに違ひないと思ひます。

先日、歌舞伎座で、藤間勘園さんの演じた加賀の千代の衣裳、それは舞ふ人の美しい姿態も手傳つた事でせうが、袖と衿と裾とを、全然別の布地で、上手に繼ぎ合せたあの素晴らしい配色、帶巾、袖丈も皆標準服の規定に合格の寸法で、最近見た幾多の標準服に向つての協力試作品の遠く及ばぬ美しさに(勿論美しいばかりがねらひではないけれど)私は暫く我を忘れて呆然としてしまひました

流行はかへるといふ。しかし時代の香りは違ふ筈、あの時代の着物に殘る美しさ、それに近いものをあなた方の簞笥の中から選び出して、何卒よりよい工夫をこらし、時局下便利、經濟、衞生的、健實にして、しかも優美さを忘れぬものを、御創作されん事を切望致します。

(筆者は日本服飾家聯盟理事)

技術解説

襟を中心として

佐藤宰

襟は國民服の生命である。その機能性と美的要素とを最高度に發揮させてこそ、國民服は生きて來るのである。ヨレヨレの襟、クシヤクシヤの首筋、立折襟にすると引つつれて來る樣な國民服は、ほんとの意味の國民服ではない。

國民服甲號の襟は、立折襟式開襟、卽ち儀式の場合には禮裝用として、卽座に立折襟ともなし得る特徴を具備した兩用の襟ですが、襟の製作が非常に難しいやうに考へられて居るのは從來の背廣服襟の構成をそのまゝに應用加工するからです。國民服の襟は背廣服の襟とは根本的にその構成が違つてゐます。それで從來の背廣襟のようにしたのでは、非常に不合理であり、自然製作に無理が生じて來ますが、それと反對に「コツ」が分ると割合簡單に出來るのです。

先づ、製圖によつて襟刳の割出しから研究して見たいと思ひます、第一に「ネツクポイント」の見出し方です。これは上衣全體の均衡をとる上に、絕對的な要點の一つで、一般洋服の場合でも實寸に依る型紙製作には、最も難事とされて居る基點ですが、國民服は次のやうな割出方法が良いと思ひます。

1、2　基度(上胴半度)の六分の一
3、1　上胴線と背縫線との交點
4、3　前面寸法(取寸に二吋加へたもの)
5、3　基度に三吋¼を加へたもの
6、5　打合せ¾吋
7　5から¼吋
8　4、7間の中央
9、4　1、2間と同寸
10　8の直上線上に9より前肩寸法の取寸に¾吋加へた斜線との交點
11、10　基度の八分の一
12　8、10の直角線と5直上線との交點
13、12　基度の六分の一に¼吋加へたもの
14、11　基度の六分の一に⅞吋加ふ
15、2　2より¾吋上る

襟

イ、10　⅞吋
イ、ロ　襟ミチ寸法、卽ち1より¼吋下りたる點より15までの後襟刳に¼吋加へたもの
ロ、ハ　一吋
イ、ハ　イ、ロ間と同寸
ニ、ハ　襟腰一吋½にしてイ、ハ、直角線上に求む
ホ　襟刳とニとを結び、ニより直角線を上方に設けハ、ホ間は後襟巾二吋にして直角線より⅜吋開いた點

（第一圖）

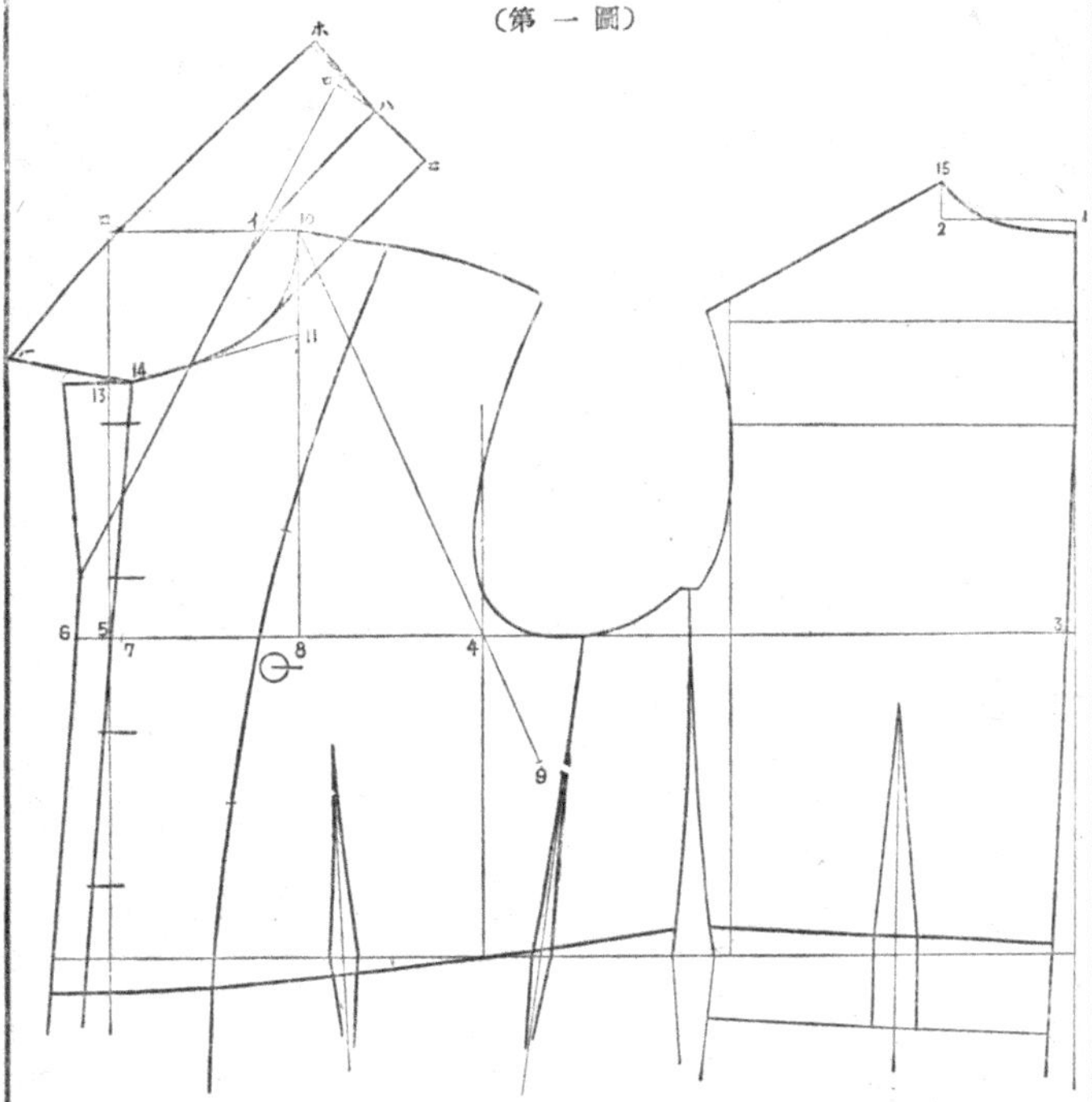

へ、14　二吋¾襟きざみは返襟先で¼吋

各點を結んで襟刳及び襟型が出來ます

襟芯はしつかりしたものを一枚入れて、襟腰はミシン刺にしますが、他の部分は手刺でも又はミシン刺でもよいと思ひます。次に襟刳をのばさぬ樣に注意して地襟を附けて下さい。

襟腰は千鳥縫又はまつり縫どちらでもよいのです。襟山にそつと折目を附け、肩に當る部分で襟端がつれぬやうに延しますがすでに襟型の割出しが兩用に出來るやうになつて居ますから、あまり極端に癖をとる必要はないわけです。

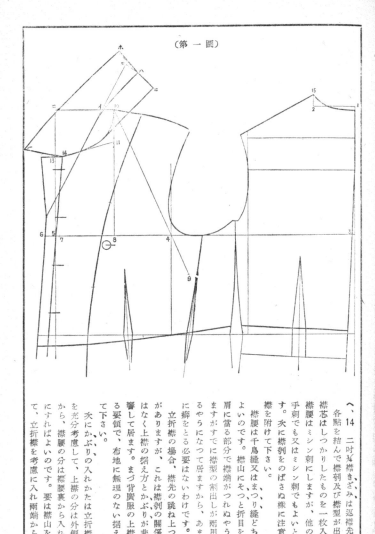

立折襟の場合、襟先の跳ね上つたものがありますが、これは襟刳の關係だけではなく上襟の据え方とかぶりが非常に影響して居ます。まづ背廣服の上襟を据える要領で、布地に無理のない据え方をして下さい。

次にかぶりの入れかたは立折襟の場合を充分考慮して、上襟の分は外側(襟端)から、襟腰の分は襟腰裏から入れるやうにすればよいのです。要は襟山を境にして、立折襟を考慮に入れ兩端から充分に

（第二圖）

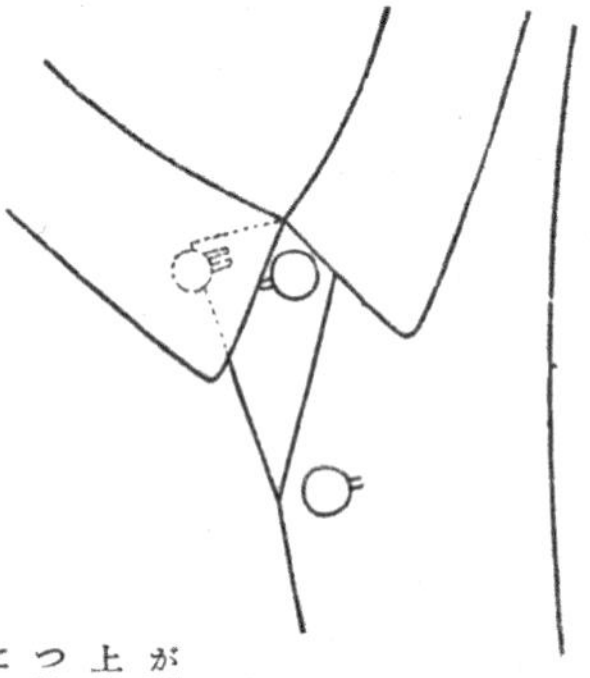

（第三圖）

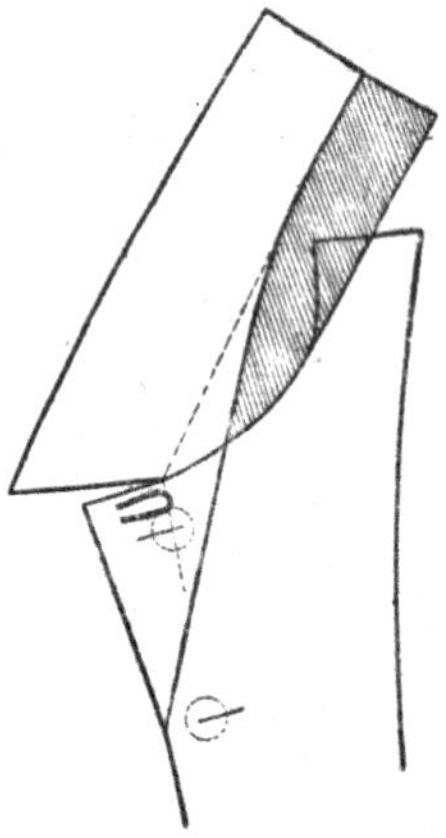

（第四圖）

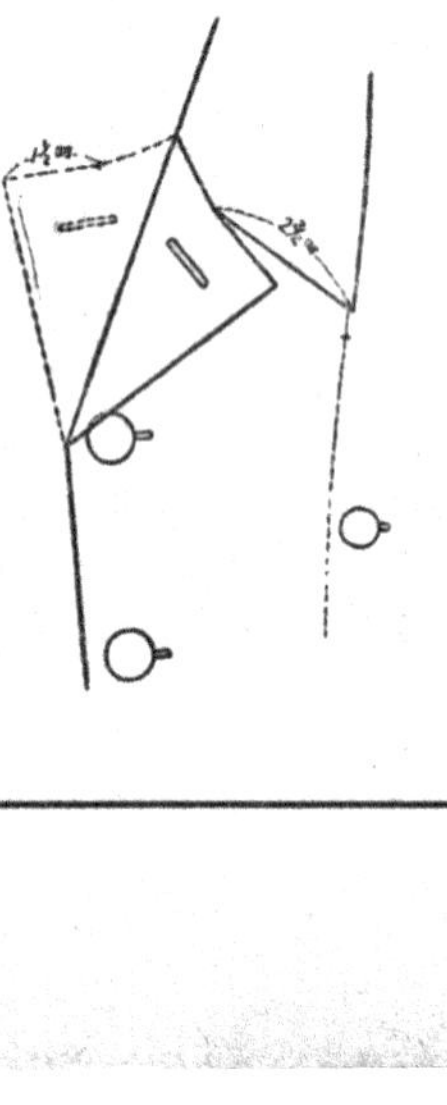

かぶりを入れると云つたわけです。
襟が出來たら輕く襟山の折目をつけて置きます。但し返襟の部分だけには折目をつけないでふんわりと、自然に返つてゐるやうに仕上げて下さい。

次に第一釦穴は襟附（襟元）から⅞吋下り、襟附直下線から¼吋、後方を穴尻とし前方へ⅞吋の穴をかゞります（第三圖參照）第一釦は穴尻を使用し立折襟の場合には中央に釦が出る様にしますが、このまゝでは襟元が開きますから、これを調整するため、上前返襟裏に巾一分弱長さ⅞吋位の紐をつけ、下前の返襟裏に小釦を附けてこれにかけるやうにした方法がよいと思ひます（第二圖參照）。但し開襟の場合表から紐が見えないやうにするため紐の附けかたは、上前の返襟裏上端から½吋下方、前端から¼吋奥の位置に反對に向けて附けなければなりません（第三圖參照）。又右の方法とは別に上前返襟先（裏）に小釦を附け、下前返襟裏の襟腰に長さ一吋½位の引張をつけて、これにかけるやうにしてもよいわけです。

禮裝の場合は立折襟にいたしますが、この場合、中衣の附襟（白）が襟元に少し見えるやうに仕上げて下さい。これは勿論中衣襟の製作によるわけですが、立折襟の場合上衣の襟廻りが、從來の立衿服式に頸筋に密着してゐたのでは中衣の附襟（白）が出にくくなるばかりではなく襟元が開きやすいものですから、襟廻り寸法は、少し大き目にした方がよいと思ひます。（筆者は本協會技手、技術講師）

厚生

畵餅

福岡市春吉五番町の町内會では、會員の紙芝居屋さんの發案で、常會のお茶菓子の代りに甘さうなお菓子の繪をかいて壁にはりつけ、食べたつもりで貯金することに申合せた。

貯金は結構である。しかし、世の中に食ふことを餘分のもののやうに思つてゐるものもあるが、それは間違ひだ。食ふことは、自分の血になり肉となる。それだけ元氣が出て來て、活動力がつく、世に食ふことをけちにするものほどつまらぬものはない。むかし、學者は「人は食ふために働くのか」、又は「働くために食ふのか」といふことを問題にして、議論を戰はせたこともある位に、食ふことは、人生に取つて極めて重要なことだ。

腹が減つては軍が出來ぬ。

惡家主に鐵槌

東京區檢事局經濟係では警視廳と連携の上、貸家貸間拂底につけ込む惡家主に對し、今春大鐵槌を下したが、最近またぞろ跋扈し出したので、十月末宅地建物等價格統制令違反と地代家賃統制令違反で三十名近く起訴した。

從來の家計調査では、家賃に對する支拂負擔の割合は收入の五分の一が輕い方で、三分の一が標準のやうに思はれてゐた。それが所得の少いものほど負擔が重い。百圓の收入のもので三十圓の家賃の支拂は苦しい。六十圓の收入のものが二十圓の家賃を拂ふことは更に負擔が大きい。

所がアパートあたりでは、ヘナ〳〵した木造の小さい何々莊といふそんじよそこらにざらにある所でさへも一間六疊敷で月二十四、五圓を取つてゐる貸主もあるが、かういふ所に對してもう少し制限を加へてもよかろう。

貸家が拂底してゐるからとて、家賃のあまりに高いことは承服し難い。これは人口の都市集中によることだが、大都市に小工場を無方針で從來はドシ〳〵許可したものだが、それが祟つて人口密集、住宅拂底、家賃騰貴、それが厚生省のお蔭で家賃が抑制されて住民の家計經濟が助つてゐるわけだが、衛生的には結核增大を招來してゐる。但し、これは惡家主とは直接關係がないがね。

安心して買へる粉乳

赤ちゃんの保健上どうかと思はれる調製粉乳の橫行を一掃するため、之が取締に衛生局が漸く乘出した。

今からでも遲くはあるまい。

母兒免疫

臺北帝大の眞柄博士は、今度姙婦を免疫することによつて、その姙婦はもちろんであるが、新に產れた赤ちゃんに傳染病に罹ることを無くした新藥劑アナトキシンを發見した。乳兒死亡率減少を圖る上に大きな貢獻だと思ふ。

絹織物も指定生產

國民必需衣料として、豐富な國產生糸を之に利用するため、服地や銘仙類の絹織物が指定生產される事になつた。

赤ちやんの國民服

松前福廣

さる六月の國民常會である中央協力會議の席上、山本有三氏によつて叫ばれた「皇國の子に對して國家より初着を送つては」と云ふ提案が始めて世の表面に出て來た。が併しこの國民乳兒服の問題はこの山本氏の叫びが第一聲ではなかつたのである。それは昨年六月一日生れよりの新生兒に對し商工省が親心を持つて六月一日生れ以後の赤ちやんに木綿の晒布とネルとを各六ヤール（一反）宛を特に配給（有料）することになつたことにより點火されたのである。その商工省の親心をとりあげ、この貴重なる布が如何に有益に設計利用されるかと云ふことが問題になつて、東京兒童愛護聯盟、東日社會事業團が主催で昨年八月十六日附を以つて東日紙上に赤ちやんの國民服の懸賞募集が發表された。その結果は十月廿五日に福喜多よね子氏外七氏の案がとり上げられて發表され、ついで乳兒國民服研究會が組織された。それは當時審査員であつた厚生省技師醫學博士宇田川與三郎氏、東京市小兒研究所長醫學博士森重靜夫氏、愛育會病院長醫學博士齋藤文雄氏並に大日本聯合母の會々長小林珠子氏、日本女子大學助教授氏家壽子氏、東京產婆會副會長風見すゞ氏、櫻楓會兒童健康相談所有岡利久氏、溝部洋裁學院長溝部百合子氏、和洋裁縫專門學校教授藤田昇良氏並に當選者の在京者である福喜多よね子氏、半澤千枝子氏の十氏により數回の協議研究の結果『赤ちやんの國民服』としてこれを東日紙上に本年三月十日に發表され、その特質が明かにされた。間もなくこの案を厚生省體力局施設課に提出され、協議は進められてゐた。

この運動が進行してゐた時に前述の如き山本氏の有力な叫びが上げられ、厚生省及び財政當局の態度に一喜一憂が繰返されてゐた。時に川村人口局長の談話が發表され、この我々の乳兒服研究會の案が採用されたことに乳兒服研究會の使命の達成が期せられたわけである。

乳兒服の特徴を左に列記すると

一、衞生的であらねばならぬこと

一、誰にでも簡單に短時間に縫へること、縫目が少いこと

一、用布が經濟的であつて然もゆるやかに出來てゐなければならないこと

一、赤ちやんが大きくなるに從つてその用布を無駄にしないでそれ〴〵利用出來る樣に考へられてあること

一、育兒上取扱ひが便利であること

以上の諸條件を滿足せしめるためには、あげ、裝飾、縫込縫合等が考慮され實質的な斷ち方と縫方だけが殘された。從つて洗濯時に於る乾き方がよく塵のたまり場所が極限された。用布としては商工省の純綿の配給と云ふ點から考へられたから、從つてこの材料は木綿の晒布及びネルを基礎として考へられ設計が行はれた。卽ち上着、下着、肌着、胴着の四種によつて構成され、この四種目の加減により四季の寒暖を調節し、乳兒の成長に從つて上着の末端より前方八寸、背部九寸を切つてパンツを作り、匍匐兒の活動自由な服に改造すると云ふ點迄を考慮された。上部は上着となり、長じては肌着として使用されるのである。改良された乳兒服の設計圖並に在來の和服及びベビー服と改良された乳兒國民服との比較を對照されたい。

育兒上最少どれだけの上着、下着、胴着、肌着が必要であるかと云ふ問題になるが

次の數が最少限度の所要數と考へられる。

上着　三枚　　下着　三枚

二枚　　胴着　肌着　四枚

然し、この枚數は商工省配給の材料では滿足に作ることは出來ない。

そこで、次の樣なことが考へられ、又その親の考へにより適當に布の利用を考へて欲しいのである。

卽ち、ネルで上着下着胴着を各二着づゝとれば大巾で一尺六寸の布地が殘り、これで下着一着をつくることも出來るし、又、胴着を晒布よりとれば上着下着を三着宛とることが出來る。これは各家庭の手持布とニラミ合せて考慮すべきである。

註、胴着は表裏の布を縫合せ、(下部は縫合せずに置く)中に眞綿、或は綿を入れ保溫に適したものとする。表皮がよごれた時は中の眞綿や綿を出して洗ひ、清潔に之を保つことゝする。勿論、中に入れるものは眞綿綿には限らない。家庭にある毛布地にてもラシヤ地にてもよいことは云ふまでもないことである。(筆者は東京兒童愛護聯盟主事)

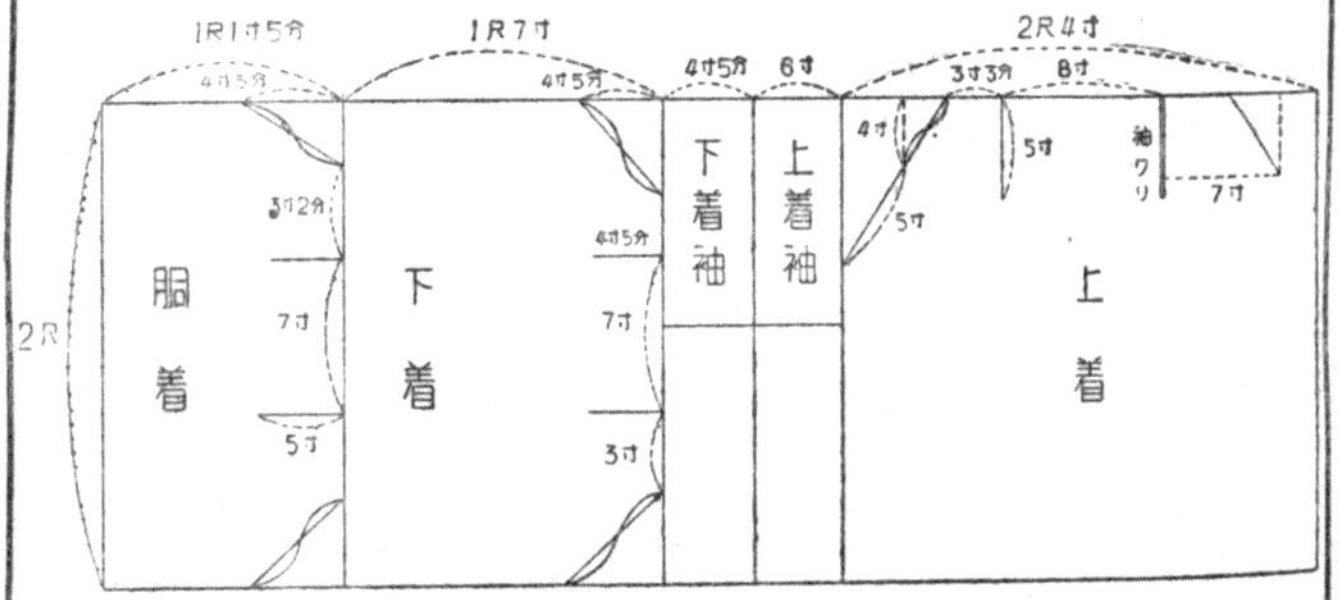

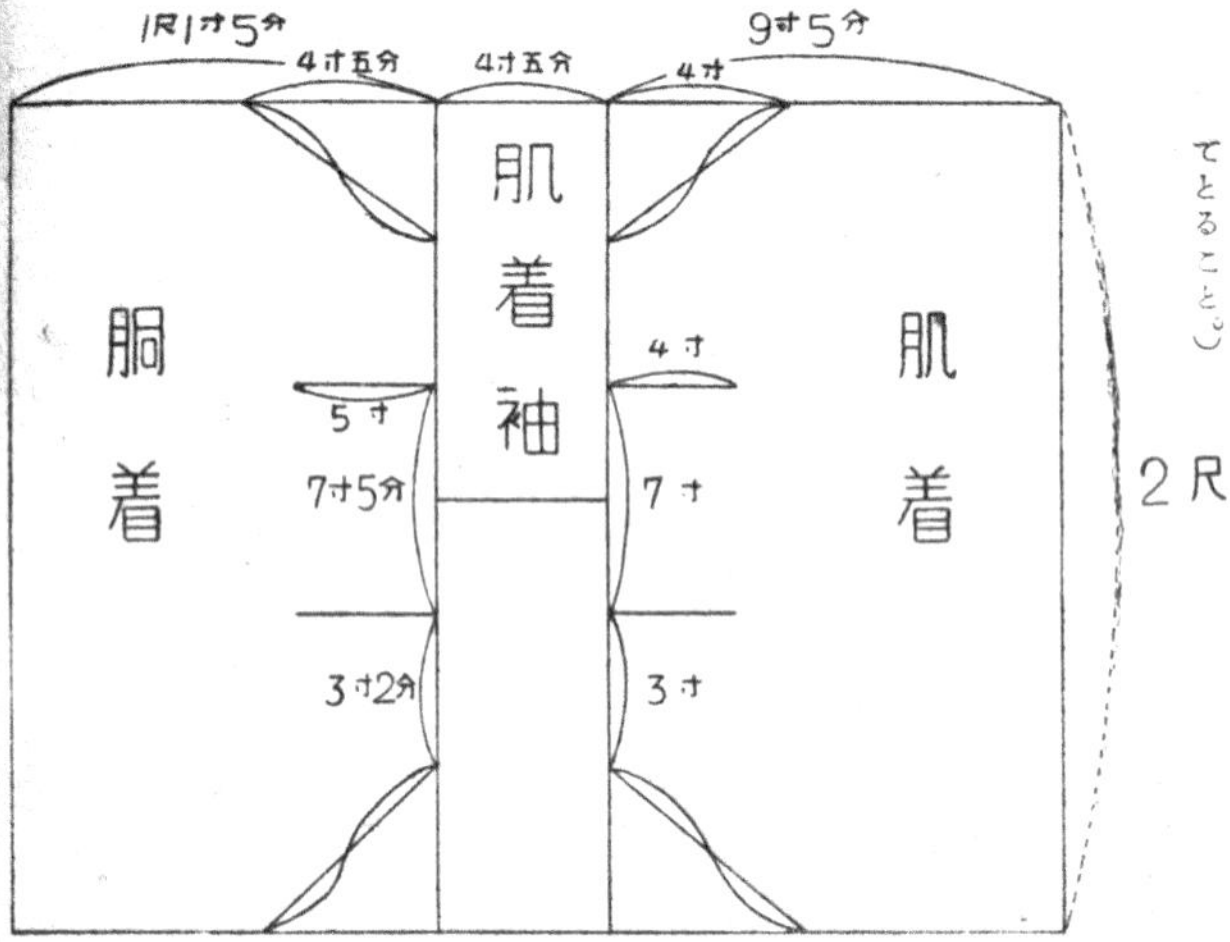

（肌着、胴着を木綿巾にてとる時はこれを横にしてとること。）

着物の種類	用途	用布	必要量	縫目の長さ
標準赤ちゃん服	上着	大巾ネル	三尺	八尺四寸
在來の一ツ身	同	同	五尺	二一尺二寸
在來のベビー服	同	同	四尺六寸	二〇尺三寸
標準赤ちゃん服	下着	大巾ネル	二尺一寸五分	四尺七寸
在來の一ツ身	同	同	二尺七寸	八尺二寸
標準赤ちゃん服	肌着	大巾サラシ	一尺四寸	六尺五寸
在來の一ツ身	同	同	二尺二寸	九尺三寸
標準赤ちゃん服	カバー	大巾布	一尺一寸五分	八尺八寸
在來の和服	胴着	同	二尺二寸	一五尺二寸

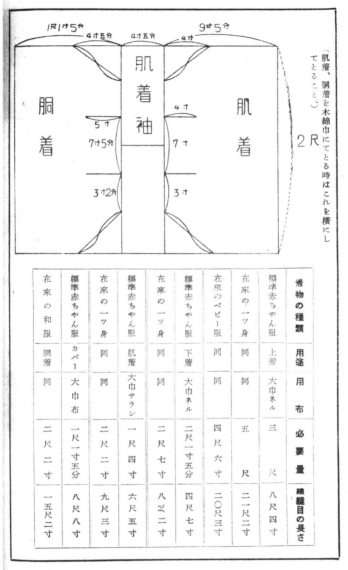

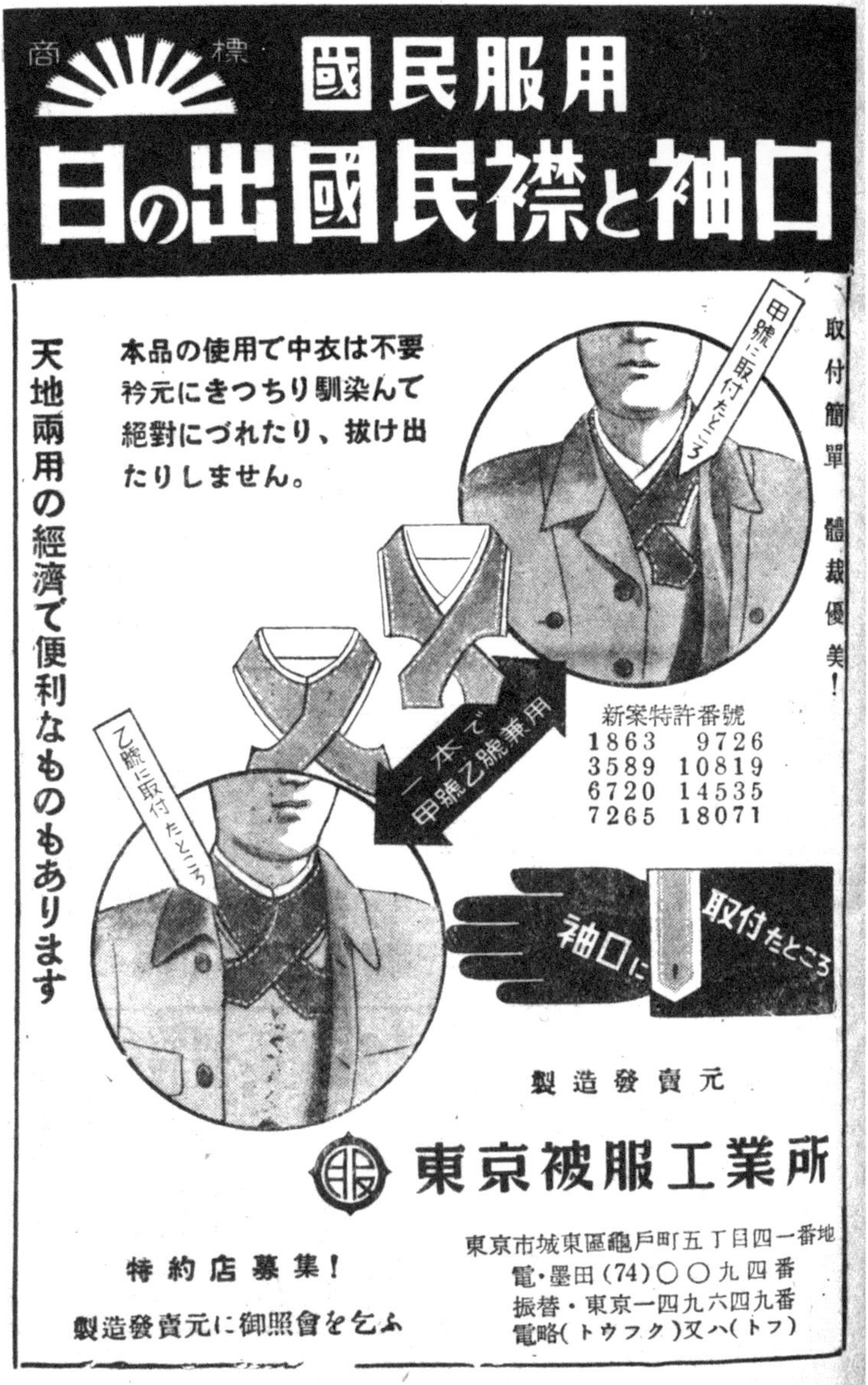
商標
國民服用
日の出國民襟と袖口
本品の使用で中衣は不要
衿元にきつちり馴染んで
絕對にづれたり、拔け出
たりしません。
天地兩用の經濟で便利なものもあります
取付簡單 體裁優美！
甲號に取付たところ
一本で甲號乙號兼用
乙號に取付たところ
新案特許番號
1863 9726
3589 10819
6720 14535
7265 18071
袖口に取付たところ
製造發賣元
東京被服工業所
東京市城東區龜戸町五丁目四一番地
電・墨田(74)〇〇九四番
振替・東京一四九六四九番
電略(トウフク)ハ又(トフ)
特約店募集！
製造發賣元に御照會を乞ふ

後記

「戰爭は政治である」とクラウゼヴィッは喝破したが、彼の時代から近代まで續いた戰爭形態を一變せしめたのは實に、獨・ソ戰であらう。

こゝに至つて、「戰爭は生活である」といへる。戰ひつつ、生活する實物教訓を、われわれは看過す可きではない。

敵が何處にゐるか、國民は知つてゐる筈である。

だが、戰ひの中の生活を知つてゐるか、どうか？

會へば不平を云ふやうな生活が、強いとはどうしても思へない。不合理性を打破するには、不平は不必要だ。必要であるのは、前進する氣魄と明徹なる理性である。舊態依然たる井戸端會議的生活を他所に、日本人の事實上の「生活圏」は何處まで行つてゐるか考ふ可きである。

本號の第一特輯「大陸の生活樣式」は、大陸に生活する日本人の姿を取り上げ、これに關する指導的論說を集めて見た。第二特輯は本協會が厚生省と協力して推進しつゝある婦人標準服問題の、第一彈とも云ふ可き公募試作品の發表である。應募者の熱心には關係者一同大いに感激した。

今どき婦人の服などを研究するのはどうかと思ふと云ふ人があるが、そんな時局認識のない人が知識層にあるのは、逆にどうかと思ふ次第である。ソ聯の機雷に觸れた邦船の女乘客が、「もんぺが欲しかつた」と云つた。かゝる挿話の種をいつまでも蒔いて置くつもりはない。服裝文化部面はしばらく置き、戰時態勢なるが故に、これに應ず可き婦人服裝の改革は刻下の急務なのである。また、男子服に不足勝の毛織製品が、婦人服裝生地に豐富な現象など、大いに考ふ可きと思ふ。況んや婦人も國防に參加すべき現下の時局に於て、精神部面からする婦人服裝改革の要請なども、論なきところであらう。

今後、本誌は婦人に對する記事も豐富に盛り、時に應じて、重點主義を採用するつもりである。本誌は特殊の讀者層のみを目當に發行されたものではない、また、一部の意を迎へる樣な、甘い編輯をする意圖は、最初から毛頭無い。從來の亞流を汲んで行くのなら、本誌の存在理由も全く無いのである。

唯、意あつて、實行の伴はざる點が多々ある事は、編輯に當る者も、十二分に承知してゐる事である。また、われ等の氣がつかない過失もあるかも知れない。大いに反省しなければならぬ點であるが、これ等に就いては、どうか遠慮なく叱正されたい。

新らしい部面を切り拓く事の困難さは、誰かゞ知つてゐると思ふ。勅令一周年を迎へて、既に多くの感慨が去來するのである。

國民服にとつても想ひ出多き昭和十六年を送る…（眞）

「國民服」毎月一回十五日發行 第一卷第三號

㊝定價一冊四十錢（郵稅二錢）

「國民服」はなる可く豫約して下さい。御希望の方は書店へ御申込下さい。定期御購讀の方は左記の前金を添へて本協會へ御申込下さい。

半年分（六冊） 金二圓四十錢（郵稅とも）

一年分（十二冊） 金四圓八十錢（郵稅とも）

●御註文は總て前金で願ひます。

●御送金は振替が便利です。

廣告料は本協會編輯部廣告係へ御照會下さい。

昭和十六年十一月廿五日印刷納本

昭和十六年十二月十五日發行

（禁無斷轉載）

發行人 石原通

編輯人 井澤眞太郎

印刷人 淺野剛

東京市芝區櫻川町一

印刷所 合資會社金羊社

東京市芝區西久保廣町十八

發行所 財團法人大日本國民服協會

電話芝(43)四五〇五番

振替口座東京一二四、六七五番

文協會員番號第二一六〇四三號

配給元 東京市神田區淡路町二ノ九 日本出版配給株式會社

白い壁畫《へきが》

南海の孤島に自らその肉體を犠牲とし、醫學日本の道に従容研究の鬼と化した若き科學者の半生とその人類至高の博愛精神を描く、未だ日本映畫が捉へざりき空前の南旺映畫が放つ最高の巨篇！

南旺映畫製作・東寶映畫提供

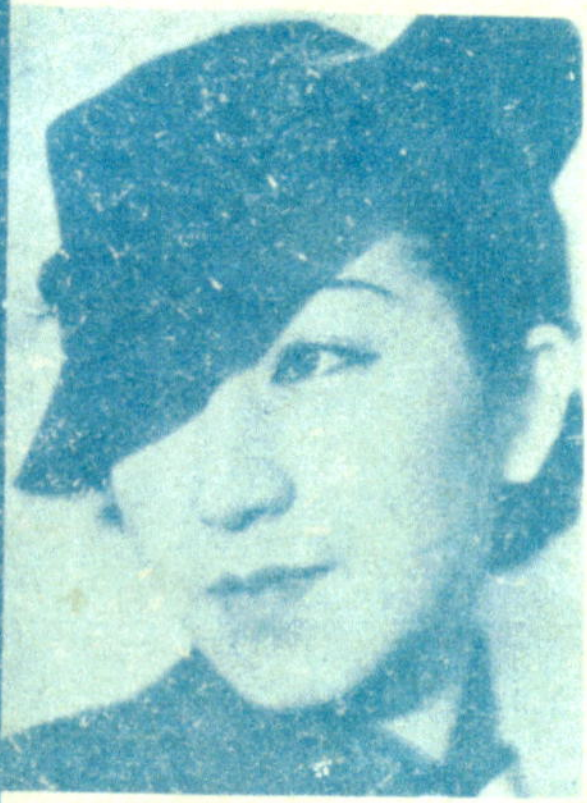

入江たか子
高田稔
花井蘭子
月形龍之助
立花潤子
他オール・スター・キャスト

原作 富澤有爲男（婦人公論連載）
演出 千葉泰樹
脚本・吉田二三夫
撮影・中井朝一
音樂・飯田信夫
製作・兒井英夫

映畫臨戰・構へ成れる秋・南旺映畫が放つ巨作！

昭和十六年十一月十五日第三種郵便物認可
昭和十六年十一月二十五日印刷納本
昭和十六年十二月十五日發行（毎月一回十五日發行）
定價金四十錢

国民服《こくみんふく》・衣服研究《いふくけんきゅう》　第1巻

『国民服』1941年（昭和16年）10月号～12月号

（『国民服』第1巻第1号　10月号／『国民服』第1巻第2号　11月号
／『国民服』第1巻第3号　12月号）

監修・解説　井上雅人《いのうえまさひと》

2019年10月18日　印刷
2019年10月25日　発行

発行者　鈴木一行
発行所　株式会社ゆまに書房
〒101－0047東京都千代田区内神田2-7-6
電話 03-5296-0491（営業部）／03-5296-0492（出版部）

組版・印刷　富士リプロ株式会社
製本　東和製本株式会社

定価：本体18,000円＋税　ISBN978-4-8433-5606-7　C3321
Published by Yumani Shobou, Publisher Inc.
2019 Printed in Japan